Das

Aufgebotsverfahren

nach

Reichsrecht und Preußischem Landesrecht

von

Dr. P. Daude,
weiland Geheimem Regierungsrat und Universitätsrichter
bei der Friedrich-Wilhelm-Universität Berlin.

Fünfte, neubearbeitete Auflage

von

Dr. E. Daude,
Amtsgerichtsdirektor in Halle a. S.

Berlin und München 1930
Verlag von H. W. Müller.

Druck von Dr. F. P. Datterer & Cie., Freising-München

Vorwort zur fünften Auflage.

Nachdem die 4. Auflage des „Aufgebotsverfahren" schon seit einigen Jahren vergriffen war, ist es nunmehr möglich geworden, dem dringenden Wunsche der Praxis nach einer Neuherausgabe gerecht zu werden. Um die neue Auflage im Preise möglichst niedrig zu halten, sind alle veralteten Bestimmungen gänzlich ausgeschieden und die für den Handgebrauch entbehrlichen geschichtlichen Übersichten sowie der Abdruck von Gesetzestexten und Mustern auf das Äußerste beschränkt. Dagegen sind die zahlreichen gesetzlichen Neuerungen, die gerade das weitverzweigte Aufgebotsverfahren in ausgedehntem Maße, insbesondere auf den Gebieten der öffentlichen Bekanntmachungen und des Kostenwesens, der Reichs- und Preußischen Staatsschuldenpapiere, der Rentenbriefe, der Kriegsverschollenheit und des Hinterlegungswesens berühren, überall berichtigend und ergänzend eingearbeitet worden. Ganz neu sind die Kapitel über das Aufgebot zum Zwecke der Ausschließung eines unbekannten Kabelpfandgläubigers und das Aufgebot von Fischereiberechtigungen aufgenommen.

Halle (Saale), im November 1929.

Dr. E. Daude.

Vorwort zur ersten Auflage.

Trotz der wesentlichen Vereinfachung, welche das bisher in Preußen bestehende gerichtliche Aufgebotsverfahren durch die Vorschriften des neunten Buches der Deutschen Zivilprozeßordnung und durch das Preußische Ausführungsgesetz zu derselben vom 24. März 1879 erfahren hat, bietet dasselbe bei seiner praktischen Anwendung in den einzelnen Aufgebotsfällen unstreitig auch jetzt noch mannigfache Schwierigkeiten. Es hat dies namentlich darin seinen Grund, daß in den einzelnen Landesteilen der Monarchie neben den vorerwähnten Vorschriften eine nicht geringe Zahl älterer spezialgesetzlicher Bestimmungen in Kraft geblieben ist, die sich der Aufgebotsrichter oft mühsam genug aus den betreffenden Spezialgesetzen, Privilegien, Statuten usw. zusammensuchen muß, und deren Nichtbeobachtung in vielen Fällen die Nichtigkeit des ganzen Verfahrens zur Folge haben kann.

Diese Schwierigkeit beseitigen zu helfen, ist der Zweck der vorliegenden Schrift.

Es soll hier versucht werden, eine systematische Bearbeitung des gerichtlichen Aufgebotsverfahrens und im Anschluß hieran eine möglichst erschöpfende Darstellung aller einzelnen Aufgebotsfälle zu geben.

Um dieses Ziel zu erreichen, konnte der Verfasser sich nicht auf den Geltungsbereich des Allgemeinen Landrechts beschränken. Auch die übrigen Rechtsgebiete der Monarchie, insbesondere auch den in den neuerworbenen Landesteilen bestehenden Rechtszustand mußte er vielmehr in den Kreis seiner Darstellung ziehen. Daß hierbei für die neuen Landesteile trotz der ihm von dort vielfach freundlichst gewährten Unterstützung manche Lücke bleiben wird, war dem Verfasser von vornherein wohl bewußt; jede Berichtigung hervortretender Mängel und jede Ergänzung des Gebotenen wird von ihm freudig willkommen geheißen werden.

Jedenfalls glaubt der Verfasser aber das geringe Verdienst für sich in Anspruch nehmen zu dürfen, zum erstenmal eine Bearbeitung des gerichtlichen Aufgebotsverfahrens für die gesamte preußische Monarchie unternommen zu haben, die hoffentlich auch den Praktiker, insbesondere den Rechtsanwalt und den Aufgebotsrichter in den Stand setzen wird, die in der Praxis vorkommenden Aufgebotsfälle ohne besondere Mühe dem in den einzelnen Landesteilen geltenden Recht entsprechend zu bearbeiten.

Berlin, im August 1881.

Dr. Paul Daube.

Inhalts-Verzeichnis.

Zweiter Teil.
Die einzelnen Aufgebotsfälle.

Erster Abschnitt.
Die wichtigsten Urkundenaufgebote.

Zweiter Abschnitt.
Die sonstigen Aufgebotsfälle.

Einleitung.

Der im römischen Recht ausdrücklich ausgesprochene Grundsatz, daß niemand gegen seinen Willen zur Anstellung einer Klage gezwungen werden solle,[1]) hatte für das römische und kanonische Recht mit Notwendigkeit dazu geführt, daß dort eine richterliche Pflicht, auf Verlangen einer Privatperson demjenigen, welcher einen Klageanspruch an dieselbe hatte, bei Vermeidung des Verlustes seines Klagerechts eine bestimmte Frist zur Geltendmachung des Anspruchs zu setzen, nicht anerkannt werden konnte.

Derselbe Grundsatz galt auch im alten deutschen Recht.[2])

Allerdings finden sich hier schon frühzeitig Ausnahmen vor, wie die nach den Rechtsquellen bei der Veräußerung von Grundstücken vorkommenden gerichtlichen Aufgebote beweisen.[3])

Wenn der Erwerber eines Grundstücks gegen spätere Ansprüche dritter Person auf dasselbe sich wirksam schützen wollte, so mußte er sich vom Richter Friede wirken lassen.

In offener Gerichtsverhandlung forderte alsdann der Richter alle, welche ein besseres Recht auf das Grundstück zu haben vermeinten, zur sofortigen Anmeldung ihrer Ansprüche und Rechte auf und verurteilte diejenigen, welche gegenwärtig waren und eine solche Anmeldung unterließen, zu ewigem Stillschweigen.

Erst im Mittelalter jedoch wurde infolge einer mißverständlichen Auffassung zweier Gesetzesstellen[4]) seitens der Glossatoren die Zulässigkeit derartiger gerichtlicher Aufgebote allgemeiner anerkannt.

Man bediente sich derselben zunächst in Oberitalien zur Sicherstellung von erworbenen Rechten, von Rechten auf Grund und Boden, von Privilegien und Immunitäten usw. und ließ die Aufgebote sowohl an einzelne bestimmte Personen, als an alle Beteiligten ergehen.[5])

In den deutschen Reichsgesetzen[6]) und in der Praxis aller Gerichtshöfe, insbesondere auch des Reichskammergerichts, wurde die Zulässigkeit der gerichtlichen Aufgebote ausdrücklich anerkannt und bestätigt, und es entwickelte sich nunmehr im gemeinen deutschen Zivilprozeß die Einrichtung

---

[1]) Vgl. L. un. Cod. ut nemo invitus agere cogatur (3, 7).

[2]) Vgl. z. B. Sächs. Landr. I, 62 § 1: „Man ne sal niemanne dvingen to nener Klage, der he nicht begunt ne hevet."

[3]) Vgl. Wetzell, System des ordentlichen Prozesses, S. 99; Albrecht, die Gewere, S. 68 und das daselbst aufgeführte Schles. Landr. I, 39, 3.

[4]) L. diffamari 5 Cod. de ingenuis manumiss. (7, 14) und L. si contendat 28. D. de fidejussor. et mandator. (46, 1).

[5]) Vgl. Wetzell a. a. O. S. 99.

[6]) Vgl. Reichsabschied von 1530 § 93; Reichsabschied von 1532, Art. 3,

der Ediktalladungen, durch welche unbestimmte und unbekannte Personen zur Klageanstellung binnen einer vom Gericht bestimmten Frist genötigt werden sollten.

Wahrhaft gemeinrechtliche Anerkennung erlangten derartige öffentliche, an eine Mehrheit von Interessenten gerichtete Aufforderungen allerdings nur bei dem gerichtlichen Verkauf unbeweglicher Pfandgegenstände und im Konkursverfahren.

In beiden Fällen wurde von Amts wegen eine öffentliche Vorladung aller unbekannten Interessenten erlassen und als Rechtsnachteil für den Fall der Nichtmeldung der Ausschluß vom Verfahren, beim Verkauf von Pfandgegenständen also der Verlust des Pfandrechts, im Konkursverfahren der Ausschluß der ausbleibenden Gläubiger von der konkursmäßigen Befriedigung angedroht.[7])

Durch die Partikulargesetzgebungen wurde jedoch bald der Kreis der öffentlichen Aufgebote bedeutend erweitert und deren Zulässigkeit insbesondere in Sachen der freiwilligen Gerichtsbarkeit, bei Todeserklärungen, zur Übertragung der bona vacantia an den nächsten Erben oder an den Fiskus, bei Einrichtung von Hypothekenbüchern usw. gesetzlich anerkannt.

In Preußen insbesondere wurde zunächst im Edikt vom 23. 10. 1763[8]) das öffentliche Aufgebot eines Verschollenen zum Zweck der Todeserklärung gesetzlich gestattet, während in der Prozeßordnung von 1781 (Erstes Buch des Corpus Juris Fridericiani) das Aufgebot der Grundstücke behufs Ausschlusses der unbekannten Realprätendenten und behufs der Besitztitelberichtigung, sowie das Aufgebot eingetragener Posten zum Zwecke der Löschung gesetzliche Anerkennung fanden.[9]) Die Allgem. Hypothekenordnung vom 20. 12. 1783 enthielt ebenfalls besondere Bestimmungen über das Aufgebot von Hypothekenposten, und in der Allgem. Gerichtsordnung vom 6. 7. 1793 (Teil I, Tit. 51) wurden die „Fälle, in welchen die Gesetze die öffentliche Aufforderung mehrerer Interessenten, die entweder an keinen Vermögensinbegriff, sondern nur an ein bestimmtes Objekt Ansprüche haben, oder deren Rechte zwar einen Vermögensinbegriff betreffen, wo aber die Unzulänglichkeit desselben noch nicht klar ist, unter einem gewissen, mit der unterbliebenen Anmeldung verknüpften Nachteile zulassen", zum ersten Male systematisch geordnet. Dadurch wurde in Verbindung mit einigen anderen Vorschriften[10]) eine umfassende gesetzliche Regelung des Aufgebotsverfahrens für Preußen bewirkt.

Die spätere Preußische Gesetzgebung hat das System der Allgem. Gerichtsordnung durch Aufhebung und Abänderung bestehender Vorschriften, durch Hinzufügung neuer Aufgebotsfälle, sowie durch wiederholte Vereinfachung des bisherigen Verfahrens in einzelnen Fällen bis in die neueste Zeit vielfach durchbrochen, so daß bereits lange vor dem Inkrafttreten der deutschen ZPO. die in Preußen bestehende Aufgebotsgesetzgebung eine

---

§ 2; Landfrieden von 1548, Tit. 14, § 8; Kammergerichtsordnung von 1555, Teil 2, Tit. 25 und Jüngster Reichsabschied § 83.

[7]) Vgl. Wetzell a. a. O. S. 101, 103.

[8]) Vgl. Nov. Corp. constitut. March. III, S. 316.

[9]) Vgl. Corp. Jur. Frid. Teil II, Tit. 26, §§ 79 ff., Tit. 27, §§ 87 ff.

[10]) Vgl. Teil I, Tit. 37. (Vom Verfahren gegen Verschollene.)

überaus vielgestaltige und um so schwerer übersehbare war, als auch in den neuerworbenen Landesteilen eine übergroße Zahl und Mannigfaltigkeit von Aufgeboten bestand:

Nicht minder groß war die Zahl der in anderen deutschen Landen bestehenden Aufgebote, nicht minder mannigfaltig waren auch dort die geltenden Vorschriften über das bei den einzelnen Aufgeboten zu beobachtende Verfahren.

Aus dieser Unübersehbarkeit der Aufgebotsgesetzgebung, selbst einzelner Staaten, und insbesondere auch Preußens, entnahm die Reichsgesetzgebung das Bedürfnis einer einheitlichen Regelung.

Dieser traten allerdings bedeutende Schwierigkeiten entgegen, da sowohl die Zivilgesetzbücher, als die geltenden Partikularrechte, hauptsächlich aber eine große Anzahl von Sondergesetzen und landesherrlich bestätigten Statuten aufgebotsähnliche Institute enthielten, die sich auf einen gemeinsamen Gedanken nicht zurückführen ließen und im Zusammenhang damit Verfahrensvorschriften gaben, welche bald auf das Gebiet der streitigen, bald auf das der freiwilligen Gerichtsbarkeit, bald auf bloße Rechtsfürsorge (Rechtspolizei) hinwiesen.

Die ZPO. v. 30. 1. 77 mußte deshalb grundsätzlich von einer vollständigen Neuregelung sowohl der Fülle der Zulässigkeit des Aufgebotsverfahrens, als der übrigen dem Zivilrechte angehörigen Momente (Voraussetzungen, Umfang, Inhalt und Wirkung des Aufgebots bzw. der Präklusion) Abstand nehmen und hatte sich aus diesem Grunde darauf beschränkt, in den §§ 823—836 allgemeine Bestimmungen zu treffen, die, soweit nicht reichsgesetzlich oder nach Maßgabe des § 11 des EGzZPO. durch Landesgesetz ein Anderes bestimmt werden konnte, für alle Aufgebotsfälle gelten sollen. Nur das Aufgebotsverfahren zum Zwecke der Kraftloserklärung von Urkunden hatte sie in den §§ 837—850 besonders geregelt, wenngleich sie auch hier durch die Rücksicht auf die Verschiedenheit des bürgerlichen Rechts genötigt war, der Landesgesetzgebung in weitem Umfang Abweichungen zu gestatten.

Durch die Einführung des BGB. für das Deutsche Reich wurde eine umfassende Änderung und Ergänzung der ZPO. v. 30. 1. 77 namentlich auch bezüglich des Aufgebotsverfahrens zum unabweislichen Bedürfnis. Diese Änderung und Ergänzung ist durch das Gesetz, betr. Änderungen der ZPO. v. 17. 5. 98 (RGBl. S. 256), erfolgt, durch welches auch das im neunten Buche (§§ 946—1024) behandelte Aufgebotsverfahren eine anderweite, eingehende Regelung erfahren hat. Dabei ist es bei dem im § 11 des EGzZPO. gemachten Vorbehalt verblieben, daß die Landesgesetze bei Aufgeboten, deren Zulässigkeit auf landesgesetzlichen Vorschriften beruht, die Anwendung der Bestimmungen der ZPO. über das Aufgebotsverfahren ausschließen oder diese Bestimmungen durch andere Vorschriften ersetzen können.

Infolge der reichsgesetzlichen Regelung der wichtigsten, bisher auf Landesrecht beruhenden Aufgebotsfälle ist allerdings das Anwendungsgebiet für diesen Vorbehalt erheblich eingeschränkt, doch sind andererseits wieder bezüglich einzelner durch Reichsgesetz geordneter Aufgebotsfälle[11])

[11]) Vgl. §§ 887, 927, 1104, 1112, 1162, 1170, 1171, 1269 BGB., § 765

gewisse Abweichungen von den allgemeinen Bestimmungen über die Veröffentlichung des Aufgebots und des Ausschlußurteils, sowie über die Aufgebotsfrist der Landesgesetzgebung freigelassen.[12])

Die jetzt geltende Rechtslage im einzelnen ist sowohl hinsichtlich der reichsrechtlich geregelten Fälle als derjenigen, in denen die Preußische Landesgesetzgebung von den nachgelassenen Vorbehalten Gebrauch gemacht hat,[13]) aus der folgenden systematischen Darstellung ersichtlich.[14])

Die Preußische Landesgesetzgebung hat aber, was nicht unerwähnt bleiben soll, von vornherein anerkannt, daß die einheitliche Gestaltung des Aufgebotsverfahrens von so durchgreifender Bedeutung ist, daß eine Abweichung von den allgemeinen Verfahrensvorschriften der ZPO. grundsätzlich nicht zugelassen werden könne. Sie hat auch durch die vorerwähnten Bestimmungen des AG. v. 22. 9. 99 bekundet, daß sie, von einigen geringfügigen Abweichungen abgesehen, die reichsgesetzlichen Bestimmungen über das Verfahren im wesentlichen unverändert lassen und zur Durchführung bringen will.

HGB. und § 110 des Gesetzes, betr. die privatrechtlichen Verhältnisse der Binnenschiffahrt, v. 15. 6. 95 in der Fassung der Bekanntmachung v. 20. 5. 95 (RGBl. S. 369).

[12]) Vgl. §§ 1023 und 1024 ZPO.

[13]) Vgl. Pr. AGzZPO. v. 22. 9. 99 (GS. 284) in Verbindung mit §§ 1023 u. 1024 ZPO.

[14]) Speziellere Angaben, die sich jedoch für die Praxis hier entbehren lassen, finden sich in der 4. Aufl. dieses Buches.

Erster Teil.

Das gerichtliche Aufgebotsverfahren im allgemeinen.

Erster Abschnitt.

Allgemeine Bestimmungen.

§ 1.

Die Zulässigkeit des Aufgebotsverfahrens.

Nach § 946 ZPO. findet eine öffentliche Aufforderung durch das Aufgebotsgericht zur Anmeldung von Ansprüchen oder Rechten mit der Wirkung, daß die Unterlassung der Anmeldung einen Rechtsnachteil zur Folge hat, nur in den durch das Gesetz bestimmten Fällen statt.

Wo also nach bestehendem Reichsgesetz (BGB. und sonstige Reichsgesetze) oder nach Preußischem Landesgesetz ein Aufgebotsverfahren überhaupt nicht zulässig ist, wird es durch die ZPO. oder das PAG. dazu nicht eingeführt, während es andererseits der Zivilgesetzgebung sowohl des Reiches als auch Preußens unbenommen ist, den bestehenden Kreis der Aufgebote durch Hinzufügung neuer Fälle unbeschränkt zu erweitern.

Auf Aufgebote, deren Zulässigkeit auf landesgesetzlichen Vorschriften beruht, finden jedoch die Vorschriften der ZPO. über das Aufgebotsverfahren nur Anwendung, wenn nach den bestehenden Vorschriften der Eintritt von Rechtsnachteilen durch besonderen Beschluß des Gerichts festgestellt werden muß [1]).

Dies ist nach der Preußischen Landesgesetzgebung der Fall:

1. bei dem Aufgebot der unbekannten Familienmitglieder bei Errichtung von Familienschlüssen, bei Familienstiftungen nach Art. 1 bis 3 AGzBGB. v. 20. 9. 99 (GS. 177);
2. bei dem Aufgebot von Kuxscheinen nach § 110 des Allgemeinen Berggesetzes für die Preußischen Staaten v. 24. 6. 65 (GS. 705);
3. bei dem Aufgebot von Staatsschuldverschreibungen und Staatsschatzanweisungen nach §§ 14ff. der Staatsschuldenordnung v. 12. 3. 24 (GS. 132);
4. bei dem Aufgebot hinterlegter Gelder, Wertpapiere und Kostbarkeiten nach §§ 27ff. der Hinterlegungsordnung v. 21. 4. 13 (GS. 225);
5. bei dem Aufgebot eines unbekannten Wiederkaufsberechtigten bei einem Rentengut nach Art. 29 § 11 AGzBGB. v. 20. 9. 99;

---

[1]) Vgl. § 10 PrAGzZPO. v. 22. 9. 99 i. d. F. der Bekanntmachg. v. 6. 10. 99 (GS. 388).

6. bei dem Aufgebot zum Zwecke der Kraftloserklärung einer abhanden gekommenen oder vernichteten Schuldverschreibung auf den Inhaber, welche auf den Namen eines bestimmten Berechtigten umgeschrieben ist, nach Art. 18 § 9 AGzBGB. v. 20. 9. 99;
7. bei dem Aufgebot zum Zwecke der Ausschließung eines in dem Herzogtum Schlesien und der Grafschaft Glatz zur Gewinnung von Eisenerzen Berechtigten nach Art. 39 AGzBGB. v. 20. 9. 99;
8. bei dem Aufgebot eines Grundstücks bei Anlegung eines neuen Grundbuchblattes nach Art. 21 bis 27 der Verordnung, betr. das Grundbuchwesen, v. 13. 11. 99 (GS. 519);
9. bei dem Aufgebot von Fischereiberechtigungen nach §§ 9 bis 15 des Gesetzes über den Erwerb von Fischereiberechtigungen durch den Staat und das Aufgebot von Fischereiberechtigungen, v. 2. 9. 11 (GS. 189).

Reichsgesetzlich ist, abgesehen von den in der ZPO. besonders geregelten Fällen:

10. des Aufgebots zum Zwecke der Todeserklärung eines Verschollenen (§§ 13—17 BGB.), wozu über die Todeserklärung Kriegsverschollener die Bekanntmachung v. 18. 4. 16 (RGBl. 296) in der Fassung der VO. v. 9. 8. 17 (RGBl. 703) und das Gesetz v. 20. 2. 25 (RGBl. I 15) hinzutreten;
11. des Aufgebots zum Zwecke der Ausschließung des Eigentümers eines Grundstücks (§ 927 BGB.);
12. des Aufgebots zum Zwecke der Ausschließung eines Hypotheken-, Grundschuld- oder Rentenschuldgläubigers (§§ 1170, 1171, 1192 und 1199 BGB.);
13. des Aufgebots zum Zwecke der Ausschließung des Berechtigten bei einer Vormerkung, einem Vorkaufsrecht, einer Reallast oder einem Schiffspfandrecht (§§ 887, 1104, 1112, 1269 BGB.);
14. des Aufgebots zum Zwecke der Ausschließung von Nachlaßgläubigern (§ 1970 BGB.);
15. des Aufgebots zum Zwecke der Ausschließung von Gesamtgutsgläubigern im Falle der fortgesetzten Gütergemeinschaft (§ 1489 Abs. 2 BGB.);
16. des Aufgebots zum Zwecke der Ausschließung von Schiffsgläubigern (§ 765 HGB. und § 110 des Binnenschiffahrtsgesetzes v. 15. 6. 95);
17. des Aufgebots zum Zwecke der Kraftloserklärung einer Urkunde (§§ 799, 808, 1162, 1192 und 1199 BGB.);

endlich noch:

18. im § 228 HGB. bei abhanden gekommenen oder vernichteten Aktien oder Interimsscheinen;
19. im § 365 Abs. 2 HGB. bei vernichteten oder abhanden gekommenen kaufmännischen Anweisungen und Verpflichtungsscheinen, Konnossementen der Seeschiffer usw. (§ 363 HGB.);
20. im Art. 73 WO. bei abhanden gekommenen Wechseln;
21. in den §§ 136, 138, 140 des Ges. über die Zwangsversteigerung und Zwangsverwaltung v. 24. 3. 97 bei dem Teilungsverfahren in der Zwangsversteigerung;

22. in §§ 14 ff. der Reichsschuldenordnung v. 13. 2. 24 (RGBl. I, 95) bei abhanden gekommenen Reichsschuldverschreibungen oder Schatzanweisungen;
23. im § 6 der Reichsbanksatzung v. 11. 10. 24 in Verbindung mit § 44 Nr. 3 des Reichsbankgesetzes v. 30. 8. 24 bei Reichsbank-Anteilscheinen;
24. im § 27 des Scheckgesetzes v. 11. 3. 08 bei abhanden gekommenen oder vernichteten Schecks;
25. im § 15 des Kabelpfandgesetzes v. 31. 3. 25 (RGBl. I, 37) ein Aufgebotsverfahren zugelassen.

§ 2.

Die Zuständigkeit der Gerichte für das Aufgebotsverfahren.

Bei der Zuständigkeit der Gerichte für das Aufgebotsverfahren ist die sachliche Zuständigkeit von der örtlichen Zuständigkeit zu unterscheiden.

I. Sachliche Zuständigkeit.

Nach § 23 GVG. v. 27. 1. 77 sind grundsätzlich die Amtsgerichte für das Aufgebotsverfahren zuständig.

Nach § 11 EGzZPO. v. 30. 1. 77 in der Fassung des Ges. v. 17. 5. 98 (RGBl. S. 332) in Verbindung mit § 3 Abs. 3 EGzGVG. v. 27. 1. 77 kann jedoch die Landesgesetzgebung auch ein höheres Gericht, Landgericht oder Oberlandesgericht, für alle oder einzelne Aufgebotsfälle für zuständig irklären.

II. Örtliche Zuständigkeit.

Über die örtliche Zuständigkeit hat die ZPO. zunächst für die Fälle der Kraftloserklärung von Urkunden im § 1005 ausdrückliche Vorschriften getroffen, welche unten im § 16 näher erörtert werden sollen.

Besondere Bestimmungen über die örtliche Zuständigkeit enthält die ZPO. sodann noch im § 961 für das Aufgebotsverfahren zum Zwecke der Todeserklärung; im § 978 für das Aufgebotsverfahren zum Zwecke der Ausschließung ines Grundstückseigentümers; im § 983 für das Aufgebot zum Zwecke der Ausschließung eines Hypotheken-, Grundschuld- oder Rentenschuld-Gläubigers; im § 988 Abs. 1 für das Aufgebot der bei Vormerkungen, dem Vorkaufsrecht, der Reallast und beim Pfandrecht an Schiffen Berechtigten; im § 990 für das Aufgebot der Nachlaßgläubiger; im § 1001 für das Aufgebot zum Zwecke der Ausschließung von Gesamtgutsgläubigern und im § 1002 für das Aufgebot zum Zwecke der Ausschließung von Schiffsgläubigern.

Für alle anderen Aufgebotsfälle sind hinsichtlich der örtlichen Zuständigkeit der Gerichte in der ZPO. keine allgemeinen Bestimmungen getroffen, da diese Zuständigkeit sich an die mannigfaltigsten Verhältnisse anschließen muß und vielfach durch die materielle Eigenart des einzelnen Aufgebots bedingt ist.

Die örtliche Zuständigkeit der Gerichte für das Aufgebotsverfahren bestimmt sich dishalb in den vorstehend nicht erwähnten Fällen lediglich nach den für das einzelne Aufgebot bestehenden reichs- oder landesgesetzlichen Vorschriften, da auch die Bestimmungen der §§ 12 ist ZPO. hier keine Anwendung finden können.[1])

Bei der späteren Darstellung der einzelnen Aufgebotsfälle wird die örtliche Zuständigkeit der Gerichte für den einzelnen Fall besonders erörtert werden.

III. Einer besonderen Erwähnung bedürfen hier noch die Vorschriften der §§ 972 und 1006 Abs. 1 und 2 ZPO. sowie des § 10 Abs. 2 AGzZPO. v. 22. 9. 99.

Zur Verminderung der Kosten und Herbeiführung eines möglichst gleichmäßigen Verfahrens ist im § 972 ZPO. bei dem Aufgebotsverfahren zum Zwecke der Todeserklärung sowie im § 1006 Abs. 1 und 2 für die Anträge auf Erlassung des Aufgebots zum Zwecke der Kraftloserklärung eines auf den Inhaber lautenden Papiers bestimmt, daß die Erledigung der Aufgebotsanträge von der Landes-Justizverwaltung für mehrere Amtsgerichtsbezirke einem Amtsgericht übertragen werden kann, jedoch unbeschadet des Rechtes des Antragstellers, die Erledigung durch das an sich zuständige Gericht zu verlangen.

Im § 10 Abs. 2 AGzZPO. v. 22. 9. 99 ist sodann bestimmt, daß in gleicher Weise von der Preußischen Justizverwaltung bei allen denjenigen, auf landesgesetzlichen Vorschriften beruhenden Aufgeboten verfahren werden kann, bei denen nach den bestehenden Vorschriften der Eintritt von Rechtsnachteilen durch besonderen Beschluß des Gerichts festgestellt werden muß. Selbstverständlich muß auch in diesen Fällen auf Verlangen des Antragstellers die Erledigung des Aufgebotsverfahrens stets durch das gesetzlich zuständige Gericht erfolgen.[2])

§ 3.

Der Aufgebotsantrag und die Antragsberechtigung.

Die Einleitung eines gerichtlichen, nach den Bestimmungen der ZPO. zu behandelnden Aufgebotsverfahrens kann nur auf Antrag nicht von Amts wegen, erfolgen.[1])

---

[1]) Vgl. z. B. § 16 der Reichsschuldenordnung v. 13. 2. 24. Se unten § 26.

[2]) Der § 1006 Abs. 3 ZPO. hat auch die landesgesetzlichen Vorschriften unberührt gelassen, durch welche für das Aufgebotsverfahren zum Zwecke der Kraftloserklärung von Schuldverschreibungen auf den Inhaber, die ein deutsches Land oder früherer Bundesstaat oder eine ihm angehörende Körperschaft, Stiftung oder Anstalt des öffentlichen Rechts ausgestellt oder für deren Bezahlung ein deutsches Land oder früherer Bundesstaat die Haftung übernommen hat, ein bestimmtes Amtsgericht für ausschließlich zuständig erklärt wird. Derartige Vorschriften bestehen zurzeit in Preußen nicht. S. unten § 16. Vergl. aber betr. des Aufgebots von Reichsschuldverschreibungen und Reichsschatzanweisungen §§ 14 ff. der Reichsschuldenordnung v. 13. 2. 24 und von Reichsbankanteilen § 6 der Reichsbanksatzung v. 11. 10. 24.

[1]) Vergl. Mot. zur ZPO. v. 30. 1. 77 S. 460.

I. Der Antrag auf Einleitung des Aufgebotsverfahrens ist bei dem für den betreffenden Aufgebotsfall zuständigen Gericht anzubringen und kann in allen Fällen schriftlich oder zum Protokoll der Geschäftsstelle gestellt werden.[2])

Gleichgültig ist es, ob der Antrag durch die Partei selbst oder durch einen Bevollmächtigten angebracht wird. Der Anwaltszwang ist der Vorschrift des § 78 ZPO. entsprechend ausgeschlossen.

Die Bewilligung des Armenrechts ist unter den allgemeinen Voraussetzungen auch im Aufgebotsverfahren zulässig.[3])

II. Über den Inhalt des Aufgebotsantrages hat die ZPO. genauere Bestimmungen nur für die Fälle der Kraftloserklärung einer Urkunde getroffen. Die diesbezüglichen Vorschriften des § 1007 ZPO. werden unten im § 18 eingehend erörtert werden. Im übrigen ist nur für das Aufgebot zum Zwecke der Ausschließung von Nachlaßgläubigern im § 992 ZPO. bestimmt, daß dem Antrag ein Verzeichnis der bekannten Nachlaßgläubiger mit Angabe ihres Wohnorts beizufügen ist, und im § 1002 Abs. 4 ZPO. angeordnet, daß der Antragsteller bei dem Aufgebot zum Zwecke der Ausschließung von Schiffsgläubigern die ihm bekannten Forderungen von Schiffsgläubigern anzugeben hat.[4])

Bei allen anderen Aufgeboten sind für den Inhalt des Aufgebotsantrages die besonderen Verhältnisse des einzelnen Falles und das Interesse des Antragstellers maßgebend, sofern sich nicht aus den einschlagenden Bestimmungen des BGB. oder der einzelnen Sondergesetze besondere Erfordernisse für den Inhalt des Antrags ergeben.

In jedem Falle muß der Aufgebotsantrag alle die tatsächlichen Anführungen enthalten, auf Grund deren dem Gericht eine Entscheidung über die Zulässigkeit des Antrags ermöglicht und das notwendige Material für den Inhalt des demnächst zu erlassenden Aufgebots geboten wird.

Die inhaltlichen Erfordernisse des Antrags werden bei der späteren Darstellung der einzelnen Aufgebotsfälle näher erörtert werden.

III. Hinsichtlich der Antragsberechtigung hat die ZPO. sowohl für das Aufgebot von Urkunden,[5]) als auch für die meisten der sonst von ihr besonders behandelten Aufgebotsfälle[6]) bestimmte Vorschriften gegeben. Im übrigen ist eine grundsätzliche Regelung der Frage nach der Antragsberechtigung bei der Vielgestaltigkeit und materiellrechtlichen Ver-

---

[2]) Vgl. § 947 Abs. 1 Satz 1 ZPO.

[3]) Vgl. §§ 114 bis 127 ZPO.; Foerster-Kann ZPO. 1913, Vorbem. 2 zu § 114; Stein-Jonas ZPO. 1929, Vorbem. III zu § 946. Die Bekanntmachung im Deutschen Reichsanzeiger erfolgt auch im Falle der Bewilligung des Armenrechts nicht kostenlos; vergl. allgem. Verf. v. 20. 7. 86 (JMBl. S. 201) und v. 25. 3. 87 (MBl. S. 89).

[4]) Vgl. jedoch auch §§ 980, 985, 986 Abs. 3 ZPO., welche die Glaubhaftmachung der zur Begründung des Antrags erforderlichen Tatsachen, und § 987 Abs. 1 ZPO., welcher das Erbieten des Antragstellers zur Hinterlegung vor Einleitung des Verfahrens, d. h. der Regel nach im Aufgebotsantrage verlangt.

[5]) Vgl. § 1004 (Aufgebot von Urkunden).

[6]) Vgl. § 962 ZPO. (Aufgebot zum Zwecke der Todeserklärung); § 979 (Aufgebot zum Zwecke der Ausschließung eines Grundstückseigentümers); § 984

schiedenheit der einzelnen Aufgebotsfälle geradezu unmöglich gewesen. In den meisten Fällen wird allerdings der Grundsatz Platz greifen, daß zur Stellung des Aufgebotsantrages derjenige berechtigt ist, welcher hinsichtlich eines bestimmten Gegenstandes ein rechtlich begründetes Interesse hat, gegen etwaige Ansprüche oder Rechte, deren Vorhandensein ungewiß ist, sich sichern zu können. Durch die einzelnen Reichs- und Landesgesetze ist dieses Interesse aber für jeden einzelnen Aufgebotsfall wieder verschiedenartig begrenzt und an verschiedenartige Bedingungen geknüpft, so daß im Endergebnis die Frage, wer im einzelnen, von der ZPO. nicht besonders behandelten Fall berechtigt ist, den Antrag auf Einleitung des Aufgebotsverfahrens zu stellen, lediglich nach den Bestimmungen des maßgebenden Sondergesetzes zu entscheiden ist.

Bei der späteren Darstellung der einzelnen Aufgebotsfälle wird hierauf besondere Rücksicht genommen werden.

§ 4.

Die Prüfung der Zulässigkeit des Antrags und die Entscheidung über den Antrag.

Der Einleitung des Aufgebotsverfahrens muß in allen Fällen eine richterliche Prüfung der Zulässigkeit des Aufgebotsantrages vorausgehen. Die Einleitung des Aufgebotsverfahrens hat, wie in der Begründung der ZPO. v. 30. 1. 77 hervorgehoben wird, vielfach materielle Wirkungen, so daß für solche Fälle ein Zulassungsbeschluß des Gerichts unentbehrlich ist. „Aber auch in allen sonstigen Fällen ist die Beschlußnahme des Gerichts über die Einleitung wünschenswert. Denn ein den Antrag auf Ausschluß von Ansprüchen oder Rechten zurückweisender Beschluß kann, da es sich nicht um die Entscheidung von Streitigkeiten, sondern nur um Prüfung der einseitigen Angaben des Antragstellers handelt, vor dem Aufgebot schon ebenso gut erlassen werden, als nach demselben; im Interesse des Antragstellers aber liegt es, einen solchen Beschluß vor dem Aufgebot zu erhalten"[1]).

Der Mangel eines das gerichtliche Aufgebot für zulässig erklärenden Gesetzes begründet die Anfechtungsklage gegen das Ausschlußurteil[2]).

Die richterliche Prüfung des Aufgebotsantrags wird sich daher vor allem darauf erstrecken müssen, ob überhaupt ein Fall vorliegt, in welchem das Gesetz, Reichsgesetz oder Landesgesetz, ein gerichtliches Aufgebotsverfahren gestattet.[3]) Ist dies nicht der Fall, so ist die Anwendung der Vorschriften der ZPO. überhaupt ausgeschlossen.

(Aufgebot zum Zwecke der Ausschließung eines Hypotheken-, Grundschuld- oder Rentenschuldgläubigers); § 988 (Aufgebot zum Zwecke der Ausschließung des Berechtigten bei der Vormerkung, dem Vorkaufsrecht und der Reallast); § 991 (Aufgebot zum Zwecke der Ausschließung von Nachlaßgläubigern); § 999 (Antragsberechtigung der Ehegatten in diesem Fall); §1000 (desgl. des Erbschaftskäufers); § 1001 (Aufgebot zum Zwecke der Ausschließung von Gesamtgutsgläubigern).

[1]) Vgl. Mot. zur ZPO. v. 30. 1. 77 S. 460, 461.

[2]) Vgl. § 957 Ziff. 1 ZPO.

[3]) S. oben § 1.

Das Gericht hat alsdann seine eigene, sachliche und örtliche Zuständigkeit für den vorliegenden Aufgebotsfall zu prüfen, wobei die oben im § 2 hervorgehobenen Grundsätze und gesetzlichen Bestimmungen zu beachten sind.

Der richterlichen Prüfung unterliegt endlich auch die Sachberechtigung des Antragstellers und der sonstige materielle Inhalt des Antrags selbst.

Die **Entscheidung über die Zulässigkeit des Aufgebotsantrags** kann nach vorgängiger mündlicher Verhandlung mit dem Antragsteller oder ohne eine solche Verhandlung erfolgen[4]).

Der Regel nach wird die Entscheidung ohne vorgängige mündliche Verhandlung getroffen werden können, nachdem etwa vorhandene Mängel des Antrags im Benehmen mit dem Antragsteller beseitigt worden sind.

Wenn trotzdem das Gericht vor Erlaß des Aufgebots eine mündliche Verhandlung mit dem Antragsteller für erforderlich erachtet, so hat es von Amts wegen einen Termin zur mündlichen Verhandlung über den Aufgebotsantrag anzuberaumen und dazu den Antragsteller vorzuladen.

Besondere Rechtsnachteile können für den Fall des Ausbleibens in der Ladung nicht angedroht werden.

Die mündliche Verhandlung kann, da ein Gegner des Antragstellers nicht vorhanden ist, nur eine einseitige sein; die allgemeinen Regeln über die mündliche Verhandlung im zweiseitigen Prozeß finden selbstverständlich keine Anwendung.

Beim Ausbleiben des Antragstellers muß der Antrag so, wie er angebracht ist, geprüft werden.

Die nach erfolgter Prüfung zu treffende Entscheidung des Gerichts kann lauten:

1. dahin, daß der Aufgebotsantrag für zulässig zu erklären, oder
2. dahin, daß er als unzulässig oder unbegründet zurückzuweisen ist.

Im letzteren Fall kann die Zurückweisung eine unbedingte oder eine bedingte sein.

Die bedingte Zurückweisung soll den Antragsteller auf vorhandene Mängel des Aufgebotsantrags aufmerksam machen und zu deren Beseitigung auffordern; sie wird in den meisten Fällen zur wesentlichen Erleichterung des Verfahrens einen später zu erlassenden Zwischenbescheid ersetzen, so daß das Ausschlußurteil sich unmittelbar an das Aufgebot anschließen kann.

Die Entscheidung des Gerichts muß in allen Fällen durch **Beschluß** erfolgen, welcher, falls er auf Zurückweisung des Antrags lautet und dem Antragsteller nicht etwa in einer mündlichen Verhandlung verkündet ist, gemäß § 329 Abs. 3 ZPO. dem Antragsteller von Amts wegen zugestellt werden muß.[5])

Gegen den zurückweisenden Beschluß steht dem Antragsteller die **Beschwerde** zu.[6])

---

[4]) Vgl. § 947 Abs. 1 Satz 1 ZPO.
[5]) Über die **Zustellung von Amts wegen** vergl. §§ 208 ff. ZPO.
[6]) Vgl. § 567 Abs. 1 ZPO.

Die Beschwerde ist an eine Frist nicht gebunden. Über dieselbe entscheidet das im Rechtsmittelzuge zunächst höhere Gericht.

Gegen die Entscheidung des Beschwerdegerichts ist, soweit darin nicht ein neuer selbständiger Beschwerdegrund enthalten ist, eine weitere Beschwerde nicht zulässig.[7])

Die Beschwerde wird bei dem Gericht eingelegt, von welchem die angefochtene Entscheidung erlassen ist; sie kann in dringenden Fällen auch bei dem Beschwerdegericht eingelegt werden.[8])

Die Einlegung erfolgt durch Einreichung einer Beschwerdeschrift, welche, der allgemeinen Vorschrift des § 78 Abs. 1 ZPO. entsprechend, von einem bei dem Beschwerdegericht zugelassenen Rechtsanwalt unterzeichnet sein muß.

Die Einlegung der Beschwerde kann jedoch auch zum Protokoll der Geschäftsstelle erfolgen.

Über die weitere Wirkung der Beschwerde sind die §§ 571 ff. ZPO. zu vergleichen. Es soll hier nur hervorgehoben werden, daß das Beschwerdegericht, wenn es die Beschwerde für begründet findet, die alsdann erforderlich werdenden neuen Anordnungen entweder selbst treffen oder die Sache zu diesem Zwecke an das angegriffene Gericht zurückverweisen kann.

Daß übrigens der Antragsteller auch von der Einlegung der Beschwerde Abstand nehmen und statt dessen seinen Antrag unter neuer und besserer Begründung wiederholen kann, braucht kaum besonders hervorgehoben zu werden. Den Belangen des Antragstellers, dem es um eine schleunige Erledigung des Aufgebotsverfahrens zu tun ist, wird es jedenfalls in den meisten Fällen mehr entsprechen, unter Beseitigung der ihm angedeuteten Mängel seines ersten Antrags einen neuen Antrag zu stellen, als den oft langwierigen und noch dazu Kosten verursachenden Weg der Beschwerde zu wählen.

§ 5.

Das Aufgebot.

Hat das Gericht den Aufgebotsantrag für zulässig befunden, so hat es das Aufgebot zu veranlassen.[1]) Es hat die Formel (den Inhalt) des Aufgebots zu beschließen und in dieselbe alles aufzunehmen, was die in dieser Beziehung zunächst maßgebenden gesetzlichen Vorschriften anordnen und was sonst den besonderen Verhältnissen und den Belangen des Antragstellers im einzelnen Falle entspricht.[2])

Die ZPO. hat sich darauf beschränkt, im § 947 Abs. 2 diejenigen inhaltlichen Erfordernisse des Aufgebots festzustellen, welche niemals fehlen

---

[7]) Vgl. § 568 Abs. 2 ebenda.

[8]) Vgl. § 569 ebenda.

[1]) Vgl. § 947 Abs. 2 ZPO.

[2]) Nach der allgem. Verf. des Justizministers v. 9. 11. 10 über die Entlastung der höheren und mittleren Justizbeamten (JMBl. 393) kann der Richter die Anfertigung der Entwürfe der Aufgebotsbeschlüsse durch den Urkundsbeamten

dürfen, wenn überhaupt das Aufgebot für den Fall nicht erfolgender Anmeldung von Rechten oder Ansprüchen eine ausschließende Folge haben soll.

Danach ist in das Aufgebot „insbesondere“ aufzunehmen:[3])

1. die Bezeichnung des Antragstellers;
2. die Aufforderung, die Ansprüche und Rechte spätestens im Aufgebotstermine[4]) anzumelden;
3. die Bezeichnung der Rechtsnachteile, welche eintreten, wenn die Anmeldung unterbleibt;
4. die Bestimmung eines Aufgebotstermins.

Dieser Inhalt soll, wie auch das Reichsgericht in seinem Urteil v. 23. 11. 93 ausgesprochen hat, allein wesentlich sein, das übrige dagegen dem Ermessen des Aufgebotsrichters überlassen bleiben.[5])

Im einzelnen ist zu bemerken:

Zu 1. Die Bezeichnung des Antragstellers erfolgt der Vorschrift des § 130 Nr. 1 ZPO. entsprechend nach Namen, Stand oder Gewerbe und Wohnort.

Wenn der Antrag von einem Bevollmächtigten (Rechtsanwalt usw.) gestellt ist, so ist zweckmäßig auch der Bevollmächtigte in der angegebenen Weise in dem Aufgebot zu bezeichnen.

Zu 2. Das Aufgebot muß eine ausdrückliche Aufforderung zur Anmeldung von Rechten und Ansprüchen enthalten; die Beteiligten sollen auf das Recht und die Pflicht zur Anmeldung ihrer etwaigen Rechte ausdrücklich hingewiesen werden.[6])

Über die Art und Zeit der Anbringung von Anmeldungen s. unten § 8.

Zu 3. Das Aufgebot muß eine ausdrückliche Androhung der Rechtsnachteile enthalten, welche bei dem Unterbleiben der Anmeldung eintreten.

---

der Geschäftsstelle anordnen. Durch die Heranziehung des Urkundsbeamten der Geschäftsstelle wird an der Verantwortlichkeit des Richters nichts geändert. Vergl. Ziff. 3, 10, Anl. II Nr. 37 a. a. O.

[3]) Für das Aufgebot einer Urkunde, das Aufgebot zum Zwecke der Todeserklärung und das Aufgebot zum Zwecke der Ausschließung der Nachlaßgläubiger sind amtliche Vordrucke unter ZP. Nr. 68, 69 a und 69 c aufgestellt.

[4]) Vgl. jedoch § 951 ZPO.: „Eine Anmeldung, welche nach dem Schlusse des Aufgebotstermins, jedoch vor Erlassung des Ausschlußurteils erfolgt, ist als eine rechtzeitige anzusehen.“

[5]) Vgl. RGZ. 32 S. 139: „Wenn in § 824 Abs. 2 (jetzt § 947 Abs. 2) einige Bestandteile des Aufgebots genannt werden, die „insbesondere“ aufzunehmen seien, während zur Ergänzung hier keineswegs auf „das Gesetz“ verwiesen wird, so kann das nur den Sinn haben, daß jener bezeichnete Inhalt allein wesentlich sein, das übrige dagegen dem Ermessen des Aufgebotsrichters überlassen bleiben soll.“

[6]) Reincke, ZPO. Anm. II b zu § 947, empfiehlt, der Aufforderung zur Anmeldung den Zusatz beizufügen, daß die letztere bei Gericht formlos ohne Begründung oder urkundliche Nachweisung erfolgen könne. Dies trifft jedoch z. B. bei den Anmeldungen im Aufgebotsverfahren zum Zwecke der Ausschließung von Nachlaßgläubigern nicht zu, da diesen nach § 996 ZPO. urkundliche Beweisstücke in Urschrift oder Abschrift beizufügen sind.

„Die Androhung bestimmter Rechtsnachteile hat hier eine andere Bedeutung, als bei der Ladung im ordentlichen Prozeßverfahren (§ 231 Abs. 1 ZPO.). Während sie bei dieser nur den Inhalt des Gesetzes wiederholen würde, enthält sie hier eine Begrenzung des Zulassungsbeschlusses und ist deshalb für das diesen Beschluß darstellende Aufgebot unerläßlich.“ [7])

Die ZPO. hat für die von ihr besonders behandelten Aufgebotsfälle, d. h. also für das Aufgebot zum Zwecke der Todeserklärung (§ 964 Ziff. 1), zum Zwecke der Ausschließung eines Grundstückseigentümers (§ 981), eines Hypotheken-, Grundschuld- oder Rentenschuld-Gläubigers (§§ 986, 987), des Berechtigten bei der Vormerkung, dem Vorkaufsrecht, der Reallast und dem Pfandrecht an Schiffen (§ 988), der Nachlaßgläubiger (§ 995), der Gesamtgutsgläubiger (§ 1001) und der Schiffsgläubiger (§ 1002 Abs. 6) und für das Aufgebot zum Zwecke der Kraftloserklärung von Urkunden (§ 1008) die anzudrohenden Rechtsnachteile ausdrücklich vorgeschrieben.

In allen übrigen Fällen ist der bei Unterbleiben der Anmeldung eintretende und in dem Aufgebot anzudrohende Rechtsnachteil aus dem betreffenden Sondergesetz zu entnehmen.

Bei der späteren Darstellung der einzelnen Aufgebotsfälle werden diese Rechtsnachteile für die einzelnen Aufgebote besonders hervorgehoben werden.

Zu 4. Das Aufgebot muß die Bestimmung eines Aufgebotstermins als Ende der Anmeldungsfrist und als Termin zur Verhandlung über die bis dahin eingegangenen oder in ihm noch erfolgenden Anmeldungen, sowie über den Antrag auf Erlaß des Ausschlußurteils enthalten.

Diese von manchen früheren Bestimmungen abweichende Vorschrift gewährt, wie in der Begründung des Entwurfs d. ZPO. v. 30. 1. 77 hervorgehoben wird, den doppelten Vorteil, daß das Urteil sich der Regel nach an den Ablauf der Frist unmittelbar anschließt, also nicht erst eine nachträgliche Zulassung der nach Ablauf einer besonderen Aufgebotsfrist angemeldeten Ansprüche nötig wird, und daß der Termin sowohl im Falle eines erhobenen Widerspruchs wie ohne solchen Gelegenheit zur leichtesten Erledigung von Streitigkeiten oder sonstigen Anständen bietet.

Bei Bestimmung des Aufgebotstermins muß selbstverständlich angegeben werden, an welcher Stelle, an welchem Tage und zu welcher Stunde er abgehalten werden soll.

Über die zeitliche Bestimmung des Aufgebotstermins s. den folgenden Paragraphen.

§ 6.

Die Aufgebotsfrist.

Wenn das Aufgebotsverfahren seinen Hauptzweck, d. h. die Ausschließung unbekannter Beteiligter mit ihren Ansprüchen und Rechten erfüllen soll, so muß notwendig ein Zeitpunkt bestimmt werden, bis zu welchem die Anmeldung von Rechten oder Ansprüchen überhaupt zulässig

[7]) Vgl. Mot. zur ZPO. v. 30. 1. 77 S. 461.

ist. Ohne Bestimmung einer Aufgebotsfrist und ohne Festsetzung eines Aufgebotstermins würde die dem Aufgebotsrichter vom Antragsteller nachgewiesene Wahrscheinlichkeit niemals zur Gewißheit erhoben werden können.[1])

Auf dieser Erwägung beruhen die Vorschriften, welche die ZPO. und die verschiedenen Reichs- und Landesgesetze, in denen ein gerichtliches Aufgebotsverfahren für zulässig erklärt ist, über die Aufgebotsfristen getroffen haben.

Für die Bestimmung der Aufgebotsfrist hat die ZPO. zunächst bei den Aufgeboten zum Zwecke der Todeserklärung (§§ 965, 966 Abs. 2), zum Zwecke der Ausschließung eines Hypotheken-, Grundschuld- oder Rentenschuld-Gläubigers und des Berechtigten bei der Vormerkung, dem Vorkaufsrecht, der Reallast und dem Pfandrecht an Schiffen (§§ 987 Abs. 3, 988), zum Zwecke der Ausschließung von Nachlaßgläubigern (§ 994 Abs. 1) oder von Gesamtgutsgläubigern (§ 1001), sowie zum Zwecke der Ausschließung von Schiffsgläubigern (§ 1002) bestimmte Vorschriften gegeben. Außerdem hat sie eine Reihe solcher Vorschriften bei dem Aufgebot von Urkunden in den §§ 1010 ff. aufgestellt und endlich im § 950 die allgemeine grundsätzliche Anordnung getroffen, daß zwischen dem Tage, an welchem die Einrückung oder die erste Einrückung des Aufgebots in den Deutschen Reichsanzeiger erfolgt ist, und dem Aufgebotstermin ein Zeitraum von mindestens sechs Wochen liegen muß. Beide Tage, d. h. der Tag der Bekanntmachung im Reichsanzeiger und der Terminstag, müssen also außerhalb der sechswöchigen Frist liegen.

Allerdings ist diese letzte Vorschrift nur eine subsidiäre.

Die sechswöchige Aufgebotsfrist soll zunächst nicht zur Anwendung kommen, wenn das für den einzelnen Aufgebotsfall maßgebende Sonder-Reichs- oder Landesgesetz eine abweichende Anordnung enthält, d. h. eine längere oder kürzere als die sechswöchige Aufgebotsfrist vorschreibt.[2]) In den §§ 1023 und 1024 hat ferner die ZPO. zugunsten der Landesgesetzgebung den Vorbehalt gemacht, daß die Landesgesetze, wenn das Aufgebotsverfahren die Kraftloserklärung einer Urkunde der im § 808 BGB. bezeichneten Art[3]) betrifft, oder wenn es sich um ein Aufgebot handelt, welches auf Grund der §§ 887, 927, 1104, 1112, 1162, 1170, 1171, 1269 BGB.[4]) ergeht, die Aufgebotsfrist anders, als es für die betreffenden Fälle in der ZPO. vorgeschrieben ist,[5]) bestimmen können.

---

[1]) Über Fristbestimmung mit unklarem Endtermin als Anfechtungsgrund vergl. RGZ. v. 2. 2. 03, JW. 03 S. 126 Nr. 13.

[2]) Vgl. § 950 ZPO. wörtlich „sofern das Gesetz nicht eine abweichende Anordnung enthält".

[3]) Die im § 808 BGB. bezeichneten Urkunden sind solche, in welchen der Gläubiger benannt ist, die aber mit der Bestimmung ausgegeben sind, daß die in der Urkunde versprochene Leistung an jeden Inhaber bewirkt werden kann. Dahin gehören insbesondere auch die Sparkassenbücher. Vergl. Art. 99 EGzBGB.

[4]) § 887 BGB. (Ausschließung des Berechtigten bei der Vormerkung); § 927 (Ausschließung eines Grundstückseigentümers); § 1104 (Ausschließung des Berechtigten bei dem Vorkaufsrecht); § 1112 (desgl. bei der Reallast); § 1162 (Aufgebot von Hypothekenbriefen); §§ 1170, 1171 (Aufgebot von Hypotheken-,

Von diesen Vorbehalten hat die Preußische Landesgesetzgebung nur insoweit Gebrauch gemacht, als sie in den §§ 7 und 9 des AGzZPO. v. 22. 9. 99 in der Fassung der Bek. v. 6. 10. 99 u. der 2. VO. d. StM. zur Einschränkung der öffentl. Bekanntmachg. v. 17. 12. 24 für das Aufgebot von Urkunden der im § 808 BGB. bezeichneten Art, sowie für die Aufgebote, welche auf Grund des § 1162 BGB. oder des § 136 des Reichsg. über die Zwangsversteigerung und die Zwangsverwaltung v. 24. 3. 97 in der Fassung v. 20. 5. 98 ergehen, eine Aufgebotsfrist von mindestens drei Monaten vorgeschrieben hat.[6])

Im übrigen sind die in der ZPO. und in dem AG. dazu v. 22. 9. 99 festgesetzten Aufgebotsfristen lediglich Mindestfristen.

In allen Fällen bleibt es dem richterlichen Ermessen überlassen, auch eine längere Aufgebotsfrist festzusetzen, wenn dies im einzelnen Fall zweckmäßig oder geboten erscheint.

Die Nichtbeobachtung der vorgeschriebenen Mindestfristen begründet nach § 957 Nr. 3 ZPO. die Anfechtungsklage gegen das später erlassene Ausschlußurteil.

Bei Bestimmung des Aufgebotstermins ist endlich darauf Rücksicht zu nehmen, daß nach § 202 GVG. während der vom 15. 7. bis zum 15. 9. dauernden Gerichtsferien in Aufgebotssachen keine Termine abgehalten werden. Aufgebotssachen sind keine Feriensachen und sind andererseits auch Angelegenheiten der streitigen Gerichtsbarkeit, so daß § 91 AGzGVG. v. 24. 4. 78 und § 10 des Ges. über die Angelegenheiten der freiw. Gerichtsbarkeit v. 17. 5. 98, welche die Gerichtsferien auf die Angelegenheiten der freiw. Gerichtsbarkeit für einflußlos erklären, hier keine Anwendung finden können. Andererseits haben die Gerichtsferien auf die Fristen, welche nach §§ 950, 965, 966 Abs. 2, 994, 1001, 1002, 1010 bis 1015, 1024 bei der Bestimmung des Aufgebotstermins zu beobachten sind, keinen Einfluß, da es sich hier um uneigentliche Fristen, Zeiträume für Handlungen des Gerichts, handelt.[7])

Grundschuld- oder Rentenschuldgläubigern); § 1269 (Ausschließung des Berechtigten bei dem Pfandrecht an Schiffen).

[5]) Vgl. §§ 977, 982, 988, 1015 ZPO.

[6]) In der Begründung des Entw. eines AGzZPO. wird in dieser Beziehung bemerkt: „Die Aufgebotsfrist (bei Urkunden der im § 808 BGB. bezeichneten Art) würde nach § 1015 ZPO. mindestens sechs Monate betragen. Diese für alle Urkunden unterschiedslos gegebene Frist erscheint für die hier in Rede stehenden Urkunden als zu lang bemessen. Eine Aufgebotsfrist von mindestens drei Monaten wird umso eher genügen, als eine im Einzelfall etwa erforderliche weitere Hinausschiebung des Aufgebotstermins in dem Ermessen des Gerichts liegt. — Auch bei dem Aufgebot von Hypotheken-, Grundschuld- und Rentenschuldbriefen genügt eine Aufgebotsfrist von drei Monaten. Dem Falle des § 1162 BGB. ist auch der nur in den Voraussetzungen verschiedene Fall des Aufgebots eines Hypotheken-, Grundschuld- oder Rentenschuldbriefes gemäß § 136 des Ges. über die Zwangsversteigerung und die Zwangsverwaltung v. 24. 3. 97 (RGBl. S. 97) gleichgestellt, für den der § 12 des EG. zu dem angeführten Ges. v. 24. 3. 97 (RGBl. S. 135) einen dem § 1204 Abs. 2 ZPO. entsprechenden Vorbehalt zugunsten der Landesgesetzgebung macht."

[7]) Vgl. Stein-Jonas ZPO. § 28, Vorbem. VI zu § 214; Foerster-Kann ZPO. 26, Vorbem. 4 zu § 946.

§ 7.

Die Bekanntmachung des Aufgebots und die Ladung des Antragstellers.

I. Die Bekanntmachung des Aufgebots.

Bei der Bekanntmachung des Aufgebots ist zu unterscheiden:

1. die öffentliche Bekanntmachung des Aufgebots,
2. die besondere Mitteilung desselben an bestimmte Personen.

A. Die öffentliche Bekanntmachung des Aufgebots.

Für die öffentliche Bekanntmachung des Aufgebots hat die ZPO. zunächst in § 948 die allgemeine Bestimmung getroffen, daß dieselbe durch Anheftung an die Gerichtstafel und durch einmalige Einrückung in den Deutschen Reichsanzeiger erfolgen soll, sofern nicht das Gesetz für den betreffenden Fall eine abweichende Anordnung getroffen hat. Ausnahmsweise kann die Einrückung mehrmals und in noch andere Blätter erfolgen[1]). Bei Nichtbeachtung ist Anfechtungsklage nach § 957 Abs. 2 Ziff. 2 ZPO. gegeben.

Eine Einzelbestimmung über die Veröffentlichung des Aufgebots bei dem Aufgebotsverfahren zum Zwecke der Todeserklärung enthält § 966 ZPO. (s. unten § 43), und für die Fälle der Kraftloserklärung von Urkunden sind sodann im § 1009 ZPO. ebenfalls besondere Vorschriften gegeben, welche bei der späteren Darstellung des Urkundenaufgebots des näheren erörtert werden sollen (s. unten § 20).

Nach den §§ 1023 und 1024 ZPO. ist es endlich der Landesgesetzgebung vorbehalten, bei dem Aufgebotsverfahren zum Zwecke der Kraftloserklärung einer Urkunde der im § 808 BGB. bezeichneten Art und bei Aufgeboten, welche auf Grund der §§ 887, 927, 1104, 1112, 1162, 1170, 1171 und 1269 BGB., sowie auf Grund des § 765 HGB. und des § 110 des Ges., betr. die privatrechtlichen Verhältnisse der Binnenschiffahrt, ergehen, von den allgemeinen Vorschriften der ZPO. abweichende Bestimmungen über die Veröffentlichung des Aufgebots zu erlassen.

Die Preußische Landesgesetzgebung hat von diesem Vorbehalt sowohl bei dem Aufgebot von Urkunden der im § 808 BGB. bezeichneten Art und der Hypotheken-, Grundschuld- und Rentenschuldbriefe (§ 1162 BGB. und § 136 des Reichsg. v. 24. 3. 97), als auch bei den Aufgeboten, welche auf Grund der §§ 887, 927, 1104, 1112, 1170, 1171, 1269 BGB., sowie auf Grund des § 765 HGB. und des § 110 des Binnenschiffahrtsgesetzes ergehen, in den §§ 7, 8 und 9 AGzZPO. v. 22. 9. 99 in der Fassung der Bek. v. 6. 10. 99 und der 2. VO. d. StM. zur Einschränkung der öffentlichen Bekanntmachungen, v. 17. 12. 24 (GS. 759) Gebrauch gemacht.

---

[1]) In Konsularsachen ist die Einrückung einer öffentlichen Bekanntmachung in den Deutschen Reichsanzeiger nicht erforderlich, sofern daneben eine andere Art der Veröffentlichung vorgeschrieben ist. Vergl. § 29 Reichsges. über die Konsulargerichtsbarkeit v. 7. 4. 00 (RGBl. S. 219).

Auf Grund dieser Bestimmungen und des § 948 ZPO. gilt in betreff der örtlichen Bekanntmachung des Aufgebots — abgesehen von den unten im § 20 zu erörternden Fällen des Urkundenaufgebots — folgendes:

1. Bei Aufgeboten, welche auf Grund der §§ 887, 927, 1104, 1112, 1170, 1171, 1269 BGB., sowie auf Grund des § 110 des Ges., betr. die privatrechtlichen Verhältnisse der Binnenschiffahrt, v. 15. 6. 95 ergehen, erfolgt die Veröffentlichung des Aufgebots:
   a) durch Anheftung an die Gerichtstafel,
   b) durch einmalige Einrückung in den öffentlichen Anzeiger des Amtsblatts.

   Das Gericht kann anordnen, daß die Einrückung noch in andere Blätter, insbesondere also auch in den Deutschen Reichsanzeiger, und zu mehreren Malen erfolgen, oder daß die Einrückung in den öffentlichen Anzeiger des Amtsblatts unterbleiben und durch Anheften an die Gerichtstafel ersetzt werden soll.[2])
2. In allen übrigen Aufgebotsfällen, bei denen es sich nicht um das Aufgebot einer Urkunde handelt,[3]) hat die öffentliche Bekanntmachung des Aufgebots schließlich nach § 948 ZPO. zu erfolgen, und zwar:
   a) durch Anheftung einer beglaubigten Abschrift des Aufgebots an die Gerichtstafel bis zum Aufgebotstermin,
   b) durch einmalige Einrückung des vollständigen Aufgebots in den Deutschen Reichsanzeiger, sofern nicht das Gesetz für den betreffenden Fall eine abweichende Anordnung getroffen hat.[4])

   Außerdem kann das Gericht auch hier anordnen, daß ein Auszug des Aufgebots noch in andere Blätter und zu mehreren Malen eingerückt werde.

Für die öffentliche Bekanntmachung gelten in allen Fällen, sowohl bei dem Aufgebot von Urkunden, als auch bei anderen Aufgeboten, folgende allgemeine Grundsätze:

I. Das Ausschlußurteil kann mit der zulässigen Anfechtungsklage angefochten werden, wenn die öffentliche Bekanntmachung des Aufgebots — insoweit sie nicht nach § 966 ZPO. überhaupt unterbleiben darf — unterblieben ist.[5])

II. Die öffentliche Bekanntmachung des Aufgebots hat nicht erst, wie dies im § 204 Abs. 1 ZPO. bestimmt ist, auf ein besonders dahin lautendes Gesuch des Antragstellers, sondern stets von Amts wegen zu erfolgen, sobald überhaupt die Zulässigkeit des Aufgebots durch Beschluß ausgesprochen ist.

III. Die Ausführung der öffentlichen Bekanntmachung liegt dem Urkundsbeamten der Geschäftsstelle ob, welcher dabei die oben angeführ-

---

[2]) Vgl. § 8 AGzZPO. v. 22. 9. 99 und 2. VO. d. StM. zur Einschränkung der öffentl. Bekanntmachg. v. 17. 12. 24.

[3]) Wegen der öffentlichen Bekanntmachung des Aufgebots bei Urkundenaufgeboten s. unten § 20.

[4]) Abweichende Anordnungen sind getroffen in § 966 ZPO., wonach in den Fällen der §§ 15—17 BGB. die Bekanntmachg. durch öffentl. Blätter unterbleiben kann, desgl. in § 7 der KriegsVerschVO. v. 9. 8. 17 (vgl. unten § 43 Ziff. 6). Eine erweiterte Einrückungspflicht ist in § 1009 ZPO. enthalten.

[5]) Vgl. § 957 Abs. 2 Ziff. 2 ZPO. S. unten § 11.

ten Vorschriften, sowie etwaige besondere Anordnungen des Gerichts über die Einrückung in bestimmte andere Blätter oder die wiederholte Einrückung zu beachten hat. Insoweit die öffentliche Bekanntmachung durch Anheftung an die Gerichtstafel erfolgt, hat der Urkundsbeamte, welcher dabei die Hilfe eines Justizwachtmeisters in Anspruch nehmen kann, die Anheftung und die Abnahme zu besorgen und die auf den Aushang über Anheftung und Abnahme zu setzenden Vermerke nach den Bestimmungen der §§ 19, 20 der Geschäftsordnung für die Geschäftsstellen der Amtsgerichte v. 18. 2. 14 (JMBl. 197) zu bescheinigen.[6])

IV. Auf die Gültigkeit der öffentlichen Bekanntmachung hat es keinen Einfluß, wenn das anzuheftende Schriftstück von dem Orte der Anheftung zu früh, d. h. vor dem Aufgebotstermine entfernt ist, oder wenn im Falle wiederholter Bekanntmachung die vom Aufgebotsrichter etwa vorgeschriebenen Zwischenfristen nicht eingehalten worden sind.[7])

Das Gericht muß die öffentliche Bekanntmachung trotz der vorerwähnten Unregelmäßigkeiten als ordnungsmäßig erfolgt anerkennen und ist nicht befugt, den Aufgebotstermin auszusetzen und eine Wiederholung der öffentlichen Bekanntmachung anzuordnen.

Zu beachten ist jedoch, daß jene Erleichterung lediglich bei den Zwischenfristen, d. h. den Fristen zwischen mehrmaligen Veröffentlichungen, nicht aber von den Hauptfristen der §§ 950, 965, 987 Abs. 3, 1002 Abs. 5 und 1015 ZPO. gilt, wie dies bei Beratung der ZPO. v. 30. 1. 77 in der 34. Sitzung der Justizkommission des Reichstags von dem Vertreter der Reichsregierung ausdrücklich bestätigt wurde.[8])

B. Die Mitteilung des Aufgebots an bestimmte Personen.

Die ZPO. hat über die Mitteilung bzw. Zustellung des Aufgebots an bestimmte Personen nur bei dem Aufgebot zum Zwecke der Ausschließung eines Hypotheken-, Grundschuld- oder Rentenschuldgläubigers (§§ 982 ff.) und bei dem Aufgebot zum Zwecke der Ausschließung von Nachlaßgläubigern besondere Bestimmungen getroffen.

Im § 986 Abs. 5 ZPO. ist vorgeschrieben, daß das Aufgebot, wenn es zum Zwecke der Ausschließung eines Hypotheken-, Grundschuld- oder Rentenschuldgläubigers auf Antrag eines nach § 984 Abs. 2 Antragsberechtigten erlassen wird, dem Eigentümer des Grundstücks von Amts wegen mitzuteilen ist, und im § 994 Abs. 2 ZPO. ist bestimmt, daß bei dem Aufgebot zum Zwecke der Ausschließung von Nachlaßgläubigern das Aufgebot den Nachlaßgläubigern, welche dem Nachlaßgericht angezeigt sind und deren Wohnort bekannt ist, von Amts wegen zugestellt werden soll.

Für die Aufgebotsfälle, deren Zulässigkeit auf landesgesetzlichen Vorschriften beruht, ist die fortdauernde Gültigkeit der bestehenden Bestimmungen über die Mitteilung des Aufgebots an bestimmte Personen durch § 10 Abs. 3 des AGzZPO. v. 22. 9. 99 stillschweigend anerkannt.

---

[6]) Über die Zusammenstellung der Kosten für die Bekanntmachungen in öffentlichen Blättern in Zahlungslisten vergl. § 112 Abs. 8 der Justizrechnungsordnung v. 16. 5. 14 (amtl. Vordruck ORK. Nr. 122).

[7]) Vgl. § 949 ZPO. S. auch § 206 Abs. 3 ebenda.

[8]) Vgl. Foerster-Kann, Anm. zu § 949; Stein-Jonas, a. a. O. Anm. zu § 949.

Wenn also nach bestehenden Sondergesetzen eine besondere Mitteilung des Aufgebots an bestimmte Personen stattfinden soll, so muß neben der öffentlichen Bekanntmachung des Aufgebots auch diese besondere Mitteilung des letzteren vom Gericht von Amts wegen angeordnet werden.

Diese Zustellungen bzw. Mitteilungen des Aufgebots an bestimmte Personen erfolgen nach den für die Zustellungen von Amts wegen gegebenen Vorschriften der §§ 208 ff. ZPO. durch die Geschäftsstelle, wobei zu bemerken ist, daß diese Zustellungen durch Aufgabe zur Post nach Maßgabe der Vorschriften der §§ 175 und 213 ZPO. erfolgen können, wenn die Voraussetzungen des § 174 ZPO. gegeben sind. Im § 994 Abs. 2 ZPO. und im § 10 Abs. 3 des AG. dazu v. 22. 9. 99 ist dies ausdrücklich hervorgehoben, und es erscheint auch unbedenklich, diese Art der Zustellung bei der im § 986 Abs. 5 ZPO. vorgeschriebenen Mitteilung des Aufgebots für zulässig zu erklären.

Die Postsendungen sind stets mit der Bezeichnung „Einschreiben" zu versehen.[9])

Die Unterlassung der in den §§ 986 Abs. 5 und 994 Abs. 2 ZPO. oder in Sondergesetzen vorgeschriebenen Zustellung oder Mitteilung des Aufgebots an bestimmte Personen begründet die Anfechtungsklage gegen das später erlassene Ausschlußurteil.[10])

II. Die Ladung des Antragstellers.

Die Ladung des Antragstellers zu dem Aufgebotstermin muß in allen Fällen erfolgen.

Es ist bereits früher darauf hingewiesen, daß der Beschluß des Gerichts, durch welchen der Antrag auf Einleitung des Aufgebotsverfahrens zurückgewiesen wird, dem Antragsteller von Amts wegen zugestellt werden muß, um ihm Gelegenheit zu geben, von der zulässigen Beschwerde Gebrauch zu machen.

Andererseits muß nun aber auch der Antragsteller von der erfolgten Einleitung des Aufgebotsverfahrens, von dem Erlaß des Aufgebots und von der Anberaumung des Aufgebotstermins Kenntnis erhalten.

Die Kenntnis von dem Aufgebotstermin ist für den Antragsteller schon um deswillen erforderlich, weil er, wenn er überhaupt ein Ausschlußurteil erwirken will, im Aufgebotstermine erscheinen oder vor dem Termin den Antrag auf Erlassung des Ausschlußurteils stellen muß.

Es ist deshalb vom Gericht zugleich mit der Bekanntmachung des Aufgebots auch die Benachrichtigung des Antragstellers von Einleitung des Verfahrens unter gleichzeitiger Ladung zum Aufgebotstermin anzuordnen.

Einer Androhung der gesetzlichen Folgen des Ausbleibens bedarf es nicht,[11]) doch ist es sicher nicht unzulässig und in den meisten Fällen sogar zweckmäßig, den Antragsteller unter Hinweis auf § 954 ZPO.

---

[9]) Vgl. § 10 Abs. 3 AGzZPO. Vgl. auch die Allg. Verfügungen des Justizministers über die von Amts wegen zu bewirkenden Zustellungen und Bekanntmachungen v. 1. 2. 10 (JMBl. 43) in der Fassung der AV. v. 19. 8. 11 (S. 327) bzw. v. 15. 5. 24 (S. 219).

[10]) Vgl. § 957 Abs. 2 Ziff. 2 ZPO.

[11]) Vgl. § 231 Abs. 1 ZPO.

darauf aufmerksam zu machen, daß im Falle seines Ausbleibens ein Antrag auf Anberaumung eines neuen Termins nur binnen einer vom Tage des Aufgebotstermins laufenden Frist von sechs Monaten zulässig sei.

Daß der Ladung eine Abschrift des Aufgebots beigefügt werden müsse, kann nicht für erforderlich erachtet werden; es ist dies gesetzlich nirgends vorgeschrieben, ist aber jedenfalls auch nicht verboten und kann unter Umständen sogar zweckmäßig sein.

§ 8.

Die Anmeldungen.

Anmeldung im Sinne der Vorschriften der ZPO. über das Aufgebotsverfahren ist die Erklärung eines Beteiligten, daß ihm ein durch das Aufgebot mit Ausschluß bedrohter Anspruch oder bedrohtes Recht zustehe.

1. Die Form der Anmeldung.

Die Anmeldung ist, wenn das Amtsgericht für das Aufgebotsverfahren zuständig ist, schriftlich oder zu Protokoll der Geschäftsstelle durch den Beteiligten selbst oder durch einen Bevollmächtigten bei dem Gericht anzubringen, wie dies zwar nicht ausdrücklich vorgeschrieben ist, aber durchaus der Natur des amtsgerichtlichen Verfahrens entspricht.[1])

2. Die Zeit der Anmeldung.

Die Anmeldung muß erfolgen:

a) entweder innerhalb der im Aufgebot bestimmten Aufgebotsfrist vor dem Aufgebotstermin, oder
b) in dem Aufgebotstermin selbst[2]) oder endlich
c) nach dem Schlusse des Aufgebotstermins, solange das Ausschlußurteil noch nicht erlassen ist.

Der § 951 ZPO. bestimmt ausdrücklich, daß eine Anmeldung, welche nach dem Schlusse des Aufgebotstermins, jedoch vor Erlassung des Ausschlußurteils erfolgt ist, als eine rechtzeitige angesehen werden soll.

In der Begründung dieser, bereits in der ZPO. v. 30. 1. 77 enthaltenen Vorschrift ist zutreffend hervorgehoben, daß, wenn das Ausschlußurteil in dem Aufgebotstermin noch nicht erlassen werden kann, die Zulässigkeit einer nach dem Schlusse jenes Termins etwa erfolgenden Anmeldung in Frage kommt. Da das Urteil sich wesentlich gegen Ausbleibende richtet, so muß sich der Eintritt der in dem Aufgebot angedrohten Folgen des Ausbleibens nach den allgemeinen Grundsätzen über die Versäumung im ordentlichen Verfahren bestimmen, und diesen entspricht es, jede Anmeldung, welche noch vor Erlaß des Ausschlußurteils erfolgt, als recht-

---

[1]) Vgl. Protokolle der Justizkommission zur Beratung der ZPO. v. 77 S. 436. Daß die Anmeldung nur bei dem Aufgebotsgericht und nicht auch bei dem Antragsteller mit rechtlicher Wirkung erfolgen kann, ergibt sich auch aus § 1008 ZPO. Vgl. Struckmann und Koch, ZPO. 1910 Anm. 2 zu § 947. OLG. Karlsruhe 7. 1. 20 in Rechtspr. d. OLG. 42, 22.

[2]) Dies ergibt sich aus § 947 Nr. 2 ZPO., nach welcher Bestimmung die Anmeldungen „spätestens im Aufgebotstermin" erfolgen müssen.

zeitig anzusehen, weil bis dahin die Verhandlung über den Antrag auf Erlaß desselben nicht als geschlossen gelten kann. Abgesehen hiervon ist die Vorschrift des § 951 auch durch die Billigkeit geboten, sobald gegen das Ausschlußurteil weder Einspruch noch Rechtsmittel gegeben werden.

3. Der Inhalt der Anmeldung.

Über den Inhalt der Anmeldungen hat die ZPO. keine besonderen Vorschriften gegeben.

Im allgemeinen muß es in dieser Beziehung genügen, wenn in der Anmeldung die Behauptung oder Bezeichnung des zustehenden Rechtes oder Anspruchs enthalten ist. Einer näheren rechtlichen Begründung des Rechtes oder Anspruchs bedarf es nicht. Nur für die Anmeldungen in dem Aufgebotsverfahren zum Zwecke der Ausschließung der Nachlaßgläubiger und der Gesamtgutsgläubiger hat die ZPO. in den §§ 996 bzw. 1001 die besondere Vorschrift gegeben, daß dieselben die Angabe des Gegenstandes und des Grundes der Forderung enthalten sollen, und daß ihnen urkundliche Beweisstücke in Urschrift oder in Abschrift beizufügen sind.

4. Über die rechtliche Verschiedenheit der Anmeldungen und die dementsprechend verschiedene Behandlung derselben im Aufgebotstermin vgl. unten § 9, II.

§ 9.

Das Verfahren im Aufgebotstermin.

Das Verfahren im Aufgebotstermin, in welchem öffentlich und mündlich zu verhandeln ist, regelt sich nach den allgemeinen Grundsätzen, welche die ZPO. über das Verfahren gegeben hat.

Es ist allerdings hierbei nicht außer acht zu lassen, daß die Verhandlung mit dem Antragsteller nur eine einseitige sein kann, und daß sie erst dann, wenn dritte Personen im Aufgebotstermin erscheinen, welche die Berechtigung des Aufgebots bestreiten und ihrerseits Ansprüche und Rechte geltend machen, den Charakter eines Parteienstreites insofern annimmt, als nunmehr zwischen dem Anmeldenden und dem Antragsteller über die Berechtigung des Aufgebots, bzw. über die Begründung des Antrags auf Erlassung des Ausschlußurteils verhandelt wird.

I. Das Gericht hat zunächst von Amts wegen nochmals eine Prüfung der formellen und materiellen Voraussetzungen vorzunehmen, welche nach den maßgebenden Sondergesetzen in dem vorliegenden Aufgebotsfall erfüllt sein müssen. Diese Prüfung erstreckt sich sowohl auf die Voraussetzungen des Aufgebots, als auf die Voraussetzungen, welche in einzelnen Fällen für die Erlassung des Ausschlußurteils noch besonders vorhanden sein müssen. So wird z. B. bei dem Aufgebot zum Zwecke der Ausschließung eines Hypotheken-, Grundschuld- oder Rentenschuldgläubigers im Falle des § 1171 BGB. zu prüfen sein, ob der Antragsteller die Hinterlegung des dem Gläubiger gebührenden Betrages tatsächlich bewirkt hat, da das Ausschlußurteil hier erst dann erlassen werden kann, wenn diese Hinterlegung erfolgt ist (§ 987 Abs. 4 ZPO.), und so wird namentlich bei dem Urkundenaufgebot festzustellen sein, ob der Antragsteller die in den §§ 1010 ff. ZPO. vorgeschriebenen Zeugnisse in ordnungsmäßiger Form beigebracht hat.

II. Das Gericht hat ferner von Amts wegen die eingegangenen Anmeldungen zu prüfen.

Es ist hierbei von vornherein daran festzuhalten, daß diese Prüfung sich lediglich darauf zu erstrecken hat, ob die Anmeldungen von solcher Beschaffenheit sind, daß sie die Erlassung des Ausschlußurteils hindern.

Im wesentlichen kann es sich deshalb nur um eine Prüfung der formellen Voraussetzungen der Anmeldungen handeln; einer Entscheidung über die materielle Begründung und Berechtigung der Anmeldungen hat sich der Aufgebotsrichter nicht zu unterziehen.[1])

Die Anmeldung kann der Art sein, daß sie weder die Befugnis des Antragstellers, das Aufgebot zu beantragen, noch das von ihm behauptete Recht, welches durch das Aufgebot gegen Angriffe geschützt werden soll, in Frage stellt.

„Eine solche Anmeldung hat nur zur Folge, daß die Ansprüche von dem im übrigen auszusprechenden Eintritt der mit Recht angedrohten Rechtsnachteile auszunehmen sind, wie dies regelmäßig der Fall sein wird, wenn Rechte angemeldet werden, die nicht so weit reichen, als das von dem Antragsteller verfolgte Recht (z. B. bei dem Aufgebote eines Grundstücks werden jura in re aliena angemeldet). In anderen Fällen wird die Anmeldung genügen, um das ganze Verfahren als erledigt anzusehen (z. B. wenn der Verschollene, dessen Todeserklärung beantragt ist, sich meldet, oder die für kraftlos zu erklärende Urkunde vorgelegt wird).

Die Anmeldungen können aber auch einen Widerspruch gegen das Verfahren auf Grund solcher Umstände enthalten, welche schon bei Erlaß des Aufgebots zu berücksichtigen gewesen wären; stellt sich danach der Antrag auf Erlaß des Ausschlußurteils schon äußerlich, und ohne daß es der Entscheidung eines Streites bedarf, als unbegründet dar, so ist derselbe unbedenklich durch Beschluß zurückzuweisen, da es sich nicht bloß um den Widerspruch des Anmeldenden, sondern auch um die Zulässigkeit des Ausschlußurteils gegen alle übrigen Beteiligten handelt.“

Zwischen diesen in der Begründung des Entw. d. ZPO. v. 30. 1. 77[2]) bezeichneten Fällen liegen die im § 953 ZPO. hervorgehobenen Anmeldungen, durch welche das von dem Antragsteller zur Begründung seines Antrags behauptete Recht bestritten wird, z. B. wenn bei dem Aufgebot von Urkunden ein angeblich besser Berechtigter auftritt oder bei dem Aufgebot der Nachlaßgläubiger ein angeblich näherer Erbe als der Antragsteller Ansprüche oder Rechte an den Nachlaß anmeldet.

In diesen letzteren Fällen werden Ansprüche und Rechte geltend gemacht, über welche in dem Aufgebotsverfahren nicht entschieden werden kann, da dasselbe keine andere Bestimmung hat, als die gesetzlichen Rechtsnachteile gegen alle die Personen festzustellen, welche sich nicht gemeldet haben.

Nach Beschaffenheit des Falles ist hier vielmehr entweder das Aufgebotsverfahren bis zur endgültigen Entscheidung über das angemeldete

---

[1]) Vgl. auch RG. v. 16. 11. 07 in RGZ. 67, 97.

[2]) Vgl. Mot. z. Entw. d. ZPO. v. 30. 1. 77.

Recht auszusetzen, oder in dem Ausschlußurteile das angemeldete Recht vorzubehalten.[3])

Die Entscheidung über das angemeldete Recht ist alsdann im besonderen Prozeß bei dem nach den allgemeinen Zuständigkeitsregeln zuständigen Prozeßgericht herbeizuführen.

Gegen die Aussetzung des Verfahrens steht dem Antragsteller die Beschwerde, gegen die Ablehnung der von dem Anmeldenden beantragten Aussetzung steht diesem die sofortige Beschwerde zu. Sofortige Beschwerde ist auch zulässig, wenn in dem Ausschlußurteil dem Antrage entgegen ein angemeldetes Recht vorbehalten ist.[4])

Die sofortige Beschwerde ist binnen einer Notfrist von zwei Wochen, welche mit der Verkündung der Entscheidung beginnt,[5]) bei dem mit dem Aufgebotsverfahren befaßten Gericht einzulegen; die Einlegung bei dem Beschwerdegericht genügt jedoch zur Wahrung der Notfrist, auch wenn der Fall für dringlich nicht erachtet wird.

Das Gericht ist zu einer Abänderung seiner durch sofortige Beschwerde angegriffenen sachlichen Entscheidung nicht befugt.[6])

Die Wiederaufnahme des Verfahrens nach Erledigung des Aussetzungsgrundes erfolgt gemäß §§ 250, 496 Abs. 2, 497 ZPO. durch Einreichung eines Schriftsatzes oder mündliche Erklärung bei dem Aufgebotsgericht. Die öffentliche Bekanntmachung des neuen Termins ist nicht erforderlich.[7])

Hervorzuheben ist hier endlich noch, daß für denjenigen, welcher die Anmeldung von Rechten oder Ansprüchen bereits vor dem Aufgebotstermine angebracht hat, eine Verpflichtung, im Aufgebotstermine selbst zu erscheinen, nicht besteht, wie denn auch dementsprechend eine Vorladung des Anmeldenden durch das Gericht oder den Antragsteller nirgends vorgeschrieben ist.

III. Das Gericht kann zur Vorbereitung für die zu erlassende Entscheidung nähere Ermittlungen anstellen, die sowohl die Förmlichkeiten des Verfahrens, als auch dessen materielle Voraussetzungen betreffen können. Für das Aufgebotsverfahren zum Zwecke der Todeserklärung eines Verschollenen ist die Vornahme der zur Feststellung des Sachverhalts erforderlichen Ermittelungen ausdrücklich vorgeschrieben und zugleich bestimmt, daß das Gericht hierbei die in dem Aufgebotsantrag angegebenen Beweismittel benutzen und die geeignet erscheinenden Beweise aufnehmen soll.[8]) Welche Beweise in diesen und in den sonstigen Aufgebotsfällen zu erfordern sind, ist dem richterlichen Ermessen unter Berücksichtigung der einschlagenden Sondergesetze überlassen. Insbesondere kann aber in allen Fällen die Versicherung der Wahrheit einer Behauptung

---

[3]) Vgl. § 953 ZPO.

[4]) Vgl. §§ 252 und 952 Abs. 4 ZPO.

[5]) Vgl. § 577 Abs. 1 und 2 ZPO. Wenn die Aussetzung des Aufgebotsverfahrens bereits vor dem Aufgebotstermin erfolgt, was an sich nicht unzulässig erscheint, so muß der dahin lautende Beschluß dem Antragsteller zugestellt werden. Die zweiwöchige Notfrist beginnt alsdann erst mit der Zustellung.

[6]) Vgl. § 577 Abs. 3 ZPO.

[7]) Vgl. § 955 ZPO.

[8]) Vgl. § 968 ZPO.

des Antragstellers an Eidesstatt angeordnet werden,[9]) und ohne Zweifel kann das Gericht auch die eidliche Vernehmung anderer Personen anordnen, für welche Vernehmung alsdann die in den §§ 373 ff. ZPO. über den Zeugenbeweis enthaltenen allgemeinen Grundsätze zur Anwendung kommen.[10])

IV. Die Entscheidung, welche das Gericht auf die in dem Aufgebotstermine stattgehabte Verhandlung und die etwaigen näheren Ermittelungen hin fällt, lautet entweder:

1. auf Zurückweisung des Antrags.

Diese Zurückweisung erfolgt durch Beschluß, welcher, da er auf Grund der im Aufgebotstermin stattgehabten mündlichen Verhandlung ergeht, nach § 329 Abs. 1 ZPO. verkündet werden muß.

Gegen den zurückweisenden Beschluß findet nach § 952 Abs. 4 ZPO. die sofortige Beschwerde statt.

Dieselbe ist, wie in der Begründung des Entw. d. ZPO. v. 30. 1. 77 hervorgehoben wird, um so mehr das geeignete Rechtsmittel, als die unter Umständen mit der Einleitung des Verfahrens verknüpften materiellen Wirkungen ohne die Notwendigkeit einer sofortigen Beschwerde ins Ungewisse fortbestehen bleiben würden.

Durch Versäumung der zur Einlegung der sofortigen Beschwerde gegebenen zweiwöchigen Notfrist werden die materiellen Wirkungen der Einleitung des Aufgebotsverfahrens endgültig beseitigt.

Selbstverständlich bleibt es dem Antragsteller unbenommen, unter Verzicht auf die Beschwerde den Aufgebotsantrag unter anderer und besserer Begründung zu wiederholen und dadurch ein neues Aufgebotsverfahren zu erwirken.

Einer teilweisen Zurückweisung des Antrags ist es gleichzustellen, wenn das Ausschlußurteil nicht unbedingt dem Antrage entsprechend erlassen wird, gegen den Antrag vielmehr einzelne angemeldete Rechte oder Ansprüche vorbehalten oder sonstige Beschränkungen dem Ausschlußurteile beigefügt werden.

Auch in diesen Fällen soll die sofortige Beschwerde Anwendung finden.

Das Ausschlußurteil bleibt unberührt; zum Gegenstande der Beschwerde können nur die demselben beigefügten Beschränkungen und Vorbehalte gemacht werden.

2. auf Erlassung des Ausschlußurteils.

Ein Ausschlußurteil kann in allen Fällen nur auf Antrag erlassen werden.[11])

Der Antragsteller muß also stets noch einen besonderen Antrag auf Erlassung des Ausschlußurteils stellen, und zwar kann er dies entweder

---

[9]) Vgl. § 952 Abs. 2 ZPO.

[10]) Der Antragsteller selbst kann infolge der ihm zuerteilten Parteistellung nicht als Zeuge vernommen werden. Vgl. OLG. Naumburg v. 22. 5. 03 im „Recht“ 1903 Nr. 1733; Foerster-Kann a. a. O. § 968 Anm. 1; Stein-Jonas a. a. O. § 968 Anm. II.

[11]) Vgl. § 952 Abs. 1 und § 954 ebenda.

bereits vor dem Aufgebotstermin, oder in dem Aufgebotstermin selbst, persönlich oder durch einen Bevollmächtigten tun.[12])

Wenn der Antragsteller weder in dem Aufgebotstermin erschienen ist, noch vor dem Termin den Antrag auf Erlassung des Ausschlußurteils gestellt hat, so ist in Ermangelung eines Antrages über den Ausschluß nicht angemeldeter Ansprüche oder Rechte überhaupt nicht zu entscheiden. Von Amts wegen ergeht ein Ausschlußurteil nicht.

Ebensowenig ist etwa von Amts wegen ein neuer Aufgebotstermin anzuberaumen.

Die Bestimmung eines solchen erfolgt vielmehr ebenfalls lediglich auf Antrag des Antragstellers.

Ein solcher Antrag ist nur binnen einer vom Tage des Aufgebotstermins laufenden Frist von sechs Monaten zulässig, damit nicht das Ausschlußurteil unter vielleicht ganz veränderten Verhältnissen erlassen wird.[13])

Nach Ablauf der sechsmonatigen Frist, gegen welche eine Wiedereinsetzung in den vorigen Stand nicht zulässig ist (vergl. § 233 ZPO.), wird das Aufgebotsverfahren ohne weitere gerichtliche Entscheidung erledigt und die Weglegung der Akten angeordnet.

Die mit der Einleitung des Aufgebotsverfahrens eingetretenen rechtlichen Wirkungen werden aufgehoben, und es kann nunmehr vom Antragsteller nur die vollständige Wiederholung des Aufgebotsverfahrens beantragt werden.

Wenn der Antragsteller übrigens auch den neu anberaumten Aufgebotstermin versäumt, so kann er, da eine entgegenstehende Vorschrift nicht gegeben ist, wiederum binnen einer vom Tage des zweiten Termins laufenden Frist von sechs Monaten die Anberaumung eines neuen Termins beantragen.

In allen Fällen, in welchen zur Erledigung des Aufgebotsverfahrens, sei es auf Grund des § 954 ZPO. oder aus anderen Gründen,[14]) ein neuer Termin bestimmt wird, ist eine öffentliche Bekanntmachung dieses neuen Termins nicht erforderlich.[15])

---

[12]) Vgl. § 952 Abs. 2 ebenda. Der Antragsteller vor dem Aufgebotstermin ist nach jeder Richtung so zu behandeln, wie wenn er im Termin erschienen und den Antrag gestellt hätte, so daß insbesondere auch der Lauf der im Abs. 3 vorgesehenen Beschwerdefrist gemäß § 577 Abs. 2 mit der Verkündung des Beschlusses beginnt.

[13]) Vgl. § 954 ZPO. Die sechsmonatige Frist ist als Notfrist nicht bezeichnet; ihr Lauf wird also, da Aufgebotssachen auch keine Feriensachen sind, durch die Gerichtsferien gehemmt. Der noch übrige Teil der Frist beginnt mit dem Ende der Ferien zu laufen. Vgl. § 223 Abs. 1 ZPO. und § 202 GVG. S. oben § 6 S. 13.

[14]) Der allgemeinen Vorschrift des § 228 ZPO. entsprechend kann selbstverständlich auch der Aufgebotsrichter stets von Amts wegen einen Termin verlegen, eine Verhandlung vertagen und die Anberaumung eines Termins zur Fortsetzung der Verhandlung oder zur Verkündung der Entscheidung anordnen.

[15]) Vgl. § 955 ZPO. Im übrigen ist es durch die Bestimmung des § 955 ZPO. durchaus nicht verboten, den neuen Termin öffentlich bekannt zu machen, wenn dies etwa nach der besonderen Lage des Einzelfalles wünschenswert erscheint.

Der Antragsteller ist zu dem neuen Termin vom Amts wegen zu laden. Sind bereits in dem ersten Termin andere Beteiligte erschienen, so müssen auch diese, ebenso wie alle diejenigen, welche sich schon vorher mit Ansprüchen gemeldet haben, zu dem zweiten Termin und zu etwaigen ferneren Terminen von Amts wegen geladen werden.[16])

§ 10.

Das Ausschlußurteil.

I. Der Inhalt des Ausschlußurteils.

Die ZPO. hat über den Inhalt des Ausschlußurteils nur für den Fall der Todeserklärung eines Verschollenen im § 970 und für die Fälle des Urkundenaufgebots in § 1017 Abs. 1 eine besondere Bestimmung getroffen.[1])

Für alle übrigen Aufgebotsfälle ergibt sich jedoch aus den sonstigen Vorschriften des Gesetzes, daß das Ausschlußurteil:

1. diejenigen Beteiligten, an welche das Aufgebot ergangen ist, und welche sich trotz desselben nicht gemeldet haben, mit ihren Ansprüchen und Rechten für ausgeschlossen erklären muß.

   Eine besondere, namentliche Ausschließung der bekannten und besonders vorgeladenen Beteiligten ist gesetzlich nicht vorgeschrieben, wird jedoch im einzelnen Falle nach richterlichem Ermessen unbedenklich erfolgen können.

   Welche rechtliche Bedeutung dieser Ausschluß hat und in welcher Form demzufolge der Ausschluß in dem Urteil auszusprechen ist, bestimmt sich nach dem für den betreffenden Aufgebotsfall maßgebenden Sondergesetz.

2. die im Aufgebotsverfahren rechtzeitig (vergl. oben § 8) angemeldeten Ansprüche und Rechte dem Ges. gemäß, d. h. durch entsprechenden Vorbehalt nach § 953 ZPO. berücksichtigen muß.

Eine Entscheidung über die Kosten des Aufgebots braucht nicht getroffen zu werden, da ein Parteienstreit nicht vorliegt und die Gebühr für das gesamte Verfahren nur einmal einheitlich in Höhe der Hälfte des Gebührentarifs erhoben wird und mit der Antragstellung fällig ist. Die Kosten trägt in allen Fällen grundsätzlich derjenige, welcher das Aufgebotsverfahren beantragt hat; eine Ausnahme bildet der § 971, nach dem die Kosten der Todeserklärung dem Nachlaß zur Last fallen, auch werden Mehrkosten, die durch unberechtigten Widerspruch eines Gegners im Termin entstehen, diesem auferlegt werden können.[2])

---

[16]) So auch Struckmann und Koch a. a. O. Anm. 2 zu § 955 und Foerster-Kann a. a. O. Anm. zu § 955.

[1]) Vgl. unten § 23 und § 42.

[2]) Vgl. § 33 Ziff. 6, § 77 GKG. und unten § 13. Stein-Jonas (ZPO. 1929 § 952 Anm. III, 3) hält eine Entscheidung über die Kosten nach Maßgabe der §§ 91 ff. ZPO. für notwendig. Für den Inhalt des Ausschlußurteils bei dem Aufgebot einer Urkunde, dem Aufgebot zum Zwecke der Todeserklärung und dem Aufgebot zum Zwecke der

Für den Wert des Streitgegenstands ist bei Anwendung des § 3 ZPO. das Interesse des Antragstellers maßgebend, das sich nicht notwendig mit dem Werte des auszuschließenden Rechts deckt.[3])

II. Die Verkündung und Bekanntmachung des Ausschlußurteils.

Das Ausschlußurteil ist in öffentlicher Sitzung zu verkünden.[4])

Die Verkündung erfolgt durch Vorlesung der Urteilsformel.[5])

Wird die Verkündung der Entscheidungsgründe für angemessen erachtet, so erfolgt sie durch Vorlesung der Gründe oder durch mündliche Mitteilung des wesentlichen Inhalts derselben.[5])

Die Verkündung kann in dem Aufgebotstermin oder in dem neuen Verhandlungstermin (vergl. oben § 9) oder in einem besonderen, lediglich zur Verkündung anberaumten Termine geschehen; sie ist, wie die Verkündung aller Entscheidungen, durch Aufnahme in das Protokoll festzustellen.[6])

Eine Zustellung des Ausschlußurteils an den Antragsteller oder sonst bekannte Beteiligte ist nicht erforderlich. Es bleibt diesen Personen lediglich selbst überlassen, nach Maßgabe des § 299 der ZPO. durch die Geschäftsstelle sich Ausfertigung, Auszug oder Abschrift des Ausschlußurteils erteilen zu lassen. Die Anfertigung der Abschriften usw. kann von vorgängiger Zahlung eines die Schreibgebühr deckenden Betrages abhängig gemacht werden. (§ 76 Abs. 2 DGKG.)

Inwieweit eine Mitteilung des Ausschlußurteils an gewisse Behörden erfolgen muß, bestimmt sich nach den für den einzelnen Fall maßgebenden Sondergesetzen.

Die Veröffentlichung des Ausschlußurteils ist nach § 956 ZPO. im allgemeinen in das Ermessen des Gerichts gestellt und nur für das bei dem Aufgebot von Urkunden ergehende Ausschlußurteil zwingend vorgeschrieben (§ 1017 Abs. 2 ZPO.).

Bei der Höhe der Einrückungskosten und um Unbilligkeiten durch Häufung von Kosten zu vermeiden, hat die ZPO. es für zweckmäßig und auch in allen Fällen für genügend erachtet, daß der wesentliche Inhalt des ergangenen Ausschlußurteils zur öffentlichen Kenntnis gebracht wird.[7])

Nähere Bestimmungen über den Umfang der Veröffentlichung sind nicht gegeben. Die Umstände müssen entscheiden, ob mehr als der entscheidende Teil des Urteils oder nur dieser bekannt zu machen ist, und

---

Ausschließung der Nachlaßgläubiger sind unter ZP. Nr. 69, 69 b, 69 c amtliche Vordrucke festgestellt.

[3]) Vgl. Friedlaender, Deutsches Gerichtskostenges. 1928, § 33 Anm. 37.

[4]) Vgl. § 952 Abs. 1 ZPO.

[5]) Vgl. § 311 Abs. 1 und 2 ZPO.

[6]) Vgl. § 160 Nr. 6 ZPO.

[7]) Vgl. §§ 956 und 1017 Abs. 2 ZPO. Es genügt also z. B. bei dem Aufgebot zum Zwecke der Ausschließung eines Grundeigentümers folgende:

Bekanntmachung.

Durch Ausschlußurteil des unterzeichneten Gerichts vom heutigen Tage

ob etwa die Veröffentlichung periodisch unter Anwendung der Tabellenform geschehen kann.[8])

Die von Amts wegen zu bewirkende öffentliche Bekanntmachung des Ausschlußurteils hat sich grundsätzlich auf eine einmalige Einrückung in den Deutschen Reichsanzeiger zu beschränken.[9]) Wenn es sich um das Aufgebot einer Urkunde handelt, steht die wiederholte Einrückung im Ermessen des Gerichts,[10]) und wenn das Aufgebot ein auf den Inhaber lautendes Papier betrifft und in der Urkunde vermerkt oder in den Bestimmungen, unter denen die erforderliche staatliche Genehmigung erteilt wurde, vorgeschrieben ist, daß die öffentliche Bekanntmachung des Ausschlußurteils durch bestimmte andere Blätter zu erfolgen habe, so muß die Bekanntmachung auch durch Einrückung in diese Blätter erfolgen. Das gleiche gilt bei Schuldverschreibungen, die von einem deutschen Lande oder früheren Bundesstaate ausgegeben sind, wenn die öffentliche Bekanntmachung durch bestimmte Blätter landesgesetzlich vorgeschrieben ist.[11])

Zugunsten einer landesgesetzlichen Erleichterung des Aufgebotsverfahrens hat sodann die ZPO. in den §§ 1023 und 1024 die Bestimmung getroffen, daß die Landesgesetze bei Aufgeboten der im § 808 BGB. bezeichneten Art und bei den Aufgeboten, welche auf Grund der §§ 887, 927, 1104, 1112, 1162, 1170, 1171, 1269 BGB., des § 765 des HGB. und des § 110 des Binnenschiffahrtsg. v. 15. 6. 95 ergehen, die Art der Veröffentlichung des Ausschlußurteils auch anders als es in ihren §§ 956 und 1017 Abs. 2 vorgeschrieben ist, bestimmen können.

Von diesem Vorbehalt hat die Preußische Landesgesetzgebung in den §§ 7—9 AGzZPO. v. 22. 9. 99 in der Fassung der Bek. v. 6. 10. 99 und der 2. VO. d. StM. zur Einschränkung der öffentl. Bekanntmachungen v. 17. 12. 24 (GS. 759) Gebrauch gemacht. Im Interesse der Vereinfachung des Verfahrens und der Ersparnis an Einrückungsgebühren ist die Veröffentlichung des Ausschlußurteils in den vorbezeichneten Aufgebotsfällen grundsätzlich auf eine einmalige Einrückung des wesentlichen Inhalts des Ausschlußurteils in den öffentlichen Anzeiger des Amtsblatts beschränkt und nur bei Aufgeboten von Urkunden der im § 808 BGB. bezeichneten Art, von Hypotheken-, Grundbuch- und Rentenschuldbriefen (§ 1162 BGB.), sowie bei Aufgeboten, welche auf Grund des § 136 des Reichsg. über die Zwangsversteigerung und Zwangsverwaltung v. 24. 3.

---

ist der im Grundbuche von Mühlbach Nr. 24 eingetragene Eigentümer, Bauer Gottfried Michelmann, mit seinem Rechte ausgeschlossen.

Erfurt den .....

Das Amtsgericht.

oder

bei dem Aufgebot zum Zwecke der Kraftloserklärung eines Hypothekenbriefes folgende:

Bekanntmachung.

Durch Ausschlußurteil des unterzeichneten Gerichts vom heutigen Tage ist der Hypothekenbrief vom 22. Dezember 1890 über die in Abt. III Nr. 5 auf dem Grundstück Mühlbach Nr. 24 für den Bauer Gottfried Michelmann eingetragene Darlehnsforderung von 1500 M. für kraftlos erklärt.

Erfurt, den ....

Das Amtsgericht.

97 ergehen, dem Gericht die Befugnis gegeben, anzuordnen, daß die Einrückung noch in andere Blätter — also auch, wenn es für angezeigt erachtet wird im Deutschen Reichsanzeiger — und zu mehreren Malen erfolgen, oder daß die Einrückung in das Amtsblatt unterbleiben und durch Anheften an die Gerichtstafel ersetzt werden soll. Die Einrückung in das Amtsblatt entfällt ohne weiteres, soweit die Veröffentlichung auf Grund der Vorschriften des § 1009 Abs. 3 und des § 1017 Abs. 2 Satz 2 ZPO. durch Einrückung in den deutschen Reichsanzeiger erfolgen muß.

III. Die Rechtskraft des Ausschlußurteils.

Das Ausschlußurteil erlangt unmittelbar mit seiner Verkündung die Rechtskraft. Es wirkt gegen alle, welche Rechte nicht angemeldet haben, nicht aber gegen die, denen ihre Rechte vorbehalten sind. Der Vorbehalt bedeutet keine Entscheidung darüber, ob das Recht besteht, sondern stellt nur fest, daß andere Berechtigte nicht vorhanden sind. Über das Bestehen des Rechts muß notfalls im Prozeßwege entschieden werden.[12])

Gegen das Ausschlußurteil ist weder der Einspruch, noch ein Rechtsmittel statthaft. In der Begründung der ZPO. v. 30. 1. 77 wird in dieser Beziehung zutreffend hervorgehoben,[13]) daß aus der Eigenschaft des Ausschlußurteils als eines auf Versäumnis ergehenden Urteils nichts für die Zulässigkeit des Einspruchs folge, da das Ausschlußurteil neben dieser seiner Bedeutung den positiven Charakter einer wirklichen, nach stattgefundener Verhandlung ergehenden Entscheidung habe, durch welche Rechte aufgehoben und neue begründet werden. „Dies zeigt sich namentlich bei der Amortisation von Urkunden mit der Wirkung, daß an Stelle derselben neue Urkunden auszufertigen sind. In Wirklichkeit wäre die Zulassung des Einspruchs auch nichts weiter als eine Verlängerung der Aufgebotsfrist. Zur Anfechtung des Ausschlußurteils Rechtsmittel zuzulassen, muß schon deshalb bedenklich sein, weil in erster Instanz zwei Parteien nicht vorhanden gewesen sind, der Rechtsstreit als solcher also in zweiter Instanz beginnen und die erste Instanz den Beteiligten entzogen werden würde. Für Rechtsmittel würde außerdem jeder Anhalt für den festen Beginn der Rechtsmittelfrist fehlen; denn die Zustellung des Urteils an unbekannte Beteiligte ist unmöglich, und die Annahme eines formellen Ersatzes der Zustellung wie die öffentliche Bekanntmachung des Urteils oder der Aushang an der Gerichtsstelle würde die Rechte der Beteiligten, welche das Urteil erst nach wirklich erlangter Kenntnis von demselben anfechten können, schwer gefährden."

---

[8]) Vgl. Mot. zur ZPO. v. 30. 1. 77 S. 469 und Struckmann-Koch a. a. O. Anm. 1 zu § 956.

[9]) Vgl. § 956 ZPO. Es wird allerdings unbedenklich zulässig sein, auf Wunsch des Antragstellers die Veröffentlichung des Urteils auch in anderen Blättern und zu mehreren Malen anzuordnen, wenn der Antragsteller sich zur Zahlung der hierdurch entstehenden Mehrkosten ausdrücklich bereit erklärt.

[10]) Vgl. § 1017 Abs. 2 ZPO.

[11]) Vgl. §§ 1017 Abs. 2 und 1009 Abs. 3 ZPO.

[12]) Vgl. § 957 Abs. 1 §§ 952, 953 ZPO. RG. v. 16. 11. 07 in RGZ. 67, 95 ff.

[13]) Vgl. Mot. S. 464 und wegen der Unzulässigkeit des Einspruchs insbesondere RG. in JW. 86 S. 116; SeuffertsArch. Bd. 42 Nr. 83.

Eine Anfechtung des Ausschlußurteils kann deshalb nur im Wege der Klage erfolgen (Anfechtungsklage).[14])

§ 11.

Die Anfechtungsklage.

Das Ausschlußurteil kann bei dem Landgericht, in dessen Bezirk das Aufgebotsgericht seinen Sitz hat, mit der sogen. Anfechtungsklage angefochten werden.[1])

Zur Erhebung der Anfechtungsklage ist nur berechtigt, wer durch das ergangene Ausschlußurteil in seinem Rechte verletzt ist. In dem Aufgebotsverfahren zum Zwecke der Todeserklärung ist zur Erhebung der Klage außerdem noch jeder berechtigt, der an der Aufhebung der Todeserklärung oder an der Berichtigung des Zeitpunkts des Todes ein rechtliches Interesse hat.[2])

Die Klage ist gegen den Antragsteller zu erheben.[3]) Für das Aufgebot zum Zwecke der Todeserklärung ist die besondere Bestimmung getroffen, daß hier die Klage gegen den, welcher die Todeserklärung erwirkt hat, falls aber dieser die Klage erhebt oder falls er verstorben oder sein Aufenthalt unbekannt oder im Auslande ist, gegen den Staatsanwalt zu richten ist.[4])

Die Klage ist nur zulässig:[5])

1. wenn ein Fall nicht vorlag, in welchem das Gesetz das Aufgebotsverfahren zuläßt;
2. wenn die öffentliche Bekanntmachung des Aufgebots oder eine in dem Gesetze vorgeschriebene Art der Bekanntmachung unterblieben ist;
3. wenn die vorgeschriebene Aufgebotsfrist nicht gewahrt ist;
4. wenn der erkennende Richter von der Ausübung des Richteramtes kraft Gesetzes ausgeschlossen war;
5. wenn ein Anspruch oder ein Recht ungeachtet der erfolgten Anmeldung nicht dem Gesetze gemäß in dem Urteil berücksichtigt ist;
6. wenn die Voraussetzungen vorliegen, unter welchen die Restitutionsklage wegen einer strafbaren Handlung stattfindet, und

---

[14]) Über die Anfechtbarkeit von Beschränkungen und Vorbehalten, welche dem Ausschlußurteil beigefügt sind, vgl. § 952 Abs. 4 ZPO. und oben § 9 S. 22. — Restitutions- und Nichtigkeitsklage gegen das Ausschlußurteil sowie Wiederaufnahmeverfahren sind nicht zulässig. Vgl. Struckmann und Koch a. a. O. Anm. 1 zu § 957 und Stein-Jonas, Anm. 1 zu § 957. Bei Ungewißheit über die Auslegung des Ausschlußurteils kann die negative Feststellungsklage erhoben werden. RG. v. 22. 12. 00 in RGZ. 48, 371.

[1]) Vgl. § 957 Abs. 2 ZPO. Die streitige Frage, ob der im § 957 festgelegte Gerichtsstand ein ausschließlicher ist, hat das RG. im Urt. vom 24. 2. 12, RGZ. 78, 378 bejaht. Vgl. auch Stein-Jonas, § 957 Anm. IV und Foerster-Kann, § 957 Anm. 2d.

[2]) Vgl. dazu KG. v. 5. 12. 13, Rechtspr. d. OLG. 29, 276, ferner § 974 Abs. 1 ZPO. S. unten § 43.

[3]) Vgl § 957 Abs. 2 ZPO.

[4]) Vgl. § 974 Abs. 2 ZPO. Vgl. unten § 43.

[5]) Vgl. § 957 Abs. 2 Nr. 1—6 ZPO.

7. bei dem Aufgebot zum Zwecke der Todeserklärung auch dann, wenn diese mit Unrecht erfolgt oder der Zeitpunkt des Todes des Verschollenen unrichtig festgestellt ist.[6])

Die Anfechtungsklage ist, sofern sie auf einen der zu 1—6 bezeichneten Gründe gestützt wird, binnen der Notfrist eines Monats zu erheben.[7])

Diese Frist beginnt in diesen Fällen zu 1—6 mit dem Tage, an welchem der Kläger Kenntnis von dem Ausschlußurteil erhalten hat, in dem Falle jedoch, wenn die Klage auf einem der oben zu 4 und 6 bezeichneten Anfechtungsgründe beruht und dieser Grund an jenem Tage noch nicht zur Kenntnis des Klägers gelangt war, erst mit dem Tage, an welchem der Anfechtungsgrund dem Kläger bekannt geworden ist.[8])

Wenn die Anfechtungsklage bei dem Aufgebot zum Zwecke der Todeserklärung auf den oben zu 7 bezeichneten Grund gestützt werden soll, so ist sie ebenfalls nur innerhalb der Frist von einem Monat, die aber hier keine Notfrist ist, zulässig. Die Frist beginnt hier mit der Erlassung des die Todeserklärung aussprechenden Urteils.[9])

Nach Ablauf von zehn Jahren, von dem Tage der Verkündung des Ausschlußurteils an gerechnet, ist die Anfechtungsklage in allen Fällen unzulässig.[10])

Besondere Vorschriften über das Verfahren im Anfechtungsprozeß hat die ZPO. nur für das Aufgebot zum Zwecke der Todeserklärung gegeben, die unten im § 43 des näheren erörtert werden sollen. Im übrigen kommen für das Verfahren lediglich die allgemeinen Vorschriften der ZPO. über das Verfahren vor den Landgerichten (§§ 253 ff.) zur Anwendung.

Nur hinsichtlich der Veröffentlichung des auf die Anfechtungsklage ergangenen Urteils ist für die Fälle des Urkundenaufgebots die besondere Bestimmung getroffen, daß das Urteil, soweit dadurch die Kraftloserklärung der Urkunde aufgehoben wird, nach eingetretener Rechtskraft in gleicher Weise wie das Ausschlußurteil seinem wesentlichen Inhalt nach einmal durch den Deutschen Reichsanzeiger öffentlich bekannt gemacht werden soll.[11])

Auf Grund des in den §§ 1023 und 1024 ZPO. zugunsten der Landesgesetzgebung gemachten Vorbehalts ist durch die §§ 7 und 9 AG. v. 22. 9. 99 in Verbindung mit der 2. VO. d. StM. zur Einschränkung der öffentl. Bekanntmachg. v. 17. 12. 24 (GS. 759) in Preußen an die Stelle der Bekanntmachung im Deutschen Reichsanzeiger für die Fälle des Aufgebots einer Urkunde der im § 808 BGB. bezeichneten Art, der Hypotheken-, Grundschuld- und Rentenschuldbriefe (§ 1162 BGB.) und der auf Grund des § 136 des Reichsg. über die Zwangsversteigerung und die Zwangsverwaltung v. 24. 3. 97 ergehenden Aufgebote grundsätzlich die einmalige Einrückung in den öffentlichen Anzeiger des Amtsblattes

[6]) Vgl. § 973 ZPO.
[7]) Vgl. § 958 Abs. 1 in Verbindung mit § 976 Abs. 1 ZPO.
[8]) Vgl. § 958 Abs. 1 ZPO.
[9]) Vgl. § 976 Abs. 1 ZPO. und unten § 43.
[10]) Vgl. § 958 Abs. 2 ZPO.
[11]) Vgl. § 1017 Abs. 3 in Verbindung mit § 1009 Abs. 3 ZPO.

getreten. Dabei ist jedoch ebenfalls dem Gericht die Befugnis belassen, in geeigneten Fällen anzuordnen, daß die Einrückung noch in andere Blätter — also auch in den Deutschen Reichsanzeiger — und zu mehreren Malen erfolgen, oder daß die Einrückung in den öffentlichen Anzeiger des Amtsblatts unterbleiben und durch Anheften an die Gerichtstafel ersetzt werden soll. Die Einrückung in das Amtsblatt hat ohne weiteres zu unterbleiben, soweit die Veröffentlichung auf Grund der Vorschriften des § 1009 Abs. 3 und des § 1017 Abs. 2 Satz 2 ZPO. durch Einrückung in den deutschen Reichsanzeiger erfolgen muß.

Über die Wirkung des auf die Anfechtungsklage ergangenen, das frühere Ausschlußurteil aufhebenden Urteils hat die ZPO. ebenfalls nur für das Aufgebot zum Zwecke der Todeserklärung im § 976 Abs. 3 die besondere Bestimmung getroffen, daß das Urteil für und gegen alle wirken soll, wenn infolge einer Anfechtungsklage die Todeserklärung aufgehoben oder eine andere Todeszeit festgestellt wird. Im übrigen kann, wie in der Begründung der ZPO. v. 30. 1. 77 hervorgehoben wird, die Anfechtung eine Aufhebung des Ausschlußurteils jedenfalls nur insoweit zur Folge haben, als es den Kläger berührt. Welchen Einfluß diese Aufhebung auf die den Ausschluß des Klägers voraussetzenden Rechte Dritter hat, ist nach den Grundsätzen des materiellen Rechts zu bestimmen.

Über den Umfang der Anfechtungsklage, die einzelnen Anfechtungsgründe und die zur Anstellung der Anfechtungsklage gesetzlich vorgeschriebenen Fristen ist hier im einzelnen noch folgendes zu bemerken:

I. Der Umfang der Anfechtungsklage.

Die Anfechtungsklage ist nur in beschränktem Maße zugelassen worden, weil sonst der Wert des für gewisse Verhältnisse unentbehrlichen Ausschlußverfahrens in bedenklicher Weise vermindert werden würde.

„Das Aufgebotsverfahren will", wie die Begründung der ZPO. v. 30. 1. 77 hervorhebt, „unklare schwierige Verhältnisse lösen durch Erreichung eines formalen Resultats, zu welchem Ende die dem Aufgebotsrichter nachgewiesene Wahrscheinlichkeit mit fruchtlosem Ablauf der Anmeldungsfrist zur Gewißheit erhoben wird. Demnach ist von vornherein durch die Idee des Aufgebots jede Nachprüfung des bereits dem Aufgebotsrichter vorgelegten Materials und seiner Erwägungen (sowohl in betreff des von dem Extrahenten Behaupteten, als in probatorio) ausgeschlossen. Auf den Irrtum des Aufgebotsrichters kann die Anfechtung nicht gegründet werden, auch dann nicht, wenn sich ein von ihm als wahrscheinlich bezw. gewiß angenommener Umstand (z. B. die Vernichtung eines Papiers) ex post als nicht vorhanden ausweist, und zwar auf Grund eines außerhalb der Erwägungen des Aufgebotsrichters gelegenen Faktums (z. B. daß sich die Amortisationsurkunde hinterher im Besitze des Extrahenten wiederfindet). In solchen Fällen trägt das Ausschlußurteil in sich keine Nullität; es muß ebenso wie die auf Grund desselben neu gefertigte Urkunde aufrecht erhalten und der Geschädigte auf den Weg der Schadens- resp. Bereicherungsklage verwiesen werden." Die Zulassung der Anfechtungsklage ist daher grundsätzlich auf die im § 957 Abs. 2 ZPO. aufgeführten, oben unter 1—6 angegebenen Fälle beschränkt, und außer diesen Fällen nur bei dem Aufgebot zum Zwecke der Todeserklärung dann zugelassen, wenn die

Todeserklärung mit Unrecht erfolgt oder der Zeitpunkt des Todes des Verschollenen unrichtig festgestellt ist.[12])

II. Die einzelnen Anfechtungsgründe.

Das Ausschlußurteil kann mit der sogen. Anfechtungsklage angefochten werden:

1. wenn ein Fall nicht vorlag, in welchem das Ges. das Aufgebotsverfahren zuläßt.

Es ist bereits oben (§ 4) hervorgehoben worden, daß die richterliche Prüfung des Aufgebotsantrags vor allem sich darauf erstrecken muß, ob überhaupt ein Fall vorliegt, in welchem das Ges. ein gerichtliches Aufgebotsverfahren gestattet, und daß hierbei für diejenigen Aufgebote, deren Zulässigkeit auf landesgesetzlichen Vorschriften beruht, besonders zu prüfen ist, ob nach dem betreffenden Sondergesetz der Eintritt von Rechtsnachteilen im vorliegenden Fall durch besonderen Beschluß des Gerichts festgestellt werden muß.

Der rechtliche Irrtum des Aufgebotsrichters in der Beurteilung der gesetzlichen Voraussetzungen des Aufgebots und die dementsprechend erfolgte Einleitung und Durchführung eines Aufgebotsverfahrens trotz des Mangels eines die Zulässigkeit desselben anerkennenden Ges. begründet die Anfechtungsklage.

Auf einen Fehler in der Würdigung der das Aufgebotsverfahren begründenden Tatsachen kann die Klage nicht gestützt werden, selbst wenn diese unrichtige tatsächliche Würdigung auf einer Verletzung des Ges. beruht.[13])

Unter § 957 Nr. 1 ZPO. soll übrigens, wie seinerzeit bei der Beratung der ZPO. v. 30. 1. 77 angenommen wurde, auch der Fall zu rechnen sein, wo in dem Aufgebot der bei unterbleibender Anmeldung von Rechten oder Ansprüchen eintretende Rechtsnachteil unrichtig, d. h. nicht dem maßgebenden Sondergesetz entsprechend, bezeichnet ist. Daß diese Annahme dem Wortlaut des § 957 Nr. 1 streng genommen nicht entspricht, liegt auf der Hand, doch muß sie, da die Androhung des Rechtsnachteils der wesentlichste Bestandteil des ganzen Aufgebots ist, nach der ratio legis unzweifelhaft berechtigt erscheinen.

Anders liegt die Sache, wenn der Rechtsnachteil zwar im Aufgebot richtig bezeichnet, im Ausschlußurteil aber eine unrichtige Beschränkung der angedrohten Ausschließung zum Nachteil des Antragstellers enthalten ist. In einem solchen Falle steht dem Antragsteller nach Vorschrift des § 952 Abs. 4 die sofortige Beschwerde zu.

---

[12]) Vgl. § 973 ZPO. und unten § 43. Auch dem Landesrecht ist für andere Anfechtungsgründe kein Raum gelassen. Vgl. Bolze, Pr, Bd. 2 Nr. 489; ferner RG. v. 22. 12. 00 in RGZ. 48, 367. Wenn die Voraussetzungen der §§ 812 ff. oder 823, 876 BGB. gegeben sind, kann Klage auf Bereicherung oder Schadensersatz in Frage kommen. Nach der KriegsVerschVO. v. 9. 8. 17 §§ 18 ff. ist neben der Anfechtungsklage die Aufhebung der Todeserklärung im Beschlußverfahren gegeben.

[13]) Vgl. RG. v. 22. 12. 00 (RGZ. 48 S. 367). Die Klage kann auch nicht darauf gestützt werden, daß der in § 947 erforderte Antrag gefehlt habe. RG. v. 5. 12. 13 in Rechtspr. d. OLG. 29, 276.

Für den Fall endlich, wo das Ausschlußurteil eine ungerechtfertigte Ausdehnung des angedrohten Rechtsnachteils gegen Dritte enthält, herrschte in der Justizkommission kein Zweifel darüber, daß ein solches Ausschlußurteil gegen den nicht geladenen, d. h. durch die in dem Aufgebot enthaltene öffentliche Aufforderung nicht berührten Dritten überhaupt nicht wirksam werden könne. Die Entscheidung der Frage, ob es der Beseitigung eines solchen Urteils im Wege der Anfechtungsklage binnen zehn Jahren bedürfe, soll, wie der Vertreter der Reichsregierung in der Justizkommission bemerkte, lediglich der Praxis überlassen werden.

2. wenn die öffentliche Bekanntmachung des Aufgebots oder eine in dem Ges. vorgeschriebene Art der Bekanntmachung unterblieben ist.

Die Anfechtungsklage ist demgemäß zulässig, wenn:

a) die öffentliche Bekanntmachung des Aufgebots überhaupt ganz unterblieben ist, oder ein für das Aufgebot seinem Inhalte nach wesentlicher Bestandteil nicht in die öffentliche Bekanntmachung aufgenommen ist;[14])
b) die öffentliche Bekanntmachung nicht den in der ZPO., dem AG. v. 22. 9. 99 oder den in sonstigen maßgebenden Sonderbestimmungen (§ 1009 Abs. 3 ZPO.) gegebenen Vorschriften entsprechend erfolgt ist;
c) sonstige in der ZPO. oder in den maßgebenden Sondergesetzen für den vorliegenden Fall getroffene Anordnungen über die Mitteilung des Aufgebots an bestimmte Personen nicht beobachtet sind.[15])

3. wenn die vorgeschriebene Aufgebotsfrist nicht gewahrt ist.

Rücksichtlich der Aufgebotsfrist ist es gleichgültig, ob sie in der ZPO. (§§ 950, 965, 987 Abs. 3, 994 Abs. 1, 1010, 1013, 1014, 1015) oder in dem AG. dazu v. 22. 9. 99 (§§ 7, 8, 9) bestimmt ist.

Selbst geringe Verstöße begründen hier die Anfechtung.[16])

Die Nichteinhaltung der bei mehrmaliger Einrückung des Aufgebots vom Aufgebotsrichter vorgeschriebenen Zwischenfristen (§ 949 ZPO.) ist ohne Bedeutung.

4. wenn der erkennende Richter von der Ausübung des Richteramtes kraft Gesetzes ausgeschlossen war.[17])

Als „erkennender" Richter kann nur derjenige angesehen werden, welcher das Ausschlußurteil erlassen hat. Die Anfechtungsklage findet

---

[14]) Vgl. RG. v. 23. 11. 93 in RGZ. 32 S. 139 und RG. v. 2. 2. 03 in JW. 03 S. 126 Nr. 13, „Recht" 03 Nr. 1471, DJZ. 8, 223. Zustimmend auch Foerster-Kann a. a. O. § 957 Anm. 2e 2, Stein-Jonas ZPO. 14. Aufl § 957 Anm. III 2.

[15]) So auch Stein-Jonas a. a. O. und Struckmann und Koch Anm. 5 zu § 957. Vgl. auch RG. in JW. 85 S. 140 und 94 S. 55.

[16]) Vgl. Begründung der ZPO. v. 30. 1. 77: „Rücksichtlich der Frist ist hier keine Ausnahme für geringe Verstöße gemacht, da eine solche Ausnahme nichts anderes als eine gesetzliche Abkürzung der Frist in dem zugelassenen Maße sein würde."

[17]) Ein seinerzeit in der Justizkommission gestellter Antrag, die Anfechtungsklage auch zuzulassen, wenn das erkennende Gericht nicht vorschriftsmäßig besetzt war, wurde dort abgelehnt. Vgl. Prot. S. 438. Die Vorschrift des § 957 Nr. 4 entspricht im wesentlichen den Bestimmungen der §§ 551 und 579 ZPO.

daher nicht statt, wenn etwa der Richter, welcher die Einleitung des Aufgebotsverfahrens beschlossen und das Aufgebot angeordnet hat, von der Ausübung des Richteramts ausgeschlossen werden sollte.

Ein Richter ist nach § 41 ZPO. von der Ausübung des Richteramts kraft Gesetzes ausgeschlossen:

1. in Sachen, in welchen er selbst Partei ist, oder in Ansehung welcher er zu einer Partei in dem Verhältnisse eines Mitberechtigten, Mitverpflichteten oder Regreßpflichtigen steht;
2. in Sachen seines Ehegatten, auch wenn die Ehe nicht mehr besteht;
3. in Sachen einer Person, mit welcher er in gerader Linie verwandt, verschwägert oder durch Adoption verbunden, in der Seitenlinie bis zum dritten Grade verwandt oder bis zum zweiten Grade verschwägert ist, auch wenn die Ehe, durch welche die Schwägerschaft begründet ist, nicht mehr besteht;
4. in Sachen, in welchen er als Prozeßbevollmächtigter oder Beistand einer Partei bestellt oder als gesetzlicher Vertreter einer Partei aufzutreten berechtigt ist oder gewesen ist;
5. in Sachen, in welchen er als Zeuge oder Sachverständiger vernommen ist.

Der im § 41 Nr. 6 ZPO. bezeichnete Ausschließungsgrund kann im Aufgebotsverfahren nicht zutreffen.

5. wenn ein Anspruch oder ein Recht ungeachtet der erfolgten Anmeldung nicht dem Ges. gemäß in dem Urteil berücksichtigt ist.

Die Anfechtung des Ausschlußurteils aus diesem Grunde setzt selbstverständlich voraus, daß die Anmeldung des Rechts oder Anspruchs rechtzeitig, d. h. vor oder in dem Aufgebotstermin oder wenigstens noch vor Erlassung des Ausschlußurteils erfolgt ist (§ 951 ZPO.).

Die Anfechtungsklage ist ferner hier nur zulässig, wenn das Recht oder der Anspruch nicht dem Ges. gemäß, d. h. durch entsprechenden Vorbehalt nach § 952 ZPO. berücksichtigt worden ist.

Welche Ansprüche und Rechte, bzw. unter welchen Voraussetzungen dieselben bei rechtzeitig erfolgter Anmeldung zu berücksichtigen sind, bestimmt sich lediglich nach den für den betr. Aufgebotsfall maßgebenden gesetzlichen Vorschriften.

6. wenn die Voraussetzungen vorliegen, unter welchen die Restitutionsklage wegen einer strafbaren Handlung stattfindet.

Diese Bestimmung faßt die Fälle zusammen, welche im § 580 ZPO. unter den Nummern 1—5 als Fälle der Restitutionsklage aufgezählt sind.

Danach ist die Anfechtungsklage zulässig:

1. wenn der Antragsteller[18]) durch Leistung eines Parteieides[19]) auf welche das Urteil gegründet ist, sich einer vorsätzlichen oder fahrlässigen Verletzung der Eidespflicht schuldig gemacht hat;

---

[18]) Der im § 580 Nr. 1 bezeichnete Gegner ist hier der Antragsteller, da die Anfechtungsklage gegen ihn gerichtet wird. (§ 957 Abs. 2 ZPO.)

[19]) Der Ausdruck „Parteieid" umfaßt auch die Versicherung des An-

2. wenn eine Urkunde, auf welche das Urteil gegründet ist, fälschlich angefertigt oder verfälscht war;
3. wenn durch Beeidigung eines Zeugnisses oder eines Gutachtens, auf welche das Urteil gegründet ist, der Zeuge oder der Sachverständige sich einer vorsätzlichen oder fahrlässigen Verletzung der Eidespflicht schuldig gemacht hat;
4. wenn das Urteil von dem Antragsteller oder dessen Vertreter durch eine in Beziehung auf das Aufgebotsverfahren verübte Handlung erwirkt ist, welche mit einer im Wege des gerichtlichen Strafverfahrens zu verhängenden öffentlichen Strafe bedroht ist;[20])
5. wenn ein Richter[21]) bei dem Urteile mitgewirkt hat, welcher sich in Beziehung auf das Aufgebotsverfahren einer Verletzung seiner Amtspflichten gegen die Partei schuldig gemacht hat, sofern diese Verletzung mit einer im Wege des gerichtlichen Strafverfahrens zu verhängenden öffentlichen Strafe bedroht ist.[22])
7. bei dem Aufgebot zum Zwecke der Todeserklärung, wenn die Todeserklärung mit Unrecht erfolgt oder der Zeitpunkt des Todes des Verschollenen unrichtig festgestellt ist.

Über diesen Anfechtungsgrund wird unten im § 43 bei dem Aufgebot zum Zwecke der Todeserklärung das Nähere bemerkt werden.

III. Die Klagefrist.

Die zur Erhebung der Anfechtungsklage gegebene einmonatige Frist ist in den zu 1—6 bezeichneten Fällen eine Notfrist.

Die Frist beginnt:

1. in den unter 1, 2, 3 und 5 bezeichneten Fällen mit dem Tage, an welchem der Kläger Kenntnis von dem Ausschlußurteil erhalten hat;
2. in den unter 4 und 6 bezeichneten Fällen, falls der betr. Anfechtungsgrund an dem zu 1 bezeichneten Tage noch nicht zur Kenntnis des Klägers gelangt war, erst mit dem Tage, an welchem der Anfechtungsgrund dem Kläger bekannt geworden ist.[23])

Der Lauf der Frist wird durch die Gerichtsferien nicht gehemmt.[24])

Für die Berechnung der Frist gelten die Vorschriften der §§ 187, 188, 193 BGB.[25]) Danach endigt die einmonatige Frist mit dem Ablauf desjenigen Tages des folgenden Monats, welcher durch seine Zahl dem Tage entspricht, an welchem die Frist begonnen hat; fehlt dieser Tag in dem folgenden Monat, so endigt die Frist mit dem Ablauf des letzten

---

tragstellers an Eides statt, daß eine von ihm behauptete Tatsache wahr sei. (§§ 952 Abs. 2, 294 ZPO.)

[20]) Es genügt nicht, daß die Handlung mit einer Disziplinarstrafe bedroht ist. Dasselbe gilt für den Fall der Nr. 5.

[21]) Nur der Richter, nicht der Urkundsbeamte.

[22]) Vgl. §§ 334, 336 StGB.

[23]) Vgl. § 958 Abs. 1 ZPO.

[24]) Vgl. § 223 Abs. 2 ZPO.

[25]) Vgl. § 222 Abs. 1 ZPO.

Tages dieses Monats. Fällt der letzte Tag der Frist auf einen Sonntag oder einen am Orte der Klageerhebung staatlich anerkannten allgemeinen Feiertag[26]), so tritt an die Stelle des Sonntags oder des Feiertags der nächstfolgende Werktag.

Gegen die Versäumung der Frist kann nach Maßgabe der näheren Bestimmungen der §§ 233 ff. ZPO. die Wiedereinsetzung in den vorigen Stand beantragt werden.

Der Kläger muß die Wahrung der Notfrist durch Angabe des Tages, an welchem er von dem Ausschlußurteile bzw. dem Anfechtungsgrunde Kenntnis erlangt haben will, in der Klage behaupten und unter Beweis stellen[27]).

Die Wahrung der Frist hat das Gericht von Amts wegen zu prüfen[28]).

Wenn der beklagte Antragsteller die Einhaltung der Notfrist bestreitet, so ist darüber unter den Parteien zu verhandeln und nötigenfalls Beweis zu erheben.

Eine Fiktion der erlangten Kenntnis von dem Ausschlußurteil ist auch im Falle der Bekanntmachung des Urteils durch den Deutschen Reichsanzeiger oder den öffentlichen Anzeiger des Amtsblattes nicht gestattet[29]), während diese Bekanntmachung andererseits für den Beweis der erlangten Kenntnis allerdings von Erheblichkeit sein kann. Jedenfalls wird die nachweislich erlangte Kenntnis von der Veröffentlichung des Ausschlußurteils im Reichsanzeiger oder im öffentlichen Anzeiger des Amtsblattes als Kenntnis von dem Ausschlußurteil zu behandeln sein, obwohl im Reichsanzeiger und im Amtsblatt nur der „wesentliche Inhalt" des Urteils bekannt gemacht wird.

Die Feststellung des Beginns der Klagefrist in dem zu 7 bezeichneten Fall der Todeserklärung bietet keine Schwierigkeiten.

Zur Rechtfertigung der zehnjährigen Frist, nach deren Ablauf in allen Fällen die Anfechtungsklage unzulässig ist (§ 958 Abs. 2 ZPO.), ist in der Begründung des Entw. d. ZPO. v. 30. 1. 77 hervorgehoben, daß das wesentlich auf der Beobachtung von Formen beruhende Ergebnis des Verfahrens in einer bestimmten Zeit einmal zum Abschluß kommen müsse, und in der Begründung des Entw. vom Jahre 71 ist zutreffend bemerkt,

---

26) Staatlich allgemein anerkannte Feiertage sind in Preußen: die beiden Weihnachts-, Oster- und Pfingstfeiertage, Neujahr, Karfreitag, Christi Himmelfahrt und Bußtag; in der Rheinprovinz auch: Allerheiligen (KO. v. 5. 7. 32, 7. 2. 37 und 22. 7. 39; GS. 32 S. 197, 37 S. 21, 39 S. 249). Vgl. noch wegen des Karfreitags insbesondere das Ges., betr. den Karfreitag, v. 2. 9. 99 (GS. S. 161).

27) Vgl. z. B. § 588 Nr. 2 ZPO. S. jedoch auch § 589 Abs. 2: „Die Tatsachen, welche ergeben, daß die Klage vor Ablauf der Notfrist erhoben ist, sind glaubhaft zu machen."

28) Es ist dies zwar nicht, wie in den §§ 341, 535, 566, 574 ZPO., ausdrücklich vorgeschrieben, entspricht aber, wie Struckmann und Koch a. a. O. Anm. 1 zu § 958 zutreffend hervorheben, durchaus der Natur der Klagefrist als einer Notfrist. Die Fristen der §§ 958, 976 gelten nicht für das Verfahren nach der KriegsverschollenenVO. v. 9. 8. 1917 (§ 12 Abs. 2 das.).

29) Vgl. auch Struckmann und Koch a. a. O. Anm. 1 Abs. 2 zu § 958 und Stein-Jonas a. a. O. § 958 Anm. I, 1.

daß selbst für den Fall, daß ein angemeldeter Anspruch übergangen sei, in der Festsetzung der zehnjährigen Grenze keine Härte liege, da innerhalb so langer Zeit eine Gelegenheit, von dem erfolgten Ausschluß Kenntnis zu erlangen, ohne Nachlässigkeit des Berechtigten in der Ausübung seines Rechts nicht leicht gänzlich gefehlt haben könne.

Bei der Berechnung der zehnjährigen Frist ist übrigens zu beachten, daß ihr Lauf durch die Gerichtsferien nicht gehemmt wird. Diese Frist ist keine Notfrist, sondern eine Ausschlußfrist, welche die Zulässigkeit des neu einzuleitenden Anfechtungsverfahrens begrenzt[30]).

§ 12.

Die Verbindung mehrerer Aufgebote.

Der § 959 ZPO. erteilt dem Gericht die Befugnis, „zum Zwecke der gleichmäßigen Behandlung und der Kostenersparung" auch ohne die Voraussetzung eines rechtlichen Zusammenhanges oder der Zulässigkeit der Klagenhäufung (§ 147 ZPO.) und ohne besonderen dahingehenden Antrag die Verbindung mehrerer Aufgebote anzuordnen.

Eine solche Verbindung wird, wenn die mehreren Aufgebote in bezug auf die Fristen und sonstigen Formen des Verfahrens eine gleichmäßige Behandlung zulassen, ohne Schwierigkeiten bewirkt werden können.

Auch bei Aufgeboten, welche voneinander abweichende Formen des Verfahrens verlangen, ist die Verbindung unstreitig zulässig; sie wird aber hier leicht verwickelt und unübersichtlich werden und deshalb praktisch in solchen Fällen kaum anwendbar sein.

Unbedenklich ist es auch, verschiedene Aufgebote verschiedener Antragsteller in ein Gesamtaufgebot (Sammelaufgebot) zusammenzufassen.

In der Praxis wird die Verbindung gleichartiger Aufgebote, namentlich von Urkundenaufgeboten, mit Rücksicht auf die dadurch zu erzielende Kostenersparung die Regel bilden.

Es wird sich im einzelnen Fall empfehlen, den Antragsteller, falls er nicht etwa schon von selbst die Verbindung des von ihm beantragten Aufgebots mit anderen gleichartigen Aufgeboten verlangt hat, nach vorgängiger Beschlußfassung über die Zulässigkeit des Antrags (vgl. oben § 4) unter Bescheinigung des Einganges seines Antrags und unter Hinweis auf die dadurch zu erzielende Kostenersparnis zur Erklärung darüber aufzufordern, ob er mit der Verbindung des von ihm beantragten Aufgebots mit anderen gleichartigen Aufgeboten einverstanden ist.

Wenn der Antragsteller hierauf die Einleitung eines gesonderten Aufgebotsverfahrens nicht ausdrücklich beantragt, so ist der Antrag zu besonderen Aufgebots-Sammelakten zu nehmen und in diesen Akten alsdann, sobald eine genügend erscheinende Anzahl von Aufgebotsanträgen vorhanden ist, ein Gesamtaufgebot anzuordnen.

---

[30]) Vgl. Stein-Jonas a. a. O. § 958 Anm. II in Verbindung mit § 586 Anm. II; Struckmann und Koch a. a. O. Anm. 2 zu § 958; Foerster-Kann Anm. zu § 958.

Im Zivilprozeßregister ist jeder Aufgebotsantrag auch im Falle der Verbindung unter besonderer Nummer einzutragen[1]).

§ 13.

Die Kosten des Aufgebotsverfahrens.

I. Die Gerichtskosten.

Über die Pflicht zur Tragung der Kosten des Aufgebotsverfahrens hat die ZPO. eine allgemeine Bestimmung nicht aufgenommen, weil es sich dabei, wie in der Begründung hervorgehoben wird, wesentlich nur um das in der Prozeßordnung nicht berührte Verhältnis des Fiskus zu dem Extrahenten des Verfahrens handeln könnte und, soweit die Erstattungsverbindlichkeit eines Gegners in Frage kommt, d. h. bei einem Streite zwischen dem Antragsteller und denjenigen, welche Ansprüche oder Rechte angemeldet haben, die allgemeinen Grundsätze der §§ 91 ff. ZPO. genügen. Grundsätzlich trägt der Antragsteller die Kosten gemäß § 77 GKG.

Nur für das Aufgebotsverfahren zum Zwecke der Todeserklärung eines Verschollenen ist aus Gründen der Billigkeit im Anschluß an das Preußische Allgemeine Landrecht (II, 18 § 846) und an Art. 117 des Bayerischen Ges. zur Ausführung der ZPO. v. 23. 2. 79 im § 971 ZPO. die besondere Vorschrift gegeben, daß die dem Antragsteller erwachsenen Kosten, welche zur zweckentsprechenden Durchführung des Verfahrens notwendig waren, dem Nachlasse zur Last fallen sollen.

Nach § 33 Nr. 6 DGKG. v. 18. 6. 78 in der Fassung der Bekanntmachung v. 5. 7. 27 (RGBl. I S. 152) wird für das Aufgebotsverfahren (§§ 946—956, 959—972, 977—1024) die Hälfte der im § 8 GKG. festgesetzten Gebühr erhoben. Und zwar umfaßt die Gebühr innerhalb des amtsgerichtlichen Aufgebotsverfahrens alle Stadien einschl. der Ermittlungen und Beweiserhebungen, der Erlassung des Ausschlußurteils sowie der im § 1029 vorgesehenen Zahlungssperre[1]).

---

[1]) Vgl. § 25 Abs. 18 b der Geschäftsordnung für die Geschäftsstellen der Amtsgerichte v. 18. 2. 14 (JMBl. S. 197). — Die für das Amtsgericht I zu Berlin von dem Amtsgerichtspräsidenten unter dem 9. 12. 97 erlassene Verfügung (I. B. 19187). „Die Einsichtnahme verschiedener Aufgebotsakten veranlaßt mich, darauf aufmerksam zu machen, daß, wenn in Gemäßheit der §§ 836, 138 (jetzt §§ 959, 147) ZPO. im Interesse der Kostenersparung die Verbindung mehrerer Aufgebote angeordnet wird, diese Verbindung nicht vor der Verhandlung und Endentscheidung wieder aufgehoben werden darf. Nur im Falle gleichzeitiger Verhandlung und Entscheidung dürfen die Kosten nach den zusammenzurechnenden Werten, unter Verteilung der Gesamtgebühr auf die einzelnen Sachen, berechnet werden; im Falle wieder eingetretener Trennung der Verhandlung und Entscheidung muß dagegen die Berechnung der Gebühren für diese Akte nach den Wertsobjekten der einzelnen Sachen erfolgen. Eine Trennung dieser Sachen tritt aber dann wieder ein, wenn in den einzelnen Sachen gesonderte Terminsverhandlungen aufgenommen und die Ausschlußurteile gesondert erlassen werden" ist durch die neuere Kostengesetzgebung überholt. Vgl. dazu oben § 13 Abs. 3 u. S. 38 Abs. 4.

[1]) Die Kosten des auf die Anfechtungsklage eingeleiteten Prozesses (§§ 957, 958, 973 ff.) berechnen sich nach den allgemeinen Bestimmungen des

Gebührenfrei ist das gesamte Verfahren zum Zwecke der Todeserklärung Kriegsverschollener nach der BRV. vom 18. 4. 16[2]).

Die Gebühr wird ferner nicht erhoben, wenn der das Verfahren einleitende Antrag vor einer gerichtlichen Verfügung zurückgenommen wird[3]).

Für die Wertsberechnung sind die Vorschriften der §§ 3—9 ZPO. mit den in den §§ 9ff. GKG. enthaltenen Bestimmungen maßgebend. Für die Schätzung des Streitwerts ist das Interesse des Antragstellers maßgebend. Dies braucht sich nicht mit dem Werte des auszuschließenden Rechts zu decken. So wird bei Beweisurkunden das Interesse am Besitz der Urkunde, beim Aufgebot von unbekannten Gläubigern das Interesse des Antragstellers an der Schuldbefreiung, beim Aufgebot eines Grundstückseigentümers der Wert des Grundstücks usw. zu schätzen sein[4]).

Im Falle der Verbindung mehrerer Aufgebotssachen nach § 954 ZPO. ist die Gebühr für jede Sache besonders in Ansatz zu bringen, denn die Gebühr ist in jedem einzelnen Falle bereits mit der Antragstellung begründet und fällig geworden. Auslagen, die mehrere Sachen betreffen, werden nach gleichen Teilen auf sie verteilt.

Für eine nähere Erörterung der sonstigen, auch für das Aufgebotsverfahren maßgebenden Bestimmungen des GKG. ist hier nicht der Ort; es kann deshalb im übrigen auf dieses Ges. verwiesen werden. Lediglich hervorzuheben sind auch die Bestimmungen über Kostenzahlung und Kostenvorschuß in den §§ 74ff., 84 Abs. 1 und § 86 GKG.

Besondere Erwähnung verdient jedoch an dieser Stelle die für das Aufgebot von Sparkassenbüchern hinsichtlich der Kosten bestehende, nach § 90 des GKG. in Kraft gebliebene Bestimmung des § 15 des Sparkassenreglements v. 12. 12. 38 (GS. 39 S. 10), nach welcher der Verlierer eines Sparkassenbuches zwar die Kosten des gerichtlichen Aufgebotsverfahrens zu tragen hat, ihm aber, wenn der Gegenstand 300 RM. und darüber beträgt, außer den Einrückungskosten und dem Porto nur Schreibgebühren, bei kleineren Summen dagegen nur Porto und Schreibgebühren, Einrückungsgebühren aber nur dann in Ansatz zu bringen sind, wenn das Blatt, in welches die Bekanntmachung aufge-

---

GKG. bezw. für Rechtsanwälte nach den allgemeinen Vorschriften der GO. für Rechtsanwälte v. 7. 7. 79 in der Fassung vom 5. 7. 27. Wegen der Einrichtung der Zahlungssperre überhaupt s. unten § 24. Vgl. Friedlaender, Kommentar z. DGKG. § 33 F. und ferner § 7 GKG.: „Der Mindestbetrag einer Gebühr ist 0,50 Reichsmark. Pfennigbeträge sind auf volle 10 Reichspfennig aufzurunden.

[2]) VO. des Bundesrats v. 18. 4. 16 (RGBl. S. 296) in der Fassung der Bekanntmachung v. 9. 8. 17 und des Ges. v. 20. 2. 25 (RGBl. I S. 15). Auslagen und Schreibgebühren werden jedoch erhoben. Für Preußen ist dasselbe im § 7 Abs. 1 Nr. 5 Pr.GKG. ausgesprochen; Gebühren werden hier auch dann nicht erhoben, wenn das Verfahren sich nach den Vorschriften der ZPO. richtet.

[3]) Vgl. GKG. § 33 Abs. 2. Bloße Verfügungen im inneren Geschäftsverkehr fallen nicht hierunter, wohl aber Zwischenverfügungen, die dazu bestimmt sind, an die Außenwelt zu bringen. Vgl. Friedlaender, GKG. § 33 Anm. 3 u. 56.

[4]) Vgl. Friedlaender, § 33 Anm. 37.

nommen worden, für Rechnung von Privatpersonen herausgegeben wird. Die Einrückung in die für Rechnung des Staates gedruckten Blätter erfolgt in diesen Fällen unentgeltlich.

II. Rechtsanwaltsgebühren.

Nach § 40 der GO. für Rechtsanwälte v. 7. 7. 79 in der Fassung der Bekanntmachung v. 5. 7. 27 (RGBl. I, 162) stehen im Aufgebotsverfahren (ZPO. §§ 946—956, 959—972, 977—1024) dem Rechtsanwalt als Vertreter des Antragstellers (ZPO. § 947):

1. für den Betrieb des Verfahrens einschließlich der Information,
2. für den Antrag auf Erlaß des Aufgebots,
3. für den Antrag auf Anordnung der Zahlungssperre, sofern derselbe vor dem Antrag auf Erlaß des Aufgebots gestellt wird[5]),
4. für die Wahrnehmung des Aufgebotstermins

drei Zehnteile der im § 9 GO. festgestellten Sätze zu.

Für die Tätigkeit als Beistand stehen dem Rechtsanwalt die gleichen Gebühren zu wie für die Vertretung (§ 4 GO.)[6]).

Als Vertreter oder Beistand einer anderen Person als des Antragstellers, z. B. eines Dritten, welcher infolge des Aufgebots Rechte oder Ansprüche anmeldet, erhält der Rechtsanwalt diese Gebühr nur einmal (§ 40 Abs. 2 GO.).

Auf die Wertsberechnung finden die Vorschriften der §§ 9—15 GKG. v. 18. 6. 78 in der Fassung der Bekanntmachung v. 5. 7. 27 (RGBl. I, 139) Anwendung (§ 10 GO.).

Die für die Berechnung der Gerichtsgebühren maßgebende Festsetzung des Wertes ist auch für die Berechnung der Gebühren der Rechtsanwälte maßgebend (§ 11 ebenda).

Gegen den im § 18 GKG. bezeichneten Beschluß steht dem Rechtsanwalte die Beschwerde nach Maßgabe des § 567 Abs. 3 und der §§ 568 bis 575 ZPO. sowie des § 4 Abs. 3 GKG. zu (§ 12 ebenda).

In betreff der Einforderung von Gebühren und Auslagen, sowie der sonstigen Bestimmungen der GO. für Rechtsanwälte kann hier lediglich auf diese selbst verwiesen werden[7]). Es ist nur noch zu bemerken, daß der Betrag der Vergütung durch Vertrag abweichend von den Vorschriften der GO. festgesetzt werden kann. Der Auftraggeber ist in diesem Fall an den Vertrag nur gebunden, soweit er ihn schriftlich abgeschlossen hat, und kann stets eine Berechnung der gesetzlichen Vergütung nach Maßgabe des § 86 GO. verlangen.

---

[5]) Vgl. § 1019 ZPO. und wegen der Zahlungssperre überhaupt unten § 24.

[6]) Für die Frage der Verstempelung der Aufgebotsvollmacht ist bei Aufgeboten von Hypotheken, Hypothekenbriefen, Sparkassenbüchern usw. das Objekt als „unschätzbar" anzusehen. § 4 a St.SteuerG. ist nicht anwendbar, sondern Tarifstelle 18 Ziff. 2 (früher 71 Ziff. 2). Vgl. § 4 a, 6 Stempelsteuergeſ. v. 27. 10. 24 (GS. S. 627); RGZ. 42, 193.

[7]) Vgl. insbesondere wegen der Auslagen die §§ 76 ff. GO.

Hat der Rechtsanwalt durch den Vertragsschluß die Grenze der Mäßigung überschritten, so kann die durch Vertrag festgesetzte Vergütung im Prozeßwege, nach eingeholtem Gutachten des Vorstandes der Anwaltskammer, bis auf den in der GO. bestimmten Betrag herabgesetzt werden (§ 93 Abs. 2 GO.).

§ 14.

Die geschäftliche Behandlung der Aufgebotssachen. Aufbewahrung und Vernichtung der Aufgebotsakten.

I. Die geschäftliche Behandlung der Aufgebotssachen bei den Amtsgerichten ist durch die Geschäftsordnung für die Geschäftsstellen der Amtsgerichte v. 18. 2. 14 (JMBl. S. 197) geordnet.

Nach § 25 dieser Geschäftsordnung gehören in das nach dem Muster 6 zu führende Zivilprozeßregister auch alle Aufgebotssachen, und insbesondere auch die Arten des Aufgebotsverfahrens, auf welche die Vorschriften der ZPO. nur auf Grund besonderer Gesetzesbestimmungen Anwendung finden, mit Einschluß des zur Zuständigkeit des Vollstreckungsgerichts gehörenden, nach den §§ 138, 140 des Reichsgesetzes über die Zwangsversteigerung und die Zwangsverwaltung v. 24. 3. 97 stattfindenden Aufgebotsverfahrens [1]).

Die Eintragung in das Register, sowie die Anlegung der Akten geschieht beim Eingange des auf die Einleitung des Verfahrens gerichteten Antrags [2]). Das Aktenzeichen wird durch den Buchstaben F und die Nummer des Aktenregisters unter Beifügung der Jahreszahl gebildet, gegebenenfalls unter Voranstellung einer die Abteilung der Geschäftsstelle bezeichnenden arabischen Ziffer [3]). Die Bildung von Blattsammlungen für Aufgebotssachen ist nicht zulässig [4]).

Jeder Aufgebotsantrag ist unter einer besonderen Nummer einzutragen, und zwar auch im Falle einer nach § 959 ZPO. stattfindenden Verbindung mehrerer Aufgebotssachen [5]).

Über die Termine in Aufgebotssachen wird bei den Amtsgerichten ein besonderer Kalender, wie es sonst für die Termine zur mündlichen Verhandlung vorgeschrieben ist, nicht geführt. Die sämtlichen Termine in Aufgebotssachen werden vielmehr vom Urkundsbeamten der Geschäftsstelle nur in dem nach Muster 3 zu haltenden Geschäftskalender verzeichnet [6]).

Wegen der geschäftlichen Behandlung der infolge der Anfechtungsklage vor das Landgericht gelangenden Aufgebotssachen sind die Bestimmungen der Geschäftsordnung für die Geschäftsstellen der Landgerichte v. 22. 10. 06 (JMBl. S. 392) zu vergleichen.

---

[1]) S. unten § 57 und § 25 Ziff. 1, § 54 Ziff. 14 der Geschäftsordnung v. 18. 2. 14.
[2]) Vgl. § 25 Ziff. 2 der Geschäftsordnung v. 18. 2. 14.
[3]) Vgl. § 7 Ziff. 3 ebenda.
[4]) Vgl. § 25 Ziff. 1 Satz ebenda.
[5]) Vgl. § 25 Ziff. 18b ebenda.
[6]) Vgl. § 27 Ziff. 1, § 17 Ziff. 1 ebenda.

II. Nach den Vorschriften v. 31. 12. 27 über die Vernichtung der Akten, Register und Urkunden bei den Justizbehörden (JMBl. 1928 S. 2) bleiben Ausschlußurteile im Aufgebotsverfahren zum Zwecke der Todeserklärung von der Vernichtung ausgeschlossen, während im übrigen die Akten über Aufgebotssachen zur Vernichtung nach 30 Jahren geeignet sind [7]).

Die dreißigjährige Frist beginnt mit dem Tage der Weglegung der Akten. Der Beamte, der die Weglegung zu verfügen hat, hat bei der Weglegung der Akten das Jahr, in welchem die Akten vernichtet werden können, zu bestimmen [8]).

Wenn besondere Gründe die längere als dreißigjährige Aufbewahrung von Aufgebotsakten oder einzelner Teile von solchen angemessen erscheinen lassen, so sind diese von der Vernichtung auszuschließen. Dies ist bei der Weglegung der Akten kurz zu vermerken. Die herauszunehmenden und weiter aufzubewahrenden Blätter sind bei Ausführung der Weglegungsverfügung auf dem Aktendeckel in augenfälliger Weise zu vermerken [9]).

Über die Aussonderung und den Verkauf von unbrauchbaren Akten enthalten die Vorschriften v. 31. 12. 27 über die Aussonderung und den Verkauf der Akten, Register und Urkunden bei den Justizbehörden, sowie über die Verwendung des Erlöses (JMBl. 1928 S. 9) die näheren Bestimmungen. Es soll hier nur hervorgehoben werden, daß, wenn die Aussonderung der Akten erfolgt ist, durch Anheftung an die Gerichtstafel eine Bekanntmachung erlassen werden muß, welche eine allgemeine Bezeichnung der zu vernichtenden Akten und die Aufforderung enthält, daß diejenigen, welche an der längeren Aufbewahrung der Akten ein berechtigtes Interesse haben, dasselbe innerhalb einer Frist von vier Wochen anmelden und nachweisen müssen. In einem öffentlichen Blatt, wie es früher der Fall war, ist die Bekanntmachung nicht zu veröffentlichen [10]).

---

7) Vgl. § 1 u. § 2 Ziff. 3 der A. V. v. 31. 12. 27.

8) Vgl. §§ 32, 33 ebenda u. § 7 Ziff. 14 GeschO. f. d. Gesch.stellen der AG.

9) Vgl. §§ 30, 33 Abs. 3 u. 4 AV. v. 31. 12. 27.

10) Vgl. Nr. 3 der Vorschriften v. 31. 12. 27.

Zweiter Abschnitt.

Die besonderen Bestimmungen für das Aufgebot von Urkunden.

---

§ 15.

Vorbemerkung.

Nachdem die Zulässigkeit der Kraftloserklärung von Urkunden durch das BGB. und das HGB. eine einheitliche Regelung erfahren hatte, mußte auch die ZPO. das bis dahin sehr unübersichtliche Aufgebotsverfahren zum Zwecke der Kraftloserklärung von Urkunden selbständig und möglichst einheitlich gestalten. Dies ist durch die Vorschriften der §§ 1003 bis 1024 der ZPO. geschehen, welche sich durch die allgemeinen Bestimmungen der §§ 946—959 zu einem Ganzen vervollständigen und damit für alle Fälle des Urkundenaufgebots ein in allen wesentlichen Punkten gleichartiges Verfahren bestimmen.

Infolgedessen sind der Landesgesetzgebung Abweichungen von den allgemeinen Vorschriften der ZPO. nur noch in geringem Umfange gestattet. Nach § 1006 bleiben die landesgesetzlichen Vorschriften unberührt, durch welche für das Aufgebotsverfahren zum Zwecke der Kraftloserklärung von Schuldverschreibungen auf den Inhaber, die ein deutsches Land oder früherer Bundesstaat oder eine ihm angehörende Körperschaft, Stiftung oder Anstalt des öffentlichen Rechts ausgestellt oder für deren Bezahlung ein deutsches Land oder früherer Bundesstaat die Haftung übernommen hat, ein bestimmtes Amtsgericht für ausschließlich zuständig erklärt wird.

In Preußen bestehen zurzeit derartige Vorschriften nicht.

Unberührt bleiben sodann nach § 1009 Abs. 3 ZPO. die landesgesetzlichen Vorschriften darüber, daß das Aufgebot von Schuldverschreibungen, die ein deutsches Land oder früherer Bundesstaat ausgegeben hat, durch bestimmte Blätter öffentlich bekannt gemacht werden soll.

Bezweckt das Aufgebotsverfahren die Kraftloserklärung einer Urkunde der im § 808 BGB. bezeichneten Art, so können nach § 1023 ZPO. die Landesg. über die Veröffentlichung des Aufgebots, des Ausschlußurteils und der in den §§ 1019, 1020 und 1022, betr. der Zahlungssperre vorgeschriebenen Bekanntmachungen, sowie über die Aufgebotsfrist abweichende Vorschriften erlassen.

Von diesem Vorbehalt hat die Preußische Landesgesetzgebung im § 7 des AG. v. 22. 9. 99 in der Fassung der 2. VO. d. StM. v. 17.12.24 (GS. 759) insofern Gebrauch gemacht, als sie die Notwendigkeit der Veröffentlichung durch den Deutschen Reichsanzeiger, g. F. auch durch den öffentlichen Anzeiger des Amtsblatts ausgeschlossen und die Aufgebotsfrist auf mindestens drei Monate herabgesetzt hat.

Der § 1024 ZPO. enthält sodann noch einen weiteren Vorbehalt zugunsten einer landesgesetzlichen Erleichterung des Aufgebotsverfahrens in betreff der Hypotheken-, Grundschuld- und Rentenschuldbriefe (§§ 1162, 1192 BGB.), auf Grund dessen die Preußische Landesgesetzgebung im § 9 AG. v. 22. 9. 99 in der Fassung v. 17. 12. 24 ebenfalls die Notwendigkeit der Veröffentlichung des Aufgebots, des Ausschlußurteils und des auf die Anfechtungsklage ergangenen Urteils durch den Deutschen Reichsanzeiger, g. F. auch durch den öffentlichen Anzeiger des Amtsblatts beseitigt und die Angebotsfrist auf mindestens drei Monate festgesetzt hat. Dem Falle des § 1162 BGB. ist hierbei auch der nur in den Voraussetzungen verschiedene Fall des Aufgebots eines Hypotheken-, Grundschuld- und Rentenschuldbriefes gemäß § 136 des Ges. über die Zwangsversteigerung und die Zwangsverwaltung v. 24. 3. 97 (RGBl. S. 97) gleichgestellt, für welchen der § 12 des EG. zu dem angeführten Ges. v. 24. 3. 97 bereits einen dem § 1024 Abs. 2 ZPO. entsprechenden Vorbehalt zugunsten der Landesgesetzgebung gemacht hatte.

Mit dem Aufgebotsverfahren zum Zwecke der Kraftloserklärung von Urkunden steht endlich noch der Art. 102 EGzBGB. in gewissem Zusammenhange, nach welchem die landesgesetzlichen Vorschriften über die Kraftloserklärung und die Zahlungssperre in Ansehung der im § 807 BGB. bezeichneten Urkunden (Karten, Marken usw., in denen ein Gläubiger nicht bezeichnet ist, die aber von dem Aussteller unter Umständen ausgegeben werden, aus welchen sich ergibt, daß er dem Inhaber zu einer Leistung verpflichtet sein will), sowie die landesgesetzlichen Vorschriften unberührt bleiben, welche für die Kraftloserklärung der im § 808 BGB. bezeichneten Urkunden ein anderes Verfahren als das Aufgebotsverfahren bestimmen.

Für Preußen ist dieser Vorbehalt ohne Bedeutung, da bei den Karten, Marken usw. des täglichen Verkehrs (§ 807 BGB.) eine Kraftloserklärung überhaupt nicht zugelassen ist, und für die Papiere mit der sog. Legitimationsklausel (§ 808 BGB.) Sondervorschriften über eine andere Art der Kraftloserklärung als im Wege des gerichtlichen Aufgebotsverfahrens nicht bestehen [1]).

Die Regelung der schon im BGB. (§ 799 Abs. 2, § 802) und im HGB. (§ 228) bei dem Aufgebot von Inhaberpapieren vorgesehenen Ein-

---

[1]) Vgl. Mot. zu §§ 7 ff. AGzZPO. — Insbesondere ist auch für das Aufgebot abhanden gekommener oder vernichteter Sparkassenbücher, welche ebenfalls unter die im § 808 BGB. bezeichneten Urkunden fallen, ein anderes Aufgebotsverfahren als das gerichtliche nicht zugelassen. Die gegenteilige, in der Allgemeinen Verfügung des Ministers des Innern v. 14. 11 .99, betr. die Veränderungen im Sparkassenwesen nach Inkrafttreten des BGB. (MBl. f. d. i. V. 99 S. 234), niedergelegte, auf Ziff. 15 des Sparkassenreglements v. 12. 12. 38 gestützte Ansicht ist nicht zutreffend. S. unten § 35.

richtungen der Zahlungssperre (§§ 1019—1022 ZPO.) wird unten im § 24 des näheren erörtert werden.

§ 16.

Die Zuständigkeit der Gerichte für das Urkundenaufgebot.

Die örtliche Zuständigkeit der Gerichte für das Aufgebot von Urkunden bestimmt sich lediglich nach den Vorschriften des § 1005 ZPO.

Für das Aufgebotsverfahren ist in erster Linie das Amtsgericht des Ortes zuständig, welchen die aufzubietende Urkunde als den Erfüllungsort bezeichnet [1]).

Die Bezeichnung des Erfüllungsortes kann entweder durch ausdrückliche Benennung des Ortes oder auch stillschweigend in der Art geschehen, daß die notwendigen Voraussetzungen zu seiner Bestimmung in die Urkunde aufgenommen werden. Als Bezeichnung des Erfüllungsortes im Sinne des § 1005 ZPO. muß es demgemäß auch angesehen werden, wenn aus der Natur des der Urkunde zugrunde liegenden Geschäfts oder aus der Absicht der Kontrahenten der Ort der Erfüllung unschwer zu entnehmen ist [2]).

Wenn in der Urkunde mehrere Erfüllungsorte angegeben sind, so wird das Amtsgericht eines jeden derselben für zuständig erachtet werden müssen [3]).

Liegt der in der Urkunde angegebene Erfüllungsort im Auslande, so ist ein für das Aufgebotsverfahren zuständiges Gericht im Inlande überhaupt nicht vorhanden [4]).

II. Enthält die Urkunde die Bezeichnung eines Erfüllungsortes nicht, so ist:

a) zunächst das Amtsgericht zuständig, bei welchem der Aussteller der Urkunde zu der Zeit, wo das Aufgebot beantragt wird, seinen allgemeinen Gerichtsstand hat, und

b) in Ermangelung eines solchen Gerichts das Amtsgericht, bei welchem der Aussteller der Urkunde zur Zeit der Ausstellung seinen allgemeinen Gerichtsstand gehabt hat [5]).

Der Begriff des allgemeinen Gerichtsstandes bestimmt sich nach den in den §§ 7ff. BGB. und in den §§ 13ff. ZPO. aufgestellten Grundsätzen.

---

[1]) Vgl. § 1005 Abs. 1 Satz 1 ZPO.

[2]) Vgl. § 269 Abs. 1 BGB.: „Ist ein Ort für die Leistung weder bestimmt, noch aus den Umständen, insbesondere aus der Natur des Schuldverhältnisses zu entnehmen, so hat die Leistung an dem Orte zu erfolgen, an welchem der Schuldner zur Zeit der Entstehung des Schuldverhältnisses seinen Wohnsitz hatte." Vgl. auch Foerster-Kann a. a. O. Anm. 2a zu § 1005; Stein-Jonas Anm. I, 1 zu § 1005.

[3]) Vgl. Prot. der Justiz-Kommission S. 440.

[4]) So auch Foerster-Kann a. a. O. Anm. 2a zu § 1005; Stein-Jonas a. a. O. Anm. I, 1 zu § 1005.

[5]) Vgl. § 1005 Abs. 1 Satz 2 ZPO.

Danach hat seinen allgemeinen Gerichtsstand jeder bei dem Amtsgericht des Ortes, in welchem er seinen Wohnsitz hat.

Als Wohnsitz ist der Ort anzusehen, an welchem jemand sich ständig niedergelassen hat, in der Absicht, diesen Ort zum Mittelpunkt seiner wirtschaftlichen und gesellschaftlichen Tätigkeit zu machen[6]).

Militärpersonen[6]) haben in Ansehung des Gerichtsstandes ihren Wohnsitz am Garnisonorte. Diese Vorschriften finden jedoch keine Anwendung auf Militärpersonen, die nicht selbständig einen Wohnsitz begründen können[7]). Ist der für den Wohnsitz einer Militärperson maßgebende Garnisonort in mehrere Gerichtsbezirke geteilt, so wird der als Wohnsitz geltende Bezirk von der Landesjustizverwaltung durch allgemeine Anordnung bestimmt[8]).

Deutsche, welche das Recht der Exterritorialität genießen, sowie die im Auslande angestellten Beamten des Reiches oder eines deutschen Landes behalten in Ansehung des Gerichtsstandes den Wohnsitz, welchen sie in ihrem Heimatsstaate hatten. In Ermangelung eines solchen Wohnsitzes gilt die Hauptstadt des Heimatsstaates als ihr Wohnsitz. Ist die Hauptstadt in mehrere Gerichtsbezirke geteilt, so wird der als Wohnsitz geltende Bezirk von der Landes-Justizverwaltung durch allgemeine Anordnung bestimmt. Gehört ein Deutscher einem deutschen Lande nicht an, so gilt als sein Wohnsitz die Stadt Berlin; der als Wohnsitz geltende Bezirk der Stadt Berlin wird von dem Reichsminister der Justiz durch allgemeine Anordnung bestimmt[9]). Auf Wahlkonsuln findet diese Bestimmung keine Anwendung[10]).

Die Ehefrau teilt in Ansehung des Gerichtsstandes den Wohnsitz des Ehemannes. Sie teilt den Wohnsitz nicht, wenn der Mann seinen

---

[6]) Zu den Militärpersonen gehören nach § 1 des Wehrgesetzes vom 23. 3. 21 (RGBl. 329) die Soldaten, d. h. die Offiziere aller Gattungen, die Deckoffiziere, Unteroffiziere und Mannschaften, sowie die Militärbeamten. Die Zivilbeamten der Militärverwaltung sowie die Offiziere und Mannschaften der Schutzpolizei und Landjägerei gehören nicht dazu.

[7]) Militärpersonen, welche das 21. Lebensjahr noch nicht erreicht haben, sind in der Geschäftsfähigkeit beschränkt. Vgl. § 106 BGB. Sie können nach § 8 BGB. ohne den Willen ihres gesetzlichen Vertreters einen Wohnsitz nicht begründen.

[8]) Vgl. § 9 BGB., § 14 ZPO. und dazu Allgemeine Verfügung des Justizministers v. 1. 5. 23 über den Gerichtsstand für die Militärpersonen der Garnison Groß-Berlin (JMBl. 360).

[9]) Durch Anordnung des Reichskanzlers v. 21. 4. 06 (RGBl. S. 463/ist bestimmt worden, daß in den Fällen des § 15 ZPO., des § 11 StPO., sowie des § 3 Abs. 1 GFG. für einen Deutschen, der einem Bundesstaate (jetzt: deutschen Lande) nicht angehört, v. 1. 6. 06 an der zum Amtsgerichtsbezirke Berlin-Mitte gehörende Teil des Stadtkreises Berlin als Wohnsitz gilt, und daß diese Bestimmung auf die Fälle der §§ 27, 606, 609, 612, 648, 680 ZPO. entsprechende Anwendung findet. — Für preußische Staatsangehörige ist die gleiche Bestimmung getroffen durch die Allgemeine Verfügung des Justizministers v. 24. 4. 06 (JMBl. S. 128).

[10]) Vgl. § 15 ZPO. und § 21 des Reichsbeamtengesetzes v. 18. 5. 07 (RGBl. 245).

Wohnsitz im Auslande an einem Orte begründet, an den die Frau ihm nicht folgt und zu folgen nicht verpflichtet ist[11]). Daß ferner die Ehefrau den Wohnsitz des Mannes auch dann nicht teilt, wenn auf immerwährende Trennung von Tisch und Bett erkannt ist, ergibt sich für das BGB. daraus, daß nach § 1586 vermöge des Urteils auf Aufhebung der ehelichen Gemeinschaft die mit der Scheidung verbundenen Wirkungen, also der Frau gegenüber auch der Verlust des gesetzlichen Wohnsitzes, eintreten.

Ein eheliches Kind teilt den Wohnsitz des Vaters, ein uneheliches Kind den Wohnsitz der Mutter, ein an Kindesstatt angenommenes Kind den Wohnsitz des Annehmenden. Das Kind behält den Wohnsitz, bis es ihn rechtsgültig aufgibt. Eine erst nach dem Eintritte der Volljährigkeit des Kindes erfolgende Legitimation oder Annahme an Kindes Statt hat keinen Einfluß auf den Wohnsitz des Kindes[12]).

Der allgemeine Gerichtsstand einer Person, welche keinen Wohnsitz hat, wird durch den Aufenthaltsort[13]) im Deutschen Reich, und wenn ein solcher nicht bekannt ist, durch den letzten Wohnsitz bestimmt[14]). Nach ständiger Rechtsprechung des Reichsgerichts[15]) ist diese Vorschrift dahin zu verstehen, daß der allgemeine Gerichtsstand einer Person durch den letzten bekannten Wohnsitz bestimmt werden soll, wenn auf den vernünftigerweise einzuschlagenden Wegen ein gegenwärtiger Wohnsitz und auch ein im Deutschen Reich gelegener Aufenthaltsort nicht ermittelt werden konnte.

Der allgemeine Gerichtsstand der Gemeinden, der Korporationen, sowie derjenigen Gesellschaften, Genossenschaften oder anderer Vereine, und derjenigen Stiftungen, Anstalten und Vermögensmassen, welche als solche verklagt werden können, wird durch den Sitz derselben bestimmt[16]). Als Sitz gilt, wenn nicht ein anderes erhellt, der Ort, wo die Verwaltung geführt wird.

Gewerkschaften[17]), und zwar ältere wie neuere, haben den allgemeinen Gerichtsstand bei dem Amtsgerichte, in dessen Bezirk das Bergwerk

---

[11]) Vgl. § 10 BGB. Vgl. auch § 1354 ebenda.

[12]) Vgl. § 11 BGB.

[13]) Das Sichaufhalten stellt sich als ein rein tatsächliches Verhalten dar, als das körperliche Sein einer Person an einem Orte, ohne Rücksicht darauf, ob diese Person die Anwesenheit gewollt hat oder ob sie sich auch nur dieser Anwesenheit bewußt gewesen ist. JW. 92 S. 461.

[14]) Vgl. § 16 ZPO.

[15]) Vgl. RGZ. 27 S. 401; RG. 6. 4. 00 in JW. 00, 410[2]; Foerster-Kann a. a. O. § 16 A. 2.

[16]) Zu den hier erwähnten Gesellschaften gehören die offenen Handelsgesellschaften, Kommanditgesellschaften, Aktiengesellschaften (§§ 124, 161 Abs. 2, 210, 320 Abs. 2 HGB.); die eingetragenen Genossenschaften (Ges. v. 1. 5. 89); die Gesellschaften mit beschränkter Haftung (Ges. v. 20. 4. 92); die Innungen und Innungsverbände (§§ 99, 104 h GewOrd.); die Unfallversicherungs-Berufsgenossenschaften usw.

[17]) Vgl. § 96 Allg. Bergg. v. 24. 6. 65 (GS. S. 705) und ZPO. § 17 Abs. 2.

liegt[18]); Behörden, wenn sie als solche verklagt werden können, bei dem Gerichte ihres Amtssitzes[19]).

Der allgemeine Gerichtsstand des Fiskus wird durch den Sitz der Behörde bestimmt, welche berufen ist, den Fiskus in dem Rechtsstreite zu vertreten[20]).

Wenn die Urkunde von mehreren Personen ausgestellt ist, welche verschiedene allgemeine Gerichtsstände haben, so ist ein jedes der betr. Gerichte für das Aufgebotsverfahren zuständig[21]).

Eine Urkunde endlich, deren Aussteller einen allgemeinen Gerichtsstand in Preußen nicht hat und auch zur Zeit der Ausstellung der Urkunde nicht gehabt hat, kann von einem Preußischen Gerichte überhaupt nicht aufgeboten werden.

III. Für das Aufgebot von Urkunden, welche über ein im Grundbuch eingetragenes Recht ausgestellt sind, ist das Gericht der belegenen Sache ausschließlich zuständig[22]).

IV. Nach § 1006 Abs. 1 ZPO. kann die Erledigung der Anträge auf Erlassung des Aufgebots zum Zwecke der Kraftloserklärung eines auf den Inhaber lautenden Papiers von der Landesjustizverwaltung für mehrere Amtsgerichte einem Amtsgericht übertragen werden[23]).

---

[18]) Erstreckt sich das Grubenfeld des Bergwerks über mehrere Amtsgerichtsbezirke, so ist der allgemeine Gerichtsstand bei jedem der mehreren Amtsgerichte begründet. Vgl. Erk. d. RG. v. 16. 11. 93, RGZ. 32 S. 384.

[19]) Vgl. § 17 ZPO. Neben dem durch § 17 bestimmten Gerichtsstande (der Gemeinden, Korporationen, Gesellschaften, Gewerkschaften und Behörden) ist ein durch Satzung oder in anderer Weise besonders geregelter Gerichtsstand zulässig. Der allgemeine Gerichtsstand (§ 17 Abs. 1 und 2 ZPO.) der Gemeinden usw. kann dadurch aber niemals ausgeschlossen werden. Vgl. Erk. d. RG. v. 16. 11. 93, RGZ. 32 S. 384.

Vgl. übrigens auch § 19 ZPO.: „Ist der Ort, an welchem eine Behörde ihren Sitz hat, in mehrere Gerichtsbezirke geteilt, so wird der Bezirk, welcher im Sinne der §§ 17, 18 als Sitz der Behörde gilt, für die Reichsbehörden von dem Reichsminister der Justiz, im übrigen von der Landesjustizverwaltung durch allgemeine Anordnung bestimmt."

Auf Grund des § 19 ZPO. ist durch Anordnung des Reichskanzlers v. 21. 4. 06 (RGBl. S. 464) bestimmt worden, daß vom 1. 6. 06 an für die Reichsbehörden, welche ihren Sitz in Berlin haben, der zum Amtsgerichtsbezirke Berlin-Mitte gehörende Teil des Stadtkreises Berlin und für die Reichsbehörden, welche ihren Sitz in Charlottenburg haben, der zum Bezirke des dortigen Amtsgerichts gehörende Teil des Stadtkreises Charlottenburg als Sitz im Sinne des § 18 ZPO. gilt. — Durch Allgemeine Verfügung des Justizministers v. 25. 4. 06 (JMBl. S. 128) ist ferner Bestimmung getroffen über den Gerichtsstand für die Behörden in Berlin, Charlottenburg, Boxhagen-Rummelsburg, Lichtenberg, Stralau und Treptow.

[20]) Vgl. § 18 ZPO.

[21]) So auch Foerster-Kann a. a. O. Anm. 2b zu § 1005; Stein-Jonas a. a. O. A. I, 2 zu § 1005; vgl. auch § 35 ZPO.

[22]) Vgl. § 1005 Abs. 2 ZPO. — Urkunden über ein im Grundbuch eingetragenes Recht: §§ 1162, 1192, 1199 BGB. (Hypotheken-, Grundschuld- und Rentenschuldbriefe.)

[23]) Auf Verlangen des Antragstellers hat jedoch die Erledigung durch das nach § 1005 ZPO. zuständige Gericht zu erfolgen. Vgl. § 1006 Abs. 1 Satz 2

Der § 1006 Abs. 3 ZPO. hat ferner die landesgesetzlichen Vorschriften unberührt gelassen, durch welche für das Aufgebotsverfahren zum Zwecke der Kraftloserklärung von Schuldverschreibungen auf den Inhaber, die ein deutsches Land oder ein früheres deutsches Land oder früherer Bundesstaat oder eine ihm angehörende Körperschaft, Stiftung oder Anstalt des öffentlichen Rechts ausgestellt oder für deren Bezahlung ein deutsches Land oder ein früheres deutsches Land oder früherer Bundesstaat die Haftung übernommen hat, ein bestimmtes Amtsgericht für ausschließlich zuständig erklärt wird.

Vorschriften dieser Art bestehen in Preußen nicht.

Dagegen hat § 16 der Reichsschuldenordnung v. 13. 2. 24 (RGBl. I, 95) das im § 1006 Abs. 3 ZPO. den Landesg. vorbehaltene Recht, ein bestimmtes Amtsgericht zum Zwecke der Kraftloserklärung von Schuldurkunden auf den Inhaber für ausschließlich zuständig zu erklären, für das Reich in Anspruch genommen und für das Aufgebotsverfahren zum Zwecke der Kraftloserklärung einer Schuldverschreibung oder Schatzanweisung das Amtsgericht für ausschließlich zuständig erklärt, in dessen Bezirke die Reichsschuldenverwaltung ihren Sitz hat. Der Reichsminister der Finanzen kann jedoch bei der Ausgabe von Schuldverschreibungen und Schatzanweisungen ein anderes Gericht als zuständig bezeichnen. Eine entsprechende Bestimmung befindet sich in § 16 der Preuß. Staatsschuldenordnung v. 12. 3. 24 (GS. 132).

Ebenso ist durch § 6 der Reichsbanksatzung v. 11. 10. 24 für das Aufgebotsverfahren von Reichsbankanteilscheinen das Amtsgericht Berlin-Mitte für ausschließlich zuständig erklärt.

§ 17.

Die Antragsberechtigung bei dem Urkundenaufgebot.

Der § 1004 ZPO. bestimmt in betreff der Befugnis, das Aufgebotsverfahren zum Zwecke der Kraftloserklärung einer Urkunde zu beantragen, daß

1. bei Papieren, welche auf den Inhaber lauten oder welche durch Indossament übertragen werden können und mit einem Blankoindossamente versehen sind, der bisherige Inhaber des abhanden gekommenen oder vernichteten Papiers [1])
2. bei anderen Urkunden [2]) derjenige, welcher das Recht aus der Urkunde geltend machen kann,

berechtigt ist, das Aufgebotsverfahren zu beantragen.

Als bisheriger Inhaber im Sinne des § 1004 Abs. 1 ZPO. ist jeder anzusehen, welcher zurzeit des Verlustes oder der Vernichtung

---

ZPO. Wegen der öffentlichen Bekanntmachung des Aufgebots in dem Falle, wo das letztere durch ein anderes als das nach § 1005 zuständige Gericht erlassen wird, s. unten § 20.

[1]) Vgl. § 1004 Abs. 1 ZPO. und § 799 BGB.

[2]) Zu den „anderen Urkunden" im Sinne des § 1004 Abs. 2 ZPO. gehören auch indossable Papiere, deren letztes Giro kein Blankoindossament ist.

faktischer Inhaber des Papiers gewesen ist, also nicht der mittelbare, sondern nur der unmittelbare Besitzer, gleichviel ob Eigenbesitz oder Fremdbesitz vorliegt. Befindet sich eine Urkunde im unmittelbaren Besitz mehrerer Personen, so sind diese nur gemeinschaftlich zum Aufgebotsantrage berechtigt. Gehört eine der im § 1004 Abs. 1 bezeichneten Urkunden zum eingebrachten Gute der Ehefrau, so ist der Ehemann ohne Zustimmung der Frau zur Stellung des Aufgebotsantrags berechtigt, wenn er der bisherige Inhaber der Urkunde war. Selbstverständlich scheiden hier von vornherein die Fälle aus, in welchen jemand lediglich infolge eines dienstlichen oder amtlichen Verhältnisses faktischer Inhaber der Urkunde war, z. B. wenn ein Kassenbote beauftragt war, ein Wertpapier zur Bank zu besorgen und dasselbe verliert oder dergl. Im übrigen kommt es aber für die Legitimation des Inhabers zum Aufgebotsantrag nicht darauf an, ob seine Inhaberschaft eine rechtmäßige oder unrechtmäßige war; dem Gericht steht eine Prüfung in dieser Beziehung nicht zu. Dementsprechend hat denn auch der Antragsteller in den hier interessierenden Fällen in seinem Aufgebotsantrage lediglich die Tatsache glaubhaft zu machen, daß er der bisherige Inhaber des Papiers gewesen sei (§ 1007 Abs. 1 Ziff. 2 ZPO.).[3]

Bei Beurteilung der Frage, ob der Antragsteller das Recht aus der aufzubietenden Urkunde, wenn sie noch vorhanden wäre, würde geltend machen können, ist im allgemeinen zu beachten, daß es nicht auf das Eigentum des Antragstellers an der Urkunde, sondern wesentlich darauf ankommt, ob der Antragsteller nach Maßgabe seines Besitzrechtes an der Urkunde zur Ausübung der durch diese bescheinigten Rechte legitimiert ist. Die ZPO. hat deshalb auch nicht, wie dies im Art. 73 der Allgemeinen Deutschen WO. geschehen ist, ausschließlich den Eigentümer der Urkunde für antragsberechtigt erklärt[4]). Ob und inwieweit nun aber der Besitz der Urkunde zur Ausübung der sich aus ihr ergebenden Rechte legitimiert und ob insbesondere der Zessionar, Pfandgläubiger, der Ehemann kraft ehemännlichen Verwaltungsrechts usw. durch den Besitz der Urkunde zu dem Aufgebotsantrage berechtigt wird, muß im einzelnen Falle nach den Bestimmungen des Bürgerlichen Rechts beurteilt werden.

Bei einer Mehrheit von Berechtigten müssen alle gemeinschaftlich den Antrag stellen, wenn sie als Streitgenossen unter den Voraussetzungen der §§ 59 ff. ZPO. auftreten, und wenn Berechtigung zur gesamten Hand vorliegt (§ 62 ZPO.), so die Miterben in ungeteilter Gemeinschaft (§ 2039 BGB.), die Gemeinschafter aus § 741 BGB., der Gläubiger und Nießbraucher einer verzinslichen Forderung (§ 1077 BGB.), der Gläubiger und der Pfandgläubiger einer Forderung vor Eintritt der Pfandreife (§ 1281 BGB.). Mehreren Personen ist das Antragsrecht gegeben beim Aufgebot zum Zwecke der Todeserklärung, der Ausschließung eines unbekannten Hypothekengläubigers und beim Aufgebot unbekannter Nachlaßgläubiger.

---

[3]) Ebenso Stein-Jonas ZPO. 29 Anm. II zu § 1004; Adelmann, Kraftloserklärung abhanden gekommener Urkunden 04 S. 45; a. M. Reichhelm in der Jur. Monatsschr. für Posen usw. Jahrgang 04 S. 49.

[4]) Vgl. wegen der Antragsberechtigung beim Aufgebot eines Wechsels unten § 38.

Soweit übrigens eine Schuldurkunde (Wechsel, Ladeschein usw.) auch nach Befriedigung des Gläubigers und nach ihrer Rückgabe an den Schuldner noch von Bedeutung ist, kann auch der Schuldner im Falle eines nunmehrigen Verlustes unbedenklich die Einleitung des Aufgebotsverfahrens beantragen[5]).

§ 18.

Der Aufgebotsantrag bei dem Urkundenaufgebot.

I. Hinsichtlich der Form des Antrags auf Einleitung des Aufgebotsverfahrens zum Zwecke der Kraftloserklärung einer Urkunde gelten die allgemeinen, oben im § 3 I aufgestellten Regeln.

II. Zur Begründung des Aufgebotsantrags hat nach § 1007 ZPO. der Antragsteller:

1. entweder eine Abschrift der Urkunde beizubringen, oder den wesentlichen Inhalt der Urkunde und alles anzugeben; was zur vollständigen Erkennbarkeit derselben erforderlich ist;
2. den Verlust der Urkunde sowie diejenigen Tatsachen glaubhaft zu machen, von welchen seine Berechtigung abhängt, das Aufgebotsverfahren zu beantragen;
3. sich zur Versicherung der Wahrheit seiner Angaben an Eides Statt zu erbieten.

Diese Vorschrift des § 1007 ist bei allen Urkundenaufgeboten unbedingt zu beachten. Im einzelnen ist zu bemerken:

Zu 1. Zur Begründung des Aufgebotsantrags gehört notwendig die genaue Bezeichnung des Gegenstandes des Aufgebots. Es soll deshalb, wenn irgend möglich, eine Abschrift der aufzubietenden Urkunde beigebracht werden, einer Beglaubigung dieser Abschrift bedarf es nicht.

Abgesehen von Hypotheken-, Grundschuld- und Rentenschuldbriefen sowie von Wechseln und anderen kaufmännischen Papieren, bei welch letzteren der Regel nach Abschriften vorhanden sind, wird diesem Erfordernis allerdings nur in den seltensten Fällen genügt werden können. Es soll deshalb auch für ausreichend erachtet werden, wenn der Antragsteller den wesentlichen Inhalt der Urkunde und alles angibt, was zu ihrer vollständigen Erkennbarkeit erforderlich ist. Welche besonderen Angaben in dieser Beziehung zu machen sind, wird sich im einzelnen Falle je nach der Art der aufzubietenden Urkunde ergeben. Als ausreichende Bezeichnung eines Preußischen Staatsschuldscheins ist z. B. die Angabe der Summe, der Münzsorte, des Datums, des Buchstabens und der Nummer desselben anzusehen, während zur vollständigen Bezeichnung eines Sparkassenbuchs mindestens die Angabe des Sitzes der betreffenden Sparkassenverwaltung, der Nummer des Buches, des ursprünglichen Gläubigers, sowie der Summe, auf welche das Buch zur Zeit des Verlustes lautete, erforderlich ist. (Nr. 15 e aa—cc Spark.-Regl. v. 12. 12. 38.) Unbedingt notwendig ist in allen Fällen die Angabe des Erfüllungsortes oder wenigstens die Bezeichnung des Ausstellers der Urkunde nach Namen und Wohnort, damit der Richter

[5]) Vgl. Begründung des Entw. d. ZPO. v. 30. 1. 77 S. 467.

überhaupt in der Lage ist, seine eigene örtliche Zuständigkeit für den betreffenden Aufgebotsfall zu prüfen.

Nach § 799 Abs. 2 BGB. und § 228 HGB. ist der Aussteller verpflichtet, dem bisherigen Inhaber auf Verlangen die zur Erwirkung des Aufgebots oder der Zahlungssperre erforderliche Auskunft zu erteilen und die notwendigen Zeugnisse auszustellen.

Zu 2. Der Antragsteller muß den Verlust[1]) der Urkunde sowie die ihn zum Aufgebotsantrag berechtigenden Tatsachen nicht nur behaupten, sondern auch glaubhaft machen.

Eine Begriffsbestimmung der „Glaubhaftmachung" ist in der ZPO. nicht enthalten; diese hat sich vielmehr darauf beschränkt, im § 294 die Mittel der Glaubhaftmachung gesetzlich zu bestimmen.[2])

Danach ist die Glaubhaftmachung zunächst von der Voraussetzung abhängig gemacht, daß die Beweisaufnahme sofort erfolgen kann.[3]) Die Eideszuschiebung ist — wie dies für das einseitige Aufgebotsverfahren sich von selbst ergibt — von den Mitteln der Glaubhaftmachung ausgeschlossen; im übrigen sind diese aber nicht auf Urkunden beschränkt, der Antragsteller kann sich vielmehr aller Beweismittel, insbesondere auch der eigenen Versicherung an Eides Statt, der eidesstattlichen Versicherung dritter Personen und des Zeugenbeweises bedienen.[4])

Da die Entscheidung über die Zulässigkeit des Aufgebotsantrags ohne vorgängige mündliche Verhandlung erfolgen kann,[5]) so werden die Zeugen regelmäßig vorher vernommen und alsdann die Urkunden über die erfolgte Vernehmung dem schriftlichen Aufgebotsantrage beigefügt werden müssen.

Die vorherige Vernehmung der Zeugen hat der Antragsteller soweit möglich nach Maßgabe der §§ 485 ff. ZPO. zu erwirken. Danach muß das Gesuch schriftlich oder zu Protokoll der Geschäftsstelle bei dem Amtsgerichte, in dessen Bezirk die zu vernehmenden Personen sich aufhalten, angebracht werden, die Tatsachen, über welche die Beweisaufnahme erfolgen soll, sowie die Beweismittel unter Benennung der Zeugen bezeichnen und den Grund der beantragten Vernehmung unter Glaubhaftmachung desselben darlegen. Häufig wird eine schriftliche Versicherung der Auskunftspersonen genügen.

Wird dagegen über den Aufgebotsantrag mündlich verhandelt, so steht der Zulassung des Zeugenbeweises nichts entgegen, vorausgesetzt, daß die Beweisaufnahme in dem Verhandlungstermine selbst erfolgen kann.[6])

---

[1]) „Verlust" umfaßt das Abhandenkommen und die Vernichtung der Urkunde. Vgl. §§ 1003 Abs. 1, 1004 Abs. 1 ZPO.

[2]) Der § 294 ZPO. lautet: „Wer eine tatsächliche Behauptung glaubhaft zu machen hat, kann sich aller Beweismittel, mit Ausnahme der Eideszuschiebung bedienen, auch zur Versicherung an Eides Statt zugelassen werden.
Eine Beweisaufnahme, welche nicht sofort erfolgen kann, ist unstatthaft."

[3]) Stein-Jonas ZPO. § 952 Anm. II 1 Abs. 2 hält außer der eidesstattlichen Versicherung die Grundsätze der ZPO. über die Glaubhaftmachung, insbesondere die Notwendigkeit der sofortigen Beweisführung im Aufgebotsverfahren nicht für anwendbar.

[4]) Vgl. oben § 9 III und Anm. 9 S. 21, 22.

[5]) Vgl. § 947 Abs. 1 ZPO. und oben § 4.

[6]) Vgl. § 294 Abs. 2 ZPO.

Von der Beeidigung der vernommenen Zeugen kann das Amtsgericht nicht bloß dann, wenn es schon auf Grund der unbeeidigten Aussage die betreffende Behauptung für glaubhaft gemacht erachtet, Abstand nehmen, sondern auch in dem Falle, daß es von der Beeidigung keinen Einfluß auf seinen Glauben erwartet. „Der Befugnis der Partei, sich im Falle des § 294 ZPO. des Beweismittels der Zeugen zu bedienen, steht das freie Ermessen des Richters gegenüber, seinen Glauben oder Nichtglauben an die Wahrheit der Behauptung unabhängig von den regelmäßigen Formen des Beweisverfahrens zu gewinnen, also die Beeidigung ihm gestellter Zeugen abzulehnen, wenn er Grund hat, anzunehmen, daß den Zeugen, auch wenn sie beeidet würden, nicht zu glauben wäre.“ [7])

Zu 3. Der Antragsteller muß in allen Fällen sich zur Versicherung der Wahrheit seiner Angaben an Eides Statt ausdrücklich erbieten.

Diese Bestimmung gilt auch für die Fälle, in denen er andere Mittel zur Glaubhaftmachung bereits benutzt hat; der Antragsteller soll dadurch zu gründlicher Prüfung und Erwägung seines Gesuches veranlaßt werden.

Da außer dem Eide in der Regel andere Mittel zur Glaubhaftmachung nicht vorhanden sein werden, so werden in der Praxis die Erfordernisse des § 1007 Nr. 2 und 3 meistens derart zusammenfallen, daß der Antragsteller sich lediglich zur Versicherung des stattgehabten Verlustes der Urkunde und der ihn zum Aufgebotsantrag berechtigenden Tatsachen an Eides Statt ausdrücklich erbieten kann.

Ein solches Erbieten wird zur Begründung des Aufgebotsantrags für ausreichend erachtet werden müssen.

Im allgemeinen ist endlich hier noch hervorzuheben, daß es der Beibringung von Zeugnissen oder Bescheinigungen öffentlicher Behörden über die Erfolglosigkeit vorher von ihnen erlassener öffentlicher Bekanntmachungen des Verlustes der betreffenden Urkunde nicht mehr bedarf.

Dasselbe gilt auch in betreff der früheren Bestimmungen, welche, wie z. B. bei dem Aufgebot von Sparkassenbüchern, einen gewissen Zeitablauf von dem Verluste der Urkunde bis zum Aufgebotsantrage bezw. der Kraftloserklärung der Urkunde erforderten. In der Begründung des § 1015 ZPO. wird in dieser Beziehung ausdrücklich hervorgehoben, daß nach den jetzt allein maßgebenden Vorschriften des BGB. und der ZPO. das Aufgebot von auf den Inhaber lautenden Papieren unmittelbar nach dem Verluste derselben beantragt werden kann.

§ 19.

Das Aufgebot bei dem Urkundenaufgebot.

Ist der Antrag, für dessen Prüfung die allgemeinen oben im § 4 dargelegten Grundsätze gelten, vom Gericht für zulässig erachtet, so hat dieses das Aufgebot zu erlassen.[1])

---

[7]) Vgl. Erk. d. RG. v. 12. 5. 00 in JW. 00, 509[5]; v. 9. 1. 03 in RGZ. 53, 256 und Beschluß der vereinigten Strafsenate v. 23. 10. 89 (RGSt. 19 S. 425).

[1]) Für das Aufgebot einer Urkunde ist ein amtlicher Vordruck unter Z. P. Nr. 68 festgestellt.

Nach § 1008 in Verbindung mit den ergänzenden Vorschriften des § 947 Abs. 2 Nr. 1—4 ZPO. ist in das Aufgebot insbesondere aufzunehmen:

1. die Bezeichnung des Antragstellers;
2. der Wortlaut der Urkunde oder wenigstens ihr wesentlicher Inhalt und alles, was zu ihrer vollständigen Erkennbarkeit erforderlich ist;
3. die Aufforderung an den Inhaber der Urkunde, spätestens im Aufgebotstermine seine Rechte bei dem Gericht anzumelden und die Urkunde vorzulegen; [2])
4. die Androhung des Rechtsnachteils, daß im Falle nicht erfolgender Anmeldung von Rechten bezw. Vorlegung der Urkunde die Kraftloserklärung derselben erfolgen werde;
5. die Bestimmung eines Aufgebotstermins.

Im einzelnen ist zu 3 und 4 zu bemerken:

Zu 3. Die Aufforderung bezieht sich hier nicht nur, wie nach § 947 Nr. 2 ZPO., auf die Anmeldung von Rechten, sondern zugleich auf die Vorlegung der Urkunde. Es ergeht deshalb die Aufforderung nur an den Inhaber der Urkunde, d. h. denjenigen, welcher die Urkunde besitzt und vorlegen kann, wodurch aber nicht ausgeschlossen wird, daß ein Dritter mit einem besseren Rechte an der auch für ihn verlorenen Urkunde die Sachberechtigung des Antragstellers bestreiten kann. „Geschieht dies, oder erkennt der Antragsteller eine infolge des Aufgebots vorgelegte Urkunde als die aufgebotene nicht an, so liegt der im § 953 ZPO. vorgesehene Fall vor, daß der Streit im besonderen Verfahren zum Austrag zu bringen ist. Im übrigen wird das Aufgebotsverfahren durch Vorlegung der Urkunde erledigt.“ [3])

Zu 4. „Die Wirkung des Verfahrens beschränkt sich,“ wie die Motive hervorheben,[4]) „darauf, daß die Urkunde für kraftlos erklärt und der Antragsteller dem Verpflichteten gegenüber berechtigt wird, die Rechte aus der Urkunde geltend zu machen. Im übrigen wird das Rechtsverhältnis zwischen dem Antragsteller und einem Dritten, welcher ein besseres Recht auf die Urkunde hat, nicht berührt. Es liegt kein Bedürfnis vor, in dieser Richtung eine weitergehende Wirkung (preuß. Entw. § 1327: Ausschluß des unbekannten Inhabers der Urkunde und aller unbekannten Berechtigten mit ihren Rechten) eintreten zu lassen; denn auch ohne dieselbe wird der Verlust der Urkunde, welcher die einzige Veranlassung des Verfahrens ist, derart aufgehoben, daß der Antragsteller tatsächlich über die Urkunde wie vor dem Verluste verfügen kann; den Verlust gänzlich ungeschehen zu machen, wird durch die Bedeutung des Besitzes der Urkunde durch den Dritten ausgeschlossen. Hatte ein Dritter Rechte an der Urkunde, ohne dieselbe zu besitzen, so sind dieselben überhaupt weder durch den Verlust der Urkunde seitens des Inhabers, noch durch das Aufgebot berührt.

---

[2]) Vgl. jedoch § 951 ZPO.: „Eine Anmeldung, welche nach dem Schlusse des Aufgebotstermins, jedoch vor Erlassung des Ausschlußurteils erfolgt, ist als eine rechtzeitige anzusehen.“

[3]) Vgl. Begründung des Entw. d. ZPO. v. 30. 1. 77 S. 469. Struckmann und Koch a. a. O. Anm. 2 zu § 1008; Stein-Jonas, a. a. O. Anm. zu § 1008.

[4]) Vgl. S. 468 der Begründung des Entw. d. ZPO. v. 30. 1. 77.

Diesen Wirkungen entspricht die in das Aufgebot aufzunehmende Androhung (§ 1008).

Die als Folge eintretende Berechtigung, alle Rechte aus der Urkunde gegenüber dem Verpflichteten geltend zu machen, ist in der Androhung nicht zu erwähnen, weil überhaupt rücksichtlich der Legitimation gegenüber dem Verpflichteten in dem bereits erörterten Sinne trotz der Bestimmung des § 1018 ZPO. kein Ausschluß erfolgt."

§ 20.

Die Bekanntmachung des Aufgebots bei dem Urkundenaufgebot.

A. Die öffentliche Bekanntmachung des Aufgebots.

Die öffentliche Bekanntmachung des Aufgebots erfolgt

I. bei dem Aufgebotsverfahren zum Zwecke der Kraftloserklärung:

a) von Urkunden der im § 808 BGB. bezeichneten Art,[1]) und

b) von Hypotheken-, Grundschuld- und Rentenschuldbriefen:[2])

1. durch Anheftung an die Gerichtstafel bis zum Aufgebotstermin,
2. durch einmaliges Einrücken des vollständigen Aufgebots in den öffentlichen Anzeiger des Amtsblattes.

Die Einrückung zu 2 unterbleibt, soweit die Veröffentlichung auf Grund der Vorschriften des § 1009 Abs. 3 und des § 1017 Abs. 2 Satz 2 der ZPO. durch Einrückung in den deutschen Reichsanzeiger erfolgen muß. Außerdem kann das Gericht anordnen, daß die Einrückung noch in andere Blätter und zu mehreren Malen erfolgen, oder daß die Einrückung in den öffentlichen Anzeiger des Amtsblatts, auch abgesehen von dem im vorigen Satze genannten Falle unterbleiben und durch Anheften an die Gerichtstafel ersetzt werden soll.[1])

II. bei allen anderen Urkunden:

1. durch Anheftung an die Gerichtstafel bis zum Aufgebotstermin,
2. durch Anheftung in dem Lokale der Börse, wenn eine solche am Sitze des Aufgebotsgerichts besteht, und zwar ebenfalls bis zum Aufgebotstermin,
3. durch einmalige Einrückung des vollständigen Aufgebots in den Deutschen Reichsanzeiger.

Das Gericht kann auch hier anordnen, daß die Einrückung noch in andere Blätter und zu mehreren Malen erfolge.[3])

III. Betrifft das Aufgebot ein auf den Inhaber lautendes Papier und ist in der Urkunde vermerkt oder in den Bestimmungen, unter denen die erforderliche staatliche Genehmigung erteilt worden ist, vorgeschrieben,

---

[1]) Vgl. § 7 Abs. 1 AGzZPO. v. 22. 9. 99 in der Fassung der Bekanntmachung v. 6. 10. 99 und der 2. VO. d. StM. zur Einschränkung der öffentl. Bekanntmachung, v. 17. 12. 24 (GS. 759). Wegen der im § 808 BGB. bezeichneten Urkunden s. oben § 6 S. 13.

[2]) Vgl. § 9 Abs. 1 AGzZPO.

[3]) Vgl. § 1009 ZPO. Ob die Börse im eigenen (Berlin, Köln, Breslau) oder in einem nur gemieteten Lokal abgehalten wird, ist gleichgültig. Der Richter muß die Anheftung auch anordnen, wenn die Börsenversammlungen nicht täglich, sondern nur an bestimmten Tagen abgehalten werden.

daß die öffentliche Bekanntmachung durch bestimmte andere Blätter zu erfolgen habe, so muß die Bekanntmachung des Aufgebots auch durch Einrückung in diese Blätter erfolgen.[4])

Wegen der Ausführung der öffentlichen Bekanntmachung durch den Urkundsbeamten der Geschäftsstelle vergl. oben § 7 S. 15, 16.

B. Die Mitteilung des Aufgebots an bestimmte Personen.

Wenn bei dem Aufgebot von Urkunden die besondere Mitteilung des Aufgebots an bestimmte Personen erforderlich ist, so kann die Zustellung durch Aufgabe zur Post (§§ 175, 213 ZPO.) erfolgen; die Postsendungen sind mit der Bezeichnung „Einschreiben" zu versehen.[5])

§ 21.

Die Aufgebotsfrist bei dem Urkundenaufgebot.

Bei Berechnung der Aufgebotsfrist, bezw. bei Festsetzung des Aufgebotstermins im Aufgebotsverfahren zum Zweck der Kraftloserklärung von Urkunden ist vor allem zu unterscheiden, ob es sich handelt:

A. um das Aufgebot von Urkunden der im § 808 BGB. bezeichneten Art und von Hypotheken-, Grundschuld- und Rentenschuldenbriefen, oder

B. um das Aufgebot anderer Urkunden.

Für beide Arten von Urkundenaufgeboten bestehen in Preußen hinsichtlich der Aufgebotsfristen besondere Bestimmungen.

A. Das Aufgebot von Urkunden der im § 808 BGB. bezeichneten Art und von Hypotheken-, Grundschuld- und Rentenschuldbriefen.

Die für die Berechnung der Aufgebotsfrist in diesen Fällen maßgebenden Bestimmungen sind in den §§ 7 und 9 AGzZPO. v. 22. 9. 99 in der Fassung vom 6. 10. 99 und 17. 12. 24 enthalten.

Danach beträgt die Aufgebotsfrist mindestens drei Monate. Diese Frist ist der Regel nach von dem Tage an zu berechnen, an dem die erste Einrückung des Aufgebots in den öffentlichen Anzeiger des Amtsblatts erfolgt.

Wenn das Gericht jedoch von der ihm gegebenen Befugnis, andere Blätter als den öffentlichen Anzeiger im Einzelfalle zu bestimmen, zugunsten des Deutschen Reichsanzeigers Gebrauch gemacht hat, so berechnet sich die dreimonatige Frist vom Tage der ersten Einrückung des Aufgebots in den Reichsanzeiger. Wird von der Veröffentlichung durch Zeitungen überhaupt abgesehen, so rechnet die Frist vom Tage der Anheftung an die Gerichtstafel.

Zwischen diesem Tage der ersten Einrückung des Aufgebots in das Amtsblatt oder den Reichsanzeiger bzw. der Anheftung an die Gerichtstafel muß ein Zeitraum von mindestens drei Monaten liegen.

---

[4]) Vgl. § 1009 Abs. 3 ZPO. „Auch" d. h. außer durch Einrückung in den Reichsanzeiger und sonstige vom Aufgebotsrichter ausgewählte „noch andere" Blätter.

[5]) Vgl. § 10 Abs. 3 AGzZPO. v. 22. 9.—6. 10. 99.

Ist in der Urkunde eine Verfallzeit angegeben, die zur Zeit der ersten Einrückung des Aufgebots in das Amtsblatt oder den Reichsanzeiger noch nicht eingetreten ist, so ist der Aufgebotstermin so zu bestimmen, daß seit dem Verfalltage mindestens drei Monate abgelaufen sind.[1])

Die dreimonatige Frist ist nur eine Mindestfrist. In dem Ermessen des Gerichts liegt es, im Einzelfall eine etwa erforderliche weitere Hinausschiebung des Aufgebotstermins vorzunehmen.

Der Aufgebotstermin darf jedoch nicht über ein Jahr hinaus bestimmt werden; solange ein so naher Termin nicht bestimmt werden kann, ist das Aufgebot nicht zulässig.[2])

Die Nichtbeobachtung der dreimonatigen Mindestfrist begründet nach § 957 Nr. 3 ZPO. die Anfechtungsklage gegen das später erlassene Ausschlußurteil.

Über den Einfluß der Gerichtsferien vgl. oben § 6 am Schluß.

B. Das Aufgebot anderer Urkunden.

I. Die grundsätzlich maßgebenden Vorschriften sind hier in den §§ 1014 und 1015 ZPO. enthalten.

Danach beträgt die Aufgebotsfrist sechs Monate, und zwar ebenfalls in der Art, daß zwischen dem Tage, an dem die erste Einrückung des Aufgebots in den Deutschen Reichsanzeiger erfolgt, und dem Aufgebotstermin ein Zeitraum von mindestens sechs Monaten liegen muß.[3])

Ist in der Urkunde eine Verfallzeit angegeben, die zur Zeit der ersten Einrückung des Aufgebots in den Deutschen Reichsanzeiger noch nicht eingetreten ist, und sind die Voraussetzungen der §§ 1010—1013 ZPO. nicht vorhanden, d. h. Zins-, Renten- oder Gewinnanteilscheine nicht ausgegeben, so ist der Aufgebotstermin so zu bestimmen, daß seit dem Verfalltage mindestens sechs Monate abgelaufen sind.[4])

Die sechsmonatige Aufgebotsfrist ist hier ebenfalls nur eine Mindestfrist; der Aufgebotsrichter kann sie, wenn dies nach den Umständen des einzelnen Falles erforderlich erscheint, auch über sechs Monate hinaus verlängern. Niemals aber darf der Aufgebotstermin über ein Jahr hinaus bestimmt werden; solange ein so naher Termin nicht bestimmt werden kann, ist das Aufgebot nicht zulässig.[5])

---

[1]) Vgl. § 1014 ZPO. in Verbindung mit § 7 Abs. 3 und § 9 Abs. 2 AGzZPO.

[2]) Vgl. § 1015 ZPO. Vgl. unten Anm. 5.

[3]) Vgl. § 1015 Satz 1 in Verbindung mit § 950 ZP.

[4]) Vgl. § 1014 ZPO. Die Voraussetzungen der §§ 1010—1013 ZPO. sind nicht vorhanden, wenn die Ausgabe von Zins-, Renten- oder Gewinnanteilscheinen nicht erfolgt ist. Ist eine solche Ausgabe erfolgt, so kommen die Bestimmungen der §§ 1010—1013 zur Anwendung. S. zu II.

[5]) Vgl. § 1015 Satz 2 ZPO. und die Begründung dazu: „Der Satz 2 enthält eine durch die veränderte Lage der Gesetzgebung gebotene Ergänzung. Vermöge der künftig allein maßgebenden Vorschriften des BGB. und der ZPO. kann für ein auf den Inhaber lautendes Papier das Aufgebot an sich unmittelbar nach dem Verluste des Papiers beantragt werden; andererseits darf aber bei solchen Papieren, zu welchen Zins-, Renten- oder Gewinnanteilscheine ausgegeben sind, der Aufgebotstermin gemäß §§ 1010—1013 ZPO. nicht eher stattfinden, als bis die dort bestimmten Fristen abgelaufen sind. Hieraus ergibt sich

Die Nichtbeobachtung der sechsmonatigen Aufgebotsfrist begründet nach § 957 Nr. 3 die Anfechtungsklage gegen das später erlassene Ausschlußurteil.

II. Besondere Bestimmungen für die Aufgebotsfrist sind noch in den §§ 1010—1013 ZPO. getroffen für **Wertpapiere, für welche von Zeit zu Zeit Zins-, Renten- oder Gewinnanteilscheine ausgegeben werden.**

Es sind hier zu unterscheiden:

1. **Wertpapiere, für welche Zins-, Renten- oder Gewinnanteilscheine für einen Zeitraum von höchstens vier Jahren ausgegeben sind.**

Bei dem Aufgebot dieser Papiere ist nach § 1010 Abs. 1 ZPO. der Aufgebotstermin so zu bestimmen, daß bis zu dem Termin der erste einer seit der Zeit des glaubhaft gemachten Verlustes ausgegebenen Reihe von Zins-, Renten- oder Gewinnanteilscheinen fällig geworden ist und seit der Fälligkeit desselben sechs Monate abgelaufen sind.

Es ist also in diesem Falle zunächst von dem Zeitpunkt des glaubhaft gemachten Verlustes der Urkunde auszugehen, wie solcher sich aus dem Inhalt des Aufgebotsantrags ergibt.

Alsdann ist zu berechnen, wann von diesem Zeitpunkte ab die Ausgabe einer neuen Reihe von Zins-, Renten- oder Gewinnanteilscheinen und die Fälligkeit des ersten Scheines dieser neuen Reihe eingetreten ist.

Zwischen dem Fälligkeitstage dieses ersten Scheines der neuen Reihe und dem Aufgebotstermine muß dann noch ein Zeitraum von mindestens sechs Monaten gelassen werden.

Gleichzeitig sind aber auch die Vorschriften des § 1015 ZPO. dahin zu beachten, daß zwischen der ersten Einrückung des Aufgebots in den Deutschen Reichsanzeiger und dem Aufgebotstermin ein Zeitraum von mindestens sechs Monaten liegen muß, daß der Aufgebotstermin aber nicht über ein Jahr hinaus bestimmt werden darf und daß, solange ein so naher Termin nicht bestimmt werden kann, das Aufgebot nicht zulässig ist.

Als Beispiel diene folgender Fall:

Für ein Wertpapier werden Gewinnanteilscheine immer auf drei Jahre ausgegeben. Die Scheine sind vierteljährlich am 2. 1., 1. 4., 1. 7. und 1. 10. eines jeden Jahres fällig. Am 2. 1. 28 ist die letzte Reihe (Serie) von Gewinnanteilscheinen, also bis zum 2. 1. 31, ausgegeben.

Das Wertpapier geht im Februar 28 verloren und es wird sofort das Aufgebot beantragt.[6])

---

die bisher im Wege landesgesetzlicher Vorschriften ausgeschlossene Gefahr, daß die Bekanntmachung des Aufgebotstermins unverhältnismäßig lange Zeit vor diesem erfolgt und deshalb den Zweck verfehlt, den Termin auch zur Kenntnis aller zu bringen, die das Papier in der Zwischenzeit erwerben könnten. Um dem zu begegnen, schreibt der Entwurf vor, daß der Aufgebotstermin nicht über ein Jahr hinaus bestimmt werden darf, und daß, solange ein so naher Termin nicht bestimmt werden kann, das Aufgebot nicht zulässig ist."

[6]) Der Verlierer braucht die Ausgabe der neuen Reihe von Zinsscheinen usw. nicht abzuwarten, kann vielmehr, wie auch in der Begründung des § 1015 (s. oben Anm. 5) hervorgehoben wird, sofort nach dem Verlust des Papiers das Aufgebotsverfahren beantragen.

Da die Ausgabe der neuen dreijährigen Reihe von Gewinnanteilscheinen am 2. 1. 31 erfolgen und die Fälligkeit des ersten Scheines dieser neuen Reihe am 1. 4. 31 eingetreten sein wird, so kann nach § 1010 Abs. 1 ZPO. der Aufgebotstermin nach dem 1. 10. 31, d. h. nach Ablauf von sechs Monaten seit dem 1. 4. 31, anberaumt werden.

Die sofortige Bestimmung des Termins kann jedoch nicht erfolgen, da sie nach § 1015 Satz 2 ZPO. nicht über ein Jahr hinausgerückt werden darf und auch, solange ein so naher Termin nicht bestimmt werden kann, das Aufgebot nicht zulässig ist. Es muß vielmehr erst der 1. 10. 30 abgewartet werden, nach welchem Zeitpunkt das Aufgebot erlassen und unter Beobachtung der Vorschriften der §§ 905 und 1015 Satz 1 ZPO., daß zwischen der ersten Einrückung des Aufgebots in den Reichsanzeiger und dem Aufgebotstermine ein Zeitraum von mindestens sechs Monaten liegen muß, der Aufgebotstermin festgesetzt werden kann.

Für den Fall, daß nur die Haupturkunde in Verlust gekommen ist, die Zins-, Renten- oder Gewinnanteilscheine, deren Fälligkeit nach § 1010 Abs. 1 hätte eingetreten sein müssen, aber von dem Antragsteller vorgelegt werden, findet die Bestimmung des § 1010 Abs. 1 ZPO. keine Anwendung. Der Aufgebotstermin ist dann lediglich nach § 1015 ZPO., d. h. lediglich mit sechsmonatiger Aufgebotsfrist und nicht über ein Jahr hinaus, zu bestimmen.

Der Vorlegung der Zins-, Renten- oder Gewinnanteilscheine steht es gleich, wenn das Zeugnis der betr. Behörde, Kasse oder Anstalt beigebracht wird, daß die fällig gewordenen Scheine ihr von dem Antragsteller vorgelegt worden seien.[7])

Besonders zu erwähnen ist endlich hier noch der Fall, daß die Zahlungssperre (s. unten § 24) angeordnet ist, bevor seit der Zeit des glaubhaft gemachten Verlustes Zins-, Renten- oder Gewinnanteilscheine ausgegeben worden sind. Infolge der Zahlungssperre können dann allerdings für das aufzubietende Papier neue Scheine nicht mehr ausgegeben werden. Da es aber nach § 1010 Abs. 1 ZPO. bei der Bestimmung des Aufgebotstermins lediglich darauf ankommt, wann der erste der neuen Scheine fällig ist, die für andere Papiere derselben Art, insbesondere der gleichen Serie, ausgegeben werden, so ist in diesem Falle für die Be-

---

[7]) Vgl. § 1012 ZPO. und die Begründung dazu: „Der § 1012 soll die Kraftloserklärung eines Wertpapiers für den nicht seltenen Fall erleichtern, daß nur die Haupturkunde, nicht auch die Zins-, Renten- und Gewinnanteilscheine in Verlust gekommen sind. Die Rücksicht auf den gutgläubigen Besitzer des Papiers macht es hier notwendig, den Aufgebotstermin nach Maßgabe der §§ 1010—1013 hinauszuschieben. Andererseits hat der bisherige Inhaber des abhanden gekommenen Papiers ein dringendes Interesse daran, daß die Kraftloserklärung so rasch wie möglich erfolgt. Der Entwurf bestimmt daher (§ 1012 Satz 1), daß die Vorschriften der §§ 1010—1013 in dem bezeichneten Falle insoweit keine Anwendung finden, als die Zins-, Renten- oder Gewinnanteilscheine, deren Fälligkeit nach diesen Vorschriften eingetreten sein muß, von dem Antragsteller vorgelegt werden. Um aber dem Antragsteller die Einlösung der fällig gewordenen Scheine zu ermöglichen, ist es (§ 1012 Satz 2) der Vorlegung der Scheine gleichgestellt, wenn das Zeugnis der betreffenden Behörde, Kasse oder Anstalt beigebracht wird, daß jene Scheine ihr von dem Antragsteller vorgelegt worden seien."

stimmung des Aufgebotstermins der Zeitpunkt maßgebend, in welchem hinsichtlich des aufzubietenden Papiers der erste Schein fällig gewesen sein würde, wenn die Ausgabe nicht infolge der Zahlungssperre unterblieben wäre.[8])

2. **Wertpapiere, für welche Zins-, Renten oder Gewinnanteilscheine zuletzt für einen längeren Zeitraum als vier Jahre ausgegeben sind.**

Bei dem Aufgebot dieser Papiere soll es nach § 1011 Abs. 1 ZPO. genügen, wenn der Aufgebotstermin so bestimmt wird, daß bis zu demselben seit der Zeit des glaubhaft gemachten Verlustes von den zuletzt, d. h. vor dem Verlust des Papiers, ausgegebenen Scheinen solche für vier Jahre fällig geworden und seit der Fälligkeit des letzten derselben sechs Monate abgelaufen sind. Scheine für Zeitabschnitte, für welche keine Zinsen, Renten oder Gewinnanteile bezahlt werden, sollen nicht in Betracht kommen.

Auch hier ist also bei Bestimmung des Aufgebotstermins von dem Zeitpunkt des glaubhaft gemachten Verlustes der Urkunde auszugehen.

Alsdann ist zu berechnen, wann seit dem vorerwähnten Zeitpunkt vier Jahrgänge von Zinsscheinen usw. fällig geworden sein werden. Zwischen dem Fälligkeitstage und dem Aufgebotstermin muß dann noch ein Zeitraum von sechs Monaten gelassen werden.

Gleichzeitig sind aber auch hier die Vorschriften der §§ 950 bezw. 1015 ZPO. (Aufgebotsfrist und Bestimmung des Aufgebotstermins nicht über ein Jahr hinaus) zu beachten.

Als Beispiel diene folgender Fall:

Für ein Wertpapier sind Gewinnanteilscheine zuletzt vom 2. 1. 26 bis 2. 1. 36 ausgegeben. Die Scheine sind halbjährlich am 2. 1. und am 1. 7. eines jeden Jahres fällig. Das Wertpapier geht im Juni 31 verloren. Alsdann werden am 2. 1. 35 vier Jahrgänge von Zinsscheinen seit dem Verluste fällig geworden sein, und der Aufgebotstermin wird alsdann nach dem 2. 7. 35, d. h. sechs Monate nach der am 2. 1. 35 eingetretenen Fälligkeit des letzten Scheines des vierten Jahrganges anberaumt werden können.

Das Aufgebot und die Bestimmung des Aufgebotstermins darf jedoch nach § 1015 der ZPO. erst nach dem 2. 7. 34, und zwar nicht über ein Jahr hinaus und unter Innehaltung einer sechsmonatigen Aufgebotsfrist (§ 950 ZPO.) erfolgen.

Falls nur die Urkunde selbst verloren gegangen ist und die Zins-, Renten- oder Gewinnanteilscheine, deren Fälligkeit nach § 1011 Abs. 1 hätte eingetreten sein müssen, von dem Antragsteller vorgelegt werden oder ein Zeugnis der betr. Behörde, Kasse oder Anstalt beigebracht wird, daß die fällig gewordenen Scheine von dem Antragsteller vorgelegt worden seien, findet die Bestimmung des § 1011 Abs. 1 ZPO. keine Anwendung. Der Aufgebotstermin ist auch in diesen Fällen lediglich nach § 1015 ZPO., d. h. lediglich mit sechsmonatiger Aufgebotsfrist und nicht über ein Jahr hinaus, anzuberaumen.[9])

---

[8]) Vgl. Begründung zu § 1021 ZPO. (S. 204).

[9]) Vgl. § 1012 und oben Anm. 7 S. 58.

Zu Bedenken kann nur die Vorschrift des letzten Satzes des § 1011 Abs. 1 Veranlassung geben, daß Scheine für Zeitabschnitte, für welche keine Zinsen, Renten oder Gewinnanteile gezahlt werden, bei Bestimmung des Aufgebotstermins nicht in Betracht gezogen werden sollen.

Es fragt sich, ob etwa der Aufgebotsrichter die Terminsbestimmung überhaupt unterlassen soll, bis sämtliche Zins-, Renten- oder Gewinnanteilscheine für vier Jahre bezahlt worden sind.

Dies kann in der Tat nicht angenommen werden. Der Aufgebotsrichter kann unmöglich im voraus wissen, ob die Zinsen, Renten oder Gewinnanteile bezahlt werden. Auf Grund der planmäßigen Verpflichtung der betr. Behörde, Kasse oder Anstalt darf er aber von der Voraussetzung ausgehen, daß die Zahlung der Zinsen, Renten oder Gewinnanteilscheine erfolgen werde, und kann deshalb auch den Aufgebotstermin von vornherein nach Maßgabe der im § 1011 ZPO. getroffenen Bestimmungen ansetzen. Wenn diese Voraussetzung später nicht zutrifft, so wird allerdings eine nachträgliche Hinausschiebung des Aufgebotstermins notwendig werden.

3. Wertpapiere, welche mit Zins-, Renten- oder Gewinnanteilscheinen versehen waren, für welche aber solche künftig nicht mehr ausgegeben werden.

Bei dem Aufgebot dieser Papiere ist nach § 1013 ZPO. — wenn die Voraussetzungen der §§ 1010, 1011 fehlen, d. h. früher ausgegebene Scheine für die vier Jahre nicht mehr vorhanden sind — der Aufgebotstermin so zu bestimmen, daß bis zu demselben seit der Fälligkeit des letzten ausgegebenen Scheines sechs Monate abgelaufen sind.

Es kommen hier die Fälle in Betracht, in welchen zufolge einer Kündigung oder Verlosung eine Obligation so frühzeitig fällig geworden ist, daß weder eine Ausgabe neuer Scheine vor der Auslosung oder Kündigung stattfindet, noch bis zur Auslosung oder Kündigung Scheine für vier Jahre vorhanden sind.[10])

In diesen Fällen ist für die Bestimmung des Aufgebotstermins lediglich der Fälligkeitstag des letzten vorhandenen Scheines maßgebend. Zwischen diesem Tage und dem Aufgebotstermin muß ein Zeitraum von mindestens sechs Monaten liegen.

Gleichzeitig sind aber auch hier die Vorschriften der §§ 950 und 1015 ZPO. dahin zu beobachten, daß zwischen der ersten Einrückung des Aufgebots in den Deutschen Reichsanzeiger und dem Aufgebotstermin ein Zeitraum von mindestens sechs Monaten liegen muß und daß der Aufgebotstermin nicht über ein Jahr hinaus bestimmt werden darf.

4. Bei Wertpapieren, für die Zins-, Renten- oder Gewinnanteilscheine ausgegeben sind, aber infolge der nach dem Weltkriege eingetretenen Geldentwertung nicht mehr ausgegeben werden, auch Zinsen, Renten und Gewinnanteile nicht mehr gezahlt werden, darf das Aufgebot sofort erlassen werden und genügt es, wenn zwischen der ersten Einrückung des Aufgebots in den Deutschen Reichsanzeiger und dem Aufgebotstermin die in § 1015 ZPO. bezeichnete Frist liegt.

---

[10]) Vgl. Prot. der Justizkommission S. 591.

über den Einfluß der Gerichtsferien auf die Bestimmung des Aufgebotstermins s. oben § 6 am Schluß.

§ 22.

Das Verfahren im Aufgebotstermin bei dem Urkundenaufgebot.

Es muß in dieser Beziehung zunächst auf die bereits früher (§ 9) erörterten allgemeinen Grundsätze verwiesen werden, die im wesentlichen auch für das Verfahren im Aufgebotstermine bei dem Aufgebot von Urkunden gelten.

Im einzelnen ist jedoch hier noch folgendes zu bemerken:

I. Auch in dem Aufgebotsverfahren zum Zweck der Kraftloserklärung von Urkunden kann ein Ausschlußurteil nur auf Antrag erlassen werden.

Der Antragsteller muß also auch hier entweder vor dem Termin oder in diesem selbst persönlich oder durch einen Bevollmächtigten einen besonderen Antrag auf Erlassung des Ausschlußurteils stellen.

Bevor jedoch das Urteil erlassen werden kann, muß der Antragsteller in verschiedenen Fällen des Urkundenaufgebots noch eine weitere Vorbedingung dadurch erfüllen, daß er durch ein besonderes Zeugnis der betreffenden Behörde, Kasse oder Anstalt, welche die Urkunde ausgestellt hat, die bisher nicht erfolgte Vorlegung der letzteren nachweisen muß. Die Beibringung dieses Zeugnisses bildet eine Voraussetzung der Kraftloserklärung, und wenn dadurch auch in manchen Fällen eine erhebliche Verzögerung und dem Verlierer der Urkunde sogar ein geldlicher Nachteil erwachsen kann, so ist, wie in der Begründung des Entw. z. ZPO. v. 30. 1. 77 hervorgehoben wird, doch nur auf diesem Wege für den dritten redlichen Besitzer eines mit Zins-, Renten- oder Gewinnanteilscheinen versehenen Papiers die bei der heutigen Ausdehnung des Börsenverkehrs nötige Gewähr zu schaffen, daß sein Papier nicht auf irgend eines Dritten Antrag ohne sein Wissen für kraftlos erklärt wird. Zugleich läßt sich in der Tat nur so die Wahrscheinlichkeit feststellen, daß das Papier wirklich vernichtet bezw. untergegangen ist. Die einzelnen Fälle, in denen es der Beibringung eines solchen bedarf, sind folgende:

1. Bei dem Aufgebot von Wertpapieren, für welche Zins-, Renten- oder Gewinnanteilscheine für einen Zeitraum von höchstens vier Jahren ausgegeben sind, muß der Antragsteller vor Erlassung des Ausschlußurteils ein nach Ablauf der im § 1010 Abs. 1 ZPO. erwähnten sechsmonatigen Frist ausgestelltes Zeugnis der betr. Behörde, Kasse oder Anstalt beibringen, daß die Urkunde seit der Zeit des glaubhaft gemachten Verlustes ihr zur Ausgabe neuer Scheine nicht vorgelegt sei, und daß die neuen Scheine an einen anderen als den Antragsteller nicht ausgegeben seien (§ 1010 Abs. 2 ZPO.).

Das Zeugnis soll also nicht nur bestätigen, daß die Urkunde bei der Behörde, Kasse oder Anstalt seit der Zeit des glaubhaft gemachten Verlustes, d. h. seit dem Zeitpunkt des Verlustes, den der Aufgebotsrichter bei Erlaß des Aufgebots für glaubhaft gemacht gehalten hat, nicht vorgelegt worden sei, sondern auch ferner bekunden, daß die Scheine der neuen

Reihe (§ 1010 Abs. 1 ZPO.) an einen anderen als den Antragsteller nicht ausgegeben worden sind.

Bei Aufnahme dieser Bestimmung ist an den Fall gedacht, daß der Urkunde außer den Zins-, Renten- oder Gewinnanteilscheinen auch Zinsschein- usw. Anweisungen (Talons) beigegeben sind. Wenn die Urkunde, nicht aber die Zinsschein- usw. Anweisung verloren gegangen ist, so würden die neuen Zins-, Renten- oder Gewinnanteilscheine an den Verlierenden, also an den Antragsteller, ausgeliefert werden können, ohne daß die Urkunde selbst vorgelegt zu werden brauchte. Hat aber ein Dritter auf Vorlegung der Zinsschein- usw. Anweisung die neuen Scheine gefordert, so fällt damit die Vermutung weg, die in anderen Fällen auf die unterlassene Vorlegung der Urkunde selbst gegründet wird. Das Ausschlußurteil kann alsdann, da das im § 1010 Abs. 2 bezeichnete Zeugnis nicht in seinem vollen Umfange ausgestellt werden kann, überhaupt nicht erlassen werden. Dem Antragsteller muß es dann lediglich überlassen bleiben, sich an den Produzenten der Zinsschein- usw. Anweisung zu halten.[1])

Die Beibringung des in § 1010 Abs. 2 ZPO. vorgeschriebenen Zeugnisses ist nicht erforderlich:

a) wenn die Zins-, Renten- oder Gewinnanteilscheine, deren Fälligkeit nach § 1010 Abs. 1 ZPO. eingetreten sein muß,[2]) von dem Antragsteller vorgelegt werden oder ein Zeugnis der betr. Behörde, Kasse oder Anstalt beigebracht wird, daß die fällig gewordenen Scheine ihr von dem Antragsteller vorgelegt worden seien.[3])

b) wenn die Zahlungssperre angeordnet wird, bevor seit der Zeit des glaubhaft gemachten Verlustes Zins-, Renten- oder Gewinnanteilscheine ausgegeben worden sind.[4])

2. Bei dem Aufgebot von **Wertpapieren, für welche Zins-, Renten- oder Gewinnanteilscheine zuletzt für einen längeren Zeitraum als vier Jahre ausgegeben sind**, muß der Antragsteller vor Erlassung des Ausschlußurteils ein nach Ablauf der im § 1011 Abs. 1 ZPO. festgesetzten sechsmonatigen Frist ausgestelltes Zeugnis der betr. Behörde, Kasse oder Anstalt beibringen, daß die für die bezeichneten vier Jahre und später etwa fällig gewordenen Scheine ihr von einem anderen als dem Antragsteller nicht vorgelegt seien (§ 1011 Abs. 2 ZPO.).

Hat in der Zeit seit dem Erlasse des Aufgebots eine Ausgabe neuer Scheine stattgefunden, so muß das Zeugnis auch die in § 1010 Abs. 2 ZPO. bezeichneten Angaben enthalten, d. h. daß die Urkunde seit dem Zeitpunkt des Verlustes zur Ausgabe neuer Scheine nicht vorgelegt sei, und daß die neuen Scheine an einen anderen als den Antragsteller nicht ausgegeben seien (§ 1011 Abs. 2 ZPO.).

Es sollen durch diese Bestimmung die Fälle berücksichtigt werden, in denen zwar bei Erlaß des Aufgebots eine Ausgabe von neuen Zins-,

---

[1]) Vgl. Prot. d. Justizkommission S. 591.

[2]) Nach § 1010 Abs. 1 ZPO. muß die Fälligkeit sämtlicher Zinsscheine der alten Reihe vom Tage des Verlustes des Wertpapiers an eingetreten sein.

[3]) Vgl. § 1012 ZPO.

[4]) Vgl. § 1021 ZPO.

Renten- oder Gewinnanteilscheinen noch nicht stattgefunden hat, eine solche aber in der Zwischenzeit zwischen dem Erlaß des Aufgebots und dem Aufgebotstermin eingetreten ist. Der Aufgebotsrichter soll sich hier versichern, daß nicht die neuen Scheine von einem Dritten verlangt sind.

Die Beibringung des in § 1011 Abs. 2 ZPO. vorgeschriebenen Zeugnisses ist nicht erforderlich, wenn die Zins-, Renten- oder Gewinnanteilscheine, deren Fälligkeit nach § 1011 eingetreten sein muß, von dem Antragsteller vorgelegt werden oder ein Zeugnis der betr. Behörde, Kasse oder Anstalt beigebracht wird, daß die fällig gewordenen Scheine ihr von dem Antragsteller vorgelegt worden seien.[3])

Wird die Zahlungssperre angeordnet, bevor seit der Zeit des glaubhaft gemachten Verlustes Zins-, Renten- oder Gewinnanteilscheine ausgegeben worden sind, so braucht das in § 1011 Abs. 2 vorgeschriebene Zeugnis die in § 1010 Abs. 2 bezeichneten Angaben nicht zu enthalten.[4])

Zur Ausstellung der sämtlichen vorerwähnten Zeugnisse ist die betr. Behörde, Kasse oder Anstalt, welche das Wertpapier ausgestellt hat, verpflichtet. Die Kosten der Zeugnisse hat der bisherige Inhaber (Antragsteller) zu tragen und vorzuschießen.[5])

Im allgemeinen ist endlich noch zu bemerken, daß die Vorlegung der vorerwähnten Zeugnisse nicht notwendig gerade im Aufgebotstermin erfolgen muß. Der Antragsteller kann selbstverständlich das Zeugnis auch schon vor dem Termine einreichen; andererseits kann aber auch für den Fall, daß der Antragsteller in dem anberaumten Aufgebotstermin das erforderliche Zeugnis aus irgend einem Grunde nicht hat vorlegen können, die Erlassung des Ausschlußurteils bis zur Herbeischaffung des Zeugnisses unbedenklich verschoben werden. Es ist alsdann, auch ohne besonderen Antrag, zur Erledigung des Aufgebotsverfahrens ein neuer Termin anzuberaumen, dessen öffentliche Bekanntmachung nach § 955 ZPO. nicht erforderlich ist.

II. Durch Vorlegung der Urkunde vor oder in dem Aufgebotstermin wird das Aufgebotsverfahren überhaupt erledigt.

Die Voraussetzung des Aufgebots, d. h. der Verlust der Urkunde, ist alsdann weggefallen und damit auch die Kraftloserklärung der letzteren entbehrlich und unmöglich geworden.

Meldet übrigens der Inhaber der Urkunde vor dem Aufgebotstermine seine Rechte unter Vorlegung der Urkunde an, so hat das Gericht den Antragsteller hiervon zu benachrichtigen und ihm die Einsicht der Urkunde innerhalb einer zu bestimmenden Frist zu gestatten. Auf Antrag des Inhabers der Urkunde ist zur Vorlegung derselben ein Termin zu bestimmen.[6])

---

[4]) Vgl. Anmerkung 3 und 4 S. 62.

[5]) Vgl. § 799 Abs. 2 BGB.

[6]) Vgl. § 1016 ZPO. und die Begründung dazu: „Meldet der Inhaber der Urkunde vor dem Aufgebotstermine seine Rechte unter Vorlegung der Urkunde an, so liegt es unter Umständen im Interesse des Antragstellers, vor der Erledigung des Verfahrens von der Urkunde Einsicht zu nehmen. Diesem Interesse trägt § 1016 Rechnung."

Wenn der Antragsteller die vorgelegte Urkunde als die aufgebotene nicht anerkennt, so liegt der im § 953 ZPO. vorgesehene Fall vor, daß der Streit zwischen dem Antragsteller und demjenigen, der die Urkunde vorgelegt hat, im besonderen Verfahren zum Austrag zu bringen ist.

Es ist alsdann, ebenso wie in dem Falle, wo ein Dritter mit einem besseren Rechte an der auch für ihn verlorenen Urkunde die Aufgebotsbefugnis des Antragstellers bestreitet, nach Beschaffenheit des Falles entweder das Aufgebotsverfahren bis zur endgültigen Entscheidung über das angemeldete Recht oder die Echtheit der vorgelegten Urkunde auszusetzen oder in dem Ausschlußurteil das angemeldete Recht vorzubehalten.

Der Aufgebotsrichter selbst hat in keinem Falle über die Rechte an der vorgelegten Urkunde im Aufgebotsverfahren zu verhandeln oder zu entscheiden.

§ 23.

Das Ausschlußurteil bei dem Urkundenaufgebot.

I. Der Inhalt des Ausschlußurteils.

In dem Ausschlußurteil ist die aufgebotene Urkunde für kraftlos zu erklären.[1])

II. Die Verkündung und Bekanntmachung des Ausschlußurteils.

Für die Verkündung des Ausschlußurteils gelten die allgemeinen Grundsätze.

Die öffentliche Bekanntmachung des Ausschlußurteils ist in § 1017 Abs. 2 ZPO. zwingend vorgeschrieben, da sie, wie die Motive hervorheben, im Gebiete der Urkunden-Amortisation von unschätzbarem Werte sowohl für den Verlierer der Urkunde, als auch für Dritte ist, die ohne eine solche Bekanntmachung die Urkunde in gutem Glauben erwerben.

Die Veröffentlichung hat sich in allen Fällen auf die Bekanntmachung des wesentlichen Inhalts des Ausschlußurteils zu beschränken.[2]) Im einzelnen ist über die Art der Veröffentlichung folgendes zu bemerken:

1. Wenn es sich nicht um eine Urkunde der in § 808 BGB. bezeichneten Art oder um einen Hypotheken-, Grundschuld- und Rentenschuld-

---

[1]) Vgl. § 1017 Abs. 1 ZPO. Eine Entscheidung über den Kostenpunkt braucht das Ausschlußurteil nicht zu enthalten (vgl. oben § 10), doch ist die Aufnahme einer solchen nicht verboten. — Für das Ausschlußurteil bei dem Aufgebot einer Urkunde ist ein amtlicher Vordruck unter Z. P. Nr. 69 festgestellt.

[2]) Es wird also z. B. genügen, wenn die

Bekanntmachung

in folgender Form erfolgt:

Durch Ausschlußurteil des unterzeichneten Gerichts vom heutigen Tage ist der 3½%ige Landschaftliche Zentral-Pfandbrief vom 7. Februar 1900, Nr. 320123, über 200 M. für kraftlos erklärt.

Berlin, den .... 19....

Amtsgericht Berlin-Mitte, Abteilung

brief handelt, ist das Ausschlußurteil durch einmalige Einrückung seines wesentlichen Inhalts in den Deutschen Reichsanzeiger öffentlich bekannt zu machen.

Eine mehr als einmalige Einrückung findet von Amts wegen nicht statt, jedoch erscheint es unbedenklich, auf Antrag desjenigen, welcher das Ausschlußurteil erwirkt hat, die wiederholte Einrückung des wesentlichen Inhalts des Urteils in den Deutschen Reichsanzeiger oder auch in andere Blätter anzuordnen, wenn der Antragsteller zur Tragung der entstehenden Mehrkosten sich erbietet.

2. Betrifft das Ausschlußurteil ein auf den Inhaber lautendes Papier und ist in der Urkunde vermerkt oder in den Bestimmungen, unter denen die erforderliche staatliche Genehmigung erteilt worden ist, vorgeschrieben, daß die öffentliche Bekanntmachung des Ausschlußurteils durch bestimmte andere Blätter zu erfolgen habe, so muß die Bekanntmachung auch[3]) durch Einrückung in diese Blätter erfolgen.[4])

3. Betrifft das Ausschlußurteil die Kraftloserklärung

a) von Urkunden der im § 808 BGB. bezeichneten Art,[5])

b) von Hypotheken-, Grundschuld- und Rentenbriefen,[6])

so ist das Ausschlußurteil seinem wesentlichen Inhalte nach nur durch einmalige Einrückung in den öffentlichen Anzeiger des Amtsblattes öffentlich bekannt zu machen. Das Gericht kann jedoch anordnen, daß die Einrückung noch in andere Blätter, also auch, wenn es für angezeigt erachtet wird, in den Deutschen Reichsanzeiger, und zu mehreren Malen erfolgen oder daß die Einrückung in den öffentlichen Anzeiger des Amtsblatts unterbleiben und durch Anheften an die Gerichtstafel ersetzt werden soll.[5])

Eine besondere Zustellung des Ausschlußurteils an den Antragsteller oder sonst bekannte Beteiligte ist nicht erforderlich.

Inwieweit eine Mitteilung des Ausschlußurteils an gewisse Behörden zu erfolgen hat, bestimmt sich nach den bestehenden Sondervorschriften. Eine solche Mitteilung ist z. B. bei Todeserklärungen, insbesondere von Kriegsverschollenen vorgeschrieben. S. unten § 43.

Die Befugnis des Antragstellers oder der Personen, deren Rechte auf die aufgebotene Urkunde in dem Ausschlußurteil vorbehalten sind, nach Maßgabe des § 299 ZPO. durch die Geschäftsstelle sich eine Ausfertigung, eine Abschrift oder einen Auszug des Ausschlußurteils erteilen lassen, bleibt selbstverständlich unberührt.[7])

---

3) „Auch" d. h. neben der Einrückung in den Deutschen Reichsanzeiger.

4) Vgl. § 1009 Abs. 3 in Verbindung mit § 1017 Abs. 2 ZPO.

5) Vgl. § 7 Abs. 1 AGzZPO. in Verbindung mit der 2. VO. d. StM. zur Einschränkung d. öffentl. Bekanntmachg. v. 17. 12. 24 (GS. 759).

6) Vgl. § 9 Abs. 1 ebenda.

7) Einfache und beglaubigte Abschriften des Ausschlußurteils können sich die Beteiligten im allgemeinen in beliebiger Anzahl erteilen lassen. Jedoch wird dadurch die Prüfung, ob die Erteilung mehrerer Abschriften im einzelnen Fall sachdienlich sei, nicht ausgeschlossen. Vgl. Gruchot 34 S. 763. Vgl. auch oben § 10, namentlich wegen des etwaigen zur Deckung der Schreibgebühren erforderlichen Vorschusses.

III. Die Rechtskraft des Ausschlußurteils und die Anfechtungsklage.

Auch bei dem Urkundenaufgebot wird das Ausschlußurteil mit seiner Verkündung rechtskräftig.

Gegen das Urteil ist weder Einspruch, noch ein Rechtsmittel gegeben.

Die Anfechtung kann nur im Wege der Klage (Anfechtungsklage) erfolgen.

In betreff der Zulässigkeit der Anfechtungsklage und des Verfahrens im Anfechtungsprozesse gelten die allgemeinen, oben im § 11 erörterten Grundsätze.

Nur für die Bekanntmachung des im Anfechtungsprozeß ergehenden Urteils ist eine besondere Bestimmung getroffen.

Nach § 1017 Abs. 3 ZPO. soll das auf die Anfechtungsklage ergangene Urteil, soweit dadurch die Kraftloserklärung der Urkunde aufgehoben wird, nach eingetretener Rechtskraft durch einmalige Einrückung seines wesentlichen Inhalts in den Deutschen Reichsanzeiger und bei Inhaberpapieren g. F. auch in die in der Urkunde oder in den staatlichen Genehmigungsbestimmungen bezeichneten anderen Blätter öffentlich bekannt gemacht werden.

Die Notwendigkeit dieser Bekanntmachung wird in der Begründung des Entw. d. ZPO. v. 30. 1. 77 durch die Erwägung gerechtfertigt, daß in allen Fällen, wo die für kraftlos erklärte Urkunde noch vorhanden ist, dieselbe ungeachtet des die Kraftloserklärung beseitigenden Erkenntnisses allen Verkehrswertes beraubt sein würde, wenn nur die Kraftloserklärung, nicht aber deren Wiederbeseitigung veröffentlicht werden würde.

Auf Antrag eines Beteiligten, der sich zur Tragung der dadurch entstehenden Kosten erbietet, kann übrigens unbedenklich auch die wiederholte Einrückung des auf die Anfechtungsklage ergangenen Urteils in den Deutschen Reichsanzeiger oder auch in andere Blätter erfolgen.

Wenn es sich in dem Aufgebotsverfahren um die Kraftloserklärung

a) einer Urkunde der im § 808 BGB. bezeichneten Art,[8])
b) von Hypotheken-, Grundschuld- und Rentenschuldbriefen[9])

gehandelt hat, so ist das auf die Anfechtungsklage ergangene Urteil, soweit dadurch die Kraftloserklärung aufgehoben wird, nach eingetretener Rechtskraft durch einmalige Einrückung in den öffentlichen Anzeiger des Amtsblatts bekannt zu machen. Das Gericht kann aber auch hier anordnen, daß die Einrückung noch in andere Blätter (Reichsanzeiger) und zu mehreren Malen erfolgen oder daß die Einrückung in den öffentlichen Anzeiger des Amtsblatts unterbleiben und durch Anheften an die Gerichtstafel ersetzt werden soll.[8])

IV. Die Wirkung des Ausschlußurteils.

Die ZPO. bestimmt im § 1018 Abs. 1, daß derjenige, welcher das Ausschlußurteil erwirkt hat, dem durch die Urkunde Verpflichteten gegenüber berechtigt sein soll, die Rechte aus der Urkunde geltend zu machen.[10])

---

[8]) Vgl. § 7 Abs. 1 AGzZPO. v. 22. 9. 99 in der Fassung v. 17. 12. 24, und wegen der im § 808 BGB. bezeichneten Urkunden unten § 25 S. 74.

[9]) Vgl. § 9 Abs. 1 AGzZPO.

[10]) Vgl. jedoch § 1018 Abs. 2 ZPO. S. unten zu V. Vgl. auch RGZ. 49 S. 134 und Foerster-Kann ZPO. Anm. 1 zu § 1018.

Das Ausschlußurteil soll für den Antragsteller den Besitz der Urkunde ersetzen, ohne im übrigen das Rechtsverhältnis zwischen ihm und dem Verpflichteten oder gar die Rechte Dritter zu berühren. Mit Recht hebt Mandry hervor, daß auch die Rechte dritter Nichtbesitzer, selbst wenn sie nicht vorbehalten sind, keinenfalls durch die Kraftloserklärung beseitigt werden; ebensowenig etwaige Ansprüche des dritten Besitzers gegen den Antragsteller, wie sie sich namentlich aus vertragsmäßigen Zusagen, aus Delikten oder auch infolge grundloser Bereicherung usw. ergeben können.

Über die Befugnis desjenigen, welcher das Ausschlußurteil erwirkt hat, auf Grund desselben die Ausfertigung einer neuen Urkunde an Stelle der für kraftlos erklärten zu verlangen, ist in der ZPO. eine besondere Bestimmung nicht getroffen.

In betreff der Schuldverschreibungen auf den Inhaber bestimmt jedoch § 800 BGB., daß, wenn eine solche für kraftlos erklärt ist, derjenige, welcher das Ausschlußurteil erwirkt hat, von dem Aussteller, unbeschadet der Befugnis, den Anspruch aus der Urkunde geltend zu machen, die Erteilung einer neuen Schuldverschreibung auf den Inhaber an Stelle der für kraftlos erklärten verlangen kann, jedoch die Kosten der Neuausfertigung zu tragen und vorzuschießen hat.[11])

Diese Vorschrift des BGB. findet sich selbstverständlich auch bei Schuldverschreibungen oder Schatzanweisungen des Deutschen Reiches, bei den Preußischen Staatsschuldenpapieren, Reichsbank-Anteilscheinen und allen sonstigen von Korporationen und Gemeinden, landschaftlichen Kredit-Instituten, Aktiengesellschaften u. dergl. ausgegebenen Schuldverschreibungen auf den Inhaber (Pfandbriefe, Rentenbriefe, Aktien, Versicherungspolizen usw.) entsprechende Anwendung.[12])

Für Hypotheken-, Grundschuld- und Rentenschuldbriefe ist die Bestimmung des § 67 der Grundbuchordnung v. 24. 3. 97 maßgebend, nach welcher einem Antrage des Berechtigten auf Erteilung eines neuen Briefes, ohne daß es der Einwilligung des Eigentümers bedarf, stattzugeben ist, wenn in den Fällen der §§ 1162, 1170 und 1171 BGB. das Ausschlußurteil vorgelegt wird. Die Kosten der Erteilung eines neuen Briefes sind vom Antragsteller zu tragen.[13])

Ob sonst bei Urkunden, welche nicht auf den Inhaber lauten, auf Grund der Kraftloserklärung die Ausfertigung einer neuen Urkunde statt-

---

[11]) Vgl. Dernburg, Das Bürgerl. Recht des Deutschen Reichs und Preußens Bd. 2 S. 350: „Es ist nicht unerläßlich, daß das neue Inhaberpapier dieselbe Form wie das alte hat, der Aussteller ist namentlich im Falle einer noch nicht beendigten Massenemission befugt, an Stelle der amortisierten Verschreibung eine neue, aus der Zahl der noch nicht emittierten Verschreibungen zu geben. Bei Lospapieren wird dies aber nicht anzunehmen sein, weil hier ein, wenn auch nur imaginäres Interesse an der Nummer des verlorenen Papiers bestehen kann."

[12]) Vgl. insbesondere betr. der Aktien und Interimsscheine § 228 HGB., ferner Reichsschuldenordnung v. 14. 2. 24 § 14 II, Reichsbanksatzung v. 11. 10. 24 § 6 Abs. 1 Satz 2, VersicherungsvertragsG. § 3 II.

[13]) Vgl. Mot. S. 173. Willenbücher, Reichs-Grundbuchordnung, Anmerkung zu § 67. „Berechtigter ist der Antragsteller, welcher das Ausschlußurteil erwirkt hat, nur dann, wenn ihm die Hypothek zusteht."

haft ist, hängt von dem Verhältnisse des Berechtigten zu dem Verpflichteten ab und ist deshalb nach den maßgebenden Sondergesetzen oder nach den sonstigen Bestimmungen des materiellen Rechts zu entscheiden.

V. Die Wirkung der Aufhebung des Ausschlußurteils.

Um den aus der Urkunde Verpflichteten, welcher im Vertrauen auf das Ausschlußurteil Leistungen bewirkt hat, gegen die Gefahr zu sichern, noch einmal leisten zu müssen, falls demnächst das Urteil infolge einer Anfechtungsklage aufgehoben wird, hat die ZPO. im § 1018 Abs. 2 die Bestimmung getroffen, daß für den Fall, daß das Ausschlußurteil infolge einer Anfechtungsklage aufgehoben wird, die auf Grund des Ausschlußurteils von dem Verpflichteten bewirkten Leistungen auch Dritten, insbesondere dem Anfechtungskläger gegenüber wirksam bleiben sollen, es sei denn, daß der Verpflichtete zur Zeit der Leistung die Aufhebung des Ausschlußurteils gekannt hat.

§ 24.

Die Zahlungssperre.

Wenn das Aufgebotsverfahren die Kraftloserklärung eines auf den Inhaber lautenden Papiers bezweckt, so hat das Gericht auf Antrag an den Aussteller, sowie an die in dem Papier und die von dem Antragsteller bezeichneten Zahlstellen das Verbot zu erlassen, an den Inhaber des Papiers eine Leistung zu bewirken, insbesondere neue Zins-, Renten- oder Gewinnanteilscheine oder einen Erneuerungsschein (Zinsschein- usw. Anweisung, Talon) auszugeben.[1]) Die das Verbot enthaltende Verfügung ist gemäß § 329 Abs. 3 ZPO. dem Antragsteller, dem Aussteller und den aus dem Papier oder den Angaben des Antragstellers bekannten Zahlstellen von Amts wegen zuzustellen.

I. Diese sogen. Zahlungssperre, die auch im § 799 Abs. 2 und im § 802 BGB. und im § 228 HGB. bei Inhaberpapieren vorgesehen ist, wird regelmäßig zugleich mit der Einleitung des Aufgebotsverfahrens erfolgen. Mit der Zahlungssperre ist deshalb der Regel nach die Benachrichtigung von der Einleitung des Aufgebotsverfahrens zu verbinden.[1])

Die Zahlungssperre in Verbindung mit der Benachrichtigung von der Einleitung des Aufgebotsverfahrens ist in gleicher Weise wie das Aufgebot öffentlich bekannt zu machen.[2])

Der Inhalt dieser öffentlichen Bekanntmachung ergibt sich aus § 1019 Abs. 1 Satz 1 ZPO. Es ist also in der Bekanntmachung die auf

---

[1]) Vgl. § 1019 Abs. 1 Satz 1 ZPO. Ausgenommen sind von der Zahlungssperre, wie vom Aufgebot selbst, die Zins-, Renten- und Gewinnanteilscheine, die auf Sicht zahlbaren unverzinslichen Schuldverschreibungen (Banknoten, Kassenscheine usw.) und die im § 807 BGB. bezeichneten Urkunden (Karten, Marken und ähnliche Urkunden des täglichen Verkehrs). Vgl. §§ 799 und 807 BGB. Struckmann und Koch a. a. O. Anm. 2 zu § 1019; Schollmeyer, Recht der einzelnen Schuldverhältnisse 2. Aufl. 04 S. 201 ff.; Stein-Jonas a. a. O. Anm. I zu § 1019.

[2]) Vgl. § 1019 Abs. 1 Satz 2 ZPO.

den Inhaber lautende Urkunde, deren Kraftloserklärung das Aufgebotsverfahren bezweckt, in erkennbarer Weise zu bezeichnen und sodann an die Aussteller das Verbot zu erlassen, an den Inhaber des bezeichneten Papiers eine Leistung zu bewirken, insbesondere neue Zins-, Renten- oder Gewinnanteilscheine oder einen Erneuerungsschein auszugeben. Zweckmäßig wird es auch sein, in der Bekanntmachung darauf hinzuweisen, daß das vorgedachte Verbot auf den Antragsteller selbst keine Anwendung findet.[3])

Die Veröffentlichung der Bekanntmachung erfolgt:

1. bei Urkunden der im § 808 BGB. bezeichneten Art durch einmalige Einrückung in den öffentlichen Anzeiger des Amtsblatts.

   Das Gericht kann anordnen, daß die Einrückung noch in andere Blätter (insbesondere auch in den Deutschen Reichsanzeiger) und zu mehreren Malen erfolgen oder daß die Einrückung in den öffentlichen Anzeiger des Amtsblatts unterbleiben und durch Anheftung an die Gerichtstafel ersetzt werden soll.[4])

   Ist in der Urkunde vermerkt oder in den Bestimmungen, unter denen die erforderliche staatliche Genehmigung erteilt worden ist, vorgeschrieben, daß die öffentliche Bekanntmachung der Zahlungssperre durch bestimmte andere Blätter zu erfolgen habe, so muß die Bekanntmachung auch durch Einrückung in diese Blätter erfolgen. Wird auf Grund dieser Vorschriften die Einrückung in den Deutschen Reichsanzeiger veranlaßt, so unterbleibt sie im Amtsblatt.[5])

2. bei allen anderen auf den Inhaber lautenden Papieren:
   a) durch Anheftung an die Gerichtstafel bis zum Aufgebotstermin;
   b) durch Anheftung in dem Lokale der Börse, wenn eine solche am Sitze des Aufgebotsgerichts besteht, und zwar ebenfalls bis zum Aufgebotstermine;
   c) durch einmalige Einrückung in den Deutschen Reichsanzeiger.

   Das Gericht kann anordnen, daß die Einrückung noch in andere Blätter und zu mehreren Malen erfolge.

   Ist in der Urkunde vermerkt oder in den Bestimmungen, unter denen die erforderliche staatliche Genehmigung erteilt worden

---

[3]) Als Muster kann folgende Bekanntmachung gelten:

Zahlungssperre.

Es ist das Aufgebot der nachstehenden, angeblich abhanden gekommenen Urkunden: 4 %ige Preußische Hypotheken-Pfandbriefe der Preußischen Hypotheken-Aktienbank, Serie XI Nr. 135, 4826, 5922 von dem Kaufmann Eduard Jacobsen zu Berlin, Landwehrstraße 11, vertreten durch Rechtsanwalt Max Jacobsen zu Berlin, Leipzigerstraße 128, beantragt worden. Gemäß §§ 1019 1020 ZPO. wird der Ausstellerin, der Preußischen Hypotheken-Aktienbank zu Berlin, verboten, an den Inhaber der genannten Papiere eine Leistung zu bewirken, insbesondere neue Zinsscheine oder einen Erneuerungsschein auszugeben. Das Verbot findet auf den oben bezeichneten Antragsteller keine Anwendung.

Berlin, den

Amtsgericht Berlin-Mitte, Abteilung ....

[4]) Vgl. § 7 AGzZPO. in der Fassung der Bekanntmachung v. 6. 10. 99 und der VO. v. 17. 12. 24.

[5]) Vgl. § 7 ebenda in Verbindung mit § 1009 Abs. 3 ZPO.

ist, vorgeschrieben, daß die öffentliche Bekanntmachung der Zahlungssperre durch bestimmte andere Blätter zu erfolgen habe, so muß die Bekanntmachung auch durch Einrückung in diese Blätter erfolgen.[6])

Das an den Aussteller des Papiers erlassene Verbot ist auch den Zahlstellen gegenüber wirksam, welche nicht in dem Papiere bezeichnet sind.[7])

Die rechtzeitige Benachrichtigung der Zahlstellen ist in diesem Falle Sache des Ausstellers.[8])

Aus den §§ 135 und 136 BGB.[9]) ergibt sich, daß eine dem Verbote (Zahlungssperre) zuwider geschehene Leistung nicht gegen den Antragsteller wirkt. Andererseits entspricht es den Vorschriften des § 803 BGB.,[10]) wenn im § 1019 Abs. 3 ZPO. bestimmt ist, daß die Einlösung der vor dem Erlaß der Zahlungssperre ausgegebenen Zins-, Renten- und Gewinnanteile von der Zahlungssperre nicht betroffen wird.

II. Ist die sofortige Einleitung des Aufgebotsverfahrens nach § 1015 Satz 2 ZPO. nicht zulässig, kann also der Aufgebotstermin nicht innerhalb eines Jahres bestimmt werden, so hat das Gericht ausnahmsweise die Zahlungssperre auf Antrag auch schon vor der Einleitung des Verfahrens zu verfügen, sofern die übrigen Erfordernisse für die Einleitung vorhanden sind.[11])

Auf den Antrag finden die Vorschriften des § 947 Abs. 1 ZPO. Anwendung.[12])

Der Antrag kann also schriftlich oder zum Protokoll der Geschäftsstelle gestellt werden und die Entscheidung über die Zulässigkeit des Antrags kann ohne vorgängige mündliche Verhandlung erfolgen. Die Abweisung des Antrags unterliegt der einfachen Beschwerde.

---

[6]) Vgl. § 1009 Abs. 1 u. 3 ZPO.

[7]) Vgl. § 1019 Abs. 2 ZPO.

[8]) Vgl. Mot. zu § 1019 ZPO.

[9]) Die §§ 135 und 136 BGB. lauten:

§ 135: „Verstößt die Verfügung über einen Gegenstand gegen ein gesetzliches Veräußerungsgebot, das nur den Schutz bestimmter Personen bezweckt, so ist sie nur diesen Personen gegenüber unwirksam. Der rechtsgeschäftlichen Verfügung steht eine Verfügung gleich, die im Wege der Zwangsvollstreckung oder der Arrestvollziehung erfolgt. Die Vorschriften zugunsten derjenigen, welche Recht von einem Nichtberechtigten herleiten, finden entsprechende Anwendung."

§ 136: „Ein Veräußerungsverbot, das von einem Gericht oder von einer anderen Behörde innerhalb ihrer Zuständigkeit erlassen wird, steht einem gesetzlichen Veräußerungsverbote der im § 135 bezeichneten Art gleich."

[10]) Der § 803 BGB. lautet: „Werden für eine Schuldverschreibung auf den Inhaber Zinsscheine ausgegeben, so bleiben die Scheine, sofern sie nicht eine gegenteilige Bestimmung enthalten, in Kraft, auch wenn die Hauptforderung erlischt oder die Verpflichtung zur Verzinsung aufgehoben oder geändert wird.

Werden solche Zinsscheine bei der Einlösung der Hauptschuldverschreibung nicht zurückgegeben, so ist der Aussteller berechtigt, den Betrag zurückzubehalten, den er nach Abs. 1 für die Scheine zu zahlen verpflichtet ist.

[11]) Vgl. § 1020 Satz 1 ZPO.

[12]) Vgl. § 1020 Satz 2 ebenda.

Die vor Einleitung des Aufgebotsverfahrens verfügte Zahlungssperre ist öffentlich bekannt zu machen:

1. wenn es sich um eine Urkunde der im § 808 BGB. bezeichneten Art handelt, durch einmalige Einrückung in den öffentlichen Anzeiger des Amtsblatts nach Maßgabe des § 7 AGzPO. in der Fassung der VO. v. 7. 12. 24.[13])
2. wenn es sich um andere auf den Inhaber lautende Papiere handelt,
   a) durch Anheftung an die Gerichtstafel,
   b) durch Einrückung in den Deutschen Reichsanzeiger.[14])

Wird die Zahlungssperre angeordnet, bevor seit der Zeit des glaubhaft gemachten Verlustes Zins-, Renten- oder Gewinnanteilscheine ausgegeben worden sind, so ist im Aufgebotstermin die Beibringung des im § 1010 Abs. 2 ZPO. (s. oben S. 61) vorgeschriebenen Zeugnisses nicht erforderlich.[15])

Wird das in Verlust gekommene Papier dem Gerichte vorgelegt oder wird das Aufgebotsverfahren in anderer Weise, z. B. durch Nichterscheinen des Antragstellers im Aufgebotstermin oder durch Zurücknahme des Aufgebotsantrags, ohne Erlassung eines Ausschlußurteils erledigt, so ist die Zahlungssperre von Amts wegen aufzuheben.[16])

Das gleiche gilt, wenn die Zahlungssperre vor der Einleitung des Aufgebotsverfahrens angeordnet worden ist[17]) und die Einleitung nicht

---

[13]) Vgl. § 1023 ZPO. u. oben zu I Abs. 4 Ziff. 1 S. 69.

[14]) Vgl. § 1020 Satz 3 ZPO. Die Vorschrift des § 1019 Abs. 1, daß mit dem Verbot die Benachrichtigung von der Einleitung des Aufgebotsverfahrens zu verbinden sei, ist in diesem Falle natürlich nicht anwendbar.

[15]) Vgl. § 1021 ZPO. In der Begründung dieser Vorschrift (S. 204) wird hervorgehoben, daß der etwaige Besitzer des Papiers in diesem Falle zufolge der Vorschrift des § 1019 nicht mehr in der Lage ist, neue Scheine durch Vorlegung des Papiers bei der zur Ausgabe bestimmten Stelle zu erhalten. „Vielmehr bleibt ihm, wenn diese Stelle die Aushändigung der Scheine unter Berufung auf die Zahlungssperre verweigert, nur der Weg, das Papier dem Gerichte vorzulegen. Erfolgt eine solche Vorlegung, so ist nach § 1022 ZPO. die Zahlungssperre aufzuheben und der Inhaber des Papiers kann dann ohne weiteres die neuen Scheine an der Ausgabestelle erheben. Unterläßt er es dagegen, sich an das Gericht zu wenden, so besteht der Verdacht, daß er das Papier nicht in gutem Glauben erworben habe." Aus diesen Gründen hat die ZPO. hier die sonst zum Schutze gutgläubiger Erwerber gebotene Beibringung des im § 1010 Abs. 2 vorgeschriebenen Zeugnisses für nicht erforderlich erklärt.

Wie im Falle des § 1021 der Aufgebotstermin zu bestimmen sei, ist nicht besonders geregelt. Das Gesetz hat eine solche Regelung nicht für erforderlich erachtet, weil es, obwohl infolge der Zahlungssperre für das aufzubietende Papier neue Scheine nicht mehr ausgegeben werden, nach § 1010 Abs. 1 ZPO. bei der Bestimmung des Aufgebotstermins lediglich darauf ankommt, wann der erste der neuen Scheine fällig ist, die für andere Papiere derselben Art, insbesondere der gleichen Serie, ausgegeben werden. Danach ist für die Bestimmung des Aufgebotstermins der Zeitpunkt maßgebend, in welchem hinsichtlich des aufzubietenden Papiers der erste Schein fällig gewesen sein würde, wenn die Ausgabe nicht infolge der Zahlungssperre unterblieben wäre.

[16]) Vgl. § 1022 Satz 1 ZPO.

[17]) Vgl. § 1020 ZPO. S. oben S. 70.

binnen sechs Monaten nach der Beseitigung des ihr entgegenstehenden Hindernisses beantragt wird.[18])

Ist das Aufgebot oder die Zahlungssperre öffentlich bekannt gemacht worden, so ist die Erledigung des Verfahrens oder die Aufhebung der Zahlungssperre von Amts wegen

1. wenn es sich um eine Urkunde der im § 808 bezeichneten Art handelt, durch den öffentlichen Anzeiger des Amtsblatts, nach Maßgabe des § 7 AGZPO. in der Fassung der VO. v. 7. 12. 24,[19])
2. wenn es sich um andere auf den Inhaber lautende Papiere handelt, durch den Deutschen Reichsanzeiger

öffentlich bekannt zu machen.[20])

Im Falle der Vorlegung des Papiers ist die Zahlungssperre erst aufzuheben, nachdem dem Antragsteller die Einsicht der Urkunde nach Maßgabe des § 1016 ZPO. gestattet ist.[21])

Gegen den Beschluß, durch welchen die Zahlungssperre aufgehoben wird, findet sofortige Beschwerde statt.[22]) Der abweisende Beschluß unterliegt der einfachen Beschwerde.[23])

---

[18]) Vgl. § 1022 Satz 2 ZPO.

[19]) Vgl. § 1023 ZPO. u. oben zu I Abs. 4 Ziff. 1 S. 69.

[20]) Vgl. § 1022 Abs. 1 Satz 3 ZPO.

[21]) Vgl. § 1022 Abs. 2 ebenda.

[22]) Vgl. § 1022 Abs. 3 ebenda. Der Beschluß ist den Beteiligten gemäß § 329 Abs. 3 von Amtswegen zuzustellen. Die Zulassung der sofortigen Beschwerde entspricht dem § 934 Abs. 4 ZPO., der gegen den Beschluß, durch welchen der Arrest aufgehoben wird, die sofortige Beschwerde zuläßt.

[23]) Vgl. Stein-Jonas ZPO. § 1022 Anm. III; Foerster-Kann a. a. O. Anm. 3 zu § 1022; Adelmann S. 90.

Zweiter Teil.

Die einzelnen Aufgebotsfälle.

Erster Abschnitt.

Die wichtigsten Urkundenaufgebote.

§ 25.

Vorbemerkung.

Wie ein jedes Aufgebot, d. h. eine jede öffentliche gerichtliche Aufforderung zur Anmeldung von Ansprüchen oder Rechten mit der Wirkung, daß die Unterlassung der Anmeldung einen Rechtsnachteil zur Folge hat (§ 946 ZPO.), nur in den durch das Gesetz bestimmten Fällen stattfindet, so kann eine gerichtliche Kraftloserklärung im Wege des Aufgebotsverfahrens auch nur bei den abhanden gekommenen oder vernichteten Urkunden stattfinden, für welche sie gesetzlich zugelassen ist.

Nach dem BGB. ist dies der Fall:

1. bei Schuldverschreibungen auf den Inhaber, d. h. bei solchen Urkunden, in denen der Aussteller dem in der Urkunde nicht benannten Inhaber der Urkunde als solchen eine Leistung verspricht, und bei welchen er, ohne zur Prüfung der Verfügungsberechtigung des Inhabers verpflichtet zu sein, durch die Leistung an den Inhaber von seiner Verbindlichkeit befreit wird.[1])

   Ausgeschlossen ist die Kraftloserklärung im Wege des Aufgebotsverfahrens hier nur, wenn dies in der Urkunde besonders bestimmt ist.[2])

2. bei den sogen. Legitimationspapieren des § 808 BGB., d. h. bei den Urkunden, in denen zwar der Gläubiger benannt ist, die aber mit der Bestimmung ausgegeben werden, daß die in der Urkunde versprochene Leistung an jeden Inhaber bewirkt werden kann, und bei denen der Schuldner durch die Leistung an den Inhaber der Urkunde befreit wird.

   Ausgeschlossen ist die Kraftloserklärung im Wege des Aufgebotsverfahrens auch hier, wenn ein anderes bestimmt ist.[3])

   Zu diesen sogen. Legitimationspapieren gehören insbesondere die Sparkassenbücher, Pfandscheine, Depotscheine, Lebensversicherungsscheine u. dergl.[4])

---

[1]) Vgl. § 793 BGB.

[2]) Vgl. § 799 BGB.

[3]) Vgl. § 808 Abs. 2 BGB.

[4]) Vgl. hierzu auch Reichhelm in der JMSchr. f. Posen 04 S. 85 und RGZ. 66, 163 betr. Versicherungsscheine.

Unzulässig ist ein gerichtliches Aufgebotsverfahren zum Zwecke der Kraftloserklärung von Urkunden der im § 807 BGB. bezeichneten Art, d.h. von Karten, Marken oder ähnlichen Urkunden des täglichen Verkehrs, in denen ein Gläubiger nicht bezeichnet ist, die aber von dem Aussteller unter Umständen ausgegeben werden, aus welchen sich ergibt, daß er dem Inhaber zu einer Leistung verpflichtet sein will.[5]) In der Reichstags-Kommission wurde bei Beratung des § 807 bemerkt, daß die allgemeine Zulassung der Amortisation bei diesen Urkunden deshalb nicht möglich sei, weil ihnen oft ausreichende Kennzeichen, um sie vor anderen Urkunden derselben Art zu unterscheiden, fehlen und mithin dem Erfordernisse des § 1007 Nr. 1 ZPO. (Angabe dessen, was zur vollständigen Erkennbarkeit der aufzubietenden Urkunde erforderlich ist) nicht genügt werden könne.

Zu diesen im § 807 bezeichneten Urkunden gehören insbesondere Eisenbahn- und Theaterkarten, Speisemarken, Bademarken, Gutscheine und ähnliche Karten und Marken des täglichen Verkehrs.[6])

3. bei Hypotheken-, Grundschuld- und Rentenschuldbriefen, insbesondere auch bei den auf den Inhaber ausgestellten Grundschuld- und Rentenschuldbriefen.[7])

Nach dem HGB. ist ferner eine gerichtliche Kraftloserklärung im Wege des Aufgebotsverfahrens zulässig:

4. bei Aktien und Interimsscheinen,[8])
5. bei kaufmännischen Anweisungen und kaufmännischen Verpflichtungsscheinen, Konnossementen, Ladescheinen, Lagerscheinen, Bodmereibriefen und Transportversicherungspolicen, wenn sie an Order lauten.[9])

Zugelassen ist ferner eine solche Kraftloserklärung:

6. bei Wechseln nach Art. 73 der Allgemeinen WO.,

---

[5]) Vgl. Dernburg, Das Bürgerliche Recht des Deutschen Reichs und Preußens Bd. 2 S. 337.

[6]) Daß auch Lotterielose, wie Leske (BGB. Bd. I S. 324) annimmt, hierunter fallen, ist nicht ohne weiteres zutreffend, da diese in den meisten Fällen genügende Unterscheidungsmerkmale an sich tragen. An sich sind sie jedenfalls Inhaberpapiere im Sinne des § 793 BGB., die, wenn in ihnen nicht ein anderes bestimmt ist, im Wege des gerichtlichen Aufgebotsverfahrens für kraftlos erklärt werden können und bei denen deshalb auch die Zahlungssperre an sich zulässig ist. S. auch Endemann, Einführung in das Studium des BGB. Teil II S. 885 Anm. 15, und Brunner in W. Endemann, Handbuch des Handelsrechts Bd. II S. 202 ff.; Foerster-Kann ZPO. 26, § 1003 Anm. 2a aa; Fischer-Henle, BGB. 13. Aufl. 27 § 793 Anm. 4; Adelmann S. 8. Allerdings sind in den Plänen der meisten Lotterien, z. B. auch in dem der Preußischen Klassen-Lotterie, zur Sicherung des bisherigen rechtmäßigen Inhabers eines abhanden gekommenen Loses bestimmte Maßnahmen vorgesehen, welche die Anordnung der Zahlungssperre und des Aufgebots entbehrlich erscheinen lassen.

[7]) Vgl. §§ 1162, 1192 Abs. 1, 1199 Abs. 1 und 1195 BGB.

[8]) Vgl. § 228 HGB. und Art. 25 EGzBGB.

[9]) Vgl. §§ 363, 365 Abs. 2 HGB.

7. bei den auf den Inhaber lautenden Reichs-Schuldverschreibungen und Reichs-Schatzanweisungen,[10])
8. bei Reichsbankanteilscheinen.[11])
9. bei Schecks nach § 27 des Scheckgesetzes v. 11. 3. 08.

Nach Preußischem Landesrecht findet sodann noch eine gerichtliche Kraftloserklärung im Wege des Aufgebotsverfahrens statt:

10. bei Kuxscheinen,[12])
11. bei Schuldverschreibungen auf den Inhaber, welche auf den Namen eines bestimmten Berechtigten umgeschrieben sind.[13])

Bei den sogen. Rektapapieren findet ein Aufgebotsverfahren nicht statt. Auf die in der Reichstags-Kommission von einem Mitgliede aufgeworfene Frage, warum die Kraftloserklärung von Urkunden nicht auch auf die Anweisungen des BGB. (§ 783) ausgedehnt sei, wurde von einem Vertreter der verbündeten Regierungen darauf hingewiesen, daß für den Fall, daß eine von dem Angewiesenen noch nicht angenommene Anweisung vernichtet oder abhanden gekommen sei, die Vorschrift des § 790 BGB. genüge, der zufolge der Anweisende die Anweisung dem Angewiesenen gegenüber widerrufen könne, solange nicht der Angewiesene sie dem Anweisungsempfänger gegenüber angenommen oder die Leistung bewirkt habe. Da die Hingabe einer noch nicht angenommenen Anweisung stets nur zahlungshalber erfolge, so werde der Anweisende kein Bedenken tragen, auf Verlangen des Anweisungsempfängers die abhanden gekommene Anweisung zu widerrufen und auf Grund des zwischen ihm und dem Anweisungsempfänger fortbestehenden Rechtsverhältnisses eine neue Anweisung auszustellen. Aber auch für den Fall, daß eine von dem Angewiesenen bereits angenommene Anweisung abhanden gekommen sei, bedürfe es keiner Kraftloserklärung im Wege des Aufgebotsverfahrens, um dem Anweisungsempfänger die Möglichkeit zu gewähren, von dem Angewiesenen Zahlung zu erlangen, obwohl der § 785 BGB. vorschreibe, daß der Angewiesene nur gegen Aushändigung der Anweisung zur Leistung verpflichtet sei.

Diese Vorschrift entspreche dem § 371 Satz 1 BGB., wonach der Schuldner, wenn über eine Forderung ein Schuldschein ausgestellt worden sei, neben der Quittung Rückgabe des Schuldscheins verlangen könne. Im § 371 Satz 2 sei aber weiter bestimmt, daß, wenn der Gläubiger behaupte, zur Rückgabe außer Stande zu sein, der Schuldner das öffentlich beglaubigte Anerkenntnis verlangen könne, daß die Schuld erloschen sei. Durch diese letztere Bestimmung solle in den Fällen, in welchen ein nicht auf den Inhaber oder an Order lautendes Papier abhanden gekommen sei, das gerichtliche Amortisationsverfahren ersetzt werden. Die Vorschrift des § 371 Satz 2 in Verbindung mit den Vorschriften des BGB. über den Schutz des gutgläubigen Schuldners im Falle der Übertragung der

---

[10]) Vgl. § 14 der Reichsschuldenordnung v. 13. 2. 24 (RGBl. I, 95).
[11]) Vgl. § 6 der Reichsbank-Satzung v. 11. 10. 24 (RAnz. v. 14. 10. 24 Nr. 243).
[12]) Vgl. § 110 Preuß. Allg. Bergg. v. 24. 6. 65 (GS. S. 705).
[13]) Vgl. Art. 18 § 9 AGzBGB. v. 20. 9. 99.

Forderung (§§ 405 ff.) schütze den Schuldner, trotzdem ihm der Schuldschein nicht zurückgegeben werde, in ausreichender Weise gegen die Gefahr doppelter Zahlung.

Da die Annahme der Anweisung nach dem BGB. durch einen schriftlichen Vermerk auf der Anweisung erfolge (§ 784 Abs. 2), so sei auch die angenommene Anweisung ein Schuldschein wie ein schriftlich erteiltes Schuldversprechen. Es finde daher auch auf eine solche Anweisung die allgemeine Vorschrift des § 371 Satz 2 Anwendung. Dem Interesse, welches der Angewiesene daran habe, in den Besitz der bezahlten Anweisung zu gelangen, würde auch durch die gerichtliche Kraftloserklärung nicht Genüge geschehen, da nach § 1018 ZPO. sich die Wirkung der Kraftloserklärung darauf beschränke, daß derjenige, welcher das Ausschlußurteil erwirkt habe, dem durch die Urkunde Verpflichteten gegenüber berechtigt sei, die Rechte aus der Urkunde geltend zu machen, während Dritten gegenüber das Ausschlußurteil nicht die Urkunde selbst ersetze. Übrigens sei die angeregte Frage nicht nur von Bedeutung für die Anweisung, sondern für alle Rektapapiere, aus welchen der Schuldner nur gegen Aushändigung oder Beibringung des Papiers zu zahlen verpflichtet sei, insbesondere für den Ladeschein, den Bodmereibrief und die Seeassekuranzpolice, sofern diese Papiere nicht an Order ausgestellt worden seien. In allen diesen Fällen sei eine gerichtliche Kraftloserklärung mit Rücksicht auf die allgemeine Vorschrift des § 371 Satz 2 BGB. entbehrlich.

Unzulässig ist ferner das Aufgebot und die gerichtliche Kraftloserklärung bei den auf Sicht zahlbaren unverzinslichen Schuldverschreibungen,[14]) zu denen insbesondere Banknoten,[15]) Reichskassenscheine[16]) und Preußische Kassenanweisungen[17]) gehören, welche lediglich dazu bestimmt sind, zur Ergänzung des Geldumlaufs zu dienen und deshalb im Verkehr als allgemeine Zahlungsmittel gelten.

Ausgeschlossen ist das Aufgebot und die Kraftloserklärung endlich auch bei Zins-, Renten- und Gewinnanteilscheinen, für welche bei ihren verhältnismäßig geringen Beträgen das förmliche und umständliche Aufgebotsverfahren nicht geeignet erscheint.[18]) Ein ausreichendes Mittel zum Ersatz für verloren gegangene oder vernichtete Zins-, Renten- und Gewinnanteilscheine bietet § 804 BGB., nach welchem der bisherige Inhaber nach dem Ablaufe der im § 801 BGB.[19]) bestimmten Vor-

---

[14]) Vgl. § 799 Abs. 1 BGB.

[15]) Vgl. §§ 3, 31, 32 Abs. 2, 34 BankG. v. 30. 8. 24 (RGBl. II, 235).

[16]) Vgl. § 6 Ges. v. 30. 4. 74, betr. die Ausgabe von Reichskassenscheinen (RGBl. S. 40).

[17]) Vgl. § 5 Ges. v. 19. 5. 51 sowie § 5 Ges. v. 7. 5. 56 und dazu § 29 Anm. 5, s. unten S. 90.

[18]) Vgl. § 799 Abs. 1 Satz 2 BGB.

[19]) Der § 801 BGB. lautet: „Der Anspruch aus einer Schuldverschreibung auf den Inhaber erlischt mit dem Ablaufe von dreißig Jahren nach dem Eintritte der für die Leistung bestimmten Zeit, wenn nicht die Urkunde vor dem Ablaufe der dreißig Jahre dem Aussteller zur Einlösung vorgelegt wird. Erfolgt die Vorlegung, so verjährt der Anspruch in zwei Jahren von dem Ende der Vorlegungsfrist an. Der Vorlegung steht die gerichtliche Geltendmachung des Anspruchs aus der Urkunde gleich.

legungsfrist die Leistung von dem Aussteller verlangen kann, wenn er dem letzteren den Verlust vor dem Ablaufe dieser Vorlegungsfrist angezeigt hat. Der Anspruch ist ausgeschlossen, wenn der abhanden gekommene Schein dem Aussteller zur Einlösung vorgelegt oder der Anspruch aus dem Schein gerichtlich geltend gemacht worden ist, es sei denn, daß die Vorlegung oder die gerichtliche Geltendmachung nach dem Ablaufe der Frist erfolgt ist. Der Anspruch verjährt in vier Jahren. In dem Zins-, Renten- oder Gewinnanteilschein kann der Anspruch jedoch ausgeschlossen werden.[20])

Die Vorschriften der Landesgesetze, nach welchen bestimmte Personen von dem Aufgebote zu benachrichtigen sind, sind in Kraft geblieben, wie sich aus § 10 Abs. 2 AGzZPO. v. 22. 9. 99 ergibt.[21])

Bei Zins-, Renten- und Gewinnanteilscheinen beträgt die Vorlegungsfrist vier Jahre. Die Frist beginnt mit dem Schlusse des Jahres, in welchem die für die Leistung bestimmte Zeit eintritt.

Die Dauer und der Beginn der Vorlegungsfrist können von dem Aussteller in der Urkunde anders bestimmt werden."

[20]) Ausnahmebestimmungen von dem Grundsatz des § 804 BGB. sind getroffen: a) hinsichtlich der Zinsscheine zu Reichs-Schuldverschreibungen und Reichs-Schatzanweisungen im § 17 der Reichsschuldenordnung; b) hinsichtlich der Zinsscheine der von dem Preußischen Staate oder einem Preußischen Kommunalverbande ausgestellten Schuldverschreibungen auf den Inhaber, der für die Rentenbriefe der zur Vermittelung der Ablösung von Renten in Preußen bestehenden Rentenbanken ausgegebenen Zinsscheine und der Zinsscheine von Pfandbriefen einer öffentlichen landschaftlichen (ritterschaftlichen) Kreditanstalt oder einer provinzial-(kommunal-)ständischen öffentlichen Grundkreditanstalt im Art. 17 § 2 AGzBGB. v. 20. 9. 99.

Für alle diese Zinsscheine ist der im § 804 Abs. 1 BGB. bestimmte Anspruch kraft Gesetzes ausgeschlossen, ohne daß es der Ausschließung in dem Scheine bedarf. Die Befugnis der Reichs- bezw. Staatsschuldenverwaltung, der Kommunalverbände usw., bei nachgewiesener Vernichtung des Zinsscheins Ersatz zu leisten oder einen neuen Zinsschein an Stelle des vernichteten auszuantworten, wird hierdurch nicht berührt.

Auch verloren gegangene Erneuerungsscheine (Talons) können nicht aufgeboten werden. Hinsichtlich derselben bestimmt § 805 BGB.: „Neue Zins- oder Rentenscheine für eine Schuldverschreibung auf den Inhaber dürfen an den Inhaber der zum Empfange der Scheine ermächtigenden Urkunde (Erneuerungsschein) nicht ausgegeben werden, wenn der Inhaber der Schuldverschreibung der Ausgabe widersprochen hat. Die Scheine sind in diesem Falle dem Inhaber der Schuldverschreibung auszuhändigen, wenn er die Schuldverschreibung vorlegt." Vgl. auch § 230 HGB.: „Neue Gewinnanteilscheine dürfen an den Inhaber des Erneuerungsscheins nicht ausgegeben werden, wenn der Besitzer der Aktie oder des Interimsscheins der Ausgabe widersprochen hat. Die Scheine sind in diesem Falle dem Besitzer der Aktie oder des Interimsscheins auszuhändigen, wenn er die Hauptturkunde vorlegt." Im übrigen verliert der Erneuerungsschein durch die Kraftloserklärung der Aktie seine Kraft. Vgl. Staub-Pinner, HGB. 1926 § 212 Anm. 14 u. § 228 Anm. 4 und 8.

[21]) In betreff der Anwendung des neuen Rechts auf die Kraftloserklärung älterer, d. h. vor dem 1. 1. 00 ausgestellter Schuldverschreibungen auf den Inhaber ist auf die Art. 174 Abs. 1 EGzBGB. zu verweisen, welche bestimmen:

Art. 174 Abs. 1. „Von dem Inkrafttreten des BGB. an gelten für die vorher ausgestellten Schuldverschreibungen auf den Inhaber die Vorschriften

In den folgenden Paragraphen ist eine Darstellung der wichtigsten Urkundenaufgebote gegeben worden. Von einer individuellen Behandlung des Aufgebotsverfahrens für sämtliche einzelne Inhaberpapiere, insbesondere auch der im § 808 BGB. bezeichneten Art, für sämtliche Pfandbriefsarten, Aktien usw., mußte jedoch hierbei abgesehen werden, da die Zahl der in Preußen vorkommenden Inhaberpapiere, Schuldverschreibungen von Kommunalverbänden usw., Aktien usw., eine so übergroße ist, daß eine auch nur annähernd vollständige Aufzählung derselben, geschweige denn eine besondere Darstellung der für jedes einzelne Papier statutenmäßig bestehenden Besonderheiten geradezu unmöglich erscheint.

Die Einsicht und Prüfung der betreffenden Bestimmungen, unter denen die erforderliche staatliche Genehmigung zur Ausgabe von Inhaberpapieren erteilt ist, sowie der verschiedenen Satzungen und Reglements usw. kann dem Aufgebotsrichter in keinem Fall erspart bleiben, da er insbesondere nur hierdurch feststellen kann, ob etwa für das betreffende Papier die Bekanntmachung des Aufgebots durch bestimmte Blätter vorgeschrieben ist (§ 1009 Abs. 3 ZPO.).

Bei gestohlenen oder verloren gegangenen Inhaberpapieren hat der Verlierer neben dem gerichtlichen Aufgebot in der durch § 367 HGB. vorgesehenen Verlustanzeige ein Schutzmittel, indem er durch die Bekanntmachung des Verlustes im Deutschen Reichsanzeiger die Lieferbarkeit der bekanntgegebenen Stücke ausschließen kann.[22]) Zur Bekanntmachung des Verlustes eines Inhaberpapiers nach § 367 HGB. sind gemäß Art. 6 PAGzBGB. v. 24. 9. 99 (GS. S. 303) die Polizeibehörden auf Antrag

---

der §§ 798—800, 802, 804 und des § 806 Satz 1 BGB. Bei den auf Sicht zahlbaren unverzinslichen Schuldverschreibungen, sowie bei Zins-, Renten- und Gewinnanteilscheinen bleiben jedoch für die Kraftloserklärung und die Zahlungssperre die bisherigen Gesetze maßgebend."

Zu beachten ist ferner auch die Vorschrift des Art. 25 EGzHGB. vom 10. 5. 97, welche in betreff der vor dem Inkrafttreten des HGB. abhanden gekommenen oder vernichteten Aktien bestimmt: „Die Vorschriften des § 228 HGB. über die Kraftloserklärung abhanden gekommener oder vernichteter Aktien finden auch in dem Falle Anwendung, daß eine Aktie vor dem Inkrafttreten des HGB. abhanden gekommen oder vernichtet worden ist." Vgl. unten § 40 Nr. 9.

[22]) § 367 HGB. lautet:

„Wird ein Inhaberpapier, das dem Eigentümer gestohlen worden, verloren gegangen oder sonst abhanden gekommen ist, an einen Kaufmann, der Bankier- oder Geldwechslergeschäfte betreibt, veräußert oder verpfändet, so gilt dessen guter Glaube als ausgeschlossen, wenn zur Zeit der Veräußerung oder Verpfändung der Verlust des Papiers von einer öffentlichen Behörde oder von dem aus der Urkunde Verpflichteten im Deutschen Reichsanzeiger bekannt gemacht und seit dem Ablaufe des Jahres, in welchem die Veröffentlichung erfolgt ist, nicht mehr als ein Jahr verstrichen war.

Der gute Glaube des Erwerbers wird durch die Veröffentlichung im Deutschen Reichsanzeiger nicht ausgeschlossen, wenn der Erwerber die Veröffentlichung infolge besonderer Umstände weder kannte noch kennen mußte.

Auf Zins-, Renten- und Gewinnanteilscheine, die nicht später, als in dem nächsten auf die Veräußerung oder Verpfändung folgenden Einlösungstermine fällig werden, sowie auf Banknoten und andere auf Sicht zahlbare unverzinsliche Inhaberpapiere finden diese Vorschriften keine Anwendung."

des Eigentümers verpflichtet, wenn glaubhaft gemacht wird, daß das Papier dem Eigentümer gestohlen worden, verloren gegangen oder sonst abhanden gekommen ist.[23]) Die Kosten der Bekanntmachung hat der Antragsteller zu tragen und auf Erfordern vorzuschießen.

§ 26.

Das Aufgebot von Reichsschuldverschreibungen und Reichsschatzanweisungen.

Mit dem Inkrafttreten des BGB. und der Umgestaltung des in der ZPO. geregelten Aufgebotsverfahrens durch die Novelle v. 17. 5. 98 ergab sich die Notwendigkeit, die bisher schon im § 6 des Ges. betr. den außerordentlichen Geldbedarf des Nordd. Bundes zum Zwecke der Erweiterung der Bundes-Kriegsmarine v. 9. 11. 1867 (BGBl. 157), im § 3 Ges. v. 21. 7. 70 (BGBl. 491), § 2 Ges. v. 29. 11. 70 (BGBl. 619), § 2 Ges. v. 26. 4. 71 (RGBl. 91) und im Ges. v. 12. 5. 73 betr. das Aufgebot und die Amortisation verlorener oder vernichteter Schuldurkunden des Norddeutschen Bundes und des Deutschen Reichs (RGBl. 91) über das Aufgebot abhanden gekommener oder vernichteter Schuldverschreibungen auf den Inhaber enthaltenen Bestimmungen im Interesse der Rechtseinheit auch auf die Reichsschulden zur Anwendung zu bringen. Dies ist durch die inzwischen durch die Reichsschuldenordnung vom 13. 2. 24 abgelöste Reichsschuldenordnung vom 19. 3. 00 geschehen, so daß für das Aufgebot zum Zweck der Kraftloserklärung der auf den Inhaber lautenden Schuldverschreibungen und Schatzanweisungen des Reichs lediglich die Bestimmungen des BGB., die Vorschriften der ZPO. über das Aufgebotsverfahren zum Zwecke der Kraftloserklärung einer abhanden gekommenen oder vernichteten Urkunde, sowie die Vorschriften der §§ 14—16 Reichsschuldenordnung maßgebend sind.[1])

1. Die Zulässigkeit des Aufgebotsverfahrens.

Wird der Reichsschuldenverwaltung der Verlust einer auf den Inhaber lautenden Schuldurkunde von dem bisherigen Inhaber mit der Behauptung angezeigt, daß die Schuldurkunde vernichtet sei, so hat ihm auf seinen Antrag die Reichsschuldenverwaltung für die Urkunde Ersatz zu leisten, falls sie die Vernichtung für nachgewiesen erachtet. Dasselbe gilt für eine auf Namen oder an Order lautende Schuldverschreibung oder Schatzanweisung, wenn der Antragsteller nachweist, daß er zur Zeit der Vernichtung verfügungsberechtigter Besitzer war.[2])

---

[23]) Hierdurch ist natürlich die Befugnis anderer öffentlicher Behörden, die Bekanntmachung herbeizuführen, nicht ausgeschlossen. Die wünschenswerte Zentralisation dieser Bekanntmachungen ist durch die von der Bank des Berliner Kassenvereins herausgegebene täglich erscheinende „Sammelliste aufgerufener Wertpapiere" herbeigeführt, welche die in allen Nummern des Reichsanzeigers zerstreuten Bekanntmachungen übersichtlich zusammenstellt. Näheres hierzu vgl. bei Saling, Börsenpapiere 20. Aufl. 28 I, 352.

[1]) Vgl. §§ 14—16 der Reichsschuldenordnung v. 13. 2. 24 (RGBl. I, 96). Ausdrücklich ist die Anwendung der Vorschriften der ZPO. über die Kraftloserklärung einer Urkunde in der neuen Reichsschuldenordnung nicht vorgeschrieben.

[2]) Vgl. §§ 13 der Reichsschuldenordnung. Das Wort Schuldver-

Ist eine auf Namen oder an Order lautende Schuldverschreibung oder Schatzanweisung abhanden gekommen oder vernichtet, so kann die Urkunde, wenn nicht in ihr das Gegenteil bestimmt ist, im Wege des Aufgebotsverfahrens für kraftlos erklärt werden.[3])

Dieses Verfahren ist aber nur wegen der abhanden gekommenen oder angeblich vernichteten Schuldverschreibung oder Schatzanweisung selbst, nicht auch wegen der Zinsscheine oder der Erneuerungsscheine zulässig.[4])

Unzulässig ist auch das Aufgebot und die Kraftloserklärung abhanden gekommener oder vernichteter Reichskassenscheine.[5])

---

schreibung bezeichnet in der Reichsschuldenordnung, dem in den bisherigen Reichsanleiheg. festgehaltenen gewöhnlichen Sprachgebrauch entsprechend, die über das Kapital lautende Schuldverschreibung einer verzinslichen Anleihe im Gegensatz zu den Zinsscheinen, sowie zu den Schatzanweisungen. Das Wort Schuldurkunde umfaßt dagegen sowohl die Schuldverschreibung als auch den Zinsschein und die Schatzanweisungen, d. h. die nur zur Deckung eines vorübergehenden Geldbedarfs dienenden kurzfälligen Obligationen, deren Kapital, event. nebst den etwa festgesetzten Zinsen, gewöhnlich schon in einigen Monaten, selten aber später als nach einem Jahre fällig wird (Salings Börsenpapiere 28, I, 11).

Die Ermächtigung der Reichsschuldenverwaltung, unter der Voraussetzung der Erbringung des Nachweises der Vernichtung der Schuldurkunde ohne zuvoriges Aufgebotsverfahren Ersatz zu leisten, steht mit dem BGB. (§ 799) nicht in Widerspruch, sondern ergänzt dasselbe im Interesse der Vereinfachung des Verfahrens und der Kosten- und Zeitersparnis für den durch die Vernichtung der Urkunde Geschädigten. (Begr. S. 15.)

[3]) Vgl. § 14 der Reichsschuldenordnung. Abhanden gekommen ist eine Urkunde, die der Inhaber ohne seinen Willen verloren hat; vernichtet ist sie, wenn ihr Inhalt in seinen wesentlichen Teilen unkenntlich geworden oder ihre Substanz soweit zerstört ist, daß die Urkunde im Rechtsverkehr überhaupt nicht mehr brauchbar ist. Vgl. auch Rechtspr. d. OLG. 5, 247. Bezüglich beschädigter oder unbrauchbar gewordener Schuldverschreibungen oder Schatzanweisungen hat die Reichsschuldenordnung keine Bestimmungen getroffen, da sich solche im Hinblick auf § 798 BGB. erübrigten, wonach der Inhaber von dem Aussteller die Erteilung einer neuen Schuldverschreibung auf den Inhaber gegen Aushändigung der beschädigten oder verunstalteten verlangen kann.

[4]) Ist ein Zinsschein abhanden gekommen oder vernichtet, so ist der im § 804 Abs. 1 BGB. bestimmte Anspruch des bisherigen Inhabers, von der Reichsschuldenverwaltung unter bestimmten Voraussetzungen nach dem Ablauf der Vorlegungsfrist die Leistung zu verlangen, ausgeschlossen, ohne daß es der Ausschließung in dem Scheine bedarf. Vgl. § 17 Reichsschuldenordnung.

In betreff der Erneuerungsscheine ist in der Begründung zu § 16 der Reichsschuldenordnung v. 19. 3. 00 bemerkt: „Ist die Schuldverschreibung zugleich mit dem Erneuerungsschein abhanden gekommen oder vernichtet worden, so hat entweder, soweit zulässig, der Ersatz im Verwaltungswege oder das gerichtliche Aufgebotsverfahren für die Schuldverschreibung stattzufinden. Ist nur der Erneuerungsschein ohne die Schuldverschreibung abhanden gekommen oder vernichtet, so genügt zur Erlangung der neuen Zinsscheine die Vorlegung der Schuldverschreibung. Es ergibt sich dies mittelbar auch aus § 305 BGB."

[5]) Vgl. § 6 Ges. v. 30. 4. 74, betr. die Ausgabe von Reichskassenscheinen (RGBl. S. 40): „Die Reichsschuldenverwaltung hat für beschädigte oder un-

2. Die Zuständigkeit des Gerichts.

Für das Aufgebotsverfahren zum Zwecke der Kraftloserklärung einer auf den Inhaber lautenden Schuldverschreibung oder Schatzanweisung ist das Amtsgericht ausschließlich zuständig, in dessen Bezirke die Reichsschuldenverwaltung ihren Sitz hat.[6])

Danach ist für das Aufgebot und die Kraftloserklärung abhanden gekommener oder vernichteter Reichs-Schuldverschreibungen und Schatzanweisungen das Amtsgericht Berlin-Mitte[7]) ausschließlich zuständig.

Der Reichsminister der Finanzen kann jedoch bei der Ausgabe von Schuldverschreibungen oder Schatzanweisungen ein anderes Gericht als zuständig bezeichnen.[8])

3. Die Antragsberechtigung.

Zu dem Antrage auf Einleitung des Aufgebotsverfahrens ist der bisherige Inhaber der abhanden gekommenen oder vernichteten Schuldverschreibung oder Schatzanweisung berechtigt.[9])

4. Der Antrag.

Die Form des Antrags ist dieselbe wie bei allen übrigen Anträgen auf Einleitung eines Aufgebotsverfahrens.

Zur Begründung des Antrags hat der Antragsteller:

1. entweder eine Abschrift der Schuldurkunde beizubringen oder den wesentlichen Inhalt der Urkunde und alles anzugeben, was zur vollständigen Erkennbarkeit derselben erforderlich ist;[10])
2. den Verlust der Urkunde, sowie die Tatsachen glaubhaft zu machen, von welchen seine Berechtigung abhängt, das Aufgebotsverfahren zu beantragen;[11])

---

brauchbar gewordene Exemplare (d. h. von Reichskassenscheinen) für Rechnung des Reichs Ersatz zu leisten, wenn das vorgelegte Stück zu einem echten Reichskassenscheine gehört und mehr als die Hälfte eines solchen beträgt. Ob in anderen Fällen ausnahmsweise ein Ersatz geleistet werden kann, bleibt ihrem pflichtmäßigen Ermessen überlassen." Vgl. Struckmann und Koch a. a. O. Anm. 2 zu § 1003 ZPO.; Stein-Jonas a. a. O. Anm. III zu § 1003.

6) § 16 Reichsschuldenordnung. Durch diese Bestimmung ist das im § 1006 Abs. 3 ZPO. den Landesg. vorbehaltene Recht, ein bestimmtes Amtsgericht für das Aufgebotsverfahren zum Zwecke der Kraftloserklärung von Schuldurkunden auf den Inhaber für ausschließlich zuständig zu erklären, für das Reich in Anspruch genommen.

7) Durch Ges. v. 16. 9. 99, betr. die Gerichtsorganisation für Berlin und Umgebung (GS. S. 391), hat das frühere Amtsgericht I in Berlin die Bezeichnung Berlin-Mitte erhalten. Durch Anordnung des Reichskanzlers v. 21. 4. 06 (RGBl. S. 464) ist bestimmt worden, daß v. 1. 6. 06 an für die Reichsbehörden, welche ihren Sitz in Berlin haben, der zum Amtsgerichtsbezirke Berlin-Mitte gehörende Teil des Stadtkreises Berlin als Sitz im Sinne des § 18 ZPO. gilt. Vgl. auch allgem. Verf. des Justizministers v. 25. 4. 06 (JMBl. S. 218) und v. 14. 11. 18 (JMBl. S. 428). S. auch oben § 16 Anm. 19.

8) Vgl. § 16 Abs. 2 Reichsschuldenordnung.

9) Vgl. § 1004 Abs. 1 ZPO.

10) Vgl. § 1007 Nr. 1 ebenda.

11) Vgl. § 1007 Nr. 2 ebenda. Die Berechtigung des Antragstellers hängt

3. sich zur Versicherung der Wahrheit seiner Angaben an Eides Statt zu erbieten.[12])

5. Das Aufgebot.

Wird der Antrag vom Gericht für zulässig befunden, so hat es das Aufgebot anzuordnen.

Der Inhalt desselben bestimmt sich nach den allgemeinen für das Urkundenaufgebot geltenden Grundsätzen und bietet keine Besonderheiten dar.

Als Rechtsnachteil ist anzudrohen, daß die Kraftloserklärung der Schuldurkunde erfolgen werde.[13])

6. Die Bekanntmachung des Aufgebots.

Die öffentliche Bekanntmachung des Aufgebots erfolgt:

a) durch Anheftung an die Gerichtstafel des Amtsgerichts Berlin-Mitte und in dem Lokale der Berliner Börse bis zum Aufgebotstermin;

b) durch einmalige Einrückung des vollständigen Aufgebots in den Deutschen Reichsanzeiger.[14])

Das Gericht kann anordnen, daß die Einrückung des Aufgebots noch in andere Blätter und zu mehreren Malen erfolge.[15])

Auf die Gültigkeit der öffentlichen Bekanntmachung hat es keinen Einfluß, wenn das anzuheftende Schriftstück von dem Orte der Anheftung zu früh entfernt ist, oder wenn im Falle wiederholter Bekanntmachung des Aufgebots die vorgeschriebenen Zwischenfristen nicht innegehalten worden sind.[16])

7. Die Aufgebotsfrist.

Bei Berechnung der Aufgebotsfrist bzw. Bestimmung des Aufgebotstermins sind die Vorschriften der §§ 1010—1015 ZPO. zu beachten. Bei

I. Schuldverschreibungen einer verzinslichen Anleihe

ist der Aufgebotstermin so zu bestimmen, daß bis zu dem Termin der erste einer seit der Zeit des glaubhaft gemachten Verlustes ausgegebenen Reihe von Zins-, Renten- oder Gewinnanteilscheinen fällig geworden ist, oder daß von den zuletzt ausgegebenen Zinsscheinen solche für vier Jahre fällig geworden und seit der Fälligkeit des letzten derselben sechs Monate abgelaufen sind.[17])

Werden für die Schuldverschreibung Zinsscheine nicht mehr ausgegeben, so ist, wenn nicht die Voraussetzung der §§ 1010, 1011 ZPO. vorliegt, d. h. früher ausgegebene Zinsscheine für vier Jahre nicht mehr vorhanden sind, der Aufgebotstermin so zu bestimmen, daß bis zu dem-

---

auch hier lediglich von der Tatsache ab, daß er der bisherige Inhaber der abhanden gekommenen oder vernichteten Schuldverschreibung oder Schatzanweisung gewesen ist. Nur diese Tatsache ist glaubhaft zu machen. Der rechtmäßige Erwerb braucht nicht nachgewiesen zu werden. Vgl. oben § 17 S. 48, 49. Wegen der Glaubhaftmachung vgl. § 294 ZPO. und oben § 18 S. 51.

[12]) Vgl. § 1007 Nr. 3 ZPO.

[13]) Vgl. § 1008 ZPO.

[14]) Vgl. § 1009 ebenda.

[15]) Vgl. § 1009 Abs. 2 ZPO.

[16]) Vgl. § 949 ebenda.

[17]) Vgl. §§ 1010 Abs. 1, 1011 Abs. 1 ZPO.

selben seit der Fälligkeit des letzten ausgegebenen Scheines sechs Monate abgelaufen sind.[18])

Zwischen dem Tage, an welchem die erste Einrückung des Aufgebots in den Deutschen Reichsanzeiger erfolgt ist, und dem Aufgebotstermine muß stets ein Zeitraum von mindestens sechs Monaten liegen.

Der Aufgebotstermin darf jedoch niemals über ein Jahr hinaus bestimmt werden; solange ein so naher Termin nicht bestimmt werden kann, ist das Aufgebot nicht zulässig.[19]) Bei

II. Schatzanweisungen

muß die Aufgebotsfrist mindestens sechs Monate betragen, d. h. zwischen dem Tage, an welchem die erste Einrückung des Aufgebots in den Deutschen Reichsanzeiger erfolgt ist, und dem Aufgebotstermine muß ein Zeitraum von mindestens sechs Monaten liegen.[20])

Auch hier darf der Aufgebotstermin aber nicht über ein Jahr hinaus bestimmt werden; solange ein so naher Termin nicht bestimmt werden kann, ist das Aufgebot nicht zulässig.[19])

8. Das Verfahren im Aufgebotstermin

regelt sich nach den allgemeinen Grundsätzen.

Hier soll nur hervorgehoben werden, daß:

1. das Aufgebotsverfahren durch Vorlegung der Schuldverschreibung oder Schatzanweisung erledigt wird;
2. wenn es sich um die Kraftloserklärung einer verzinslichen Schuldverschreibung handelt, vor Erlassung des Ausschlußurteils der Antragsteller ein nach Ablauf der in §§ 1010 bezw. 1011 Abs. 1 ZPO. (s. oben Nr. 7, I) bezeichneten sechsmonatigen Frist ausgestelltes Zeugnis der Reichsschuldenverwaltung dahin beibringen muß,[21])

   daß die Urkunde seit der Zeit des glaubhaft gemachten Verlustes ihr zur Ausgabe neuer Scheine nicht vorgelegt sei, und daß die neuen Scheine an einen anderen als den Antragsteller nicht ausgegeben seien (§ 1010 Abs. 2 ZPO.), bzw. daß die für die bezeichneten vier Jahre und später etwa fällig gewordenen Scheine ihr von einem anderen als dem Antragsteller nicht vorgelegt seien (§ 1011 Abs. 2 ZPO.).

Hat in der Zeit seit dem Erlasse des Aufgebots eine Ausgabe neuer Zinsscheine stattgefunden, so muß das Zeugnis — wenn nicht etwa die Zahlungssperre angeordnet ist, bevor seit der Zeit des glaubhaft gemachten Verlustes Zinsscheine ausgegeben sind[22]) — auch dahin lauten:

daß die Schuldverschreibung seit der Zeit des glaubhaft gemachten Verlustes der Reichsschuldenverwaltung zur Ausgabe neuer Zins-

---

[18]) Vgl. § 1013 ebenda.

[19]) Vgl. § 1015 ebenda.

[20]) Vgl. § 1015 Satz 1 in Verbindung mit § 950 ZPO.

[21]) Zur Ausstellung der von dem Antragsteller beizubringenden Zeugnisse ist die Reichsschuldenverwaltung verpflichtet. Die Kosten der Zeugnisse hat der Antragsteller zu tragen und vorzuschießen. Vgl. § 799 Abs. 2 BGB.

[22]) Vgl. § 1021 ZPO.

scheine nicht vorgelegt sei und daß die neuen Zinsscheine an einen anderen als den Antragsteller nicht ausgegeben seien (§ 1011 Abs. 2 Satz 2 ZPO.).

Der Beibringung des vorstehend bezeichneten Zeugnisses bedarf es nicht, wenn die Zinsscheine, deren Fälligkeit nach §§ 1010 bezw. 1011 Abs. 1 ZPO. eingetreten sein muß, von dem Antragsteller vorgelegt werden. Der Vorlegung steht es gleich, wenn das Zeugnis der Reichsschuldenverwaltung beigebracht wird, daß die fällig gewordenen Zinsscheine ihr von dem Antragsteller vorgelegt worden seien.[23])

9. Das Ausschlußurteil, seine Bekanntmachung und Wirkung.

Ist das Aufgebot ohne Erfolg geblieben und die Schuldurkunde oder die Schatzanweisung nicht zum Vorschein gekommen, so ist — auf Antrag[24]) — das Ausschlußurteil zu erlassen.

In demselben ist die Schuldurkunde oder Schatzanweisung für kraftlos zu erklären.[25]) Einer Zustellung des Urteils an den Antragsteller bedarf es nicht.

Eine Veröffentlichung des Ausschlußurteils betr. Reichsschuldverschreibungen und Reichsschatzanweisungen ist in der Reichsschuldenordnung v. 13. 2. 24 ebenfalls nicht mehr vorgesehen. Das Urteil ist daher seinem wesentlichen Inhalt nach lediglich durch den Deutschen Reichsanzeiger bekannt zu machen.[26])

Derjenige, welcher das Ausschlußurteil erwirkt hat, ist nach § 14 Abs. 2 Reichsschuldenordnung in Verbindung mit § 800 BGB., unbeschadet der Befugnis, den Anspruch aus der Urkunde geltend zu machen, berechtigt, von der Reichsschuldenverwaltung die Erteilung einer neuen Urkunde an Stelle der für kraftlos erklärten zu verlangen. Die Kosten hat er zu tragen und vorzuschießen.[27])

10. Die Zahlungssperre.

Auf Antrag hat das Gericht die Zahlungssperre zu erlassen. In betreff derselben gelten auch hier die allgemeinen, oben im § 24 erörterten Grundsätze.

Die Reichsschuldenverwaltung ist verpflichtet, dem bisherigen Inhaber der abhanden gekommenen oder vernichteten Schuldverschreibung oder Schatzanweisung die zur Erwirkung der Zahlungssperre erforderliche Auskunft zu erteilen und die erforderlichen Zeugnisse auszustellen. Die Kosten der Zeugnisse hat der bisherige Inhaber zu tragen und vorzuschießen.[28])

---

[23]) Vgl. § 1012 ebenda.

[24]) Vgl. § 952 Abs. 1, 2 ZPO. und oben § 22 S. 61.

[25]) Vgl. § 1017 Abs. 1 ZPO.

[26]) Vgl. § 1017 Abs. 2 ebenda; Stein-Jonas a. a. O. § 956 Anm.; Foerster-Kann a. a. O. § 956 Anm. scheinen eine Veröffentlichung überhaupt nicht mehr für nötig zu halten. Der Wegfall der früheren Bestimmungen über die Veröffentlichung in der Reichsschuldenordnung schließt jedoch die Anwendung des § 1017 Abs. 2 ZPO. nicht aus.

[27]) Vgl. § 18 Reichsschuldenordnung.

[28]) Vgl. § 799 Abs. 2 BGB.

11. Die Behandlung der vor dem Inkrafttreten der Reichsschuldenordnung ausgestellten Schuldurkunden.

Die Vorschriften der Reichsschuldenordnung v. 13. 2. 24 finden auch auf die vor ihrem Inkrafttreten ausgestellten Schuldurkunden des Reichs Anwendung.

Für die vor dem 1. 10. 1900 ausgestellten, auf den Inhaber lautenden Schuldverschreibungen und Schatzanweisungen gelten auch ferner die Vorschriften der §§ 798—802, 805 und des § 806 BGB., sowie die Vorschriften der ZPO. über das Aufgebotsverfahren zum Zwecke der Kraftloserklärung einer abhanden gekommenen oder vernichteten Urkunde.[29])

§ 27.

Das Aufgebot von Reichsbank-Anteilscheinen.

Nach § 6 der Satzung der Reichsbank vom 11. 10. 24 findet das Aufgebot und die Kraftloserklärung von Reichsbank-Anteilscheinen nach den Bestimmungen der §§ 799 Abs. 2, 800 BGB. und nach den Vorschriften der ZPO. über das Aufgebotsverfahren zum Zwecke der Kraftloserklärung von Urkunden mit einigen noch zu erwähnenden Maßgaben statt. Infolgedessen ist das Verfahren in folgender Weise geregelt:

1. Die Zulässigkeit des Aufgebotsverfahrens.

Nur die verlorenen oder vernichteten Anteilscheine selbst können im Wege des Aufgebotsverfahrens für kraftlos erklärt werden,[1]) wegen der abhanden gekommenen oder vernichteten Dividendenscheine und Erneuerungsscheine (Talons) ist ein Aufgebotsverfahren nicht zulässig.[2])

Unzulässig ist auch, wie hier hervorgehoben werden soll, das Aufgebot und die Kraftloserklärung verlorener oder vernichteter Reichsbanknoten.[3])

2. Die Zuständigkeit des Gerichts.

Für das Aufgebotsverfahren ist ausschließlich das Amtsgericht Berlin-Mitte zuständig.[4])

3. Die Antragsberechtigung.

Zu dem Antrage auf Einleitung des Aufgebotsverfahrens ist derjenige berechtigt, welcher das Recht aus dem verlorenen oder vernichteten Anteilscheine würde geltend machen können, wenn derselbe noch vorhanden wäre.[5])

---

[29]) Vgl. § 41 Reichsschuldenordnung.

[1]) Vgl. § 6 Abs. 1 der Reichsbanksatzung v. 11. 10. 24 (RAnz. v. 14. 10. 24 Nr. 243). Die Bezeichnung „verloren" ist als gleichbedeutend mit „abhanden gekommen" anzusehen.

[2]) Vgl. § 7 der Reichsbanksatzung v. 11. 10. 24.

[3]) Dies gilt von Banknoten überhaupt. Vgl. § 32 Bankges. v. 30. 8. 24 (RGBl. II, 235). „Die Bank hat für beschädigte Noten Ersatz zu leisten, sofern . . . Für vernichtete oder verlorene Noten Ersatz zu leisten, ist die Bank nicht verpflichtet." Vgl. Förster-Kann, ZPO. 3. Aufl., § 1003 Anm. 2 a, cc; Sellner, ZPO. § 1003 Anm. I Abs. 2.

[4]) Vgl. § 6 Abs. 2 Reichsbanksatzung v. 11. 10. 24.

[5]) Vgl. § 1004 Abs. 2 ZPO.

Es wird dies in der Regel der in den Stammbüchern der Reichsbank eingetragene Anteilseigner sein. Das Aufgebotsverfahren wird jedoch auch einzuleiten sein, wenn der Antragsteller mit dem in den Stammbüchern zuletzt eingetragenen Anteilseigner nicht identisch ist, falls jener sonst nur Tatsachen anführt und glaubhaft macht, aus denen seine Berechtigung, das Recht aus dem Anteilscheine (als späterer Erwerber, Pfandgläubiger usw.) geltend zu machen, hervorgeht.[6])

Bei Anteilscheinen, welche mit einem Blankoindossament versehen sind, ist der letzte Inhaber berechtigt, das Aufgebotsverfahren zu beantragen.[7])

4. Der Antrag.

Die Form des Antrags ist dieselbe wie bei allen Anträgen auf Einleitung eines Aufgebotsverfahrens.

Der Inhalt des Antrags muß den Erfordernissen des § 1007 ZPO. (s. oben § 18) entsprechen.[8])

---

[6]) Daß der Antragsteller mit dem zuletzt eingetragenen Anteilseigner nicht identisch zu sein braucht, war in dem aufgehobenen § 8 des Statuts der Reichsbank v. 21. 5. 75 (RGBl. S. 203) besonders zum Ausdruck gebracht. Für die Folge wird es darauf zu stützen sein, daß der tatsächliche Inhaber der Urkunde, nicht nur der Berechtigte, zur Herbeiführung des Aufgebots befugt ist. Durch die Weglassung der Bestimmung in dem § 8 der Satzung v. 3. 9. 00 (RGBl. S. 129) und im § 6 der jetzt geltenden Reichsbanksatzung erscheint eine sachliche Änderung nicht beabsichtigt. So auch Adelmann S. 49, 50.

[7]) Vgl. § 1004 Abs. 1 ZPO. Wegen der Form des Blankoindossaments vgl. Art. 12 WO.

[8]) Der Vordruck, nach welchem in Gemäßheit des § 1 der Satzung der Reichsbank v. 11. 10. 24 die Reichsbank-Anteilscheine ausgefertigt worden sind, und aus welchem die zur vollständigen Erkennbarkeit dienenden Erfordernisse sich ergeben, lautet:

> **Reichsbank-Anteilschein**
> Nr. 0000001—0000010
>
> über **Eintausend Reichsmark**
>
> Eingetragen in die Stammbücher der Reichsbank gemäß § 1 der Satzung für
>
> Berlin, den . . . ten . . . . 19 . . .
>
> **Reichsbank-Direktorium.**
>
> Archivar: ○ Buchführer:
>
> Bestimmungen
> über das Verfahren bei Eigentums-Veränderungen
> und Verpfändungen umstehend (Rückseite)
>
> 1. usw. bis 3.

5. Die Bekanntmachung des Aufgebots

erfolgt nach § 1009 ZPO. durch Anheftung an die Gerichtstafel und in dem Lokale der Berliner Börse bis zum Aufgebotstermin sowie durch einmalige Einrückung des vollständigen Aufgebots in den Deutschen Reichsanzeiger.

Außerdem kann das Gericht anordnen, daß die Einrückung des vollständigen Aufgebots noch in andere Blätter und zu mehreren Malen erfolge.

6. Die Aufgebotsfrist.

Die Berechnung der Aufgebotsfrist und die Bestimmung des Aufgebotstermins erfolgt lediglich nach den Vorschriften der §§ 1010 bis 1015 ZPO.

Wegen der Einzelheiten der Berechnung wird daher auf die gleichen bei dem Aufgebot von Reichsschuldverschreibungen und Reichsschatzanweisungen erörterten Gesichtspunkte Bezug genommen.[9]) Hier soll nur erwähnt werden,

a) daß der Aufgebotstermin mit 6 monatiger Frist anzuberaumen ist, und zwar derart, daß zwischen der ersten Einrückung in den Deutschen Reichsanzeiger und dem Aufgebotstermin ein Zeitraum von mindestens 6 Monaten liegen muß;

b) daß das Aufgebot nicht zulässig ist, solange nicht ein Termin innerhalb Jahresfrist bestimmt werden kann.[10])

7. Das Verfahren im Aufgebotstermin.

Das Verfahren im Aufgebotstermine regelt sich nach den allgemeinen Grundsätzen.

Der Antragsteller muß auch hier entweder vor dem Termin oder in diesem selbst, persönlich oder durch einen Bevollmächtigten, einen besonderen Antrag auf Erlassung des Ausschlußurteils stellen.

Durch Vorlegung des Reichsbank-Anteilscheins wird das Verfahren erledigt.

Vor Erlassung des Ausschlußurteils hat der Antragsteller von dem Reichsbankdirektorium ausgestellte Zeugnisse beizubringen, wie sie in §§ 1010—1012 ZPO. vorgeschrieben sind.[11])

8. Das Ausschlußurteil und dessen Rechtskraft.
Die Anfechtungsklage.

In diesen Beziehungen gelten die allgemeinen bei dem Aufgebot von Urkunden zur Anwendung kommenden Grundsätze. Hervorzuheben ist nur, daß der wesentliche Inhalt des Ausschlußurteils durch den Deutschen Reichsanzeiger bekanntzumachen ist.[12])

---

[9]) Vgl. oben § 26 Ziff. 7.

[10]) Vgl. § 1015 ZPO.

[11]) Das Reichsbankdirektorium ist verpflichtet, dem Antragsteller die erforderlichen Zeugnisse auszustellen. Die Kosten der Zeugnisse hat dieser zu tragen und vorzuschießen. Vgl. § 799 Abs. 2 BGB. Vgl. auch oben § 26 Ziff. 8.

[12]) Vgl. § 6 der Reichsbanksatzung v. 11. 10. 24 in Verbindung mit § 1017 Abs. 2 ZPO.

9. Erteilung eines neuen Anteilscheines.

Derjenige, welcher das Ausschlußurteil erwirkt hat, ist nach § 6 Abs. 1 Satz 2 der Reichsbanksatzung in Verbindung mit § 800 BGB., unbeschadet der Befugnis, den Anspruch aus der Urkunde geltend zu machen, berechtigt, von dem Reichsbank-Direktorium die Erteilung einer neuen Urkunde an Stelle der für kraftlos erklärten zu verlangen. Die Kosten hat er zu tragen und vorzuschießen.

Dem Antrag auf Erteilung eines neuen Anteilscheins muß selbstverständlich das Ausschlußurteil beigefügt werden.

Das Gericht muß daher auch einem Antrage desjenigen, zu dessen Gunsten das Ausschlußurteil ergangen ist, auf Erteilung einer Abschrift des Urteils stattgeben.

10. Die Zahlungssperre.

Auf Antrag hat das Gericht die Zahlungssperre zu erlassen, bezüglich deren die oben im § 24 erörterten Grundsätze gelten.

§ 28.

Das Aufgebot anderer im Geschäftsverkehr der Reichsbank vorkommender Urkunden.

Für das Aufgebot der zahlreichen im Geschäftsverkehr der Reichsbank vorkommenden Urkunden, welche die Erfüllung auf jeden Inhaber zulassen, obschon sie an sich auf Namen lauten, (z. B. Depotscheine über offene Depots, Depositalscheine über verschlossene Depositen, Quittungsbücher über Geld-Depositen, Anweisungen usw., vgl. die Formulare im Beilageheft zu Goldschmidts Zeitschrift für das gesamte Handelsrecht Bd. 23, 78),[1]) kommen lediglich die allgemeinen Vorschriften der ZPO. über das Urkundenaufgebot zur Anwendung.

Von einer besonderen Darstellung des Aufgebots dieser Urkunden kann deshalb Abstand genommen werden.

§ 29.

Das Aufgebot Preußischer Staatsschuldenpapiere.

Durch die Preußische Staatsschuldenordnung vom 12. 3. 1924 (GS. 132) haben die für das Verfahren bei dem Aufgebot verlorener oder vernichteter Preußischer Staatsschuldverschreibungen in der V. v. 16. 6. 1819 (GS. 157 ff.) enthaltenen Vorschriften ihre Geltung verloren, soweit sie nicht schon mit dem Inkrafttreten des BGB. beseitigt waren. Für das Aufgebot zum Zwecke der Kraftloserklärung Preußischer Schuldverschreibungen und Schatzanweisungen sind daher jetzt lediglich die Bestimmungen des BGB., die Vorschriften der ZPO. über das Aufgebot

---

[1]) Vgl. S. 226 ff. des bezeichneten Beilagehefts: „Die Drucksachen der Reichsbank", mitgeteilt vom Geheimen Oberfinanzrat Dr. R. Koch, Justitiarius der Reichsbank in Berlin.

zum Zwecke der Kraftloserklärung von Urkunden sowie die Vorschriften der §§ 14—16 der Preuß. Staatsschuldenordnung maßgebend.

1. Die Zulässigkeit des Aufgebotsverfahrens.

Wird der Staatsschuldenverwaltung der Verlust einer auf den Inhaber lautenden Schuldurkunde von dem bisherigen Inhaber mit der Behauptung angezeigt, daß die Schuldurkunde vernichtet sei, so hat ihm auf seinen Antrag die Staatsschuldenverwaltung für die Urkunde Ersatz zu leisten, also eine neue Urkunde zu erteilen, falls sie die Vernichtung für nachgewiesen erachtet. Für eine auf Namen oder an Order lautende Schuldverschreibung oder Schatzanweisung gilt dasselbe, wenn der Antragsteller nachweist, daß er zur Zeit der Vernichtung verfügungsberechtigter Besitzer war.[1]) Die Kosten hat der Antragsteller zu tragen und vorzuschießen.[2])

Wenn der Nachweis der Vernichtung in überzeugender Weise nicht geführt werden kann oder nur das Abhandenkommen[3]) der Schuldurkunde (Schuldverschreibung, Schatzanweisung) behauptet wird, so kann die Urkunde, wenn nicht in ihr das Gegenteil bestimmt ist, im Wege des Aufgebotsverfahrens für kraftlos erklärt werden.[4])

Das gerichtliche Aufgebotsverfahren ist aber nur wegen der abhanden gekommenen oder vernichteten Staatsschuldverschreibungen selbst, nicht auch wegen der verlorenen oder vernichteten *Zinsscheine* oder *Erneuerungsscheine* (*Talons*) zulässig.[5])

---

[1]) Vgl. § 13 Abs. 1 u. 2 Pr. Staatsschuldenordnung.

[2]) Vgl. § 18 ebenda.

[3]) Über den Unterschied von „Abhandenkommen" und „Vernichtung" vgl. § 26 Anm. 3.

[4]) Vgl. § 14 Pr. Staatsschuldenordnung; § 1004 ZPO.

[5]) Vgl. § 799 Abs. 1 BGB. Ist ein Zinsschein einer Preußischen Staatsschuldverschreibung verloren oder vernichtet, so ist aber auch nach § 17 Staatsschuldenordnung der im § 804 Abs. 1 BGB. bestimmte *Anspruch* des bisherigen Inhabers, von der Staatsschuldenverwaltung unter bestimmten Voraussetzungen nach dem Ablauf der Vorlegungsfrist die Leistung zu verlangen, ausgeschlossen, ohne daß es der Ausschließung in dem Scheine bedarf. Damit ist aber nur dieser *Anspruch* des bisherigen Inhabers beseitigt; an der Befugnis der Staatsschuldenverwaltung, trotz des Erlöschens des Anspruchs zu leisten, ist nichts geändert. Es ist deshalb auch die Vorschrift des § 13 V. v. 16. 6. 1819 (GS. S. 157 ff.) in Kraft geblieben, welche dahin lautet: „Wenn jedoch das Schatzministerium aus dem von dem letzten Inhaber nach § 2 geführten Beweise sich überzeugt findet, daß der Verlust der Zinskoupons auf solche Weise erfolgt sei, daß sie nicht wieder zum Vorschein kommen können, so werden an deren Stelle von der § 1 gedachten Behörde andere Koupons den Beteiligten ausgehändigt werden. Es hängt dies aber lediglich von der Beurteilung des genannten Ministeriums ab." Vgl. *Hobler*, AGzBGB. 00 S. 62. Wegen der *Erneuerungsscheine* vgl. § 805 BGB. Preußische *Kassenanweisungen*, deren Aufgebot und Kraftloserklärung mit Rücksicht auf § 799 BGB. und § 5 Ges. v. 19. 5. 51 sowie § 5 Ges. v. 7. 5. 56 unzulässig sein würde, sind laut Mitteilung des Sachbearbeiters im Pr. Finanzministerium, Herrn Ministerialrat **Euteneuer**, seit dem 30. 3. 78 nicht mehr in den Verkehr gebracht worden (vgl. dazu § 2 Ges., betr. die Einlösung und Präklusion von Staatspapiergeld v. 18. 6. 75 — GS. S. 291) — und Kgl. Order v. 1. 10. 77 — GS. S. 225 —).

über das Aufgebot zum Zweck der Umschreibung außer Kurs gesetzter oder durch Vermerke anderer Art oder durch Befleckung zum ferneren Umlauf unbrauchbar gewordener, unter öffentlicher Autorität auf jeden Inhaber ausgefertigter Papiere enthält das Gesetz v. 4. 5. 1843 über die Umschreibung außer Kurs gesetzter oder zum Umlauf unbrauchbar gewordener, unter öffentlicher Autorität auf jeden Inhaber ausgefertigter Papiere und für die neuen Landesteile die Verordnung v. 16. 8. 1867, betr. die Außer- und Wiederinkurssetzung, sowie die Umschreibung der Papiere auf Inhaber für die mit der Preuß. Monarchie vereinigten Landesteile, besondere Vorschriften. Das danach zulässige Aufgebot wird von demjenigen Institut, welchem die Zahlung der Zinsen oder die planmäßige Tilgung solcher Papiere obliegt, erlassen. Die Gerichte haben sich damit nicht zu befassen, insbesondere wird der Eintritt von Rechtsnachteilen nicht durch Beschluß des Gerichts festgestellt.

2. Die Zuständigkeit der Gerichte.

Für das Aufgebotsverfahren zum Zwecke der Kraftloserklärung einer Schuldverschreibung oder Schatzanweisung ist das Amtsgericht, in dessen Bezirke die Staatsschuldenverwaltung ihren Sitz hat, ausschließlich zuständig, d. h. also das Amtsgericht Berlin-Mitte.[5a])

Der Finanzminister kann bei der Ausgabe von Schuldverschreibungen oder Schatzanweisungen ein anderes Gericht als zuständig bezeichnen.[6])

Bei dem Amtsgericht Berlin-Mitte werden auch aufgeboten die Obligationen der als Staatsschulden übernommenen Passiv-Kapitalien der neuerworbenen Landesteile, da die Verwaltung dieser Schulden der Hauptverwaltung der Staatsschulden zu Berlin durch das Ges. v. 29. 2. 68 (GS. S. 169) überwiesen worden ist.[7])

3. Die Antragsberechtigung.

Zu dem Antrag auf Einleitung des Aufgebotsverfahrens ist der bisherige Inhaber der abhanden gekommenen oder vernichteten Staatsschuldverschreibung berechtigt. Kommt eine auf Namen oder an Order lautende Schuldverschreibung oder Schatzanweisung in Betracht, so muß der Antragsteller nachweisen, daß er zur Zeit der Vernichtung verfügungsberechtigter Besitzer war.[8])

4. Der Antrag.

In betreff der Form des Antrag gelten die allgemeinen Grundsätze.

Zur Begründung des Antrags hat der Antragsteller:

1. entweder eine Abschrift der aufzubietenden Staatsschuldverschreibung beizubringen oder den wesentlichen Inhalt der letzteren und

---

5a) Vgl. § 16 Abs. 1 Staatsschuldenordnung, und § 26 Anm. 7. Entsprechend § 16 Reichsschuldenordnung v. 13. 2. 24 (RGBl. I, 96).

6) Vgl. § 16 Abs. 2 Staatsschuldenordnung.

7) Domänen-Pfandbriefe und andere im Grundbuch eingetragene Staatsschuldpapiere werden der Vorschrift des § 1005 Abs. 2 ZPO. entsprechend bei dem Amtsgericht aufgeboten, in dessen Bezirk das verpfändete Grundstück belegen ist.

8) Vgl. § 1004 Abs. 1 ZPO. in Verbindung mit § 13 Abs. 1 und 2 Staatsschuldenordnung.

alles anzugeben, was zur vollständigen Erkennbarkeit derselben erforderlich ist;[9])

Zur Bezeichnung eines Staatsschuldscheins genügt die Angabe der Summe, der Münzsorte, des Datums, des Buchstabens und der Nummer des Staatsschuldscheins.

2. den Verlust der Staatsschuldverschreibung sowie die Tatsachen glaubhaft zu machen, von welchen seine Berechtigung abhängt, das Aufgebotsverfahren beantragen;[10])
3. sich zur Versicherung der Wahrheit seiner Angaben an Eides Statt zu erbieten.[11])

5. Das Aufgebot.

Wenn der Antrag vom Gericht für zulässig befunden wird, so hat dieses das Aufgebot zu veranlassen. Für den Inhalt desselben sind die allgemeinen bei dem Urkundenaufgebot zur Anwendung kommenden Grundsätze maßgebend.

Das Aufgebot muß als Rechtsnachteil androhen, daß die Kraftloserklärung der Staatsschuldverschreibung erfolgen werde.[12])

6. Die Bekanntmachung des Aufgebots

erfolgt nach § 1009 Abs. 1 und 2 ZPO.

a) durch Anheftung an die Gerichtstafel und im Lokale der Börse bis zum Aufgebotstermin,
b) durch einmalige Einrückung des vollständigen Aufgebots in den Deutschen Reichsanzeiger.

In dem Ermessen des Gerichts steht es (§ 1009 Abs. 2 ZPO.), auch noch die Anordnung zu treffen, daß die Bekanntmachung des Aufgebots noch in andere Blätter und zu mehreren Malen erfolge. Im Interesse der Kostenersparnis wird sich das Gericht allerdings zweckmäßig auf die Einrückung des Aufgebots in die bestimmt vorgeschriebenen Blätter beschränken.

7. Die Aufgebotsfrist

ist lediglich nach den Vorschriften der §§ 1010—1015 ZPO. zu bestimmen.

Es kann in dieser Beziehung auf die oben im § 21 enthaltenen allgemeinen Ausführungen verwiesen werden.

Wie bei dem Aufgebot von Reichsschuldurkunden sind auch hier die Aufgebotsfristen verschieden, je nachdem es sich um das Aufgebot einer Preußischen Staatsschuldverschreibung, einer verzinslichen Anleihe oder um das Aufgebot einer bloßen Schatzanweisung handelt. Die im § 26 Nr. 7 betreffs der Reichsschuldurkunden angeführten Bestimmungen finden auch hier entsprechende Anwendung.

Besonders hervorzuheben ist nur, daß zwischen dem Tage, an welchem die erste Einrückung des Aufgebots in den Deutschen Reichszeiger erfolgt ist, und dem Aufgebotstermine stets ein Zeitraum von min-

[9]) Vgl. § 1007 Nr. 1 ZPO.
[10]) Vgl. § 1007 Nr. 2 ZPO.
[11]) Vgl. § 1007 Nr. 3 ebenda.
[12]) Vgl. § 1008 ZPO.

bestens sechs Monaten liegen muß, und daß der Aufgebotstermin niemals über ein Jahr hinaus bestimmt werden darf.[13])

8. Das Verfahren im Aufgebotstermin

regelt sich nach den allgemeinen Grundsätzen.

Die im § 26 S. 84 betreffs der Reichsschuldurkunden besonders hervorgehobenen Vorschriften finden auch hier entsprechende Anwendung. Zur Ausstellung der von dem Antragsteller beizubringenden Zeugnisse ist die Staatsschuldenverwaltung verpflichtet. Die Kosten der Zeugnisse hat der Antragsteller zu tragen und vorzuschießen. Vgl. § 799 Abs. 2 BGB.

9. Das Ausschlußurteil.

Ist das Staatsschuldenpapier nicht zum Vorschein gekommen, so ist — auf Antrag[14]) — das Ausschlußurteil zu erlassen. In demselben ist das Papier für kraftlos zu erklären.[15]) Eine Zustellung des Urteils an den Antragsteller ist nicht erforderlich.

Dagegen ist das Ausschlußurteil seinem wesentlichen Inhalte nach durch den Deutschen Reichsanzeiger öffentlich bekannt zu machen.[16])

Eine Bekanntmachung in anderen Blättern ist nicht erforderlich, da eine solche landesgesetzlich nicht vorgeschrieben ist.

Daß derjenige, welcher das Ausschlußurteil erwirkt hat, unbeschadet der Befugnis, den Anspruch aus dem für kraftlos erklärten Papier geltend zu machen, von der Staatsschuldenverwaltung die Erteilung einer neuen Urkunde an Stelle der für kraftlos erklärten auf seine Kosten verlangen kann, ergibt sich aus § 14 Abs. 2 der Staatsschuldenordnung in Verbindung mit § 800 BGB.

10. Die Zahlungssperre

kann auf Antrag angeordnet werden. Vgl. hierüber die allgemeinen oben im § 24 erörterten Grundsätze.

Die Staatsschuldenverwaltung ist verpflichtet, dem bisherigen Inhaber des abhanden gekommenen oder vernichteten Staatsschuldenpapiers die zur Erwirkung der Zahlungssperre erforderliche Auskunft zu erteilen und die erforderlichen Zeugnisse auszustellen. Die Kosten der Zeugnisse hat der bisherige Inhaber zu tragen und vorzuschießen.[17])

§ 30.

Das Aufgebot von Landeskultur-Rentenbriefen.

Nach dem Gesetz, betr. die Errichtung von Landeskultur-Rentenbanken, v. 13. 5. 79 (GS. S. 367) können im ganzen Umfang des Preußischen Staates zum Zwecke der Förderung der Bodenkultur usw. Landeskultur-Rentenbanken errichtet werden. Bisher sind solche Landeskultur-Rentenbanken errichtet worden:

---

[13]) Vgl. § 1015 ZPO.
[14]) Vgl. § 952 Abs. 1, 2 ZPO. und oben § 22 S. 61.
[15]) Vgl. § 1017 Abs. 1 ZPO.
[16]) Vgl. § 1017 Abs. 2 ebenda.
[17]) Vgl. § 14 Abs. 2 Staatsschuldenordnung u. § 799 Abs. 2 ZPO.

1. für die Provinz Schlesien auf Grund der Allerhöchsten Order v. 22. 7. 81;[1])
2. für die Provinz Schleswig-Holstein (mit Ausschluß von Lauenburg) auf Grund der Allerhöchsten Order v. 10. 10. 81;[2])
3. für die Provinz Posen auf Grund der Allerhöchsten Order v. 17. 6. 85;[3])
4. für die Provinz Westfalen auf Grund der Allerhöchsten Order v. 20. 7. 94.[4])

Die Landeskultur-Rentenbanken sind Anstalten der Provinzial-(Kommunal-)Verbände; ihre Organisation und Verwaltung wird durch Satzungen geregelt. Sie gewähren Darlehen in barem Gelde oder in von ihnen auszustellenden Schuldverschreibungen nach dem Nennwerte.

Die Schuldverschreibungen lauten auf den Inhaber und führen die Bezeichnung „Landeskultur-Rentenbriefe".

Mit jedem Landeskultur-Rentenbrief werden Zinsscheine auf zehn Jahre ausgegeben.

Abhanden gekommene oder vernichtete Landeskultur-Rentenbriefe können im Wege des gerichtlichen Aufgebotsverfahrens für kraftlos erklärt werden.

Das Aufgebotsverfahren regelt sich nach den §§ 1003 ff. ZPO.

1. Die Zulässigkeit des Aufgebotsverfahrens.

Nur die abhanden gekommenen oder vernichteten Landeskultur-Rentenbriefe selbst können im Wege des gerichtlichen Aufgebotsverfahrens für kraftlos erklärt werden.

Ein Aufgebotsverfahren wegen abhanden gekommener oder vernichteter Zinsscheine oder Erneuerungsscheine (Talons) zu Landeskultur-Rentenbriefen findet nicht statt.[5])

2. Die Zuständigkeit der Gerichte.

Für das Aufgebotsverfahren zum Zwecke der Kraftloserklärung eines Landeskultur-Rentenbriefs ist das Amtsgericht des Ortes zuständig, an welchem die betreffende Landeskultur-Rentenbank-Direktion ihren Sitz hat (§ 1005 Abs. 1 ZPO.).

---

[1]) Vgl. die Amtsblätter der Regierungen zu Oppeln (Stück 38, Jg. 81), zu Breslau (Stück 39) und zu Liegnitz (Stück 40).

[2]) Vgl. Stück 56 (Extrabeilage) des Amtsblatts der Regierung zu Schleswig von 81. Vgl. auch die Abänderung auf Grund der Allerh. Order v. 8. 5. 88 (Stück 33) des Amtsblattes der Regierung zu Schleswig von 88.

[3]) Vgl. Stück 49 des Amtsblatts der Regierung zu Posen von 85, und Stück 50 des Amtsblatts der Regierung zu Bromberg von 85.

[4]) Vgl. die Amtsblätter der Regierung zu Münster v. 6. 9. 94 und der Regierungen zu Minden und Arnsberg v. 8. 9. 94.

[5]) Vgl. § 799 Abs. 1 BGB. Das Aufgebotsverfahren war für Zinsscheine bereits im § 46 Ges. v. 13. 5. 79 ausgeschlossen. Nach Art. 17 § 2 AGzBGB v. 20. 9. 99 ist auch der im § 804 Abs. 1 BGB. dem bisherigen Inhaber eines verlorengegangenen oder vernichteten Zinsscheins gewährte Anspruch, von der betreffenden Landeskultur-Rentenbank-Direktion unter bestimmten Voraussetzungen nach Ablauf der Vorlegungsfrist die Leistung zu verlangen, kraft Ges. und ohne daß es einer Ausschließung in dem Scheine bedarf, ausgeschlossen. Die Befugnis der Landeskultur-Rentenbank-Direktion, dem bis-

3. Die Antragsberechtigung.

Zu dem Antrage auf Einleitung des Aufgebotsverfahrens ist der bisherige Inhaber des Landeskultur-Rentenbriefs berechtigt.[6])

4. Der Antrag.

Der Antragsteller hat zur Begründung des Aufgebotsantrags, für dessen Form die allgemeinen Regeln gelten,

1. eine Abschrift des Landeskultur-Rentenbriefs beizubringen oder den wesentlichen Inhalt desselben und alles anzugeben, was zur vollständigen Erkennbarkeit desselben erforderlich ist.

   Zur vollständigen Erkennbarkeit gehört die Angabe des Buchstabens (Lit.), der Nummer und des Betrages des Landeskultur-Rentenbriefs, der betreffenden Landeskultur-Rentenbank-Direktion und des Datums, unter welchem der Landeskultur-Rentenbrief ausgefertigt ist;[7])

---

herigen Inhaber eines vernichteten Zinsscheins nach Ablauf der vierjährigen Verjährungsfrist den Betrag des bis dahin nicht vorgekommenen Zinsscheins auszuzahlen (§ 40 Abs. 4 Ges. v. 13. 5. 79), wird hierdurch nicht berührt. Vgl. Hobler a. a. O. S. 62.

[6]) Vgl. § 1004 Abs. 1 ZPO.

[7]) Als Schema eines Landeskultur-Rentenbriefes, aus welchem sich die wesentlichen Merkmale desselben ergeben, ist in der Anlage zum Ges. v. 13. 5. 79 das folgende festgestellt:

Landeskultur-Rentenbrief der Provinz (des Kommunalverbandes) N. N.

Lit. .... (Wappen der Provinz [des Kommunalverbandes] N. N.) Nr. ....

.... Mark. .... Mark.

Landeskultur-Rentenbrief über .... Mark Deutscher Reichswährung, verzinslich mit

.... vom Hundert,

ausgefertigt nach den Bestimmungen des Gesetzes vom .... (Gesetzsammlung S. ....) und des Statuts vom ....

Die Zinsen werden bei der Hauptkasse der Landeskultur-Rentenbank zu N. halbjährlich am .... berichtigt.

Die Zinsscheine sind ungültig, wenn ihr Geldbetrag nicht binnen vier Jahren, von dem auf den Fälligkeitstermin folgenden letzten Dezember ab gerechnet, erhoben worden ist. Von zehn zu zehn Jahren werden zu diesen Landeskultur-Rentenbriefen neue Zinsscheine mit Talon verabreicht.

Die Auszahlung erfolgt in der durch das Gesetz vom .... und das Statut vom .... vorgeschriebenen Art.

(Siegel der Landeskultur-Rentenbank.) N. N. ....

Direktion der Landeskultur-Rentenbank für die Provinz (den Kommunalverband) N. N.

Unterschriften.

Eingetragen .... Mark. Beigefügt sind die Zinsscheine, Reihe .... Nr. .... mit Talon.

Klasse .... Fol. .... Nr. .... Ausgefertigt.

Unterschrift. Unterschrift.

2. den Verlust des Landeskultur-Rentenbriefs, sowie die Tatsachen glaubhaft zu machen, von welchen seine Berechtigung abhängt, das Aufgebotsverfahren zu beantragen;
3. sich zur Versicherung der Wahrheit seiner Angaben an Eides Statt zu erbieten.[8])

5. Das Aufgebot.

Für den Inhalt des Aufgebots sind die allgemeinen für das Urkundenaufgebot bestehenden Vorschriften maßgebend.

Der Landeskultur-Rentenbrief ist nach Buchstaben, Nummer und Betrag, sowie durch Angabe der betreffenden Landeskultur-Rentenbank-Direktion und des Datums der Ausfertigung zu bezeichnen.

Als Rechtsnachteil ist anzudrohen, daß die Kraftloserklärung des Landes-Rentenbriefs erfolgen werde.[9])

6. Die Bekanntmachung des Aufgebots

erfolgt nach den allgemeinen für das Urkundenaufgebot im § 1009 ZPO. gegebenen Bestimmungen. S. oben § 20.

7. Die Aufgebotsfrist.

Bei Berechnung der Aufgebotsfrist bzw. Bestimmung des Aufgebotstermins sind die Vorschriften der §§ 1010—1015 ZPO. zu beachten.

Danach ist der Aufgebotstermin so zu bestimmen, daß bis zu demselben seit der Zeit des glaubhaft gemachten Verlustes von den zuletzt ausgegebenen Zinsscheinen solche für vier Jahre fällig geworden und seit der Fälligkeit des letzten derselben sechs Monate abgelaufen sind.[10])

Zwischen dem Tage, an welchem die Einrückung des Aufgebots in den Deutschen Reichsanzeiger erfolgt ist, und dem Aufgebotstermin muß stets ein Zeitraum von mindestens sechs Monaten liegen.

Der Aufgebotstermin darf jedoch niemals über ein Jahr hinaus, von der Terminsbestimmung an berechnet, bestimmt werden; solange ein so naher Termin nicht bestimmt werden kann, ist das Aufgebot nicht zulässig.[11])

8. Das Verfahren im Aufgebotstermin

regelt sich nach den allgemeinen Grundsätzen.

Hier soll nur hervorgehoben werden, daß:
1. das Aufgebotsverfahren durch Vorlegung des Landeskultur-Rentenbriefs erledigt wird,
2. vor Erlassung des Ausschlußurteils der Antragsteller ein nach Ablauf der im § 1011 Abs. 1 ZPO. (s. oben Nr. 7) bezeichneten sechsmonatigen Frist ausgestelltes Zeugnis der betreffenden Landeskultur-Rentenbank-Direktion[12]) dahin beibringen muß,

---

[8]) Vgl. § 1007 und wegen der Glaubhaftmachung § 294 ZPO.
[9]) Vgl. § 1008 ZPO.
[10]) Vgl. § 1011 Abs. 1 ZPO.
[11]) Vgl. § 1015 ebenda.
[12]) Die Landeskultur-Rentenbank-Direktionen sind zur Ausstellung dieses Zeugnisses verpflichtet. Die Kosten des Zeugnisses hat der Antragsteller zu tragen und vorzuschießen. Vgl. § 799 Abs. 2 BGB.

daß die für die bezeichneten vier Jahre und später etwa fällig gewordenen Scheine ihr von einem anderen als dem Antragsteller nicht vorgelegt seien (§ 1011 Abs. 2 ZPO.).

Hat in der Zeit seit dem Erlasse des Aufgebots eine Ausgabe neuer Scheine stattgefunden, so muß das Zeugnis — wenn nicht etwa die Zahlungssperre angeordnet ist, bevor seit der Zeit des glaubhaft gemachten Verlustes Zinsscheine ausgegeben sind[13]) — auch dahin lauten:

daß der Landeskultur-Rentenbrief seit der Zeit des glaubhaft gemachten Verlustes der Landeskultur-Rentenbank-Direktion zur Ausgabe neuer Scheine nicht vorgelegt sei, und daß die neuen Scheine an einen anderen als den Antragsteller nicht ausgegeben worden seien (§ 1011 Abs. 2 Satz 2 ZPO.).

Der Beibringung des vorstehend bezeichneten Zeugnisses bedarf es nicht, wenn die Zinsscheine, deren Fälligkeit nach § 1011 Abs. 1 ZPO. eingetreten sein muß, von dem Antragsteller vorgelegt werden. Der Vorlegung steht es gleich, wenn das Zeugnis der Landeskultur-Rentenbank-Direktion beigebracht wird, daß die fällig gewordenen Scheine ihr von dem Antragsteller vorgelegt worden seien.[14])

9. Das Ausschlußurteil und die Anfechtungsklage.

In betreff des Ausschlußurteils und der Rechtskraft desselben, sowie in betreff der Zulässigkeit der Anfechtungsklage gelten die allgemeinen Grundsätze.

In dem Ausschlußurteil ist der Landeskultur-Rentenbrief für kraftlos zu erklären.[15])

Das Ausschlußurteil ist in seinem wesentlichen Inhalte nach durch den Deutschen Reichsanzeiger bekannt zu machen.[16])

Eine besondere Mitteilung des Ausschlußurteils an die betr. Landeskultur-Rentenbank-Direktion ist nicht vorgeschrieben.

Derjenige, welcher das Ausschlußurteil erwirkt hat, ist, unbeschadet der Befugnis, den Anspruch aus der Urkunde geltend zu machen, berechtigt, von der Direktion die Erteilung eines neuen Landeskultur-Rentenbriefes anstelle des für kraftlos erklärten zu verlangen. Die Kosten hat er zu tragen und vorzuschießen.[17])

10. Die Zahlungssperre.

Das Gericht hat auf Antrag die Zahlungssperre zu erlassen. In betreff derselben gelten die allgemeinen, oben im § 24 erörterten Grundsätze.

Die Landeskultur-Rentenbank-Direktionen sind verpflichtet, dem bisherigen Inhaber des abhanden gekommenen oder vernichteten Landeskultur-Rentenbriefs die zur Erwirkung der Zahlungssperre erforderliche

---

13) Vgl. § 1021 ZPO.
14) Vgl. § 1012 ebenda.
15) Vgl. § 1017 Abs. 1 ZPO.
16) Vgl. § 1017 Abs. 2 ebenda.
17) Vgl. § 800 BGB. Eine Verstempelung des neuen Landeskultur-Rentenbriefes findet nicht statt (§ 32 KapitalverkehrsteuerG. v. 8. 4. 22, RGBl. I, 354).

Auskunft zu erteilen und die erforderlichen Zeugnisse auszustellen. Die Kosten der Zeugnisse hat der bisherige Inhaber zu tragen und vorzuschießen.[18])

§ 31.

Das Aufgebot von Rentenbriefen.

Zur Beförderung der Ablösung der Reallasten und zur vollständigen Auflösung des Rechtsverhältnisses zwischen den bisherigen Berechtigten und Verpflichteten sind durch das Ges. v. 2. 3. 50 über die Errichtung von Rentenbanken (GS. S. 112) für den gesamten damaligen Umfang des Preußischen Staates, mit Ausschluß der auf dem linken Rheinufer belegenen Landesteile, in jeder Provinz Rentenbanken errichtet worden, welche die Ablösung dadurch vornehmen, daß sie den Berechtigten gegen Überlassung der Geldrente für das zu deren Ablösung erforderliche Kapital durch zinstragende, allmählich zu tilgende Schuldverschreibungen, sogen. Rentenbriefe, abfinden, die Rente aber alsdann von dem Verpflichteten so lange fortbeziehen, als dies zur Zahlung der Zinsen und zur allmählichen Tilgung der Rentenbriefe erforderlich ist.

Durch die spätere Gesetzgebung ist die Einrichtung der Rentenbanken auch in den neuerworbenen Landesteilen eingeführt worden, so daß jetzt solche Rentenbanken für Ost- und Westpreußen in Königsberg, für Brandenburg und die Stadt Berlin in Berlin, für Pommern und Schleswig-Holstein in Stettin, für die Provinz Posen, für Schlesien in Breslau, für Sachsen und Hannover in Magdeburg und für Westfalen, Hessen-Nassau und die Rheinprovinz in Münster, zufolge des Gesetzes v. 25. 7. 14 (GS. 150) jetzt ebenfalls in Berlin bestehen. Schließlich ist durch das Pr. Landesrentenbankgesetz v. 29. 12. 27 (GS. 283) zur Vereinheitlichung und Förderung der landwirtschaftlichen Siedlung die „Preußische Landesrentenbank" mit dem Sitz in Berlin errichtet.[1]) Die bestehenden Rentenbanken führen jedoch die übernommenen Geschäfte auf Grund der bisherigen gesetzlichen Vorschriften zu Ende. Neue Geschäfte werden nicht mehr übernommen.[2])

Es sind daher in den folgenden Ausführungen die bisherigen Bestimmungen und die des Landesrentenbankgesetzes nebeneinander behandelt worden.

Die Rentenbriefe, welche von den einzelnen Provinzial-Rentenbank-Direktionen, nach dem Landesrentenbankgesetz von dem Vorstande der Landesrentenbank[3]) ausgegeben werden, lauten auf den Inhaber.

Mit jedem Rentenbriefe werden zugleich Zinsscheine auf achtjährige Perioden ausgegeben. Für die Landesrentenbriefe werden die näheren

---

[18]) Vgl. § 799 Abs. 2 BGB.

[1]) Vgl. VO. über die Errichtung der Preuß. Landesrentenbank v. 17. 1. 28 (GS. 5): Auf Grund des § 1 Abs. 2 Pr. LandesrentenbankGes. v. 29. 12 27 wird verordnet: Die Preußische Landesrentenbank wird zum 1. Februar 1928 errichtet.

[2]) Vgl. § 37 Abs. 1 LandesrentenbankGes.

[3]) Vgl. § 31 Abs. 1 ebenda.

Vorschriften über ihre Ausstattung mit Zins- und Erneuerungsscheinen von den zuständigen Ministern erlassen.[4])

Wenn ein Rentenbrief angeblich verloren gegangen ist und an dessen Stelle die Ausfertigung eines andern verlangt wird, so muß nach Vorschrift des § 57 Ges. v. 2. 3. 50 der bisherige (angeblich letzte) Inhaber des Rentenbriefes dessen Verlust und die Umstände, unter denen solcher sich ereignet hat, der betr. Provinzial-Rentenbank-Direktion anzeigen, und wenn er alsdann die gänzliche Vernichtung des Rentenbriefes auf eine für die Direktion der Rentenbank nach deren Ermessen überzeugende Weite darzutun vermag, so wird ihm an Stelle des vernichteten ein anderer Rentenbrief von gleichem Betrage ausgefertigt. In allen anderen Fällen muß der verlorene Rentenbrief zuvor im Wege des gerichtlichen Aufgebotsverfahrens für kraftlos erklärt werden.

Das Landesrentenbankgesetz enthält keine besonderen Bestimmungen über den Verlust der Landesrentenbriefe. Es gilt daher § 799 BGB.

Das Aufgebotsverfahren regelt sich in allen Fällen ausschließlich nach den Vorschriften der §§ 1003 ff. ZPO.

Die Vorschriften, welche im § 57 Nr. 3 und 4 Ges. v. 2. 3. 50 über die Zulässigkeit dieses Aufgebots an sich, die Legitimation des Antragstellers und den vorgängigen Versuch zur Ermittelung des Inhabers, sowie über das Erfordernis eines gewissen Zeitablaufs von der Bekanntmachung des Verlustes bis zum Aufgebotsantrag gegeben sind, sind durch das neue AGzZPO. v. 22. 9. 99 beseitigt.

1. Die Zulässigkeit des Aufgebotsverfahrens.

Ein gerichtliches Aufgebotsverfahren zum Zwecke der Kraftloserklärung findet nur wegen der Rentenbriefe und Landesrentenbriefe selbst statt.

Wegen verlorener oder vernichteter Zinsscheine oder Erneuerungsscheine (Talons) ist ein solches Verfahren nicht zulässig.[5])

2. Die Zuständigkeit der Gerichte

bestimmt sich nach § 1005 Abs. 1 ZPO.

Für das Aufgebotsverfahren ist danach das Amtsgericht des Ortes zuständig, an welchem die betr. Provinzial-Rentenbank-Direktion, welche

---

[4]) Vgl. § 32 ebenda.

[5]) Vgl. § 799 Abs. 1 BGB. und § 57 Nr. 11 Ges. v. 2. 3. 50. Durch Art. 17 § 2 AGzBGB. v. 20. 9. 99 in der Fassung des § 44 Landesrentenbank-Ges. v. 29. 12. 27 ist auch der dem bisherigen Inhaber eines abhanden gekommenen oder vernichteten Zinsscheins zu einem Rentenbrief oder einem Landesrentenbrief der Preuß. Landesrentenbank im § 804 Abs. 1 BGB. gewährte Anspruch, unter gewissen Voraussetzungen von der Rentenbank-Direktion bzw. dem Vorstande der Landesrentenbank nach Ablauf der Vorlegungsfrist die Leistung zu verlangen, ausgeschlossen, ohne daß es der Ausschließung in dem Scheine bedarf. Damit ist aber die Vorschrift des § 57 Nr. 11 Abs. 2 Ges. v. 2. 3. 50 nicht beseitigt, welche lautet: „Wenn die Vernichtung der Zinscoupons der Direktion der Rentenbank überzeugend nachgewiesen wird, so kann dieselbe andere Coupons an Stelle der vernichteten ausantworten.“

den Rentenbrief ausgestellt hat, ihren Sitz hat. Handelt es sich um Landesrentenbriefe, so ist das Amtsgericht Berlin-Mitte zuständig.[6])

3. Der Antrag.

Zum Antrag auf Einleitung des Aufgebotsverfahrens ist der bisherige Inhaber des Rentenbriefes bzw. Landesrentenbriefs berechtigt.[7])

Inhalt und Form des Antrags müssen den allgemeinen für das Urkundenaufgebot gegebenen Vorschriften (s. oben § 18) entsprechen.

Zur vollständigen Erkennbarkeit eines Rentenbriefs (Landesrentenbriefs) gehört die Angabe des Buchstabens, der Nummer und des Betrages des Rentenbriefs.[8])

4. Das Aufgebot.

Für den Inhalt des Aufgebots sind die allgemeinen für das Urkundenaufgebot bestehenden Vorschriften maßgebend.

Der Rentenbrief (Landesrentenbrief) ist nach Buchstaben, Nummer und Betrag zu bezeichnen.

Als Rechtsnachteil ist anzudrohen, daß die Kraftloserklärung des Rentenbriefs (Landesrentenbriefs) erfolgen werde.

5. Die Aufgebotsfrist

bzw. der Aufgebotstermin ist nach den Vorschriften der §§ 1011 und 1015 ZPO. in gleicher Weise wie bei dem Aufgebot eines Landeskultur-Rentenbriefes zu bestimmen.

---

[6]) Vgl. §§ 1 u. 31 RentenbankGes. u. AVdJM. v. 25. 4. 06 (JMBl. 128).

[7]) Vgl. § 1004 Abs. 1 ZPO.

[8]) Das Schema eines Rentenbriefes alter Art, aus welchem sich dessen wesentliche Merkmale ergeben, ist in der Anlage zum Ges. v. 2. 3. 50 festgestellt und in der 4. Aufl. des vorliegenden Werkes S. 122 abgedruckt. Die jetzt gebräuchlichen Landesrentenbriefe haben folgendes Muster:

Preußische Landesrentenbank.
— Anstalt des öffentlichen Rechts —
(Errichtet auf Grund des Gesetzes vom 29. 12. 1927, Ges. S. 283 durch Verordn. des Preuß. Staatsministeriums vom 17. 1. 28 Ges. S. 3).

Landesrentenbrief.

....

(Liquidations-Goldrentenbrief)
über den Wert von 100 Goldmark
(1 Goldmark = $^1/_{2790}$ kg Feingold)

Die Preußische Landesrentenbank schuldet dem Inhaber dieses Liquidationsgoldrentenbriefes den Wert von 100 Goldmark (eine Goldmark = $^1/_{2790}$ kg Feingold), der mit 4½ v. H. für das Jahr in jährlichen am 1. Oktober jedes Jahres nachträglich fälligen Raten verzinst wird.

Der Landesrentenbrief ist von Seiten des Inhabers unkündbar. Er wird von der Landesrentenbank nach Maßgabe der umstehend abgedruckten Bedingungen verzinst und eingelöst. Der Preußische Staat gewährleistet die Erfüllung der Verbindlichkeiten, die der Landesrentenbank aus der Ausgabe dieses Landesrentenbriefes erwachsen.

Berlin, den ....

Der Vorstand der Preußischen Landesrentenbank.

Die in dieser Beziehung im § 30 zu 6 erörterten Grundsätze finden auch hier Anwendung.

Dasselbe gilt bezüglich:

6. des Verfahrens im Aufgebotstermin,

welches sich genau dem im § 30 zu 8 dargestellten Verfahren entsprechend gestaltet.

Insbesondere sind auch hier vor Erlassung des Ausschlußurteils dieselben Zeugnisse beizubringen, da für die Rentenbriefe ebenfalls Zinsscheine für einen längeren Zeitraum als vier Jahre ausgegeben werden.

In betreff

7. des Ausschlußurteils, der Anfechtungsklage und der Zahlungssperre

gelten die allgemeinen Regeln.

Zu beachten ist nur, daß nach erfolgter Verkündung des Ausschlußurteils zweckmäßig auch jetzt noch, wie dies im § 57 Nr. 9 Ges. v. 2. 3. 50 vorgeschrieben ist, eine Ausfertigung des Urteils der betr. Provinzial-Rentenbank-Direktion bzw. dem Vorstande der Landesrentenbank mitzuteilen ist, da auf Grund dieser Ausfertigung dem Verlierer an Stelle des für kraftlos erklärten ein neuer Rentenbrief (Landesrentenbrief) von gleichem Betrage mit den dazugehörigen, bis dahin von der Rentenbank noch nicht ausgegebenen Zinsscheinen zugestellt wird.[9]

§ 32.

Das Aufgebot von landschaftlichen Pfandbriefen.

Das AGzZPO. v. 22. 9. 99 hat die in der Allg. Gerichtsordnung für die Preußischen Staaten v. 6. 7. 1793 in den §§ 120 ff. Teil I Tit. 51 gegebenen eingehenden Vorschriften über die Zulässigkeit des Aufgebots landschaftlicher Pfandbriefe beseitigt.

Das Verfahren bei dem gerichtlichen Aufgebot zum Zwecke der Kraftloserklärung abhanden gekommener oder vernichteter Pfandbriefe regelt sich deshalb jetzt, und zwar ohne Unterschied, ob es sich um sogen. ältere oder um neue Pfandbriefe handelt, lediglich nach den allgemeinen in den §§ 1003 ff. ZPO. für das Aufgebot zum Zwecke der Kraftloserklärung eines auf den Inhaber lautenden Papiers gegebenen Vorschriften.[1]

1. Die Zulässigkeit des Aufgebotsverfahrens

ist nur für die abhanden gekommenen oder vernichteten Pfandbriefe selbst gegeben, soweit nicht in den Pfandbriefen das Gegenteil bestimmt ist. Ein

---

[9]) Vgl. § 57 Nr. 9 Ges. v. 2. 3. 50 und § 800 BGB. Eine Verstempelung des neuen Rentenbriefs ist nicht erforderlich (§ 32 Kapitalverkehrsteuer-Ges. v. 8. 4. 22, RGBl. I, 354).

[1]) Über das Aufgebot der auf einen bestimmten Berechtigten umgeschriebenen Pfandbriefe vgl. unten § 42.

gerichtliches Aufgebot abhanden gekommener oder verlorener Zinsscheine oder Erneuerungsscheine (Talons) findet nicht statt.[2])

2. Die Zuständigkeit der Gerichte.

Für das Aufgebotsverfahren ist das Amtsgericht des Ortes zuständig, welches in dem aufzubietenden Pfandbrief als Erfüllungsort bezeichnet ist, bzw. wenn ein solcher Erfüllungsort nicht angegeben ist, das Amtsgericht des Ortes, an welchem die betreffende Landschafts- oder Kredit-Direktion (General-Landschaftsdirektion, Haupt-Ritterschaftsdirektion usw.) ihren Sitz hat.[3])

3. Die Antragsberechtigung.

Zur Stellung des Antrags auf Einleitung des Aufgebotsverfahrens ist der bisherige Inhaber des abhanden gekommenen oder vernichteten Pfandbriefs berechtigt.[4])

4. Der Antrag.

Zur Begründung des Antrags muß der Antragsteller: [5])

1. eine Abschrift des Pfandbriefs einreichen oder den wesentlichen Inhalt desselben und alles angeben, was zur vollständigen Erkennbarkeit desselben erforderlich ist; [6])

---

[2]) Vgl. § 799 Abs. 1 BGB. Das gerichtliche Aufgebot verloren gegangener oder vernichteter Zinsscheine von landschaftlichen Pfandbriefen ist schon in den Satzungen und Reglements der meisten landschaftlichen Kredit-Institute ausgeschlossen. Vgl. z. B. § 23 des Statuts der Zentrallandschaft für die Preuß. Staaten v. 21. 5. 73; § 182 der Ostpreuß. Landschaftsordnung v. 7. 12. 91; Zusatz zu § 63 des Reglements der Westpreuß. Landschaft v. 7. 4. 73; § 10 des Statuts der Posener Landschaft; § 256 des Regier.-Reglements der Pommerschen Landschaft u. a. Nach Art. 17 § 2 AGzBGB. v. 20. 9. 99 ist auch der im § 804 Abs. 1 BGB. dem bisherigen Inhaber eines abhanden gekommenen oder vernichteten Zinsscheines gewährte Anspruch, unter bestimmten Voraussetzungen von der betr. Landschaftsdirektion die Leistung zu verlangen, ausgeschlossen, ohne daß es der Ausschließung in dem Scheine bedarf. Dadurch ist aber die Befugnis der einzelnen Kredit-Institute, für den Fall eines überzeugenden Beweises von der Vernichtung des Zinsscheins dem bisherigen Inhaber den Betrag des Zinsscheins auszuzahlen oder einen neuen Zinsschein auszureichen, nicht berührt. Die Bestimmungen der landschaftlichen Statuten, Reglements usw., welche eine derartige Befugnis feststellen, sind durch Art. 17 § 2 AGzBGB. nicht berührt. Vgl. z. B. § 23 des Statuts der Zentrallandschaft für die Preuß. Staaten v. 21. 5. 73.

Wegen der Ausfertigung neuer Pfandbriefe an Stelle beschädigter oder verdorbener Pfandbriefe s. § 798 BGB. und wegen der durch Umschreibungs- und Rückverwandlungsvermerke zum Umlauf ungeeignet gewordener Pfandbriefe insbesondere Art. 18 §§ 5, 6 AGzBGB. v. 20. 9. 99. Die meisten Landschafts-Statuten, Reglements usw. enthalten auch in dieser Beziehung noch besondere Bestimmungen.

Wegen der Erneuerungsscheine vgl. § 805 BGB.

[3]) Vgl. § 1005 Abs. 1 in Verbindung mit § 17 ZPO.

[4]) Vgl. § 1004 Abs. 1 ebenda.

[5]) Vgl. § 1007 ebenda.

[6]) Es gibt jetzt zwei Arten von Landschaftlichen Pfandbriefen: Goldpfandbriefe und Roggenpfandbriefe. Was zur vollständigen Erkennbarkeit

2. den Verlust des Pfandbriefs, sowie die Tatsachen glaubhaft machen, von welchen seine Berechtigung abhängt, das Aufgebotsverfahren zu beantragen, d. h. also die Tatsache, daß er der bisherige Inhaber des aufzubietenden Pfandbriefs gewesen ist; [7])

---

eines Pfandbriefs erforderlich ist, ergibt sich im wesentlichen aus dem folgenden Muster, in dem der Kürze halber beide Arten von Pfandbriefen berücksichtigt sind:

Nr. .... Muster A.

Landschaftlicher Central-Goldpfandbrief

über den Geldwert von .... Goldmark

(= .... Gramm Feingold)

(bezw. **Landschaftlicher Central-Roggenpfandbrief**

über den Geldwert von .... Zentner Roggen.)

Die Central-Landschaft für die Preußischen Staaten schuldet dem Inhaber dieser Schuldverschreibung
den Geldwert von .... Goldmark (= .... Gramm Feingold),
der mit .... vom Hundert jährlich verzinst wird.
(bzw. den Geldwert von .... Zentner Roggen, verzinslich zu .... vom Hundert jährlich).

Ausgefertigt nach Inhalt der von der Preußischen Staatsregierung unter dem .... 19..... genehmigten Satzung sowohl zur Sicherheit des Kapitals als auch der Zinsen auf Grund einer im Grundbuch eingetragenen wertbeständigen Hypothek (Roggenhypothek) unter Verhaftung des gesamten Vermögens einschließlich aller Forderungsrechte der Central-Landschaft, sowie unter satzungsmäßiger Garantie aller zur Central-Landschaft verbundenen Kredit-Institute und unter satzungsmäßiger Haftung der Grundstücke des Verbandes, gegen deren Verpfändung landschaftliche Central-Goldpfandbriefe (Central-Roggenpfandbriefe) ausgefertigt worden sind, unkündbar seitens der Inhaber, einlösbar seitens der Central-Landschaft nach zuvoriger Aufkündigung.

Der Geldwert von Kapital und Zinsen wird jeweils gemäß der Satzung auf Grund des amtlich festgestellten Londoner Feingoldpreises und der amtlichen Notierung der Berliner Börse für das Pfund Sterling (Mittelkurs) Auszahlung London) berechnet, im Deutschen Reichsanzeiger und Preußischen Staatsanzeiger bekanntgemacht und in deutscher Reichswährung bezahlt.

(Bei Roggenpfandbriefen:

Der in deutscher Reichswährung zahlbare Geldwert von Kapital und Zinsen wird jeweils gemäß der Satzung auf Grund der amtlichen Berliner Börsennotierung für Roggen berechnet.)

Die Gültigkeit der Unterzeichnung dieses Pfandbriefes hängt davon ab, daß der Kontrollbeamte durch handschriftlichen Vermerk seines Namens auf dem Pfandbriefe dessen Eintragung im Goldpfandbrief-Register (bzw. Roggenpfandbrief-Register) bescheinigt.

Berlin, den .... 19.....

L. S. **Die Central-Landschafts-Direktion.**

(Faksimile der Unterschrift des Vorsitzenden.)

Das Vorhandensein der satzungsmäßigen Deckung bescheinigt.	Eingetragen im Roggenpfandbriefregister.
Berlin, den	Der Kontrollbeamte.
Faksimile der Unterschrift.)	(Handschriftlicher Namensvermerk.)
Central-Landschafts-Syndikus.	....

[7]) Wegen der Glaubhaftmachung s. § 294 ZPO. und oben § 18.

3. sich zur Versicherung der Wahrheit seiner Angaben an Eides Statt erbieten.

5. Das Aufgebot.

In dem Aufgebot ist der Inhaber des Pfandbriefs aufzufordern, spätestens im Aufgebotstermine seine Rechte bei dem Gerichte anzumelden und die Urkunde vorzulegen.

Als Rechtsnachteil ist anzudrohen, daß die Kraftloserklärung des Pfandbriefs erfolgen werde.[8])

6. Die Aufgebotsfrist.

Bei Berechnung der Aufgebotsfrist bzw. Bestimmung des Aufgebotstermins sind die Vorschriften der §§ 1010, 1011, 1012, 1013 und 1015 ZPO. zu beachten.

Danach ist:

a) bei Pfandbriefen, für welche von Zeit zu Zeit Zinsscheine für einen Zeitraum bis zu vier Jahren ausgegeben werden, der Aufgebotstermin so zu bestimmen, daß bis zu demselben der erste einer seit der Zeit des glaubhaft gemachten Verlustes ausgegebenen Reihe von Zinsscheinen fällig geworden ist und seit der Fälligkeit desselben sechs Monate abgelaufen sind;[9])

b) bei Pfandbriefen, für welche Zinsscheine zuletzt für längeren Zeitraum als vier Jahre ausgegeben sind, es für genügend zu erachten, wenn der Aufgebotstermin so bestimmt wird, daß bis zu demselben seit der Zeit des glaubhaft gemachten Verlustes von den zuletzt ausgegebenen Zinsscheinen solche für vier Jahre fällig geworden und seit der Fälligkeit des letzten derselben sechs Monate abgelaufen sind. Zinsscheine für Zeitabschnitte, für welche keine Zinsen gezahlt werden, kommen nicht in Betracht.[10])

Diese Vorschriften finden jedoch insoweit keine Anwendung, als die Zinsscheine, deren Fälligkeit nach diesen Vorschriften eingetreten sein muß, von dem Antragsteller vorgelegt werden oder ein Zeugnis der betreffenden Landschafts- oder Kredit-Direktion (Generallandschaftsdirektion, Hauptritterschaftsdirektion) dahin beigebracht wird, daß die fällig gewordenen Zinsscheine ihr von dem Antragsteller vorgelegt worden seien.[11])

c) bei Pfandbriefen, für welche Zinsscheine ausgegeben sind, aber nicht mehr ausgegeben werden, wenn nicht die Voraussetzungen der §§ 1010, 1011 (oben zu a und b) vorhanden sind, der Aufgebotstermin so zu bestimmen, daß bis zu demselben seit der Fälligkeit des letzten ausgegebenen Zinsscheins sechs Monate abgelaufen sind.[12])

Zwischen der Einrückung des Aufgebots in den Deutschen Reichsanzeiger (s. unten 7) und dem Aufgebotstermin muß ein Zeitraum von mindestens sechs Monaten liegen (Aufgebotsfrist).[13])

---

[8]) Vgl. § 1008 ZPO.
[9]) Vgl. § 1010 Abs. 1 ZPO.
[10]) Vgl. § 1011 Abs. 1 ebenda.
[11]) Vgl. § 1012 ebenda.
[12]) Vgl. § 1013 ebenda.
[13]) Vgl. § 1015 Satz 1 in Verbindung mit § 950 ebenda.

Der Aufgebotstermin darf jedoch nicht über ein Jahr hinaus, von der Terminsbestimmung an berechnet, bestimmt werden; solange ein so naher Termin nicht bestimmt werden kann, ist das Aufgebot nicht zulässig.[14])

7. Die Bekanntmachung des Aufgebots.

Die öffentliche Bekanntmachung des Aufgebots erfolgt nach den allgemeinen im § 1009 ZPO. für das Urkundenaufgebot gegebenen Bestimmungen:[15])

1. durch Anheftung an die Gerichtstafel und in dem Lokale der Börse, wenn eine solche am Sitze des Aufgebotsgerichts besteht;
2. durch einmalige Einrückung in den Deutschen Reichsanzeiger.

Das Gericht kann anordnen, daß die Einrückung noch in andere Blätter und zu mehreren Malen erfolge.

Wenn in dem betr. Landschafts- oder Kredit-Reglement die öffentliche Bekanntmachung des Aufgebots durch bestimmte andere Blätter vorgeschrieben ist, so muß die Bekanntmachung auch durch Einrückung in diese Blätter erfolgen.[16])

8. Das Verfahren im Aufgebotstermin

regelt sich nach den allgemeinen Grundsätzen.

Hier ist nur hervorzuheben, daß der Antragsteller vor Erlassung des Ausschlußurteils:

1. bei Pfandbriefen, für welche von Zeit zu Zeit Zinsscheine für einen Zeitraum bis zu vier Jahren ausgegeben werden, ein nach Ablauf der im § 1010 Abs. 1 ZPO. bestimmten sechsmonatigen Frist (s. oben 6 a) ausgestelltes Zeugnis der betr. Landschafts- oder Kredit-Direktion[17]) dahin beibringen muß, daß der Pfandbrief seit der Zeit des glaubhaft gemachten Verlustes ihr zur Ausgabe neuer Zinsscheine nicht vorgelegt sei, und daß die neuen Zinsscheine an einen anderen als den Antragsteller nicht ausgegeben seien.[18])

   Der Beibringung dieses Zeugnisses bedarf es nicht:

   a) wenn die Zinsscheine, deren Fälligkeit nach § 1010 Abs. 1 ZPO. eingetreten sein muß, von dem Antragsteller vorgelegt werden oder das Zeugnis der betr. Landschafts- oder Kredit-Direktion dahin beigebracht wird, daß die fällig gewordenen Zinsscheine ihr von dem Antragsteller vorgelegt worden seien,[19])
   b) wenn die Zahlungssperre angeordnet wird, bevor seit der Zeit des glaubhaft gemachten Verlustes Zinsscheine ausgegeben worden sind.[20])

---

14) Vgl. § 1015 Satz 2 ebenda.
15) Vgl. oben § 20.
16) Vgl. § 1009 Abs. 3 ZPO.
17) Die Landschafts- und Kreditdirektion ist zur Ausstellung dieser und der nachstehend erwähnten Zeugnisse verpflichtet. Die Kosten der Zeugnisse hat der Antragsteller zu tragen und vorzuschießen. Vgl. § 799 Abs. 2 BGB.
18) Vgl. § 1010 Abs. 2 ZPO.
18) Vgl. § 1012 ebenda.
20) Vgl. § 1021 ebenda.

2. bei Pfandbriefen, für welche Zinsscheine zuletzt für einen längeren Zeitraum als vier Jahre ausgegeben sind, ein nach Ablauf der im § 1011 Abs. 1 ZPO. bestimmten sechsmonatigen Frist (s. oben 6 b) ausgestelltes Zeugnis der betr. Landschafts- oder Kredit-Direktion dahin beibringen muß,

daß die für die bezeichneten vier Jahre und später etwa fällig gewordenen Zinsscheine ihr von einem anderen als dem Antragsteller nicht vorgelegt seien.

Hat in der Zeit seit dem Erlasse des Aufgebots eine Ausgabe neuer Scheine stattgefunden, so muß das Zeugnis auch die oben zu 1 bezeichneten Angaben (§ 1010 Abs. 2 ZPO.) enthalten, wenn nicht etwa die Zahlungssperre angeordnet ist, bevor seit der Zeit des glaubhaft gemachten Verlustes überhaupt Zinsscheine ausgegeben sind.[21])

Der Beibringung dieses Zeugnisses bedarf es auch hier nicht, wenn die Zinsscheine, deren Fälligkeit nach § 1011 Abs. 1 ZPO. eingetreten sein muß, von dem Antragsteller vorgelegt werden oder ein Zeugnis der Landschafts- oder Kredit-Direktion beigebracht wird, daß die fällig gewordenen Zinsscheine ihr von dem Antragsteller vorgelegt worden seien.[22])

9. Das Ausschlußurteil.

Ist das Aufgebot ohne Erfolg geblieben und der Pfandbrief nicht zum Vorschein gekommen, so ist das Ausschlußurteil zu erlassen.

In dem Urteil ist der Pfandbrief für kraftlos zu erklären.[23])

Das Ausschlußurteil ist in seinem wesentlichen Inhalte nach durch den Deutschen Reichsanzeiger bekannt zu machen. Wenn in dem betreffenden Landschafts- oder Kredit-Reglement die Bekanntmachung des Ausschlußurteils durch bestimmte andere Blätter vorgeschrieben ist, so muß die Bekanntmachung auch durch Einrückung in diese Blätter erfolgen.[24])

10. Die Zahlungssperre.

Auf Antrag hat auch im Falle des Abhandenkommens oder der Vernichtung eines Pfandbriefs das Gericht die Zahlungssperre (§ 1019 ff. ZPO.) zu erlassen.

In dieser Beziehung gelten lediglich die allgemeinen oben im § 24 erörterten Grundsätze.

Die Landschafts- oder Kredit-Direktionen sind verpflichtet, dem bisherigen Inhaber des Pfandbriefs die zur Erwirkung der Zahlungssperre erforderliche Auskunft zu erteilen und die erforderlichen Zeugnisse auszustellen. Die Kosten der Zeugnisse hat der bisherige Inhaber zu tragen und vorzuschießen.[25])

---

[21]) Vgl. § 1011 Abs. 2 Satz 2 und § 1021 ZPO.

[22]) Vgl. § 1012 ZPO.

[23]) Vgl. § 1017 Abs. 1 ebenda.

[24]) Vgl. § 1017 Abs. 2 ebenda.

[25]) Vgl. § 799 Abs. 2 BGB.

11. Die Rechtskraft des Ausschlußurteils und die Anfechtungsklage.

Auch in dieser Beziehung kommen die allgemeinen Grundsätze (oben § 23, III) zur Anwendung.

12. Die Wirkung des Ausschlußurteils.

Derjenige, welcher das Ausschlußurteil erwirkt hat, ist der betr. Landschafts- oder Kredit-Direktion gegenüber berechtigt, die Rechte aus dem Pfandbrief geltend zu machen.[26]) Unbeschadet dieser Befugnis ist er ferner berechtigt, die Erteilung eines neuen Pfandbriefs an Stelle des für kraftlos erklärten Pfandbriefs zu verlangen. Die Kosten hat er zu tragen und vorzuschießen.[27])

Eine Verstempelung der als Ersatz für einen gerichtlich für kraftlos erklärten Pfandbrief neu ausgefertigten Pfandbriefs findet nicht statt.[28])

§ 33.

Das Aufgebot von Pfandbriefen der Hypothekenaktienbanken.

Die zum Betriebe von Hypothekengeschäften auf Aktien gegründeten Hypothekenbanken oder Bodenkreditbanken auf Aktien sind befugt, auf Grundlage der von ihnen erworbenen hypothekarischen Forderungen, soweit dieselben innerhalb der zur Sicherstellung der Pfandbriefe statutenmäßig vorgeschriebenen Beleihungsgrenzen liegen, nach Maßgabe der in dem Hypothekenbankgesetz v. 13. 7. 99 (RGBl. S. 375) getroffenen näheren Bestimmungen Schuldverschreibungen auf den Inhaber (Hypothekenpfandbriefe) auszugeben.

Abhanden gekommene oder vernichtete Hypothekenpfandbriefe[1]) können nach § 799 Abs. 1 BGB., wenn nicht in dem Pfandbrief das Gegenteil bestimmt ist, im Wege des Aufgebotsverfahrens gerichtlich für kraftlos erklärt werden.

Das Aufgebotsverfahren regelt sich nach den allgemeinen für das Aufgebot von Schuldverschreibungen auf den Inhaber in den §§ 1003 ff. ZPO. getroffenen Bestimmungen und bietet keine Besonderheiten.

Es genügt deshalb, hier darauf hinzuweisen, daß:

1. falls in dem Hypothekenpfandbrief kein besonderer Erfüllungsort bezeichnet ist, für das Aufgebotsverfahren das Gericht des Ortes zuständig ist, an welchem die betr. Hypothekenbank ihren Sitz hat;[2])
2. zur Stellung des Aufgebotsantrags der bisherige Inhaber des abhanden gekommenen oder vernichteten Hypothekenpfandbriefs berechtigt ist;[3])

---

[26]) Vgl. § 1018 ZPO.

[27]) Vgl. § 800 BGB.

[28]) Vgl. § 32 Kapitalverkehrsteuerges. v. 8. 4. 22 (RGBl. I, 354).

[1]) Die Zinsscheine und Erneuerungsscheine können nicht aufgeboten werden (§ 799 Abs. 1 BGB.). Einen Ersatz für das unzulässige Aufgebot der Zinsscheine gewährt § 804 BGB. (s. oben § 25) und wegen der Erneuerungsscheine s. § 805 BGB.

[2]) Vgl. § 1005 Abs. 1 ZPO.

[3]) Vgl. § 1004 Abs. 1 ebenda.

3. wenn in dem Hypothekenpfandbrief vermerkt oder in den Bestimmungen, unter denen die erforderliche staatliche Genehmigung (§§ 1 ff. des Hypothekenbankgesetzes v. 13. 7. 99) erteilt worden ist, vorgeschrieben ist, daß die öffentliche Bekanntmachung des Aufgebots außer durch den Deutschen Reichsanzeiger auch noch durch bestimmte andere Blätter zu erfolgen habe, die Bekanntmachung des Aufgebots auch durch die Einrückung in diese Blätter erfolgen muß.[4])
4. diese zu 3 erwähnte Veröffentlichung auch bei der öffentlichen Bekanntmachung des Ausschlußurteils bzw. des auf die Anfechtungsklage ergangenen Urteils erfolgen muß;[5])
5. auch bei Hypothekenpfandbriefen die Zahlungssperre (§§ 1019 ff. ZPO.) zulässig ist, und
6. wenn der Hypothekenpfandbrief für kraftlos erklärt wird, derjenige, welcher das Ausschlußurteil erwirkt hat, von dem Aussteller, unbeschadet der Befugnis, den Anspruch aus dem Pfandbrief geltend zu machen, die Erteilung eines neuen Pfandbriefs an Stelle des für kraftlos erklärten verlangen kann. Die Kosten hat er zu tragen und vorzuschießen; eine Verstempelung des neuen Pfandbriefs findet nicht statt.[6])

§ 34.

Das Aufgebot von Kuxscheinen.

Nach der Bestimmung des § 103 des Allgemeinen Berggesetzes für die Preußischen Staaten v. 24. 6. 65 in der Fassung des Gesetzes v. 18. 6. 07 (GS. S. 119)[1]) wird über sämtliche Mitglieder einer Gewerkschaft[2]) und deren Kuxe[3]) von der Gewerkschaft ein Verzeichnis — das Gewerkenbuch — geführt. Auf Grund desselben wird einem jeden Gewerken, welcher es verlangt, ein Anteilschein — Kuxschein — ausgefertigt.

Die Führung des Gewerkenbuchs und die Ausfertigung der Kuxscheine erfolgt bei den nach dem Inkrafttreten des Allgemeinen Berggesetzes gebildeten Gewerkschaften durch den Repräsentanten oder Grubenvorstand.[4])

---

[4]) Vgl. § 1009 Abs. 3 ebenda.

[5]) Vgl. § 1017 Abs. 2 und 3 ZPO.

[6]) Vgl. § 800 BGB. und § 32 Kapitalverkehrsteuergef. v. 8. 4. 22 (RGBl. I, 354).

[1]) Das Allgemeine Berggesetz ist mit dem 1. 10. 65 in dem damaligen Umfang des preuß. Staates in Kraft getreten. In den neu erworbenen Provinzen hat es für den Regierungsbezirk Wiesbaden (außer Frankfurt) und für Meisenheim am 1. 4. 67, für die Provinz Hannover, den Regierungsbezirk Kassel, für Frankfurt und Kaulsdorf am 1. 7. 76, für die Provinz Schleswig-Holstein am 1. 4. 69 Gesetzeskraft erhalten. Durch die Novelle v. 18. 6. 07, in Kraft getreten am 8. 7. 07, sind wesentliche grundsätzliche Änderungen desselben eingeführt worden.

[2]) Vgl. § 94 Allgemeinen Berggef.: „Zwei oder mehrere Mitbeteiligte eines Bergwerks bilden eine Gewerkschaft."

[3]) Kux ist der gewerkschaftliche Anteil des einzelnen Gewerken.

[4]) Vgl. § 121 Allgemeinen Berggef. Jede Gewerkschaft muß einen Repräsentanten bestellen. Statt eines einzelnen Repräsentanten kann die Gewerkschaft auch einen aus zwei oder mehreren Personen bestehenden Gruben-

Bei den Gewerkschaften des alten Rechtes, welche gemäß § 235 des Allgemeinen Berggesetzes bzw. Art. 1 des den § 235 Allgemeinen Berggesetzes abändernden Gesetzes v. 9. 4. 73 (GS. S. 181) die Mobilisierung der Kuxe beschließen, erfolgt, sofern die Anteile einzelner Gewerken mit Hypotheken belastet sind, welche nach § 236 in Pfandrechte an den mobilisierten Kuxen umgewandelt werden, die Führung des Gewerkenbuchs durch die Hypothekenbehörde, welche das Hypothekenbuch über das Bergwerk selbst zu führen hat, also durch das Amtsgericht (Grundbuchamt), in dessen Bezirk das Bergwerk liegt.[5])

Die Kuxscheine, welche nach der Wahl des Gewerken über die einzelnen Kuxe oder über eine Mehrheit derselben bzw. über die ganze Beteiligung des Gewerken ausgestellt werden, dürfen nur auf einen bestimmten Namen niemals auf den Inhaber lauten.[6])

Zur Erneuerung eines Kuxscheins bedarf es, wenn nicht die Rückgabe erfolgen kann, der Kraftloserklärung desselben.[7])

Desgleichen ist derjenige, welcher einen ihm gehörigen Kux übertragen will, zur Aushändigung des Kuxscheins an den neuen Erwerber und, wenn der Kuxschein verloren gegangen ist, zur Beschaffung der Kraftloserklärung auf seine Kosten verpflichtet.

Die Umschreibung im Gewerkenbuch darf nur auf Grund der Übertragungsurkunde und gegen Vorlegung des Kuxscheins oder des Ausschlußurteils, in welchem derselbe für kraftlos erklärt wird, erfolgen.[8])

Für das Verfahren bei der Kraftloserklärung eines verloren gegangenen Kuxscheins hatte das Allgemeine Berggesetz in dem § 110 besondere Vorschriften gegeben. Diese Vorschriften sind jedoch infolge der neuen Gesetzgebung unanwendbar geworden.

Nach § 10 AGzZPO. v. 22. 9. 99 regelt sich, da nach den bestehenden Vorschriften der Eintritt von Rechtsnachteilen bei dem Aufgebot von Kuxscheinen durch besonderen Beschluß des Gerichts festgestellt werden muß, das Aufgebotsverfahren zum Zwecke der Kraftloserklärung eines Kuxscheins lediglich nach den in der ZPO. und in dem vorerwähnten § 10 AG. getroffenen Bestimmungen, und zwar in folgender Weise:

1. Die Zuständigkeit der Gerichte.

Die Zuständigkeit der Gerichte für das Aufgebot eines Kuxscheines bestimmt sich nach § 1005 Abs. 1 ZPO.

Da die Kuxscheine der Regel nach eine Bezeichnung des Erfüllungsortes nicht enthalten, so ist für das Aufgebotsverfahren das Gericht zuständig, bei welchem der Aussteller des Kuxscheines seinen allgemeinen Gerichtsstand hat.

---

vorstand bestellen (§ 117 a. a. O.). Der Repräsentant oder Grubenvorstand vertritt die Gewerkschaft in allen ihren Angelegenheiten gerichtlich und außergerichtlich (§ 119 a. a. O.).

[5]) Vgl. §§ 237, 239 Allgemeinen Bergges. Die Berghypothekenkommissionen (§ 246 a. a. O.) sind aufgehoben.

[6]) Vgl. § 103 ebenda.

[7]) Vgl. § 103 Abs. 4 ebenda.

[8]) Vgl. § 105 Abs. 3 ebenda.

Als Aussteller des Kuxscheines ist in allen Fällen die betr. Gewerkschaft anzusehen. Die Gewerkschaft hat ihren allgemeinen Gerichtsstand nach § 17 Abs. 2 ZPO. bei dem Amtsgericht, in dessen Bezirk das Bergwerk liegt.[9]) Liegt das Bergwerk in mehreren Gerichtsbezirken, so ist der allgemeine Gerichtsstand bei jedem der mehreren Gerichte begründet.[10])

Die Erledigung der das Aufgebot von Kuxscheinen betreffenden Anträge kann von der Landesjustizverwaltung für mehrere Amtsgerichtsbezirke einem Amtsgericht übertragen werden. Auf Verlangen des Antragstellers erfolgt die Erledigung durch das nach § 1005 Abs. 1 ZPO. zuständige Gericht.[11])

2. Die Antragsberechtigung.

Zu dem Antrag auf Einleitung des Aufgebotsverfahrens ist derjenige berechtigt, welcher das Recht aus dem Kuxschein geltend machen kann, d. h. nach §§ 106, 110 Abs. 2 des Allgemeinen Berggesetzes der im Gewerkenbuche eingetragene Eigentümer des Kuxes oder dessen Rechtsnachfolger.[12])

3. Der Antrag.

Der Antragsteller muß zur Begründung seines Antrags, für dessen Form die allgemeinen Regeln gelten:

1. entweder eine Abschrift des Kuxscheines beibringen oder den wesentlichen Inhalt des letzteren und alles angeben, was zur vollständigen Erkennbarkeit desselben erforderlich ist;[13])

---

[9]) Vgl. § 17 Abs. 2 ZPO. und § 110 Abs. 1 Allgemeines Bergges.

[10]) Vgl. Erk. d. RG. v. 16. 11. 93 (RGZ. 32 S. 384).

[11]) Vgl. § 972 ZPO. in Verbindung mit § 10 AGzZPO.

[12]) Vgl. § 1004 Abs. 2 ZPO.

[13]) Vgl. § 1007 Nr. 1 ZPO. Der wesentliche Inhalt eines Kuxscheines und die zu seiner vollständigen Erkennbarkeit dienenden Merkmale ergeben sich aus folgenden Formularen:

A.

Kuxschein Nr. 3

über zehn Kuxe der in hundert Kuxe eingeteilten Gewerkschaft des Braunkohlen-Bergwerks „Viktoria" in der Gemeinde Hötensleben, Kreis Neuhaldensleben, Regierungsbezirk Magdeburg.

Im Gewerkenbuche ist als Eigentümer der mit den Stammnummern 2, 3, 4, 5, 6, 12, 13, 14, 15 und 16 bezeichneten zehn Kuxe eingetragen:

der Haupt-Ritterschafts-Syndikus Martin Heuer
zu Berlin.

Urkundlich unter Siegel und Unterschrift ausgefertigt

Hötensleben, den .... 19.....

Paul Walter, Repräsentant.

B.

Kuxschein Nr. 5

des Gewerken Haupt-Ritterschafts-Syndikus Martin Heuer zu Berlin über zehn Kuxe des in hundert Kuxe eingeteilten Braunkohlen-Bergwerks „Viktoria" in der Gemeinde Hötensleben, im Kreise Neuhaldensleben, Regierungsbezirk Magdeburg und Oberbergamtsbezirk Halle a. S.

2. den Verlust des Kuxscheines, sowie die Tatsachen glaubhaft zu machen, von welchen seine Berechtigung abhängt, das Aufgebotsverfahren zu beantragen; [14])
3. sich zur Versicherung der Wahrheit seiner Angaben zu erbieten. [15])

4. Das Aufgebot.

Der Inhalt des Aufgebots, sowie dessen Bekanntmachung richtet sich nach den allgemeinen für das Urkundenaufgebot bestehenden Vorschriften. [16]) Es soll hier nur folgendes bemerkt werden:

In dem Aufgebot ist der Inhaber des Kuxscheines aufzufordern, spätestens im Aufgebotstermine seine Rechte bei dem Gericht anzumelden und den Kuxschein vorzulegen. [17])

Als Rechtsnachteil ist anzudrohen, daß die Kraftloserklärung des Kuxscheines erfolgen werde. [18])

Ist das Aufgebot auf Anordnung der Landesjustizverwaltung (§ 972 Abs. 1 ZPO.) durch ein anderes als das nach § 1004 Abs. 2 ZPO. zuständige Amtsgericht (s. oben zu 1) erlassen, so ist das Aufgebot auch durch Anheftung an die Gerichtstafel des letzteren Gerichts öffentlich bekannt zu machen. [19])

Eine Mitteilung des Aufgebots an bestimmte Personen ist nicht erforderlich.

5. Die Aufgebotsfrist.

Die Aufgebotsfrist beträgt sechs Monate, und zwar in der Art, daß zwischen dem Tage, an welchem die Einrückung des Aufgebots in den Deutschen Reichsanzeiger erfolgt, und dem Aufgebotstermine ein Zeitraum von mindestens sechs Monaten liegen muß. [20])

Im Gewerkenbuche des Braunkohlen-Bergwerks „Viktoria“ ist auf Seite 8 der Haupt-Ritterschafts-Syndikus Martin Heuer zu Berlin als Eigentümer von 24 Kuxen verzeichnet.

Über zehn Kuxe von dieser Beteiligung ist demselben gegenwärtiger Kuxschein unter der Nummer 5 ausgefertigt.

Auf diesem Anteile haften folgende, bisher im Berggegen- und Hypothekenbuche auf dem Folium des Bergwerks Abt. I Bd. 2 S. 4 in der zweiten und dritten Abteilung eingetragen gewesen dauernde Lasten und Hypotheken:

a) Abt. II.
(hier folgen wörtlich die Vermerke).

b) Abt. III.
(wörtlich).

Urkundlich unter Siegel und Unterschrift.

Hötensleben, den .... 19.....

(L. S.) Das Amtsgericht.

[14]) Vgl. § 1007 Nr. 2 ZPO. und wegen der Glaubhaftmachung § 294 ebenda. S. oben § 18 S. 50.

[15]) Vgl. § 1007 Nr. 3 ZPO.

[16]) Vgl. oben § 19.

[17]) Vgl. § 1008 Satz 1 ZPO.

[18]) Vgl. § 1008 Satz 2 ebenda.

[19]) Vgl. § 972 Abs. 2 ZPO. in Verbindung mit § 10 Abs. 2 AGzZPO.

[20]) Vgl. § 1015 Satz 1 ZPO.

Der Aufgebotstermin darf nicht über ein Jahr, von der Terminsbestimmung an berechnet, hinaus bestimmt werden. Solange ein so naher Termin nicht bestimmt werden kann, ist das Aufgebot nicht zulässig.[21])

6. Das Verfahren im Aufgebotstermin.

Das Verfahren im Aufgebotstermin regelt sich nach den allgemeinen Grundsätzen und bietet keine Besonderheiten dar. Es soll hier nur erwähnt werden, daß das Gericht — was im § 110 des Allgemeinen Berggesetzes nicht vorgeschrieben ist — vor Erlassung des Urteils vom Antragsteller die Versicherung der Wahrheit seiner Angaben an Eides Statt verlangen kann.[22])

Durch Vorlegung des Kuxscheines wird das Aufgebotsverfahren erledigt.

Angemeldete Rechte auf den Kuxschein sind in dem Ausschlußurteil vorzubehalten, wenn nicht nach Beschaffenheit des Falles das Aufgebotsverfahren bis zur endgültigen Entscheidung über das angemeldete Recht ausgesetzt wird.[23])

7. Das Ausschlußurteil und die Anfechtungsklage.

In betreff des Inhalts des Ausschlußurteils, der Bekanntmachung und der Rechtskraft desselben, sowie in betreff der Anfechtungsklage gelten die allgemeinen Grundsätze.

In dem Ausschlußurteil ist der Kuxschein für kraftlos zu erklären.[24])

Das Ausschlußurteil ist seinem wesentlichen Inhalte nach durch einmalige Einrückung in den Deutschen Reichsanzeiger bekannt zu machen.[25])

Derjenige, welcher das Ausschlußurteil erwirkt hat, kann von der Gewerkschaft, unbeschadet der Befugnis, den Anspruch aus der Urkunde geltend zu machen, die Erteilung eines neuen Kuxscheines an Stelle des für kraftlos erklärten verlangen. Die Kosten hat er zu tragen und vorzuschießen. Einer Verstempelung des neuen Kuxscheins bedarf es nicht.[26])

§ 35.

Das Aufgebot von Sparkassenbüchern.

Das Reglement v. 12. 12. 38, betr. die Einrichtung des Sparkassenwesens (GS. S. 5), hat für das Aufgebot vernichteter oder ver-

---

21) Vgl. § 1015 Satz 2 ZPO.
22) Vgl. § 952 Abs. 3 ebenda.
23) Vgl. § 953 ebenda.
24) Vgl. § 1017 Abs. 1 ebenda.
25) Vgl. § 1017 Abs. 2 ebenda.
26) Vgl. § 800 BGB. und § 32 Kapitalverkehrssteuerges. v. 8. 4. 22 (RGBl. I, 354). Vgl. auch § 103 Abs. 4 Allgemeinen Bergges.: „Die Erneuerung eines Kuxscheins ist nur gegen Rückgabe oder nach erfolgter Amortisation desselben zulässig", und § 105 Abs. 3 ebenda: „Die Umschreibung des Kuxscheins im Gewerkenbuche darf nur auf Grund der Übertragungsurkunde und gegen Vorlegung des Kuxscheins oder der Amortisationserklärung erfolgen."

lorener [1]) Sparkassenbücher für den damaligen Umfang des Preußischen Staates ausführliche Vorschriften gegeben, die auch in den neuen Provinzen eingeführt sind.

Der § 15 dieses Reglements bestimmt, daß derjenige, welchem durch Zufall ein Sparkassenbuch gänzlich vernichtet oder verloren gegangen ist, den Verlust sofort nach dessen Entdeckung der Sparkassenbehörde anzeigen muß, welche den Verlust, ohne sich um die Legitimation des Inhabers zu bekümmern, in ihren Büchern vermerkt.

Vermag der Verlierer die gänzliche Vernichtung des Buches auf eine nach dem Ermessen der Kassenbehörde überzeugende Art darzutun, so wird ihm von dieser ohne weiteres ein neues Buch auf Grund der Kassenbücher ausgefertigt.

In allen übrigen Fällen muß das verloren gegangene oder vernichtete Buch gerichtlich aufgeboten und für kraftlos erklärt werden.

Das gerichtliche Aufgebotsverfahren, welches auch im § 808 Abs. 2 BGB. ausdrücklich zur Erreichung der Kraftloserklärung für zulässig erklärt ist, regelt sich jetzt ausschließlich nach den Vorschriften der §§ 1003 ff. ZPO. in Verbindung mit den im § 7 AGzZPO. v. 22. 9. 99 enthaltenen Bestimmungen.

Die Vorschriften, welche im § 15 des Sparkassenreglements v. 12. 12. 38 über das Erfordernis eines gewissen Zeitraums von dem Verluste des Sparkassenbuchs bis zu dessen Kraftloserklärung bzw. bis zu dem Antrage auf Einleitung des Aufgebotsverfahrens gegeben sind, haben mit dem Inkrafttreten des BGB. ihre Geltung verloren.

1. Die Zuständigkeit der Gerichte.

Für das Aufgebot von Sparkassenbüchern ist das Amtsgericht des Ortes zuständig, welchen das Buch als Erfüllungsort bezeichnet.

Enthält das Buch eine solche Bezeichnung nicht, so ist das Amtsgericht zuständig, bei welchem die Sparkasse, welche das Buch ausgestellt hat, ihren allgemeinen Gerichtsstand hat. [2])

Der allgemeine Gerichtsstand einer Sparkasse wird nach § 17 ZPO. durch den Sitz derselben bestimmt. Als Sitz gilt, wenn nicht ein anderes erhellt, der Ort, wo die Verwaltung geführt wird. [3])

2. Die Antragsberechtigung.

Zu dem Antrage auf Einleitung des Aufgebotsverfahrens ist der bisherige Inhaber des abhanden gekommenen oder vernichteten Sparkassenbuches berechtigt. [4])

---

[1]) Als „verloren" ist ein Sparbuch anzusehen, sobald es dem Einleger auf irgendeine von seinem Willen unabhängige Weise abhanden gekommen ist. Vgl. oben § 18 Anm. 1 S. 51; Foerster-Kann a. a. O. § 1003 Anm. 1.

[2]) Vgl. § 1005 Abs. 1 ZPO.

[3]) Neben dem durch die Vorschrift des § 17 ZPO. bestimmten Gerichtsstand ist auch ein durch die Satzung geregelter Gerichtsstand zulässig. Vgl. § 17 Abs. 3 ZPO.

[4]) Vgl. § 1004 Abs. 1 ZPO.

3. Der Antrag.

Zur Begründung seines Antrags, für dessen Form die allgemeinen Regeln gelten, hat der Antragsteller:

1. entweder eine Abschrift des Sparkassenbuchs beizubringen oder den wesentlichen Inhalt des Buches und alles anzugeben, was zur vollständigen Erkennbarkeit desselben erforderlich ist.[5])

Diesem Erfordernis wird der Antragsteller am geeignetsten durch Einreichung einer ihm aus den Kassenbüchern der Sparkasse zu erteilenden Abschrift des Kontos des verlorenen Buches[6]) genügen können, jedoch muß es in dieser Beziehung auch ausreichen, wenn die Nummer des Sparkassenbuchs, die Sparkasse, welche dasselbe ausgestellt hat, der Name dessen, auf den das Buch ursprünglich ausgestellt ist, und die Summe, über welche es zur Zeit des angeblichen Verlustes lautete, angegeben wird.

2. den Verlust des Sparkassenbuchs, sowie die Tatsachen glaubhaft zu machen, von welchen seine Berechtigung abhängt, das Aufgebotsverfahren zu beantragen;[7])
3. sich zur Versicherung der Wahrheit seiner Angaben an Eides Statt zu erbieten.[8])

4. Das Aufgebot.

Der Inhalt des Aufgebots bestimmt sich nach den allgemeinen für das Urkundenaufgebot bestehenden Regeln und bietet keine Besonderheiten dar.

Das Sparkassenbuch ist insbesondere nach der Sparkasse, die es ausgestellt hat, nach seiner Nummer, dem Namen dessen, auf welchen es ursprünglich ausgestellt ist, und der Summe, über welche es zur Zeit des angeblichen Verlustes lautete, zu bezeichnen.

Als Rechtsnachteil ist anzudrohen, daß die Kraftloserklärung des Sparkassenbuchs erfolgen werde.[9])

5. Die Aufgebotsfrist.

Die Aufgebotsfrist beträgt drei Monate, und zwar in der Art, daß zwischen dem Tage der Einrückung oder der ersten Einrückung in den öffentlichen Anzeiger des Amtsblatts, oder, wenn das Aufgebot auch in den Deutschen Reichsanzeiger eingerückt wird, zwischen dem Tage der ersten Einrückung in den Reichsanzeiger bzw. der Anheftung an die Gerichtstafel und dem Aufgebotstermine ein Zeitraum von mindestens drei Monaten liegen muß.[10])

---

[5]) Vgl. § 1007 Nr. 1 ebenda.

[6]) Eine solche Abschrift des Kontos des verlorenen Buches wird von der Sparkassenverwaltung gegen bloße Erlegung der Schreibgebühren erteilt. Vgl. § 15d des Sparkassen-Reglements v. 12. 12. 38. Vgl. auch § 799 Abs. 2 BGB.: „Der Aussteller ist verpflichtet, dem bisherigen Inhaber auf Verlangen die zur Erwirkung des Aufgebots oder der Zahlungssperre erforderliche Auskunft zu erteilen und die erforderlichen Zeugnisse ausstellen. Die Kosten der Zeugnisse hat der bisherige Inhaber zu tragen und vorzuschießen."

[7]) Vgl. § 1007 Nr. 2 ZPO. Wegen der Glaubhaftmachung s. § 294 ZPO. und oben § 18 S. 51.

[8]) Vgl. § 1007 Nr. 3 ZPO.

[9]) Vgl. § 1008 ZPO.

[10]) Vgl. § 950 ZPO. in Verbindung mit § 7 Abs. 2 AGzZPO.

Der Aufgebotstermin darf jedoch nicht über ein Jahr hinaus, von der Terminsbestimmung an berechnet, bestimmt werden; solange ein so naher Termin nicht bestimmt werden kann, ist das Aufgebot nicht zulässig.[11])

6. Die Bekanntmachung des Aufgebots.

I. Die öffentliche Bekanntmachung des Aufgebots erfolgt:[12])

1. durch Anheftung an die Gerichtstafel bis zum Aufgebotstermin,
2. durch einmaliges Einrücken des vollständigen Aufgebots in den öffentlichen Anzeiger des Amtsblatts.

Die Einrückung zu 2 unterbleibt, soweit die Veröffentlichung auf Grund der Vorschriften des § 1009 Abs. 3 ZPO. durch Einrückung in den Deutschen Reichsanzeiger erfolgen muß. Das Gericht kann auch anordnen, daß die Einrückung noch in andere Blätter, und zu mehreren Malen erfolgen oder daß die Einrückung in den öffentlichen Anzeigen des Amtsblatts überhaupt unterbleiben und durch Anheften an die Gerichtstafel ersetzt werden soll.

Ist in dem Sparkassenbuch vermerkt oder in den Bestimmungen, unter denen die erforderliche staatliche Genehmigung erteilt worden ist, vorgeschrieben, daß die öffentliche Bekanntmachung durch bestimmte andere Blätter zu erfolgen habe, so muß die Bekanntmachung auch durch Einrückung in diese Blätter erfolgen.[13])

II. Eine besondere Mitteilung des Aufgebots an bestimmte Personen ist gesetzlich nicht vorgeschrieben.

Nach der Praxis einzelner Gerichte wird in den Fällen, in welchen der Antragsteller mit dem im Buche benannten Gläubiger oder dessen Rechtsnachfolger nicht personengleich ist, den letztgedachten Personen, falls sie zu erlangen sind, Abschrift des Aufgebots mitgeteilt.

7. Das Verfahren im Aufgebotstermin.

Dasselbe regelt sich nach den allgemeinen Grundsätzen. Hier soll nur hervorgehoben werden, daß:

1. das Aufgebotsverfahren durch Vorlegung des Sparkassenbuchs erledigt wird,
2. das Gericht vor Erlassung des Ausschlußurteils vom Antragsteller die Versicherung der Wahrheit seiner Angaben an Eides Statt erfordern kann,[14])
3. angemeldete Rechte auf das Sparkassenbuch in dem Ausschlußurteil vorzubehalten sind, falls nicht nach Beschaffenheit des Falles das Aufgebotsverfahren bis zur endgültigen Entscheidung über diese Rechte ausgesetzt wird.[15])

---

[11]) Vgl. § 1015 Satz 2 ZPO.

[12]) Vgl. § 7 AGzZPO. in der Fassung der Bekanntmachung v. 6. 10. 99 und der 2. VO. d. StM. zur Einschränkung der öffentl. Bekanntmachg. v. 17. 12. 24 (GS. 759).

[13]) Vgl. § 1009 Abs. 3 ZPO. in Verbindung mit § 7 Abs. 1 AGzZPO

[14]) Vgl. § 952 Abs. 3 ZPO.

[15]) Vgl. § 953 ebenda.

8. Das Ausschlußurteil.

In dem Ausschlußurteil ist das Sparkassenbuch für kraftlos zu erklären.[16])

Das Ausschlußurteil ist seinem wesentlichen Inhalte nach durch einmalige Einrückung in den öffentlichen Anzeiger des Amtsblatts bekannt zu machen.[17])

Das Gericht kann anordnen, daß die Einrückung noch in andere Blätter, also auch, wenn es für angezeigt erachtet wird, in den Deutschen Reichsanzeiger, und zu mehreren Malen erfolge. Wird die Veröffentlichung im Deutschen Reichsanzeiger bewirkt, so unterbleibt sie im Amtsblatt. Das Gericht kann außerdem anordnen, daß die Einrückung im Amtsblatt auf jeden Fall unterbleiben und durch Anheften an die Gerichtstafel ersetzt werden soll.[17])

Ist in dem Sparkassenbuche vermerkt, oder in den Bestimmungen, unter denen die erforderliche staatliche Genehmigung erteilt worden ist, vorgeschrieben, daß die öffentliche Bekanntmachung des Ausschlußurteils durch bestimmte andere Blätter zu erfolgen habe, so muß die Bekanntmachung auch durch Einrückung in diese Blätter erfolgen.[18])

Eine Mitteilung des Ausschlußurteils an die Sparkassenverwaltung ist gesetzlich nicht vorgeschrieben. Ebensowenig ist eine solche Mitteilung an den Antragsteller erforderlich. Es bleibt diesem überlassen, nach Maßgabe des § 299 Abs. 1 ZPO. durch die Geschäftsstelle sich Ausfertigung oder Abschrift des Ausschlußurteils erteilen zu lassen, wenn er einer solchen behufs Erlangung eines neuen Sparkassenbuchs (vgl. Nr. 11) bedarf.

9. Die Rechtskraft des Ausschlußurteils und die Anfechtungsklage.

In dieser Beziehung gelten die allgemeinen Grundsätze.

Bemerkt mag nur werden, daß das auf die Anfechtungsklage ergangene Urteil, soweit dadurch die Kraftloserklärung des Sparkassenbuchs aufgehoben wird, nach eingetretener Rechtskraft seinem wesentlichen Inhalte nach durch einmalige Einrückung in den öffentlichen Anzeiger des Amtsblatts bekannt zu machen ist. Das Gericht kann jedoch anordnen, daß die Einrückung noch in andere Blätter (Reichsanzeiger) und zu mehreren Malen erfolge. Die oben zu 6 und 8 erörterten durch die VO. v. 17. 12. 24 eingeführten Vereinfachungen in die Bekanntmachung gelten auch für diesen Fall.[17])

10. Die Zahlungssperre.

Die in den §§ 1019 ff. ZPO. über die Zahlungssperre getroffenen Bestimmungen finden auch bei dem Aufgebot von Sparkassenbüchern entsprechende Anwendung, mit der Maßgabe, daß die in den §§ 1019, 1020 und 1022 ZPO. vorgeschriebenen Bekanntmachungen mit der vorstehend

---

[16]) Vgl. § 1017 Abs. 1 ebenda.

[17]) Vgl. § 7 Abs. 1 AGzZPO. in der Fassung der VO. v. 17. 12. 24 (GS. 759).

[18]) Vgl. § 1009 Abs. 3 in Verbindung mit § 1017 Abs. 2 ZPO. und § 7 Abs. 1 AGzZPO.

unter 6, 8 und 9 erwähnten Maßgabe durch Einrückung in den öffentlichen Anzeiger des Amtsblatts erfolgen.

Das Gericht kann jedoch auch hier anordnen, daß die Einrückung noch in andere Blätter (Reichsanzeiger) und zu mehreren Malen erfolge.[19])

11. Die Kosten des Aufgebotsverfahrens.

Wegen der Kosten des Aufgebotsverfahrens hat § 15 h des Sparkassenreglements v. 12. 12. 38 die besondere, auch heute noch geltende Bestimmung getroffen, daß der Verlierer zwar die Kosten des gerichtlichen Aufgebotsverfahrens tragen soll, daß ihm jedoch, wenn der Gegenstand 300 RM. und darüber beträgt, außer den Einrückungskosten und dem Porto nur Kopialien, bei kleineren Summen dagegen nur Porto und Kopialien, Einrückungsgebühren aber nur dann in Ansatz gebracht werden sollen, wenn das Blatt, in welches die Bekanntmachung aufgenommen worden, für Rechnung von Privatpersonen herausgegeben wird. Die Einrückung in die für Rechnung des Staates gedruckten Blätter erfolgt unentgeltlich. S. oben § 13.[20])

12. Die Wirkung des Ausschlußurteils.

Die Wirkung des Ausschlußurteils beschränkt sich darauf, daß das Sparkassenbuch für kraftlos erklärt und der Antragsteller der Sparkasse gegenüber berechtigt wird, die Rechte aus dem verlorenen und für kraftlos erklärten Buche geltend zu machen.

Die Sparkasse ist nach Nr. 15 g des Sparkassenreglements vom 12. 12. 38 verpflichtet, auf Grund des Ausschlußurteils dem Verlierer ein neues Sparkassenbuch unentgeltlich auszufertigen.[21])

Das Rechtsverhältnis zwischen dem Antragsteller und einem Dritten, welcher ein besseres Recht auf das Sparkassenbuch hat, wird durch das Ausschlußurteil nicht berührt.

§ 36.

Das Aufgebot von Hypotheken-, Grundschuld- und Rentenschuldbriefen.

Nach §§ 1162, 1192, 1199 BGB. können Hypotheken-, Grundschuld- und Rentenschuldbriefe, wenn sie abhanden gekommen oder vernichtet sind, im Wege des Aufgebotsverfahrens für kraftlos erklärt werden.

Für dieses Aufgebotsverfahren sind weder in der ZPO. noch in der Reichs-Grundbuchordnung v. 24. 3. 97 besondere Bestimmungen gegeben.

---

[19]) Vgl. ebenda. — Die Sparkassenbehörde ist verpflichtet, dem bisherigen Inhaber des Sparkassenbuchs die zur Erwirkung der Zahlungssperre erforderliche Auskunft zu erteilen (§ 799 Abs. 2 BGB.).

[20]) Vgl. deutsch. Gerichtskostenges. amtl. Ausgabe, Berlin, R. v. Deckers Verlag 1927, Anm. 9 b zu § 33. An Stelle des in dem Reglement v. 12. 12. 38 enthaltenen Wortes „Mark" ist durch die VO. v. 2. 7. 26 (GS. 192) das Wort „Reichsmark" getreten.

[21]) Vgl. jetzt § 800 BGB. Auf Grund des Art. 99 EGzBGB. wird das neue Sparkassenbuch trotz der Vorschrift des § 800, daß der Antragsteller die Kosten der neuen Schuldverschreibung zu tragen und vorzuschießen hat, auch fernerhin unentgeltlich auszufertigen sein.

Das Verfahren regelt sich also grundsätzlich nach den allgemeinen, in den §§ 1003 ff. ZPO. für das Aufgebot zum Zwecke der Kraftloserklärung von Urkunden enthaltenen Vorschriften. Im § 1024 ZPO. ist jedoch zugunsten der Landesgesetzgebung der Vorbehalt gemacht, daß diese die Art der Veröffentlichung des Aufgebots, des Ausschlußurteils und des im § 1017 Abs. 3 bezeichneten Urteils, sowie die Aufgebotsfrist anders bestimmen kann, als in den §§ 1009, 1014, 1015 und 1017 ZPO. vorgeschrieben ist.

Die Preußische Landesgesetzgebung hat von diesem Vorbehalt im § 9 AGzZPO. v. 22. 9. 99 Gebrauch gemacht.

Unter Berücksichtigung der in diesem AG. in betreff der Veröffentlichung des Aufgebots, des Ausschlußurteils und des auf die Anfechtungsklage ergehenden Urteils, sowie über die Aufgebotsfrist getroffenen Bestimmungen ist das Verfahren behufs der Kraftloserklärung von Hypotheken-, Grundschuld- und Rentenschuldbriefen in Preußen folgendermaßen geregelt:

1. Die Zuständigkeit der Gerichte.

Für das Aufgebot eines Hypotheken-, Grundschuld- oder Rentenschuldbriefes ist das Amtsgericht zuständig, in dessen Bezirk das belastete Grundstück belegen ist.[1])

Wenn die Hypothek, Grundschuld oder Rentenschuld, über welche der aufzubietende Brief ausgestellt ist, auf mehreren, in verschiedenen Amtsgerichtsbezirken belegenen Grundstücken haftet, oder wenn es mit Rücksicht auf die Grenzen verschiedener Amtsgerichtsbezirke ungewiß ist, welches Gericht für das Aufgebotsverfahren zuständig sei, so erfolgt die Bestimmung des für das Aufgebotsverfahren zuständigen Amtsgerichts durch das im Rechtszuge zunächst höhere Gericht.[2]) Wenn also die verschiedenen Amtsgerichte, deren Zuständigkeit zweifelhaft ist, zu demselben Landgerichtsbezirke gehören, so erfolgt die Bestimmung durch das Landgericht; wenn sie zu verschiedenen Landgerichtsbezirken gehören, durch das Oberlandesgericht, und wenn sie zu verschiedenen Oberlandesgerichtsbezirken gehören, durch das Reichsgericht.[3])

Die Entscheidung über das Gesuch um Bestimmung des zuständigen Gerichts kann ohne vorgängige mündliche Verhandlung erfolgen.

Eine Anfechtung des Beschlusses, welcher das zuständige Gericht bestimmt, findet nicht statt.[4]) Gegen die Zurückweisung des Gesuchs ist jedoch die Beschwerde für zulässig zu erachten.[5])

Bei dem Aufgebot von Urkunden über Rechte an unbeweglichen Sachen, also von Hypotheken-, Grundschuld- und Rentenschuldbriefen, ist es, und zwar selbst dann, wenn ein dahingehender Antrag gestellt sein

---

[1]) Vgl. § 1005 Abs. 2 ZPO.

[2]) Vgl. § 36 ZPO.

[3]) Vgl. Mot. zur ZPO. v. 30. 1. 77 S. 65. Zustimmend Reichsgerichtsbeschluß v. 4. 12. 99 (RGZ. 45 S. 388 Nr. 102), ebenso Stein-Jonas, ZPO. 29 § 946 Vorbem. III, Adelmann S. 57; a. M. Kammergerichtsbeschluß v. 20. 4. 01 R. d. OLG. Bd. 2 S. 425.

[4]) Vgl. § 37 ZPO.

[5]) Vgl. § 567 Abs. 1 ZPO.

sollte, unzulässig, die Erledigung dieser Aufgebotssachen für den Bezirk mehrerer Amtsgerichte desselben Landgerichtsbezirks einem derselben zu übertragen.[6])

2. Die Antragsberechtigung.

Zu dem Antrage auf Einleitung des Aufgebotsverfahrens ist derjenige berechtigt, welcher das Recht aus dem Hypotheken-, Grundschuld- oder Rentenschuldbriefe geltend machen kann, der Regel nach also der eingetragene Gläubiger bzw. der Rechtsnachfolger desselben, unter Umständen aber auch der zur Verfügung berechtigte Schuldner (Grundstückseigentümer), auf welchen die Hypothek usw. kraft Gesetzes als Eigentümerhypothek usw. übergegangen ist. Die Legitimation wird durch das Grundbuch[7]) und, falls der Antragsteller als Singular- oder Universalnachfolger des eingetragenen Gläubigers auftritt, durch Vorlegung öffentlicher Urkunden geführt.

3. Der Antrag.

Zur Begründung des Aufgebotsantrags, für dessen Form die allgemeinen Regeln gelten, gehört:

1. die Beibringung einer Abschrift des aufzubietenden Hypotheken-, Grundschuld- oder Rentenschuldbriefes oder die Angabe des wesentlichen Inhalts des Briefes und der zur vollständigen Erkennbarkeit desselben erforderlichen Merkmale;[8])
2. die Glaubhaftmachung des Verlustes der Urkunde sowie der Tatsachen, von welchen die Berechtigung des Antragstellers abhängt, das Aufgebotsverfahren zu beantragen;[9])
3. das Erbieten des Antragstellers zur Versicherung der Wahrheit seiner Angaben an Eides Statt.[10])

4. Das Aufgebot.

Wird der Antrag für zulässig befunden, so hat das Amtsgericht das Aufgebot zu veranlassen.

In dasselbe ist insbesondere aufzunehmen:[11])

1. die Bezeichnung des Antragstellers;
2. die Bezeichnung des aufgebotenen Hypotheken-, Grundschuld- oder Rentenschuldbriefes nach den zu seiner vollständigen Erkennbarkeit erforderlichen Merkmalen;

---

[6]) Vgl. § 1005 Abs. 2 und § 40 ZPO. Vgl. auch § 1006 ebenda.

[7]) Vgl. § 1004 Abs. 2 ZPO.

[8]) Vgl. § 1007 Nr. 1 ZPO. Daß der Aufgebotsrichter von Amts wegen aus den betr. Grundakten eine beglaubigte Abschrift der abhanden gekommenen oder vernichteten Urkunde erfordern müsse, falls der Antragsteller eine solche nicht beigebracht hat, kann nicht verlangt werden. Es ist lediglich Sache des Antragstellers, dem Richter das gesetzlich zur Begründung des Aufgebotsantrags erforderliche Material zu unterbreiten; wenn er dies nicht tut, so hat der Aufgebotsrichter den Antrag ohne weiteres zurückzuweisen.

[9]) Vgl. § 1007 Nr. 2 ZPO. und wegen der Glaubhaftmachung § 294 ebenda. Vgl. oben § 18 S. 51.

[10]) Vgl. § 1007 Nr. 3 ZPO.

[11]) Vgl. §§ 947 und 1008 ebenda.

3. die Aufforderung an den unbekannten Inhaber des Briefes, spätestens im Aufgebotstermine seine Rechte bei dem Gericht anzumelden und den Brief vorzulegen;
4. die Verwarnung, daß im Falle nicht erfolgender Anmeldung von Rechten bzw. nicht erfolgender Vorlegung des Briefes der letztere werde für kraftlos erklärt werden;
5. die Bestimmung eines Aufgebotstermins.

5. Die Aufgebotsfrist.

Die Aufgebotsfrist beträgt drei Monate, und zwar in der Art, daß zwischen dem Tage, an welchem die erste Einrückung des Aufgebots in den öffentlichen Anzeiger des Amtsblatts oder, wenn das Aufgebot auch in den Deutschen Reichsanzeiger eingerückt wird, die erste Einrückung in den Reichsanzeiger erfolgt ist, und dem Aufgebotstermine ein Zeitraum von mindestens drei Monaten liegen muß.[12])

Ist in dem Hypotheken-, Grundschuld- oder Rentenschuldbrief eine Verfallzeit angegeben, welche zur Zeit der ersten Einrückung in das Amtsblatt oder den Reichsanzeiger noch nicht eingetreten ist, so ist der Aufgebotstermin so zu bestimmen, daß seit dem Verfalltage drei Monate abgelaufen sind.[13])

Der Aufgebotstermin darf jedoch niemals über ein Jahr hinaus, von der Terminsbestimmung an berechnet, bestimmt werden; solange ein so naher Termin nicht bestimmt werden kann, ist das Aufgebot nicht zulässig.[14])

6. Die Bekanntmachung des Aufgebots.

Die Veröffentlichung des Aufgebots erfolgt:
1. durch Anheftung an die Gerichtstafel,
2. durch einmalige Einrückung in den öffentlichen Anzeiger des Amtsblatts.

Das Gericht kann jedoch anordnen, daß die Einrückung noch in andere Blätter, insbesondere also auch in den Deutschen Reichsanzeiger, und zu mehreren Malen erfolgen, oder daß die Einrückung in den öffentlichen Anzeiger des Amtsblatts unterbleiben und durch Anheften an die Gerichtstafel ersetzt werden soll.[15])

7. Das weitere Verfahren.

Das weitere Verfahren bis zum Ausschlußurteil regelt sich nach den allgemeinen Grundsätzen. Es soll hier nur hervorgehoben werden, daß:
1. vor Erlassung des Urteils eine nähere Ermittelung, insbesondere die Versicherung der Wahrheit einer Behauptung des Antragstellers an Eides Statt angeordnet werden kann;[16])

---

[12]) Vgl. § 9 Abs. 2 AGzZPO. in Verbindung mit § 950 ZPO.
[13]) Vgl. § 1014 ZPO. in Verbindung mit § 9 Abs. 2 und § 7 Abs. 3 AGzZPO.
[14]) Vgl. § 1015 ZPO.
[15]) Vgl. § 9 Abs. 2 in Verbindung mit § 7 Abs. 1 AGzZPO. in der Fass. v. 17. 12. 24 (GS. 759).
[16]) Vgl. § 952 Abs. 3 ZPO.

2. das Ausschlußurteil nur auf besonderen, dahin gehenden Antrag erlassen wird, der in der Regel im Aufgebotstermine selbst zu stellen ist, aber mit gleicher Wirkung auch vor dem Aufgebotstermine schriftlich gestellt oder zum Protokoll der Geschäftsstelle erklärt werden kann.[17])

Meldet der Inhaber des Hypotheken- usw. Briefes vor dem Aufgebotstermine seine Rechte unter Vorlegung des Briefes an, so hat das Gericht den Antragsteller hievon zu benachrichtigen und ihm die Einsicht der Urkunde innerhalb einer zu bestimmenden Frist zu gestatten. Auf Antrag des Inhabers der Urkunde ist zur Vorlegung derselben ein Termin zu bestimmen.[18])

Eine Anmeldung, welche nach dem Schlusse des Aufgebotstermins, jedoch vor Erlassung des Ausschlußurteils erfolgt, ist als eine rechtzeitige anzusehen.[19])

8. Das Ausschlußurteil.

In dem Ausschlußurteil ist der Hypotheken-, Grundschuld- oder Rentenschuldbrief für kraftlos zu erklären.[20])

Das Ausschlußurteil ist seinem wesentlichen Inhalte nach durch einmalige Einrückung in den öffentlichen Anzeiger des Amtsblatts bekannt zu machen.

Das Gericht kann jedoch anordnen, daß die Einrückung noch in andere Blätter, insbesondere also auch in den Deutschen Reichsanzeiger, und zu mehreren Malen erfolgen oder daß die Einrückung in das Amtsblatt unterbleiben und durch Anheften an die Gerichtstafel ersetzt werden soll.[21])

Eine Zustellung des Ausschlußurteils an bestimmte Personen findet nicht statt.

9. Die Rechtskraft des Ausschlußurteils und die Anfechtungsklage.

In dieser Beziehung gelten die allgemeinen Grundsätze. Das Ausschlußurteil erlangt also mit der Verkündung auch die Rechtskraft. Gegen dasselbe ist weder Einspruch, noch ein Rechtsmittel statthaft. Wie jedes andere Ausschlußurteil kann es jedoch in den im § 957 ZPO. angeführten Fällen bei dem Landgericht, in dessen Bezirk das Aufgebotsgericht seinen Sitz hat, mittelst einer gegen den Antragsteller zu erhebenden Klage (Anfechtungsklage) angefochten werden.[22])

Das auf die Anfechtungsklage ergangene Urteil, soweit dadurch die Kraftloserklärung aufgehoben wird, ist nach eingetretener Rechtskraft in gleicher Weise wie das Ausschlußurteil seinem wesentlichen Inhalte nach durch einmalige Einrückung in den öffentlichen Anzeiger des Amtsblatts

---

17) Vgl. § 952 Abs. 1 und 2 ebenda.
18) Vgl. § 1016 ebenda.
19) Vgl. § 951 ebenda.
20) Vgl. § 1017 Abs. 1 ebenda.
21) Vgl. § 9 Abs. 1 AGzZPO. in der Fassung v. 17. 12. 24 in Verbindung mit § 1017 Abs. 2 ZPO.
22) Vgl. oben § 11.

bekannt zu machen. Das Gericht kann jedoch auch hier die Einrückung in noch andere Blätter (Reichsanzeiger) und die mehrmalige Veröffentlichung oder die Ersetzung der Veröffentlichung in dem Amtsblatt durch Anheften an die Gerichtstafel anordnen.[23])

10. Die Wirkung des Ausschlußurteils.

Nach § 1018 ZPO. ist derjenige, welcher das Ausschlußurteil erwirkt hat, dem durch die Urkunde Verpflichteten gegenüber berechtigt, die Rechte aus der Urkunde geltend zu machen.

Auf Grund des Ausschlußurteils kann der Gläubiger bei dem Grundbuchamt die Erteilung eines neuen Briefes an Stelle des abhanden gekommenen oder vernichteten Briefes beantragen.

Der § 67 der Reichs-Grundbuchordnung v. 24. 3. 97 bestimmt, daß einem Antrage des Berechtigten auf Erteilung eines neuen Briefes stattzugeben ist, wenn im Falle des § 1162 BGB. das Ausschlußurteil vorgelegt wird.[24])

§ 37.

Das Aufgebot eines auf den Inhaber ausgestellten Grundschuld- oder Rentenschuldbriefes.

Nach den §§ 1195, 1199 BGB. kann eine Grundschuld oder eine Rentenschuld in der Weise bestellt werden, daß der Grundschuldbrief oder Rentenschuldbrief auf den Inhaber ausgestellt wird.

Auf einen solchen Brief finden die Vorschriften über Schuldverschreibungen auf den Inhaber entsprechende Anwendung.[1])

Abhanden gekommene oder vernichtete Grundschuld- und Rentenschuldbriefe, die auf den Inhaber ausgestellt sind, können also nach § 799 Abs. 1 BGB. ebenfalls im Wege des Aufgebotsverfahrens für kraftlos erklärt werden.

Das Aufgebotsverfahren regelt sich nach den Vorschriften, welche in der ZPO. für das Aufgebot zum Zwecke der Kraftloserklärung eines auf den Inhaber lautenden Papiers gegeben sind, und bedarf deshalb hier keiner besonderen Darstellung.

Es soll nur hervorgehoben werden, daß für das Aufgebotsverfahren das Gericht der belegenen Sache ausschließlich zuständig ist, da der auf

---

[23]) Vgl. § 1017 Abs. 3 ZPO. in Verbindung mit § 9 AGzZPO.

[24]) Wegen des Inhalts des neuen Briefes vgl. § 68 der Grundbuchordnung v. 24. 3. 97. Die durch die Erteilung eines neuen Briefes entstehenden Kosten hat der Antragsteller zu tragen. Vgl. Willenbücher a. a. O. Anm. zu §§ 67, 68 und Güthe-Triebel, GBO. 5. Aufl. 1929 § 67 Anm. 4.

Vgl. übrigens auch § 42 der Grundbuchordnung: „Bei einer Hypothek, über die ein Brief erteilt ist, soll eine Eintragung nur erfolgen, wenn der Brief vorgelegt wird. . . . Der Vorlegung des Hypothekenbriefes steht es gleich, wenn in den Fällen der §§ 1162, 1170, 1171 BGB. auf Grund des Ausschlußurteils die Erteilung eines neuen Briefes beantragt wird. Soll die Erteilung des Briefes nachträglich ausgeschlossen oder die Hypothek gelöscht werden, so genügt die Vorlegung des Ausschlußurteils." Wegen der nachträglichen Ausschließung des Briefes s. § 1116 Abs. 2 BGB. und wegen der Löschung § 27 Grundbuchordnung.

[1]) Vgl. § 1195 Satz 2 BGB.

den Inhaber ausgestellte Grundschuldbrief oder Rentenschuldbrief durch diese Art der Ausstellung die Eigenschaft einer Urkunde, die über ein im Grundbuch eingetragenes Recht ausgestellt ist (§ 1005 Abs. 2 ZPO.), nicht verliert.

Zum Aufgebotsantrage berechtigt ist der bisherige Inhaber des abhanden gekommenen oder vernichteten Grundschuld- oder Rentenschuldbriefs (§ 1004 Abs. 1 ZPO.).

Die Bestimmungen der §§ 1019 ff. ZPO. über die Zahlungssperre finden entsprechende Anwendung.

§ 38.

Das Aufgebot von Wechseln.

Nach der Vorschrift des Art. 73 der Deutschen Wechselordnung kann der Eigentümer eines abhanden gekommenen Wechsels die Kraftloserklärung des Wechsels bei dem Gericht des Zahlungsortes beantragen. Nach Einleitung des Aufgebotsverfahrens kann er vom Akzeptanten Zahlung fordern, wenn er bis zur Kraftloserklärung des Wechsels Sicherheit bestellt. Ohne eine solche Sicherheitsstellung ist er nur die Hinterlegung der aus dem Akzept schuldigen Summe zu fordern berechtigt.

Diese für gezogene Wechsel gegebenen Vorschriften finden nach Art. 98 Nr. 9 WO. auch auf die Kraftloserklärung abhanden gekommener eigener Wechsel mit der Maßgabe Anwendung, daß die Zahlung durch den Aussteller erfolgen muß.

Für die Kraftloserklärung abhanden gekommener oder vernichteter Wechsel gelten die allgemeinen Regeln der §§ 1003 ff. ZPO. über das Verfahren zum Zwecke der Kraftloserklärung von Urkunden. Nach diesen allgemeinen Vorschriften gestaltet sich unter Berücksichtigung der aus der Natur des Wechsels sich ergebenden Eigentümlichkeiten das Aufgebotsverfahren zum Zwecke der Kraftloserklärung von Wechseln folgendermaßen:

1. Die Zulässigkeit des Aufgebotsverfahrens.

Das Aufgebotsverfahren ist zulässig im Falle des Abhandenkommens oder der Vernichtung[1]) bei gezogenen und bei eigenen Wechseln, ohne Unterschied, ob der Verlust des Wechsels vor oder nach dem Verfall, vor oder nach erhobenem Protest, vor oder nach Anstellung der Klage aus dem Wechsel sich ereignet hat.

Bei gezogenen Wechseln ist es auch gleichgültig, ob der Verlust vor oder nach erfolgter Akzeptation eingetreten ist.

Desgleichen ist bei ausgeklagten, verjährten, präjudizierten und bezahlten Wechseln das Aufgebotsverfahren zulässig, sobald nur der Antragsteller ein rechtliches Interesse an der Kraftloserklärung des Wechsels darzutun vermag. Ein solches kann insbesondere bei verjährten und präjudizierten Wechseln mit Rücksicht auf den Bereicherungsanspruch aus Art. 83 WO., mit Rücksicht auf die Verpflichtung zur Rückgabe des zah-

---

[1]) Über vernichtete Wechsel vgl. ROHG. 5 S. 247, auch RG. in JW. 03 S. 375 Nr. 10.

lungshalber genommenen Wechsels, wenn aus der ursprünglichen Schuld geklagt werden soll, und in allen anderen Fällen mit Rücksicht auf Art. 39 WO. und die Gefahren, welche durch den Umlauf des Wechsels in gutgläubigen Händen entstehen können, vorhanden sein. Auch bei Wechselduplikaten ist das Aufgebotsverfahren zulässig; eine Wechselkopie kann nur aufgeboten werden, wenn sie ein Originalindossament enthält.[2])

Urkunden, denen es an einem der in den Art. 4 und 96 WO. vorgeschriebenen wesentlichen Erfordernisse eines Wechsels fehlt, können dagegen grundsätzlich als Wechsel nicht aufgeboten werden. Ob sie als Privat-Schuldurkunden aufgeboten werden können, hängt davon ab, ob sie sich überhaupt als Schuldurkunden darstellen und insbesondere die Personen des Gläubigers und des Schuldners, sowie den Betrag der Schuld ersichtlich machen.

In betreff der Blankoakzepte hat das frühere Reichs-Oberhandelsgericht allerdings in einem Erkenntnis v. 28. 2. 79[3]) die Zulässigkeit des Aufgebots anerkannt.

Die herrschende Rechtsauffassung hat sich dieser Ansicht, die auch dem praktischen Bedürfnis entspricht, angeschlossen.[4])

Der abhanden gekommene Wechselprotest kann nicht aufgeboten werden.

2. Die Zuständigkeit der Gerichte.

Für das Aufgebotsverfahren ist das Amtsgericht des Ortes zuständig, welchen der Wechsel als den Erfüllungsort bezeichnet.[5])

Welcher Ort als Erfüllungsort anzusehen ist, bestimmt sich nach Art. 4 Nr. 8, Art. 24 und Art. 97 WO.

Danach ist bei gezogenen Wechseln der bei dem Namen oder der Firma des Bezogenen angegebene Ort, insofern nicht ein eigener Zahlungsort angegeben ist, als Zahlungs- bzw. Erfüllungsort anzusehen, während für eigene Wechsel der Ort der Ausstellung, insofern nicht ein besonderer Zahlungsort angegeben ist, als Zahlungs- bzw. Erfüllungsort gilt.

Bei Domizilwechseln ist der angegebene Zahlungsort der Erfüllungsort.[6])

---

[2]) Vgl. Staub-Stranz, WO. 12. Aufl. 29 Art. 73 Anm. 1 Abs. 2; ROHG. Bd. 6 S. 385.

[3]) Vgl. ROHG. 25 S. 16.

[4]) Vgl. Stein-Jonas, ZPO 29 § 1003 Anm. II 1; Staub-Stranz a. a. O. Art. 73 Anm. 1 Abs. 2; Foerster-Kann, ZPO. § 1003 Anm. 2c; a. M. Adelmann a. a. O. S. 23 Anm. 2.

[5]) Vgl. § 1005 Abs. 1 ZPO. Nach § 1006 Abs. 1 ZPO. kann die Erledigung der Anträge auf Erlassung des Aufgebots zum Zwecke der Kraftloserklärung eines auf den Inhaber lautenden Papiers von der Landesjustizverwaltung einem Amtsgericht übertragen werden. Auf Verlangen des Antragstellers muß jedoch die Erledigung durch das nach § 1005 zuständige Gericht erfolgen.

[6]) Das Aufgebotsverfahren in betreff des abhanden gekommenen Domizilwechsels ist bei dem Gerichte des (Domizil-)Zahlungsortes auch dann

Enthält der Wechsel eine Bezeichnung des Erfüllungsortes nicht, so ist das Amtsgericht zuständig, bei welchem der Aussteller der Wechselurkunde seinen allgemeinen Gerichtsstand hat, und in Ermangelung eines solchen Gerichts dasjenige, bei welchem der Aussteller zur Zeit der Ausstellung seinen allgemeinen Gerichtsstand gehabt hat.[7])

Wenn der Wechsel von mehreren Personen ausgestellt ist, welche verschiedene allgemeine Gerichtsstände haben, so wird jedes dieser Gerichte für zuständig erachtet werden müssen.

Wenn endlich der Aussteller des Wechsels einen allgemeinen Gerichtsstand in Preußen nicht hat und solchen auch zur Zeit der Ausstellung nicht gehabt hat, so ist das Aufgebot des Wechsels in Preußen überhaupt unzulässig, da es an einem für das Aufgebotsverfahren zuständigen Gerichte in Preußen fehlt.

3. Die Antragsberechtigung.

Zu dem Antrag auf Einleitung des Aufgebotsverfahrens ist derjenige berechtigt, welcher das Recht aus dem abhanden gekommenen Wechsel, wenn derselbe noch vorhanden wäre, würde geltend machen können.[8])

Ob der Antragsteller das Recht aus dem Wechsel für sich in Anspruch nehmen kann, wird im einzelnen Fall der richterlichen Prüfung unterliegen. Es sind in dieser Beziehung insbesondere die Bestimmungen der Art. 9, 10, 12, 13 und 36 WO. zu beachten.

Bei Wechseln, welche mit einem Blanko-Indossament versehen sind, ist der bisherige Inhaber des abhanden gekommenen Wechsels berechtigt, das Aufgebotsverfahren zu beantragen.[9])

Dementsprechend kann bei Wechseln mit Blanko-Indossament jeder, welcher den Besitz des Wechsels auf Grund irgendeines Rechtstitels zuletzt übertragen erhalten und denselben demnächst verloren hat, z. B. der Zessionar, der Prokuraindossatar, der Mandatar, der Depositar und insbesondere auch der Pfandgläubiger das Aufgebotsverfahren beantragen. Dies gilt unbedenklich auch von dem Wechselschuldner, welchem nach Rückempfang des Wechsels und nach Befriedigung des Gläubigers der Wechsel abhanden gekommen ist.[10])

---

durchzuführen, wenn nur noch der Bereicherungsanspruch aus Art. 83 WO. in Frage kommt.

[7]) Vgl. § 1005 Satz 2 ZPO. In betreff des allgemeinen Gerichtsstandes vgl. §§ 13—18 ZPO. S. oben § 16.

[8]) Vgl. § 1004 Abs. 2 ZPO., durch welchen der Art. 73 WO., welcher nur den Eigentümer des Wechsels für antragsberechtigt erklärt, materiell geändert ist.

[9]) Vgl. § 1004 Abs. 1 ZPO. Die Worte „bisheriger Inhaber" sind durch die Nov. zur ZPO. v. 17. 5. 98 in die Stelle der in früherem § 838 Abs. 1 ZPO. gewählten Worte „letzte Inhaber" getreten, um die Fassung mit § 799 BGB. in Einklang zu bringen.

[10]) Vgl. Rehbein WO. 8. Aufl. 08 Art. 73 Anm. 6b. Zustimmend auch Staub a. a. O. Art. 73 Anm. 2, bis auf die Berechtigung des Prokuraindossatars, welche er nicht für gegeben hält.

4. Der Antrag.

In betreff der Form des Antrags gelten die allgemeinen Grundsätze.

Zur Begründung seines Antrags muß der Antragsteller:

1. entweder eine Abschrift des abhanden gekommenen Wechsels beibringen oder den wesentlichen Inhalt des letzteren und alles angeben, was zur vollständigen Erkennbarkeit desselben erforderlich ist;[11])
2. den Verlust der Urkunde, sowie diejenigen Tatsachen glaubhaft machen, von welchen seine Berechtigung abhängt, das Aufgebotsverfahren zu beantragen;[12])
3. sich zur Versicherung der Wahrheit seiner Angaben an Eides Statt zu erbieten.[13])

5. Das Aufgebot.

Wird der Antrag vom Amtsgericht für zulässig befunden, so hat das Gericht das Aufgebot zu veranlassen.[14])

In dasselbe sind insbesondere aufzunehmen:[15])

1. die Bezeichnung des Antragstellers und des abhanden gekommenen Wechsels nach allem, was zur vollständigen Erkennbarkeit des letzteren erforderlich ist;
2. die Aufforderung an den unbekannten Inhaber des Wechsels, spätestens im Aufgebotstermine seine Rechte bei dem Gericht anzumelden und den Wechsel vorzulegen;
3. die Androhung, daß, wenn die Anmeldung bezw. die Vorlegung des Wechsels unterbleiben sollte, die Kraftloserklärung des Wechsels erfolgen werde;
4. die Bestimmung eines Aufgebotstermins.

6. Die Aufgebotsfrist.

Die Aufgebotsfrist beträgt sechs Monate, und zwar in der Weise, daß zwischen dem Tage, an welchem die Einrückung oder die erste Einrückung des Aufgebots in den Deutschen Reichsanzeiger erfolgt ist, und dem Aufgebotstermin ein Zeitraum von mindestens sechs Monaten liegen muß.

---

[11]) Vgl. § 1007 Nr. 1 ZPO. Wegen der Erfordernisse eines gezogenen Wechsels vgl. Art. 4 und wegen der Erfordernisse eines eigenen Wechsels Art. 96, 97 WO.

[12]) Vgl. § 1007 Nr. 2 ZPO. Wegen der Glaubhaftmachung vgl. § 294 ZPO. und oben § 18. Wenn sich der Verlust des Wechsels bei dessen Versendung ereignet, so wird mindestens die Absendung des Wechsels zu bescheinigen und entweder der Verlust während des Transportes darzutun oder eine Bescheinigung des Adressaten zu beschaffen sein, daß er den Wechsel nicht erhalten habe. — Über die Berechtigung, das Aufgebot eines Wechsels zu beantragen, s. die Bemerkungen über die Antragsberechtigung S. 125.

[13]) Vgl. § 1007 Nr. 3 ZPO.

[14]) Das Gericht kann die Verbindung mehrerer Aufgebote anordnen, auch wenn die Voraussetzungen des § 147 ZPO. nicht vorliegen. Vgl. § 959 ZPO. und oben § 12.

[15]) Vgl. § 1008 in Verbindung mit § 947 ZPO.

Der Aufgebotstermin darf nicht über ein Jahr, von der Terminsbestimmung an berechnet, hinaus bestimmt werden; solange ein so naher Termin nicht bestimmt werden kann, ist das Aufgebot nicht zulässig.[16])

Nach diesen Vorschriften ist die Aufgebotsfrist insbesondere auch dann zu bestimmen, wenn der Wechsel nach Verfall abhanden gekommen ist, sowie bei Wechseln nach Sicht oder auf eine bestimmte Zeit nach Sicht, wenn der Verlust vor Präsentation zur Sicht eingetreten ist, der Verfalltag also nicht feststeht.

Ist in dem Wechsel eine Verfallzeit angegeben, welche zur Zeit der ersten Einrückung des Aufgebots in den Deutschen Reichsanzeiger noch nicht eingetreten ist, so ist der Aufgebotstermin so zu bestimmen, daß seit dem Verfalltage sechs Monate abgelaufen sind.[17])

7. Die Bekanntmachung des Aufgebots.

Die öffentliche Bekanntmachung des Aufgebots erfolgt nach den im § 1009 ZPO. für das Urkundenaufgebot gegebenen Vorschriften:

1. durch Anheftung des Aufgebots an die Gerichtstafel bis zum Aufgebotstermin,
2. durch Anheftung in dem Lokale der Börse, wenn eine solche am Sitze des Aufgebotsgerichts besteht, und zwar ebenfalls bis zum Aufgebotstermin,
3. durch einmalige Einrückung des vollständigen Aufgebots in den Deutschen Reichsanzeiger.

Das Gericht kann anordnen, daß die Einrückung noch in andere Blätter und zu mehreren Malen erfolge.

8. Meldung des Inhabers des Wechsels vor dem Aufgebotstermine.

Meldet der Inhaber des Wechsels vor dem Aufgebotstermine seine Rechte unter Vorlegung des Wechsels an, so hat das Gericht den Antragsteller hiervon zu benachrichtigen und ihm die Einsicht der Urkunde innerhalb einer zu bestimmenden Frist zu gestatten. Auf Antrag des Inhabers des Wechsels ist zur Vorlegung desselben ein Termin zu bestimmen.[18])

9. Das Verfahren im Aufgebotstermin.

Das Verfahren im Aufgebotstermin regelt sich nach allgemeinen Grundsätzen.

Es soll hier nur folgendes hervorgehoben werden:

1. Wenn der Wechsel im Aufgebotstermin vorgelegt wird, so ist das Verfahren erledigt. Ein Ausschlußurteil kann in diesem Fall nicht mehr erlassen werden.
2. Erfolgt eine Anmeldung, durch welche das von dem Antragsteller zur Begründung des Antrags behauptete Recht aus dem Wechsel be-

---

[16]) Vgl. § 1015 ZPO.

[17]) Vgl. § 1014 ebenda.

[18]) Vgl. § 1016 ZPO.

stritten wird, so ist nach Beschaffenheit des Falles entweder das Aufgebotsverfahren bis zur endgültigen Entscheidung über das angemeldete Recht auszusetzen, oder in dem Ausschlußurteile das angemeldete Recht vorzubehalten.[19])

Ein solcher Vorbehalt hat die Wirkung, daß dem Anmeldenden gegenüber der Wechsel nicht als für kraftlos erklärt gilt.[20])

10. Das Ausschlußurteil.

Ist das Aufgebot ohne Erfolg geblieben und der Wechsel nicht zum Vorschein gekommen, so ist das Ausschlußurteil zu erlassen.

In demselben ist der Wechsel für kraftlos zu erklären.[21])

In betreff der Verkündung des Ausschlußurteils gelten die allgemeinen Grundsätze.

Das Ausschlußurteil ist seinem wesentlichen Inhalt nach durch den Deutschen Reichsanzeiger bekannt zu machen.[22])

11. Die Rechtskraft des Ausschlußurteils und die Anfechtungsklage.

In dieser Beziehung gelten die allgemeinen Grundsätze.

12. Die Wirkung des Aufgebotsverfahrens.

Nach Einleitung des Verfahrens kann der Antragsteller, wenn er Sicherheit bestellt, vom Akzeptanten[23]) Zahlung fordern; ohne Sicherheitsleistung ist er berechtigt, die Hinterlegung der aus dem Akzept schuldigen Summe zu verlangen.

Die Wirkung des vollendeten Aufgebotsverfahrens beschränkt sich darauf, daß der Wechsel für kraftlos erklärt und der Antragsteller dem Akzeptanten bzw. Aussteller des Wechsels gegenüber berechtigt wird, die Rechte aus dem Wechsel geltend zu machen. Der Verlust des Wechsels, welcher die einzige Veranlassung des Verfahrens ist, wird derart aufgehoben, daß der Antragsteller tatsächlich über den Wechsel wie vor dem Verluste verfügen kann.[24]) Das Rechtsverhältnis des Antragstellers zu dem Wechselverpflichteten oder zu dritten Personen, welche ein besseres Recht auf den Wechsel haben, wird durch das Ausschlußurteil nicht berührt, wie denn auch dementsprechend eine Ausschließung des unbekannten Inhabers des Wechsels und aller unbekannten Berechtigten mit ihren Rechten nicht erfolgt.[25])

---

[19]) Vgl. § 953 ebenda; ferner Staub-Stranz a. a. O. Art. 73 A. 7.

[20]) Vgl. Erk. d. ROHG. v. 15. 9. 74 (ROHG. 14 S. 175).

[21]) Vgl. § 1017 Abs. 1 ZPO.

[22]) Vgl. § 1017 Abs. 2 ebenda.

[23]) Nicht auch vom Regreßpflichtigen. Vgl. ROHG. Bd. 1 S. 173.

[24]) Da das Ausschlußurteil anstelle des Wechsels getreten ist, ist der Schuldner nur gegen Aushändigung des Ausschlußurteils zu zahlen verpflichtet. RG. Urt. v. 26. 10. 01, RGZ. 49, 140. Also kann auch nur gegen Vorlegung des Ausschlußurteils vollstreckt werden. RG. v. 1. 11. 13 Rechtspr. d. OLG. 29, 278.

[25]) Vgl. § 1018 ZPO., Mot. zur ZPO. v. 30. 1. 77 S. 608: „Hatte ein Dritter Rechte an der Urkunde, ohne dieselbe zu besitzen, so sind dieselben über-

§ 39.

Das Aufgebot von Schecks.

Bis zu dem am 1. 4. 08 erfolgten Inkrafttreten des Scheckgesetzes v. 11. 3. 08 (RGBl. S. 71) fehlte es in Deutschland an einer einheitlichen gesetzlichen Regelung des Scheckwesens.[1]) Bis dahin war daher der Inhalt der Urkunde für die Frage der Aufgebotsfähigkeit von Schecks ausschlaggebend. Die vor dem 1. 4. 08 ausgestellten Schecks, für welche die Anwendung des Scheckgesetzes v. 11. 3. 08 besonders ausgeschlossen war,[2]) waren der Regel nach auf den Inhaber gestellt, oder sie lauteten zwar auf eine bestimmte Person, aber mit dem Zusatze, daß der Bezogene auch an jeden Inhaber zahlen solle. In Ansehung der Schecks, welche auf eine bestimmte Person oder den Inhaber lauten, wird § 808 BGB. entsprechende Anwendung finden können. Schecks, welche an Order lauten und durch Indossament übertragbar sein sollen, sind nicht häufig; ist der Bezogene ein Kaufmann, was wohl ausnahmslos der Fall sein wird, so ergibt sich die Indossierbarkeit aus § 365 HGB.[3])

Das Gesetz v. 11. 3. 08 hat nunmehr für die Urkunden, welche als Scheck im Sinne des Gesetzes gelten sollen, bestimmte Erfordernisse vorgeschrieben. Der Scheck muß enthalten:

1. die in den Text aufzunehmende Bezeichnung als Scheck oder, wenn der Scheck in einer fremden Sprache ausgestellt ist, einen jener Bezeichnung entsprechenden Ausdruck in der fremden Sprache;
2. die an den Bezogenen gerichtete Anweisung des Ausstellers, aus seinem Guthaben eine bestimmte Geldsumme zu zahlen;
3. die Unterschrift des Ausstellers;
4. die Angabe des Ortes und des Tages der Ausstellung.[4])

Urkunden dieses Inhaltes unterliegen, wenn sie abhanden gekommen oder vernichtet sind, nach § 27 des Reichsscheckgesetzes der Kraftloserklärung im Wege des Aufgebotsverfahrens.

---

haupt weder durch den Verlust der Urkunde seitens des Inhabers, noch durch das Aufgebot berührt." S. auch Rehbein a. a. O.

Die Frage, ob auf Grund des Ausschlußurteils auch gegen die Regreßverpflichteten vorgegangen werden kann, ist sehr bestritten. Dafür: RG. Urt. v. 26. 10. 01 RGZ. 49 S. 134, Staub a. a. O. Art. 73 Anm. 19; Dernburg u. a.; dagegen OLG. Stuttgart in Rechtspr. der OLG. Bd. 2 S. 418 (Urt. v. 28. 2. 01), Rehbein a. a. O. Anm. 2 u. a.

[1]) Vgl. Art. 17 EGzHGB. v. 10. 5. 97: unberührt bleiben die landesgesetzlichen Vorschriften über Schecks.

[2]) Vgl. § 30 Abs. 1 Satz 2 Scheckges. v. 11. 3. 08.

[3]) Vgl. Denkschrift zum Entw. des HGB. S. 205 und unten § 39 Nr. 1 letzter Abs. S. 130.

[4]) Vgl. Scheckges. § 1. Eine Begriffsbestimmung für den Begriff „Scheck" gibt das Gesetz nicht. In bezug auf den Zahlungsempfänger, dessen Bezeichnung nicht zu den wesentlichen Erfordernissen des Schecks zählt, sind Rektaschecks, Orderschecks und Inhaberschecks zugelassen; vgl. § 4 a. a. O. Der auf eine bestimmte Person gestellte Scheck ist durch Indossament übertragbar, wenn die Übertragbarkeit nicht besonders ausgeschlossen ist; vgl. § 8 a. a. O.

Nach Einleitung des Aufgebotsverfahrens kann der Berechtigte, falls der Scheck rechtzeitig zur Zahlung vorgelegt,[5]) von dem Bezogenen aber nicht eingelöst worden war, von dem Aussteller Zahlung fordern, wenn er bis zur Kraftloserklärung Sicherheit leistet.

Das Aufgebotsverfahren regelt sich nach den Vorschriften, welche in den §§ 1003 ff. ZPO. für das Aufgebot zum Zwecke der Kraftloserklärung von Urkunden im allgemeinen gegeben sind, und gestaltet sich unter Berücksichtigung der aus der wechselähnlichen Natur der Schecks sich ergebenden Eigentümlichkeiten folgendermaßen:

1. Die Zulässigkeit des Aufgebotsverfahrens.

Das Aufgebotsverfahren ist zulässig bei Schecks aller Art, ohne Unterschied, ob ihr Verlust vor oder nach dem Verfall, vor oder nach erhobenem Protest, vor oder nach Anstellung der Klage eingetreten ist.

Desgleichen ist bei ausgeklagten, verjährten, präjudizierten und bezahlten Schecks das Aufgebotsverfahren statthaft, sobald nur der Antragsteller ein rechtliches Interesse an der Kraftloserklärung des Schecks darzutun vermag.[6]) Ein solches kann insbesondere bei verjährten und präjudizierten Schecks mit Rücksicht auf den Bereicherungsanspruch aus § 21 des Scheckgesetzes, mit Rücksicht auf die Pflicht zur Auslieferung des Schecks an den zur Zahlung verbundenen Regreßpflichtigen[7]) und in allen anderen Fällen mit Rücksicht auf § 13 des Scheckgesetzes gegeben sein.

Urkunden, denen es an einem der im § 1 des Scheckgesetzes vorgeschriebenen wesentlichen Erfordernisse eines Schecks fehlt, können dagegen als Scheck nicht aufgeboten werden. Sie können jedoch möglichenfalls als Anweisungen nach §§ 363, 365 HGB. oder unter entsprechender Anwendung des § 808 BGB. aufgebotsfähig sein.

2. Die Zuständigkeit der Gerichte.

Für das Aufgebotsverfahren ist das Gericht des Ortes zuständig, welchen der Scheck als Erfüllungsort bezeichnet.[8])

Welcher Ort als Erfüllungsort anzusehen ist, bestimmt sich nach § 5 des Scheckgesetzes. Danach gilt der bei dem Namen oder der Firma des Bezogenen angegebene Ort als Zahlungsort. Die Angabe eines anderen Zahlungsortes gilt als nicht geschrieben. Ist bei dem Namen oder der Firma des Bezogenen ein Ort nicht angegeben, so gilt der Ausstellungsort als Zahlungsort.

Enthält der Scheck eine solche Bezeichnung nicht, so ist das Amtsgericht zuständig, bei welchem der Aussteller des Schecks seinen allge-

---

[5]) Die Vorlegungsfrist beträgt für Inlandschecks 10 Tage; vgl. § 11 a. a. O.

[6]) Vgl. Michaelis, Scheckgesetz 1927, § 27 A. 2[a]; auch ROHG. 6 S. 385.

[7]) Vgl. § 19 Scheckges.

[8]) Vgl. § 1005 ZPO. Nach § 1006 ZPO. kann die Erledigung der Anträge auf Erlassung des Aufgebots zum Zwecke der Kraftloserklärung eines auf den Inhaber lautenden Papiers von der Landesjustizverwaltung einem Amtsgerichte übertragen werden. Auf Verlangen des Antragstellers muß jedoch die Erledigung durch das nach § 1005 zuständige Gericht erfolgen.

meinen Gerichtsstand hat, und in Ermangelung eines solchen Gerichts dasjenige, bei welchem der Aussteller zur Zeit der Ausstellung seinen allgemeinen Gerichtsstand gehabt hat.[9])

3. Die Antragsberechtigung.

Zu dem Antrag auf Einleitung des Aufgebotsverfahrens ist, wenn der Scheck auf den Inhaber lautet oder mit einem Blankoindossament versehen ist, der bisherige Inhaber, sonst derjenige berechtigt, welcher das Recht aus dem abhanden gekommenen Scheck würde geltend machen können, wenn dieser noch vorhanden wäre.[10])

Ob der Antragsteller das Recht aus dem Scheck für sich in Anspruch nehmen kann, ist im einzelnen Fall zu prüfen. In dieser Beziehung sind insbesondere die Bestimmungen des § 8 des Scheckgesetzes und der darin in Bezug genommenen Art. 11—13, 36, 74 WO. zu beachten, jedoch mit der Maßgabe, daß ein auf eine Abschrift des Schecks gesetztes Indossament unwirksam ist.[11])

4. Der Antrag.

Zur Begründung des Antrags, für dessen Form die allgemeinen Regeln gelten, muß der Antragsteller:

1. entweder eine Abschrift des abhanden gekommenen bzw. vernichteten Schecks beibringen, oder den wesentlichen Inhalt desselben und alles angeben, was zur vollständigen Erkennbarkeit des Schecks erforderlich ist;[12])
2. den Verlust der Urkunde, sowie die Tatsachen glaubhaft machen, von denen seine Berechtigung abhängt, das Aufgebotsverfahren zu beantragen;[13])
3. sich zur Versicherung der Wahrheit seiner Angaben an Eides Statt erbieten.[14])

5. Das Aufgebot.

Wird der Antrag für zulässig befunden, so hat das Amtsgericht das Aufgebot zu veranlassen.

---

[9]) Vgl. § 1005 Satz 2 ZPO. In betreff des allgemeinen Gerichtsstandes vgl. §§ 13—18 ZPO. S. oben § 16 S. 44, 45.

[10]) Vgl. § 1004 Abs. 1 und 2 ZPO.

[11]) Der § 8 Scheckges. lautet:

Der auf einen bestimmten Zahlungsempfänger gestellte Scheck kann durch Indossament übertragen werden, wenn nicht der Aussteller die Übertragung durch die Worte „nicht an Order" oder durch einen gleichbedeutenden Zusatz untersagt hat.

In betreff der Form des Indossaments, in betreff der Legitimation des Besitzers eines indossierten Schecks und der Prüfung der Legitimation, sowie in betreff der Verpflichtung des Besitzers zur Herausgabe finden die Vorschriften der Art. 11—13, 36, 74 WO. entsprechende Anwendung. Ein auf eine Abschrift des Schecks gesetztes Indossament ist jedoch unwirksam. Das gleiche gilt von einem Indossament des Bezogenen. Ein Indossament an den Bezogenen gilt als Quittung.

[12]) Vgl. § 1007 Nr. 1 ZPO.

[13]) Vgl. § 1007 Nr. 2 ZPO., wegen der Glaubhaftmachung § 294 ZPO. und oben § 18 S. 51. Vgl. auch oben § 38 Anm. 14.

[14]) Vgl. § 1007 Nr. 3 ZPO.

Der Inhalt des Aufgebots bestimmt sich nach den allgemeinen für das Aufgebot von Urkunden bestehenden Regeln.[15])

Der Scheck ist insbesondere nach dem Namen des Ausstellers, des Bezogenen, des Datums und der Summe, über welche er zur Zeit des angeblichen Verlustes lautete, zu bezeichnen.

Als Rechtsnachteil ist anzudrohen, daß die Kraftloserklärung des Schecks erfolgen werde.

6. Die Aufgebotsfrist.

Die Aufgebotsfrist beträgt mindestens zwei Monate, und zwar in der Weise, daß zwischen dem Tage, an welchem die Einrückung oder die erste Einrückung des Aufgebots in den Deutschen Reichsanzeiger erfolgt ist, und dem Aufgebotstermin ein Zeitraum von mindestens zwei Monaten liegen muß.[16])

Der Aufgebotstermin darf nicht über ein Jahr hinaus, von der Terminsbestimmung an gerechnet, bestimmt werden; solange ein so naher Termin nicht bestimmt werden kann, ist das Aufgebot nicht zulässig.[17])

7. Die Bekanntmachung des Aufgebots.

Die öffentliche Bekanntmachung des Aufgebots erfolgt nach den allgemeinen im § 1009 ZPO. für das Urkundenaufgebot gegebenen Bestimmungen:

1. durch Anheftung an die Gerichtstafel und in dem Lokale der Börse, wenn eine solche am Sitze des Amtsgerichts besteht, bis zum Aufgebotstermine;
2. durch einmalige Einrückung in den Deutschen Reichsanzeiger.

Das Gericht kann anordnen, daß die Einrückung noch in andere Blätter und zu mehreren Malen erfolge.

8. Meldung des Inhabers des Schecks vor dem Aufgebotstermine.

Meldet der Inhaber des Schecks vor dem Aufgebotstermine seine Rechte unter Vorlegung des Schecks an, so hat das Gericht den Antragsteller hiervon zu benachrichtigen und ihm die Einsicht der Urkunde innerhalb einer zu bestimmenden Frist zu gestatten. Auf Antrag des Inhabers des Schecks ist zur Vorlegung des letzteren ein Termin zu bestimmen.[18])

9. Das Verfahren im Aufgebotstermin

regelt sich nach den allgemeinen Grundsätzen. Hier soll nur folgendes hervorgehoben werden:

---

[15]) Vgl. § 1008 in Verbindung mit § 947 ZPO. über die für Inhaberschecks in Frage kommende Zahlungssperre vgl. oben § 24 S. 68 und Michaelis a. a. O. § 27 A. 12.

[16]) Vgl. § 27 Abs. 1 Satz 2 Scheckges. Die Aufgebotsfrist für Schecks ist also gegenüber der Vorschrift des § 1015 ZPO. wesentlich abgekürzt.

[17]) Vgl. § 1015 Satz 2 ZPO.

[18]) Vgl. § 1016 ZPO.

1. Das Aufgebotsverfahren wird durch Vorlegung des Schecks erledigt.
2. Erfolgt eine Anmeldung, durch welche das von dem Antragsteller zur Begründung des Antrags behauptete Recht aus dem Scheck bestritten wird, so ist nach der Beschaffenheit des Falles entweder das Aufgebotsverfahren bis zur endgültigen Entscheidung über das angemeldete Recht auszusetzen oder das angemeldete Recht in dem Ausschlußurteile vorzubehalten.[19])

   Ein solcher Vorbehalt hat die Wirkung, daß dem Anmeldenden gegenüber der Scheck nicht als für kraftlos erklärt gilt.[20])

10. Das Ausschlußurteil.

Ist das Aufgebot ohne Erfolg geblieben und der Scheck nicht zum Vorscheine gekommen, so ist das Ausschlußurteil zu erlassen.

In demselben ist der Scheck für kraftlos zu erklären.[21])

In betreff der Verkündung des Ausschlußurteils gelten die allgemeinen Grundsätze.

Das Ausschlußurteil ist seinem wesentlichen Inhalte nach durch den Deutschen Reichsanzeiger bekannt zu machen.[22])

11. Die Rechtskraft des Ausschlußurteils und die Anfechtungsklage.

In dieser Beziehung gelten die allgemeinen Grundsätze.

12. Die Wirkung des Aufgebotsverfahrens.

Nach Einleitung des Aufgebotsverfahrens kann der Antragsteller, falls der Scheck rechtzeitig zur Zahlung vorgelegt, von dem Bezogenen aber nicht eingelöst war, von dem Aussteller Zahlung fordern, wenn er bis zur Kraftloserklärung Sicherheit leistet.[23])

Die Wirkung des vollendeten Aufgebotsverfahrens geht dahin, daß der Scheck für kraftlos erklärt und der Antragsteller dem Bezogenen gegenüber berechtigt wird, die Rechte aus dem Scheck geltend zu machen.[24])

§ 40.

Das Aufgebot von Aktien und Interimscheinen. (§ 228 HGB.)

Ist eine Aktie oder ein Interimschein, d. h. ein Anteilsschein, der den Aktionären vor der Ausgabe der Aktie ausgestellt wird,[1]) infolge einer Beschädigung oder einer Verunstaltung zum Umlaufe nicht mehr geeignet, so kann der Berechtigte, sofern der wesentliche Inhalt und die Unterscheidungsmerkmale der Urkunde noch mit Sicherheit erkennbar sind,

[19]) Vgl. § 953 ZPO.
[20]) Vgl. § 22 S. 64, ferner RGZ. 67, 95 und ROHG. 14, S. 175.
[21]) Vgl. § 1017 Abs. 1 ZPO.
[22]) Vgl. § 1017 Abs. 2 ZPO.
[23]) Vgl. § 27 Abs. 2 Scheckges. und bezüglich der Sicherheitsleistung §§ 232—240 BGB.
[24]) Vgl. auch oben § 38 Nr. 12 S. 128.
[1]) Vgl. § 179 HGB.

von der Aktiengesellschaft die Erteilung einer neuen Urkunde gegen Aushändigung der beschädigten oder verunstalteten verlangen. Die Kosten hat er zu tragen und vorzuschießen.[2])

Ist dagegen die Aktie oder der Interimsschein abhanden gekommen oder gänzlich vernichtet, so kann die Urkunde, wenn nicht das Gegenteil darin bestimmt ist, im Wege des Aufgebotsverfahrens für kraftlos erklärt werden.[3])

Das Aufgebotsverfahren regelt sich im wesentlichen nach den allgemeinen für das Urkundenaufgebot bestehenden Vorschriften, welche oben in den §§ 16 ff. des näheren erörtert sind. Es sollen deshalb hier nur folgende, aus der Natur der Aktien sich ergebende Besonderheiten hervorgehoben werden.

1. Die Zulässigkeit des Aufgebotsverfahrens

ist bei allen Aktien und Interimsscheinen, insbesondere also auch bei den auf Namen lautenden Aktien ohne Blankogiro gegeben, wenn nicht etwa in der Urkunde selbst die Kraftloserklärung im Wege des Aufgebotsverfahrens für unzulässig erklärt ist.[4])

2. Die Antragsberechtigung

bestimmt sich nach § 1004 ZPO. in der Weise, daß:

1. bei Inhaberaktien und den mit Blankogiro versehenen Namensaktien:
   der bisherige Inhaber des abhanden gekommenen oder vernichteten Papiers,
2. bei Namensaktien ohne Blankogiro:
   derjenige, welcher die Aktionärrechte aus dem Papier der Gesellschaft gegenüber geltend machen kann, d. h. wer zuletzt als Aktionär im Aktienbuche verzeichnet ist (§ 223 Abs. 3 HGB.),

zu dem Aufgebotsantrage berechtigt ist.

---

[2]) Vgl. § 229 HGB. und § 798 BGB.

[3]) Vgl. § 228 Abs. 1 Satz 1 HGB.

[4]) Vgl. § 228 Abs. 1 HGB. — Die Gewinnanteilscheine (Dividendenscheine) können nicht aufgeboten bzw. für kraftlos erklärt werden, selbst wenn sie auf Namen lauten. Vgl. § 799 BGB. Für die Fälle des Verlustes eines Gewinnanteilscheins (Dividendenscheins) kommt vielmehr § 804 BGB. zur Anwendung, nach welchem der bisherige Inhaber, wenn er den Verlust vor dem Ablaufe der Vorlegungsfrist (§ 801 BGB.) angezeigt hat, nach dem Ablaufe dieser Frist unter bestimmten Voraussetzungen die Leistung verlangen kann. In dem Gewinnanteilscheine kann jedoch ein solcher Anspruch ausgeschlossen werden. Die Frage, ob die von einigen Gesellschaften herausgegebenen, im Gesetz nicht erwähnten sogen. Genußscheine aufgebotsfähig sind, hängt davon ab, unter welche der verschiedenen Arten der Schein seinem Inhalte nach rechtlich unterzuordnen ist. Dieses ist in jedem einzelnen Falle zu ermitteln. Da die Genußscheine regelmäßig Aktionärrechte nicht gewähren, sind sie jedenfalls nicht als Aktien anzusehen und können als solche nicht aufgeboten werden. Soweit sie sich als Schuldverschreibungen oder kaufmännische Orderpapiere (§ 363 HGB.) darstellen, unterliegen sie den allgemeinen Aufgebotsvorschriften über diese Urkunden. Vgl. hierzu RGZ. 30 S. 16, 49 S. 13, 54 S. 25; Staub-Pinner HGB. 12./13. Aufl. 26 § 179 Zusatz 9; Adelmann a. a. O. S. 21 und 24 Anm. 1.

3. Das Aufgebot

in welchem als Rechtsnachteil anzudrohen ist, daß die Kraftloserklärung der Aktie oder des Interimsscheins erfolgen und damit auch der Anspruch aus den noch nicht fälligen Gewinnanteilscheinen auf den Inhaber erlöschen werde,[5]) ist nach § 1009 ZPO. durch Anheftung an die Gerichtstafel und in dem Lokale der Börse, wenn eine solche am Sitze des Aufgebotsgerichts besteht, sowie durch einmalige (event. auch noch öftere) Bekanntmachung in den Deutschen Reichsanzeiger öffentlich bekannt zu machen.[6])

Betrifft das Aufgebot eine Inhaberaktie oder eine mit Blankogiro versehene Namensaktie und ist in dem Papier vermerkt oder in den Bestimmungen, unter denen die erforderliche staatliche Genehmigung erteilt worden ist, vorgeschrieben, daß die öffentliche Bekanntmachung des Aufgebots durch bestimmte andere Blätter zu erfolgen habe, so muß die Bekanntmachung auch durch Einrückung in diese Blätter erfolgen.[7])

Sind

4. Gewinnanteilscheine auf den Inhaber

ausgegeben, so sind die Bestimmungen der §§ 1010—1013 ZPO. bei Bestimmung des Aufgebotstermins zu beachten. Vgl. oben § 21 S. 55.

5. Die Aufgebotsfrist

muß mindestens sechs Monate betragen. Der Aufgebotstermin darf nicht über ein Jahr hinaus bestimmt werden.[8])

6. Das Ausschlußurteil

hat die Aktie oder den Interimsschein für kraftlos zu erklären.[9]) Zweckmäßig wird es sein, zugleich mit dieser Kraftloserklärung auch das Erlöschen des Anspruchs aus den noch nicht fälligen Gewinnanteilscheinen auf den Inhaber — der gestellten Verwarnung entsprechend — auszusprechen.[10])

7. Die Zahlungssperre

kann in Gemäßheit der §§ 1019—1022 ZPO. (s. oben § 24 S. 68) beantragt werden, wenn es sich um eine Inhaberaktie oder eine auf Namen lautende, mit Blankogiro versehene Namensaktie handelt.

Die Aktiengesellschaft als Ausstellerin der Aktie ist verpflichtet, dem bisherigen Inhaber auf Verlangen die zur Erwirkung des Aufgebots oder

---

[5]) Vgl. § 228 Abs. 2 HGB.: „Sind Gewinnanteilscheine auf den Inhaber ausgegeben, so erlischt mit der Kraftloserklärung der Aktie oder des Interimsscheins auch der Anspruch aus den noch nicht fälligen Gewinnanteilscheinen."

[6]) Vgl. § 1009 Abs. 1, 2 ZPO.

[7]) Vgl. § 1009 Abs. 3 ebenda.

[8]) Vgl. § 1015 ebenda.

[9]) Vgl. § 1017 Abs. 1 ebenda.

[10]) Vgl. § 228 Abs. 2 HGB. Die bisher fälligen Gewinnanteilscheine auf den Inhaber (Dividendenscheine) bleiben in Kraft, und ebensowenig werden die auf den Namen lautenden Gewinnanteilscheine durch die Kraftloserklärung der Aktie berührt.

der Zahlungssperre erforderliche Auskunft zu erteilen und die erforderlichen Zeugnisse auszustellen. Die Kosten der Zeugnisse hat der bisherige Inhaber zu tragen und vorzuschießen.[11])

8. Neue Urkunde.

Derjenige, welcher das Ausschlußurteil erwirkt hat, kann in allen Fällen, d. h. auch bei Namensaktien, von der Gesellschaft als Ausstellerin die Erteilung einer neuen Aktie an Stelle der für kraftlos erklärten verlangen, unbeschadet der Befugnis, den Anspruch aus der Urkunde geltend zu machen. Die Kosten hat er zu tragen und vorzuschießen.[12])

§ 41.

Das Aufgebot der im § 363 HGB. bezeichneten Urkunden.

Nach § 363 Handelsgesetzbuchs v. 10. 5. 97 (RGBl. S. 219) können Anweisungen, die auf einen Kaufmann über die Leistung von Geld, Wertpapieren oder anderen vertretbaren Sachen ausgestellt sind, ohne daß darin die Leistung von einer Gegenleistung abhängig gemacht ist, durch Indossament übertragen werden, wenn sie an Order lauten.

Dasselbe gilt von Verpflichtungsscheinen, die von einem Kaufmann über Gegenstände der bezeichneten Art an Order ausgestellt sind, ohne daß darin die Leistung von einer Gegenleistung abhängig gemacht ist.

Ferner können Konnossomente der Seeschiffer, Ladescheine der Frachtführer, Lagerscheine der staatlich zur Ausstellung solcher Urkunden ermächtigen Anstalten, sowie Bodmereibriefe und Transportversicherungspolicen durch Indossament übertragen werden, wenn sie an Order lauten.

In betreff der Form des Indossaments, in betreff der Legitimation des Besitzers und der Prüfung der Legitimation, sowie in betreff der Verpflichtung des Besitzers zur Herausgabe finden die Vorschriften der Art. 11—13, 36, 74 WO. entsprechende Anwendung.

Ist die Urkunde vernichtet oder abhanden gekommen, so unterliegt sie der Kraftloserklärung im Wege des Aufgebotsverfahrens.[1])

Dieses Verfahren regelt sich in seinen Grundzügen durchweg nach den allgemeinen für das Urkundenaufgebot bestehenden Vorschriften der §§ 1003 ff. ZPO., wie sie oben in den §§ 16 ff. eingehend erörtert worden sind.

Nur folgende Punkte bedürfen einer besonderen Erwähnung:

1. Die Zuständigkeit der Gerichte.

Für das Aufgebotsverfahren ist das Amtsgericht des Ortes zuständig, welchen die Urkunde als den Erfüllungsort bezeichnet. Unter

[11]) Vgl. § 799 Abs. 2 BGB. in Verbindung mit § 228 Abs. 2 HGB.

[12]) Vgl. § 800 BGB. in Verbindung mit § 228 Abs. 1 HGB. Eine Verstempelung der neuen Aktie, welche an Stelle der für kraftlos erklärten Aktie ausgestellt wird, ist nach § 32 des Kapitalverkehrsteuerges. v. 8. 4. 22 (RGBl. I, 354) nicht erforderlich.

[1]) Vgl. § 365 Abs. 2 HGB. Gewöhnliche Frachtbriefe und deren Duplikate können nicht für kraftlos erklärt werden. Vgl. Staub-Pinner, HGB. 12./13. Aufl. § 455 Anm. 8.

der Bezeichnung des Erfüllungsortes ist auch der Fall zu verstehen, daß die notwendigen Voraussetzungen zur Bestimmung desselben in der Urkunde enthalten sind, was z. B. bei Konnossementen sehr häufig vorkommt.

Enthält die Urkunde eine solche Bezeichnung nicht, so ist das Gericht zuständig, bei welchem der Aussteller seinen allgemeinen Gerichtsstand hat, und in Ermangelung eines solchen Gerichts dasjenige, bei welchem der Aussteller zur Zeit der Ausstellung seinen allgemeinen Gerichtsstand gehabt hat.[2])

Sind in der Urkunde mehrere Erfüllungsorte bezeichnet oder solche sonst nach dem Inhalt der Urkunde anzunehmen, so ist das Gericht eines jeden derselben für die Einleitung des Aufgebotsverfahrens zuständig.

2. Die Antragsberechtigung.

Zum Antrag auf Einleitung des Aufgebotsverfahrens ist, der allgemeinen Vorschrift des § 1004 Abs. 1 ZPO. entsprechend, der bisherige Inhaber des abhanden gekommenen oder vernichteten Papiers berechtigt.

Soweit die Urkunde nach ihrer Rückgabe an den Schuldner und nach Befriedigung des Gläubigers noch von Bedeutung ist, kann auch der Schuldner als bisheriger Inhaber derselben den Antrag auf Einleitung des Aufgebotsverfahrens stellen.[3])

3. Die Einleitung des Aufgebotsverfahrens

hat zur Folge, daß der Berechtigte, wenn er bis zur Kraftloserklärung Sicherheit bestellt, Leistung nach Maßgabe der Urkunde von dem Schuldner verlangen kann.[4])

4. Das Ausschlußurteil

ergeht der allgemeinen Vorschrift des § 1017 Abs. 1 ZPO. entsprechend dahin, daß die Urkunde für kraftlos zu erklären sei.

§ 42.

Das Aufgebot einer abhanden gekommenen oder vernichteten Schuldverschreibung auf den Inhaber, welche auf den Namen umgeschrieben ist.

(Art. 18 § 9 AGzBGB.)

Zur Ausführung der Vorschriften des § 806 BGB. und des Art. 101 EG. dazu, welche lauten:

§ 806 BGB.: „Die Umschreibung einer auf den Inhaber lautenden Schuldverschreibung auf den Namen eines bestimmten Berechtigten kann nur durch den Aussteller erfolgen. Der Aussteller ist zur Umschreibung nicht verpflichtet."

Art. 101 EGzBGB.: „Unberührt bleiben die landesgesetzlichen Vorschriften, welche einen früheren Bundesstaat oder ein deutsches Land oder ihm angehörende Körperschaften, Stiftungen und Anstalten des

---

[2]) Vgl. § 1005 Abs. 1 ZPO.
[3]) Vgl. Mot. zur ZPO. v. 30. 1. 77 S. 467.
[4]) Vgl. § 365 Abs. 2 HGB.

öffentlichen Rechtes abweichend von der Vorschrift des § 806 Satz 2 BGB. verpflichten, die von ihnen ausgestellten, auf den Inhaber lautenden Schuldverschreibungen auf den Namen eines bestimmten Berechtigten umzuschreiben, sowie die landesgesetzlichen Vorschriften, welche die sich aus der Umschreibung einer solchen Schuldverschreibung ergebenden Rechtsverhältnisse, mit Einschluß der Kraftloserklärung, regeln"

hat der § 1 des Art. 18 AGzBGB. v. 20. 9. 99 die Bestimmung getroffen, daß der Inhaber einer von einer Preußischen Körperschaft, Stiftung oder Anstalt des öffentlichen Rechts ausgestellten Schuldverschreibung auf den Inhaber von dem Aussteller verlangen kann, daß die Schuldverschreibung auf seinen Namen oder auf den Namen eines von ihm bezeichneten Dritten umgeschrieben wird.[1])

Nach § 9 Abs. 1 des vorerwähnten Art. 18 kann eine in dieser Weise auf den Namen umgeschriebene Schuldverschreibung auf den Inhaber, wenn sie abhanden gekommen oder vernichtet ist, im Wege des Aufgebotsverfahrens für kraftlos erklärt werden, wenn nicht in der Urkunde selbst das Gegenteil bestimmt ist.

Die Vorschriften des § 799 Abs. 2 und der §§ 800, 805 BGB. finden entsprechende Anwendung.[2])

Das Aufgebotsverfahren regelt sich nach den Bestimmungen der ZPO. über das Aufgebot einer nicht auf den Inhaber lautenden Urkunde (§§ 946 ff., 1003 ff. ZPO.) und, da seine Zulässigkeit auf landesgesetzlicher Vorschrift beruht, auch nach § 10 Abs. 2 AGzZPO. v. 22. 9. 99 in folgender Weise:

1. Die Zuständigkeit der Gerichte.

Für das Aufgebotsverfahren ist das Amtsgericht des Ortes zuständig, welchen die Schuldverschreibung als den Erfüllungsort bezeichnet.

Enthält die Schuldverschreibung eine solche Bezeichnung nicht, so ist das Amtsgericht zuständig, bei welchem die Körperschaft, Stiftung oder Anstalt des öffentlichen Rechts, welche die Schuldurkunde ausgestellt hat, ihren Sitz hat.[3])

Die Erledigung der Anträge auf Erlassung des Aufgebots zum Zwecke der Kraftloserklärung auf den Namen umgeschriebener Schuldver-

---

[1]) Vgl. §§ 1—11 des Art. 18 AGzBGB. v. 20. 9. 99. Bei Zins-, Renten- und Gewinnanteilscheinen, sowie bei den auf Sicht zahlbaren Schuldverschreibungen findet eine Umschreibung auf den Namen nicht statt. § 1 Abs. 2 Art. 18 ebenda.

[2]) Vgl. Art. 18 § 9 Abs. 2 AGzBGB. Der Aussteller der Urkunde ist also verpflichtet, dem bisherigen Inhaber auf Verlangen die zur Erwirkung des Aufgebots erforderliche Auskunft zu erteilen und die erforderlichen Zeugnisse (wenn für das Papier Zinsscheine ausgegeben sind) auf Kosten des letzteren auszustellen (§ 799 Abs. 2 BGB.) und ihm nach erfolgter Kraftloserklärung — unbeschadet des Anspruchs des bisherigen Inhabers, den Anspruch aus der Urkunde geltend zu machen — eine neue Schuldverschreibung an Stelle der für kraftlos erklärten zu erteilen. Die Kosten der neuen, auf Verlangen auch wieder auf den Namen umzuschreibenden Urkunde hat der bisherige Inhaber zu tragen und vorzuschießen (§ 800 BGB.). Der § 805 BGB. betrifft die Erneuerungsscheine.

[3]) Vgl. § 1005 Abs. 1 ZPO.

schreibungen auf den Inhaber kann von der Landesjustizverwaltung für mehrere Amtsgerichtsbezirke einem Amtsgericht übertragen werden. Auf Verlangen des Antragstellers erfolgt die Erledigung durch das nach § 1005 ZPO. zuständige Gericht.[4])

2. Die Antragsberechtigung.

Zum Aufgebotsantrage ist derjenige berechtigt, welcher das Recht aus dem auf den Namen umgeschriebenen Papier geltend machen kann.[5])

3. Der Antrag und das Aufgebot

bieten keine Besonderheiten. In dem Aufgebot ist als Rechtsnachteil anzudrohen, daß die Kraftloserklärung der Urkunde erfolgen werde.[6])

Der Aufgebotstermin ist, wenn für das auf den Namen umgeschriebene Papier Zins-, Renten- oder Gewinnanteilscheine ausgegeben sind, nach den in den §§ 1010—1013 ZPO. für Wertpapiere mit Zins-, Renten- oder Gewinnanteilscheinen gegebenen Vorschriften zu bestimmen.

Die oben im § 21 S. 55 in dieser Beziehung festgestellten Grundsätze finden auch hier Anwendung.

Ist in der Urkunde eine Verfallzeit angegeben, welche zur Zeit der ersten Einrückung des Aufgebots in den Deutschen Reichsanzeiger noch nicht eingetreten ist, und sind die Voraussetzungen der §§ 1010—1013 ZPO. nicht vorhanden, so ist der Aufgebotstermin so zu bestimmen, daß seit dem Verfalltage sechs Monate abgelaufen sind.[7])

4. Die Bekanntmachung des Aufgebots

erfolgt nach § 1009 ZPO. S. oben § 20 S. 54. Hier ist nur zu bemerken, daß das Aufgebot, falls es durch ein anderes als das nach § 1005 Abs. 1 ZPO. zuständige Gericht erlassen wird, auch durch Anheftung an die Gerichtstafel des letzteren Gerichts öffentlich bekannt zu machen ist.[8])

Hinsichtlich

5. des Ausschlußurteils und der Anfechtungsklage

gelten die allgemeinen Grundsätze.

6. Die Zahlungssperre

findet nicht statt, da es sich nicht um ein auf den Inhaber lautendes Papier handelt.

---

[4]) Vgl. § 972 Abs. 1 ZPO. in Verbindung mit § 10 Abs. 2 AGzZPO.

[5]) Vgl. § 1004 Abs. 2 ZPO. und Art. 18 AGzBGB. v. 20. 9. 99. Das Recht aus dem umgeschriebenen Papier kann nicht immer nur der Gläubiger geltend machen, der sich aus der namentlichen Bezeichnung auf der umgeschriebenen Urkunde ergibt; auch der Erbe, Vormund, Ehemann kann verfügungsberechtigt sein.

[6]) Vgl. § 1008 ZPO.

[7]) Vgl. § 1014 ebenda.

[8]) Vgl. § 972 Abs. 2 ZPO. in Verbindung mit § 10 Abs. 2 AGzZPO.

Zweiter Abschnitt.

Die sonstigen Aufgebotsfälle.

§ 43.

Das Aufgebot zum Zwecke der Todeserklärung eines Verschollenen.

Wer verschollen ist, kann nach Maßgabe der nachstehenden Bestimmungen der §§ 14—17 BGB. im Wege des Aufgebotsverfahrens für tot erklärt werden.

Die Todeserklärung ist zulässig, wenn seit zehn Jahren keine Nachricht von dem Leben des Verschollenen eingegangen ist. Sie darf nicht vor dem Schlusse des Jahres erfolgen, in welchem der Verschollene das einunddreißigste Lebensjahr vollendet haben würde.

Ein Verschollener, der das siebzigste Lebensjahr vollendet haben würde, kann für tot erklärt werden, wenn seit 5 Jahren keine Nachricht von seinem Leben eingegangen ist.

Der Zeitraum von zehn oder fünf Jahren beginnt mit dem Schlusse des letzten Jahres, in welchem der Verschollene den vorhandenen Nachrichten zufolge noch gelebt hat (§ 14).

Wer als Angehöriger einer bewaffneten Macht an einem Kriege teilgenommen hat, während des Krieges vermißt worden und seitdem verschollen ist, kann für tot erklärt werden, wenn seit dem Friedensschlusse drei Jahre verstrichen sind. Hat ein Friedensschluß nicht stattgefunden, so beginnt der dreijährige Zeitraum mit dem Schlusse des Jahres, in welchem der Krieg beendigt worden ist.

Als Angehöriger einer bewaffneten Macht gilt auch derjenige, welcher sich in einem Amts- oder Dienstverhältnis oder zum Zwecke freiwilliger Hilfeleistung bei der bewaffneten Macht befindet (§ 15).[1])

Besonderheiten ergeben sich für das Aufgebot zum Zwecke der Todeserklärung der im Weltkriege 1914—1918 Verschollenen aus der VO. über die Todeserklärung Kriegsverschollener v. 9. 8. 17 (RGBl. S. 703) in der Fassung des Ges. v. 20. 2. 25 (RGBl. I, 15). Sie ist zulässig bei Angehörigen der bewaffneten Macht des Deutschen Reichs oder eines mit ihm verbündeten oder befreundeten Staats, die an dem Kriege teilgenom-

[1]) Zu den Angehörigen des deutschen Heeres gehören im Sinne des § 15 Abs. 1 BGB. die Militärpersonen des § 1 Wehrges. v. 23. 3. 21 (RGBl. S. 329), d. h. die Offiziere aller Gattungen, die Deckoffiziere, Unteroffiziere und Mannschaften sowie die Militärbeamten.

men haben und während des Krieges vermißt worden sind, wenn ein Jahr lang von ihrem Leben keine Nachricht eingegangen ist. Das gleiche gilt für Personen, die nicht zur bewaffneten Macht gehören, wenn sie sich bei ihr aufgehalten haben oder ihr gefolgt sind, oder wenn sie in die Gewalt des Feindes geraten sind.[2])

Wer sich bei einer Seefahrt auf einem während der Fahrt untergegangenen Fahrzeuge befunden hat und seit dem Untergange des Fahrzeugs verschollen ist, kann für tot erklärt werden, wenn seit dem Untergang ein Jahr verstrichen ist.

Der Untergang des Fahrzeuges wird vermutet, wenn es an dem Orte seiner Bestimmung nicht eingetroffen oder in Ermangelung eines festen Reisezieles nicht zurückgekehrt ist, und wenn bei Fahrten innerhalb der Ostsee ein Jahr, bei Fahrten innerhalb anderer europäischer Meere, mit Einschluß sämtlicher Teile des Mittelländischen, Schwarzen und Azowschen Meeres, zwei Jahre, bei Fahrten, die über außereuropäische Meere führen, drei Jahre seit dem Antritte der Reise verstrichen sind. Sind Nachrichten über das Fahrzeug eingegangen, so ist der Ablauf des Zeitraums erforderlich, der verstrichen sein müßte, wenn das Fahrzeug von dem Orte abgegangen wäre, an dem es sich den Nachrichten zufolge zuletzt befunden hat (§ 16).

Wer unter anderen als den in den §§ 15, 16 bezeichneten Umständen in eine Lebensgefahr geraten und seitdem verschollen ist, kann für tot erklärt werden, wenn seit dem Ereignisse, durch welches die Lebensgefahr entstanden ist, drei Jahre verstrichen sind (§ 17).

Auf das Alter des Verschollenen kommt es in den Fällen der §§ 15—17 BGB. nicht an.

Nach Art. 9 Abs. 1 EGzBGB. ist grundsätzlich nach den Bestimmungen des BGB. und mit den dort festgestellten Wirkungen die Todeserklärung nur eines Deutschen zulässig. Als Deutscher gilt der Verschollene, wenn er zur Zeit des Beginns der Verschollenheit Deutscher war. Im Falle des § 15 ist aber nicht außerdem erforderlich, daß der Verschollene der deutschen bewaffneten Macht angehörte. In beschränktem Maße gilt dies auch zu § 1 der VO. v. 9. 8. 17 (s. oben).

Gehörte der Verschollene bei dem Beginne der Verschollenheit einem fremden Staate an, so kann er im Inlande nach den deutschen Gesetzen mit Wirkung für die Rechtsverhältnisse, welche sich nach den deutschen Gesetzen bestimmen, sowie mit Wirkung für das im Inlande befindliche Vermögen für tot erklärt werden; die Vorschriften des § 2369 Abs. 2 BGB. finden entsprechende Anwendung.[3])

---

[2]) Vgl. § 1 Abs. 1 und 2 VO. v. 9. 8. 17 (RGBl. S. 703). Zum „Vermißtsein" im Sinne dieser VO. genügt, daß die Verschollenheit mit der Kriegsgefahr in Verbindung steht. Vgl. Beschl. des LG. II Berlin v. 25. 2. 21, JMBl. S. 368. Neben §§ 1—3 KVO. ist für § 15 Abs. 1, § 18 Abs. 2 Fall 2 und § 19 BGB. kein Raum. Vgl. RG. v. 4. 6. 18, RGZ. 93, 109. Die weiteren Besonderheiten werden bei den einzelnen Punkten erörtert.

[3]) Vgl. Art. 9 Abs. 2 EGzBGB. Der § 2369 Abs. 2 BGB. lautet: „Ein Gegenstand, für den von einer deutschen Behörde ein zur Eintragung des Berechtigten bestimmtes Buch oder Register geführt wird, gilt als im Inlande befindlich. Ein Anspruch gilt als im Inlande befindlich, wenn für die Klage ein deutsches Gericht zuständig ist."

Hatte ein verschollener ausländischer Ehemann seinen letzten Wohnsitz im Inland, und ist die im Inlande zurückgebliebene oder dahin zurückgekehrte Ehefrau Deutsche oder bis zu ihrer Verheiratung mit dem Verschollenen Deutsche gewesen, so kann auf ihren Antrag der Verschollene im Inlande nach den deutschen Gesetzen ohne die vorstehend erwähnte, für Ausländer gegebene Beschränkung für tot erklärt werden.[4])

Die Todeserklärung von Verschollenen, welche die deutsche Reichsangehörigkeit verloren und eine andere Staatsangehörigkeit nicht erworben haben, sowie von solchen, welche eine Staatsangehörigkeit weder besitzen, noch besessen haben, kann im Inlande nach Art. 29 EGzBGB. erfolgen. Hiernach werden die Rechtsverhältnisse einer Person, welche keinem Staate angehört — soweit die Gesetze des Staates, dem eine Person angehört, für maßgebend erklärt sind — nach den Gesetzen des Staates beurteilt, dem die Person zuletzt angehört hat, und wenn sie auch früher einem Staate nicht angehört hat, nach den Gesetzen des Staates, in welchem sie ihren Wohnsitz und in Ermangelung eines Wohnsitzes ihren Aufenthalt hat oder zu der maßgebenden Zeit gehabt hat.

Für das Aufgebotsverfahren zum Zwecke der Todeserklärung hat die ZPO. in den §§ 961—976 eine Reihe besonderer Bestimmungen gegeben, nach denen sich dieses Verfahren in Verbindung mit den allgemeinen Vorschriften der §§ 946—959 ZPO. und den Bestimmungen der VO. v. 9. 8. 17 in der Fassung des Ges. v. 20. 2. 25 folgendermaßen gestaltet:

1. Die Zuständigkeit der Gerichte.

Zuständig für das Aufgebotsverfahren zum Zwecke der Todeserklärung ist das Gericht, in dessen Bezirk der Verschollene den letzten inländischen Wohnsitz hatte.[5])

In Ermangelung eines solchen Wohnsitzes wird das zuständige Gericht für Angehörige eines deutschen Landes von der Landesjustizverwaltung durch allgemeine Anordnung, für andere Verschollene, d. h. für Deutsche, die keinem deutschen Lande angehören, und für Ausländer, die nach Art. 9 Abs. 2 EGzBGB. im Inlande für tot erklärt werden, von dem Reichsminister der Justiz durch allgemeine Anordnung bestimmt.[6])

Auf Grund dieser letzteren Vorschrift ist durch die Bekanntmachungen des Reichskanzlers, betr. die Zuständigkeit für Todeserklärungen, v. 8. 3. 00 (RGBl. S. 128) und v. 21. 4. 06 (RGBl. S. 463) für das Aufgebotsverfahren zum Zwecke der Todeserklärung eines Verschollenen, der weder einen inländischen Wohnsitz gehabt hat, noch einem deutschen Lande angehört und durch die Allgemeinen Verfügungen des Justizministers v. 27. 11. 99 (JMBl. S. 387) und v. 24. 4. 06 (JMBl. S. 128) für das Aufgebotsverfahren zum Zwecke der Todeserklärung von Preußischen Staatsangehörigen, die einen Wohnsitz im Deutschen Reiche nicht gehabt haben, das Amtsgericht Berlin-Mitte für zuständig erklärt.

---

[4]) Vgl. Art. 9 Abs. 3 EGzBGB.

[5]) Vgl. § 961 Satz 1 ZPO. und wegen des Wohnsitzes oben § 16 S. 45.

[6]) Vgl. § 961 Satz 2 ZPO.

Von der Landesjustizverwaltung kann übrigens stets die Erledigung der Aufgebotsanträge für mehrere Amtsgerichtsbezirke einem Amtsgericht übertragen werden. Auf Verlangen des Antragstellers muß jedoch die Erledigung durch das nach § 961 ZPO. zuständige Gericht erfolgen. Auf die Fälle der KriegsverschVO. findet diese Vorschrift indes keine Anwendung.[7])

2. Die Antragsberechtigung.

Zu dem Antrag auf Einleitung des Aufgebotsverfahrens sind berechtigt:

1. der gesetzliche Vertreter des Verschollenen, also die Eltern, der Vormund oder der Pfleger, auch der Nachlaßpfleger hinsichtlich verschollener Miterben (§§ 1630, 1773, 1896, 1911 BGB.);
2. jeder, der an der Todeserklärung ein rechtliches Interesse hat.[8])

Der gesetzliche Vertreter bedarf zu dem Antrage der Genehmigung des Vormundschaftsgerichts.[9])

Ein rechtliches Interesse an der Todeserklärung hat namentlich der Ehegatte sowie der gesetzliche oder durch Testament oder Erbvertrag berufene Erbe des Verschollenen, daneben aber auch jeder andere, für den ein Recht von dem Tode des Verschollenen abhängt, und zwar selbst dann, wenn es sich um ein Recht gegen einen Dritten handelt, z. B. wenn jemand eine auf den Tod des Verschollenen gestellte Versicherungspolice besitzt.[10])

Nach der KriegsverschVO. v. 9. 8. 17 ist ferner der Staatsanwalt antragsberechtigt. Wird der Antrag nicht von dem Staatsanwalt gestellt, so ist er ihm mitzuteilen.[11])

3. Der Antrag.

In betreff der Form des Antrags gelten die allgemeinen Grundsätze.

Was den Inhalt des Antrags anlangt, so hat der Antragsteller die zur Begründung des Antrags erforderlichen Tatsachen glaubhaft zu machen.[12])

Welche Tatsachen zur Begründung des Aufgebotsantrags erforderlich und deshalb glaubhaft zu machen sind, ergibt sich zunächst aus den Be-

---

[7]) Vgl. § 972 Abs. 1 ZPO. Die Ablehnung eines dahin gehenden Verlangens des Antragstellers gewährt einen Beschwerdegrund. Vgl. Reincke, ZPO. Anm. zu § 972 S. 867. § 8 VO. über die Todeserkl. Kriegsverschollener v. 9. 8. 17.

[8]) Vgl. § 962 Abs. 1 ZPO.

[9]) Vgl. § 962 Abs. 2 ZPO. — Wegen der Zuständigkeit des Vormundschaftsgerichts vgl. §§ 35 ff. Reichsges. über die Angelegenheiten der freiwilligen Gerichtsbarkeit v. 17. 5. 98 (RGBl. S. 189, 771). Vgl. § 1847 BGB., nach welchem die Todeserklärung zu den „wichtigen Angelegenheiten" gehört, in welchen das Vormundschaftsgericht vor der von ihm zu treffenden Entscheidung Verwandte oder Verschwägerte des verschollenen Mündels hören soll, und wegen der entsprechenden Anwendung dieser Vorschrift bei der Pflegschaft § 1915 ebenda.

[10]) Vgl. Mot. S. 194. Foerster-Kann, ZPO. Anm. 1 b zu § 962.

[11]) Vgl. §§ 18 u. 5 KriegsVerschVO.

[12]) Vgl. § 963 ZPO.

stimmungen der §§ 14—17 BGB. So ist z. B. im Falle des § 14 das Alter des Verschollenen, im Falle des § 15 die Teilnahme an einem Kriege als Angehöriger einer bewaffneten Macht, im Falle des § 16 die Beteiligung an einer Seefahrt und, wenn möglich, der Untergang des betr. Fahrzeugs, im Falle des § 17 die sonstige Lebensgefahr, in die der Verschollene geraten, und in allen Fällen das Fehlen von Nachrichten über das Leben des letzteren und der Ablauf der vorgeschriebenen Fristen darzulegen und glaubhaft zu machen.

Für den Fall, daß die Todeserklärung eines Verschollenen, der weder einen inländischen Wohnsitz gehabt hat, noch einem deutschen Lande angehört, bei dem Amtsgericht Berlin-Mitte beantragt wird, sind in dem Aufgebotsantrag außerdem genaue Angaben über den bisherigen Wohnsitz bezw. Aufenthalt des Verschollenen zu machen, aus denen das Amtsgericht zu der Feststellung gelangen kann, daß der Verschollene in der Tat seinen Wohnsitz im Deutschen Reiche nicht gehabt hat bzw. einem deutschen Lande nicht angehört.

Die Glaubhaftmachung dieser und der sonstigen zur Begründung des Aufgebotsantrags erforderlichen Angaben und Tatsachen hat nach der Vorschrift des § 294 ZPO. zu erfolgen;[13]) sie wird in den meisten Fällen durch Beibringung behördlicher Zeugnisse[14]) oder durch Vorlegung von Bescheinigungen der Verwandten oder Bekannten oder der Landsleute des Verschollenen zu bewirken sein. Daß der Antragsteller sich zur Versicherung der Wahrheit seiner Angaben an Eides Statt erbieten muß, ist nicht ausdrücklich vorgeschrieben; nach § 294 Satz 1 ZPO. kann er jedoch zu einer solchen Versicherung jederzeit zugelassen werden.[15]) In einem Verfahren nach den Vorschriften der KriegsverschVO. v. 9. 8. 17 genügt zum Nachweis von Tatsachen, die bei dem Truppenteile des Verschollenen oder der obersten Militärverwaltungsbehörde bekannt sind, eine mit dem Dienstsiegel versehene schriftliche Erklärung des militärischen Disziplinarvorgesetzten bezw. Auskunft der Behörde.[16])

Im übrigen muß der Antragsteller in dem Aufgebotsantrag auch seine Berechtigung zur Stellung desselben, geeignetenfalls durch öffentliche Urkunden u. dergl. nachweisen und, wenn er gesetzlicher Vertreter des Verschollenen ist, auch die Genehmigung des Vormundschaftsgerichts zu dem Antrage beibringen.

4. Die Prüfung der Zulässigkeit des Antrags.

In dieser Beziehung gelten die allgemeinen Grundsätze. Die Prüfung des Aufgebotsrichters wird sich vor allem darauf erstrecken müssen, ob seine Zuständigkeit für den betr. Fall begründet ist, ob die im einzelnen Fall (§§ 14—17 BGB.) zur Begründung des Antrags erforderlichen Tatsachen

---

[13]) Wegen der Glaubhaftmachung vgl. im allgemeinen oben § 18 S. 51.

[14]) Amtliche Zeugnisse sind gebührenpflichtig nach der Verwaltungsgebührenordnung v. 30. 12. 26 u. Nr. 14 des Gebührentarifs (GS. S. 327).

[15]) Vgl. dagegen § 1007 ZPO., vgl. auch oben § 9 Anm. 9.

[16]) Vgl. § 22 KriegsVerschVO. v. 9. 8. 17 und dazu AV. v. 13. 6. 16 über die Todeserkl. Kriegsverschollener (JMBl. S. 129) u. v. 31. 10. 16 über die vor der Todeserklärung einzuholenden Auskünfte (JMBl. S. 291).

den gesetzlichen Vorschriften entsprechend glaubhaft gemacht sind, und ob die Berechtigung zur Stellung des Aufgebotsantrags genügend nachgewiesen ist.

Ist dies der Fall, so ist das Aufgebotsverfahren einzuleiten und das Aufgebot zu veranlassen.

5. Das Aufgebot.

In das Aufgebot ist aufzunehmen:[17])

1. die Bezeichnung des Antragstellers;
2. die Aufforderung an den Verschollenen, welcher genau zu bezeichnen ist, sich spätestens im Aufgebotstermine zu melden, widrigenfalls die Todeserklärung erfolgen werde;
3. die Aufforderung an alle, welche Auskunft über Leben oder Tod des Verschollenen zu erteilen vermögen, spätestens im Aufgebotstermine dem Gericht Anzeige zu machen.

6. Die Bekanntmachung des Aufgebots.

Die öffentliche Bekanntmachung des Aufgebots erfolgt nach der Vorschrift des § 948 ZPO.:

1. durch Anheftung einer Ausfertigung des Aufgebots an die Gerichtstafel bis zum Aufgebotstermin,

wobei zu beachten ist, daß, wenn das Aufgebot durch ein anderes als das nach § 961 ZPO. zuständige Gericht erlassen wird, das Aufgebot auch durch Anheftung an die Gerichtstafel dieses Gerichts öffentlich bekannt zu machen ist;[18])

2. durch einmalige Einrückung des vollständigen Aufgebots in den Deutschen Reichsanzeiger.

Außerdem kann das Gericht anordnen, daß der Auszug noch in andere Blätter und zu mehreren Malen eingerückt werde, wenn dies nach Lage des Falles zweckmäßig erscheint. Auf die Gültigkeit der öffentlichen Bekanntmachung hat es keinen Einfluß, wenn das anzuheftende Schriftstück von dem Orte der Anheftung zu früh entfernt ist, oder wenn im Falle wiederholter Bekanntmachung die vorgeschriebenen Zwischenfristen nicht eingehalten sind.[19])

In den Fällen der §§ 15—17 BGB., d. h. in den Fällen der Kriegs-, See- und Lebensgefahr-Verschollenheit,[20]) kann die Bekanntmachung durch öffentliche Blätter unterbleiben. Das gleiche gilt, wenn seit der Geburt des Verschollenen hundert Jahre verstrichen sind.[21]).

---

[17]) Vgl. § 964 ZPO. Die Verbindung mehrerer Aufgebote zum Zwecke der Todeserklärung ist zulässig. Vgl. § 959 ebenda. — Für das Aufgebot zum Zwecke der Todeserklärung ist unter ZP. Nr. 69a ein amtlicher Vordruck hergestellt.

[18]) Vgl. § 972 Abs. 2 ZPO.

[19]) Vgl. § 949 ebenda.

[20]) Die Bestimmungen der §§ 15—17 BGB. sind am Anfang des § 43, S. 140 wiedergegeben.

[21]) Vgl. § 966 Abs. 1 ZPO.

Die Wahrscheinlichkeit des Todes ist in diesen Fällen so groß, daß die das Verfahren verteuernde Einrückung des Aufgebots in die öffentlichen Blätter entbehrlich erscheint.

Nach der KriegsVerschVO. v. 9. 8. 17 kann die Bekanntmachung des Aufgebots durch öffentliche Blätter unterbleiben. Das Gericht kann anordnen, daß das Aufgebot außer an die Gerichtstafel in der Gemeinde, in der der Verschollene seinen letzten Wohnsitz gehabt hat, an die für amtliche Bekanntmachungen bestimmten Stellen angeheftet wird (§ 7).

Eine besondere Mitteilung des Aufgebots an bestimmte Personen ist nicht erforderlich.

7. Die Aufgebotsfrist.

Die Aufgebotsfrist muß der Regel nach mindestens sechs Monate betragen,[22]) und zwar in der Art, daß zwischen dem Tage, an welchem die Einrückung oder die erste Einrückung des Aufgebots in den Deutschen Reichsanzeiger erfolgt ist, und dem Aufgebotstermine ein Zeitraum von mindestens sechs Monaten liegen muß.[23])

Wenn in den Fällen der §§ 15—17 BGB. oder weil seit der Geburt des Verschollenen hundert Jahre verstrichen sind, die Bekanntmachung des Aufgebots durch öffentliche Blätter unterbleibt, so braucht die Aufgebotsfrist nur sechs Wochen zu betragen. Die Frist beginnt in diesem Falle mit der Anheftung des Aufgebots an die Gerichtstafel. Zwischen dieser Anheftung und dem Aufgebotstermin muß alsdann ein Zeitraum von mindestens sechs Wochen liegen.[24])

Nach der KriegsVerschVO. beträgt die Aufgebotsfrist mindestens einen Monat von Anheftung an die Gerichtstafel an gerechnet.[25])

8. Das weitere Verfahren.

Für das weitere Verfahren nach Erlaß des Aufgebots ist zunächst zu beachten, daß jeder Antragsberechtigte neben dem Antragsteller oder statt des Antragstellers in das Verfahren eintreten kann.[26])

Es soll dadurch eine Wiederholung des Verfahrens für den Fall erspart werden, daß der Antragsteller des Verfahrens stirbt oder das Verfahren nicht fortsetzt.

Der eintretende Antragsberechtigte erlangt durch den Eintritt die Rechtsstellung eines Antragstellers.[27])

Im übrigen hat das Gericht nach erfolgtem Erlaß des Aufgebots unter Benutzung der in dem Aufgebotsantrag angegebenen Tatsachen und

---

[22]) Vgl. § 965 ZPO.
[23]) Vgl. § 950 ebenda.
[24]) Vgl. § 966 Abs. 2 in Verbindung mit § 950 ZPO.
[25]) Vgl. §§ 6, 7 Abs. 3 VO. v. 9. 8. 17 (RGBl. 703).
[26]) Vgl. § 967 Satz 1 ebenda.
[27]) Vgl. § 967 Satz 2 ZPO. Einer ausdrücklichen Entscheidung über die Zulassung des Eintritts bedarf es nicht. Es wird sich aber empfehlen, die Zulassung des Eintritts eines anderen Antragsberechtigten in das Verfahren gerichtlich auszusprechen. Zustimmend Stein-Jonas a. a. O. Anm. III zu § 967.

Beweismittel von Amts wegen die zur Feststellung des Sachverhalts erforderlichen Ermittelungen zu veranstalten und die geeignet erscheinenden Beweise aufzunehmen.[28])

Wie die Motive hervorheben, machen es der Zweck und die besondere Natur des Verfahrens, bei welchem ein Gegner des Antragstellers nicht vorhanden ist, sowie die Rücksicht auf die weitgehenden, auch im Verhältnisse zu Dritten sich äußernden Wirkungen der Todeserklärung erforderlich, daß für die Entscheidung eine nach jeder Richtung zuverlässige Grundlage geschaffen wird. Das Gericht soll sich daher nicht mit einer bloßen Glaubhaftmachung, wie sie für den Erlaß des Aufgebots verlangt wird, begnügen, sondern selbständig und von Amts wegen dafür sorgen, daß ein voller Nachweis, der zur Begründung der beantragten Todeserklärung erforderlichen Tatsachen erbracht wird. Welche Ermittelungen zu veranstalten und welche Beweise zu erheben sind, muß dem richterlichen Ermessen in jedem einzelnen Fall nach Lage der Umstände überlassen bleiben. Insbesondere sind stets auch eingehende Nachforschungen nach dem Zeitpunkt des Todes anzustellen, da in dem Urteil, welches die Todeserklärung ausspricht, nach § 970 ZPO. auch der Todestag des Verschollenen nach Tag und Stunde angegeben werden muß.

Für die zur Feststellung des Sachverhalts erforderliche Beweisaufnahme gelten die allgemeinen, in den §§ 355 ff. ZPO. über die Beweisaufnahme getroffenen Bestimmungen; für die Todeserklärung Kriegsverschollener kommen die oben unter Nr. 3 S. 144 erwähnten Erleichterungen in Betracht.

Wenn sich infolge des Aufgebots der angeblich Verschollene meldet, so können zwei Fälle eintreten:

1. Der Antragsteller erkennt die sich meldende Person als den von dem Aufgebot betroffenen Verschollenen an.

In diesem Falle ist das ganze Verfahren erledigt. Das Gericht hat alsdann den Antrag auf Todeserklärung, wenn ihn der Antragsteller nicht etwa selbst zurücknimmt, durch Beschluß zurückzuweisen.

Gegen den Beschluß findet nach § 952 Abs. 4 ZPO. sofortige Beschwerde statt.

2. Die Person, welche sich als der angeblich Verschollene meldet, wird als solcher von dem Antragsteller nicht anerkannt.

In diesem Falle ist das Aufgebotsverfahren bis zur endgültigen Entscheidung über den Statusstreit auszusetzen, da diese Entscheidung nicht dem Aufgebotsrichter, sondern lediglich dem Prozeßrichter obliegt.[29])

9. Das Urteil.

Wenn sich infolge des Aufgebots der Verschollene weder vor noch in dem Aufgebotstermin gemeldet hat, auch sonst keine Gründe für die

---

[28]) Vgl. § 968 ZPO. Die streitige Frage, ob der Antragsteller selbst als Zeuge vernommen werden kann, ist mit Stein, Foerster-Kann, Sellner zu verneinen; er kann nur gemäß § 952 Abs. 3 zur Versicherung an Eides Statt zugelassen werden.

[29]) Vgl. §§ 969 und 953 ZPO. und Mot. S. 195. Vgl. Foerster-Kann, ZPO. § 969 Anm. 2; Stein-Jonas, ZPO. 29 § 953 Anm. II; „Recht" 07 S. 46, 47.

Aussetzung des Aufgebotsverfahrens vorliegen, und das Gericht die zur Begründung der Todeserklärung nach den Vorschriften der §§ 14—17 BGB. erforderlichen Tatsachen für erwiesen erachtet, so hat das Gericht durch Urteil die Todeserklärung des Verschollenen auszusprechen. In den Fällen der KriegsVerschVO. ist vor der Entscheidung der Staatsanwalt über das Ergebnis der Ermittlungen zu hören.[30])

In dem Urteil ist:[31])

1. der aufgebotene Verschollene unter genauer Bezeichnung seiner Person für tot zu erklären;
2. der Zeitpunkt des Todes, g. F. nach Maßgabe der verschiedenen Fälle des § 18 Abs. 2 BGB. und des § 10 Ges. über die Todeserklärung Kriegsverschollener v. 20. 2. 25 festzustellen;
3. in betreff der Kosten nach Maßgabe des § 971 ZPO. Bestimmung zu treffen.

Im einzelnen ist hierbei zu beachten:

Zu 1. Die genaue Bezeichnung des für tot erklärten Verschollenen ist erforderlich, um jeden Zweifel an der Personengleichheit für die Zukunft auszuschließen.

Zu 2. Der Ausspruch der Todeserklärung begründet nach § 18 Abs. 1 BGB. die Vermutung, daß der Verschollene in dem Zeitpunkte verstorben sei, welcher in dem die Todeserklärung aussprechenden Urteile festgestellt ist. Mit Rücksicht hierauf ist die Feststellung dieses Zeitpunktes in dem Todeserklärungsurteil ausdrücklich vorgeschrieben; sie bildet einen wesentlichen Bestandteil der Urteilsformel, und ihre Unterlassung gewährt dem Antragsteller das Recht, gemäß § 321 ZPO. den Antrag auf Ergänzung des Urteils durch nachträgliche Entscheidung zu stellen.

Das Gericht hat den Todestag und, wenn irgend möglich, auch die Todesstunde zunächst selbständig zu ermitteln. Wenn diese Ermittelungen nicht ein anderes ergeben, treten die gesetzlichen Regeln des § 18 Abs. 2 und 3 BGB. ein, nach welchen als Zeitpunkt des Todes anzunehmen ist:

in den Fällen des § 14 der Zeitpunkt, in welchem die Todeserklärung zulässig geworden ist;

in den Fällen des § 15 der Zeitpunkt des Friedensschlusses oder der Schluß des Jahres, in welchem der Krieg beendigt worden ist;

in den Fällen des § 16 der Zeitpunkt, in welchem das Fahrzeug untergegangen ist oder von welchem an der Untergang vermutet wird;

in den Fällen des § 17 der Zeitpunkt, in welchem das Ereignis stattgefunden hat;

und, wenn die Todeszeit nur dem Tage nach festgestellt ist, das Ende des Tages als Zeitpunkt des Todes gilt.[32])

---

[30]) Vgl. § 9 KriegsVerschVO. und dazu AV. v. 20. 8. 17 (JMBl. S. 291).

[31]) Vgl. §§ 970, 971 ZPO. — Für das Ausschlußurteil im Falle des Aufgebots zum Zwecke der Todeserklärung ist unter ZV. Nr. 69b ein amtlicher Vordruck festgestellt.

[32]) Vgl. auch §§ 19 und 20 BGB., welche lauten:

§ 19. „Solange nicht die Todeserklärung erfolgt ist, wird das Fortleben des Verschollenen bis zu dem Zeitpunkte vermutet, der nach § 18 Abs. 2

Bei Todeserklärung der im Weltkrieg Verschollenen ist nach § 2 Ges. v. 20. 2. 25 (RGBl. I, 15) als Todestag der 10. Januar 1920 anzunehmen. Wird ein rechtliches Interesse an der Annahme einer anderen Todeszeit glaubhaft gemacht, so ist der Zeitpunkt, in dem der Antrag auf Todeserklärung zulässig geworden ist, das ist der Zeitpunkt des Ablaufs des im § 1 KVO. festgesetzten einen Jahres seit dem Eingang der letzten Nachricht, oder, wenn der Verschollene seit einem besonderen Kriegsereignis, an dem er beteiligt war, vermißt wird, der Zeitpunkt des Ereignisses als Zeitpunkt des Todes anzunehmen, sofern nicht die Ermittlungen eine andere Annahme rechtfertigen.

Das Gericht kann das Verfahren der Todeserklärung Kriegsverschollener ferner nach Maßgabe des § 11 KriegsVerschVO. v. 9. 8. 17 auf die Dauer von längstens einem Jahre aussetzen.

Zu 3. In betreff der Pflicht zur Kostentragung finden, soweit infolge des Aufgebots die Erstattungspflicht eines Gegners in Frage kommt, auch hier die allgemeinen Vorschriften der §§ 91 ff. ZPO. Anwendung. Wenn aber eine Todeserklärung erfolgt, so fallen die dem Antragsteller erwachsenen Kosten, welche zur zweckentsprechenden Durchführung des Verfahrens notwendig waren, nach § 971 ZPO. dem Nachlasse zur Last.

Für das Verfahren nach den Vorschriften der KriegsVerschVO. v. 9. 8. 17 werden Gerichtsgebühren nicht erhoben (§ 23).

In betreff der Verkündung des Urteils gelten die allgemeinen Grundsätze.

Die **öffentliche Bekanntmachung** des Urteils steht im Ermessen des Gerichts, welches in dieser Beziehung auch auf entsprechende Anträge des Antragstellers billige Rücksicht nehmen muß. Erachtet das Gericht die öffentliche Bekanntmachung für angezeigt, so hat es die einmalige Einrückung des wesentlichen Inhalts des Urteils[33]) in den Deutschen Reichsanzeiger anzuordnen.[34])

Eine Zustellung des Ausschlußurteils an den Antragsteller oder sonstige bekannte Beteiligte ist nicht erforderlich außer in dem Verfahren nach der KriegsVerschVO., in dem die Entscheidung dem Staatsanwalt zuzustellen ist.[35]) Öffentliche Zustellung des Urteils ist ausgeschlossen.

---

in Ermangelung eines anderen Ergebnisses der Ermittlungen als Zeitpunkt des Todes anzunehmen ist; die Vorschrift des § 18 Abs. 3 findet entsprechende Anwendung."

§ 20. „Sind mehrere in einer gemeinsamen Gefahr umgekommen, so wird vermutet, daß sie gleichzeitig gestorben seien."

Ähnlich auch § 3 Ges. über die Todeserkl. Kriegsversch. v. 20. 2. 25.

[33]) Es genügt z. B. folgende

Todeserklärung.

Durch Urteil des unterzeichneten Gerichts vom heutigen Tage ist der verschollene Stellmacher Friedrich Wilhelm Mayer aus Ludwigshof für tot erklärt. Als Zeitpunkt des Todes ist der 22. Januar 1929 festgestellt.

Halle (Saale), den ....

Das Amtsgericht.

[34]) Vgl. § 956 ZPO.

[35]) Vgl. KriegsVerschVO. v. 9. 8. 17 § 9 und dazu AV. v. 20. 8. 17 (JMBl. S. 291). Durch AV. v. 13. 6. 16 (JMBl. S. 129) Abs. 4 sind die

10. Die Rechtskraft des Urteils und die Anfechtungsklage.

Gegen das die Todeserklärung eines Verschollenen aussprechende Urteil findet ein Rechtsmittel nicht statt. Das Urteil ist mit seiner Verkündung rechtskräftig.

Das Urteil kann jedoch bei dem Landgerichte, in dessen Bezirk das Aufgebotsgericht seinen Sitz hat, im Wege der Klage (Anfechtungsklage) angefochten werden:

1. wenn einer der im § 957 Abs. 2 ZPO. vorgesehenen Fälle vorliegt;
2. wenn die Todeserklärung mit Unrecht erfolgt, oder
3. wenn der Zeitpunkt des Todes des Verschollenen unrichtig festgestellt ist.[36])

Die Erhebung der Klage ist nur innerhalb der Frist von einem Monate zulässig.

Wenn die Klage auf einen der im § 957 Abs. 2 ZPO. bezeichneten Gründe gestützt wird, so ist diese einmonatige Frist eine Notfrist und beginnt mit dem Tage, an welchem der Kläger Kenntnis von dem Ausschlußurteile erhalten hat, in dem Falle jedoch, wenn die Klage auf einem der im § 957 Nr. 4, 6 ZPO. bezeichneten Anfechtungsgründe beruht und dieser Grund an jenem Tage noch nicht zur Kenntnis des Klägers gelangt war, erst mit dem Tage, an welchem der Anfechtungsgrund dem Kläger bekannt geworden ist. Nach Ablauf von zehn Jahren, von dem Tage der Verkündung des Ausschlußurteils an gerechnet, ist die Klage unzulässig.[37])

Wird dagegen die Anfechtungsklage darauf gestützt, daß die Todeserklärung mit Unrecht erfolgt oder der Zeitpunkt des Todes des Verschollenen unrichtig festgestellt sei, so ist die einmonatige Frist keine Notfrist und beginnt mit der Erlassung des die Todeserklärung aussprechenden Urteils.[38]) Die Fristen der §§ 958, 976 ZPO. gelten nicht für das Verfahren nach der KriegsVerschVO. v. 9. 8. 17 (§ 12 Abs. 2 das.).

Zur Erhebung der Anfechtungsklage ist jeder berechtigt, der an der Aufhebung der Todeserklärung oder an der Berichtigung des Zeitpunktes des Todes ein rechtliches Interesse hat.[39])

Die Anfechtungsklage ist gegen denjenigen zu richten, welcher die Todeserklärung erwirkt hat, falls aber dieser selbst die Klage erhebt oder

---

Amtsgerichte ferner angewiesen, Abschrift des entscheidenden Teils des die Todeserklärung aussprechenden Urteils und des die Aufhebung des Todeserklärung aussprechenden Beschlusses sowie eines auf Anfechtungsklage ergangenen abändernden Urteils der Militärbehörde mitzuteilen, an welche nach Abs. 3 ders. V. Ersuchen um Auskunft zu richten sind. Wegen der Mitteilung an die Finanzämter s. unten Nr. 11.

[36]) Vgl. § 973 ZPO. Wegen der im § 957 Abs. 2 ZPO. vorgesehenen formalen Fälle s. oben § 11 S. 28, 29. Die beiden anderen Anfechtungsgründe führen zu einer sachlichen Nachprüfung der Zulässigkeit und Begründung (§ 970 ZPO.) des Urteils. Das Auftreten des Verschollenen nach der Todeserklärung fällt unter keinen der Anfechtungsgründe des § 957 Abs. 2 ZPO. Vgl. Erk. d. RG. v. 2. 2. 03 in JW. 03 S. 126 Nr. 13; Recht 03 Nr. 1471; DJZ. 8 S. 223.

[37]) Vgl. § 958 ZPO.

[38]) Vgl. § 976 Satz 1 und 2 ebenda.

[39]) Vgl. § 974 Abs. 1 ZPO. S. auch § 967 ebenda und wegen des „rechtlichen Interesses" oben Nr. 2 S. 143.

falls er verstorben oder sein Aufenthalt unbekannt oder im Auslande ist, gegen den Staatsanwalt.[40])

Auf das Verfahren über die Anfechtungsklage finden gemäß § 975 die Vorschriften der §§ 667, 669, 670, des § 673 Abs. 1 und des § 956 ZPO. entsprechende Anwendung.

Demzufolge kann mit der die Todeserklärung anfechtenden Klage eine andere Klage nicht verbunden werden. Eine Widerklage ist unzulässig (§ 667 ZPO.).

Bei der mündlichen Verhandlung — welche übrigens niemals vor Ablauf eines Monats nach der Erlassung des die Todeserklärung aussprechenden Urteils stattfinden darf[41]) — haben die Parteien die Ergebnisse der bei dem Amtsgerichte stattgehabten Sachuntersuchung, soweit es zur Prüfung der Richtigkeit des angefochtenen Urteils erforderlich ist, vollständig vorzutragen. Im Falle der Unrichtigkeit oder Unvollständigkeit des Vortrags hat der Vorsitzende dessen Berichtigung oder Vervollständigung, nötigenfalls unter Wiedereröffnung der Verhandlung, zu veranlassen (§ 669 ZPO.).

Die Vorschriften des § 617 Abs. 1, 3 und der §§ 618, 622 ZPO., durch welche insbesondere das Verfügungsrecht der Parteien über den Prozeßstoff eingeschränkt und dem Gericht die Befugnis gewährt wird, Tatsachen, welche von den Parteien nicht vorgebracht sind, zu berücksichtigen und die Aufnahme von Beweisen von Amts wegen anzuordnen, finden entsprechende Anwendung (§ 670 ZPO.).

Mehrere Anfechtungsprozesse sind zum Zwecke gleichzeitiger Verhandlung und Entscheidung zu verbinden. Behufs einheitlicher Feststellung des Sachverhalts kommen für die auf einer Parteiseite stehenden Beteiligten die Grundsätze der notwendigen Streitgenossenschaft (§ 62 ZPO.) zur Anwendung.[42])

Führt das Verfahren über die Anfechtungsklage zu dem Ergebnisse, daß die Todeserklärung mit Unrecht erfolgt oder daß der Zeitpunkt des Todes unrichtig festgestellt ist, so hat das Prozeßgericht

im ersten Falle die Todeserklärung aufzuheben,

im zweiten Falle aber den Zeitpunkt des Todes nunmehr selbst zu ermitteln und nach Maßgabe des § 18 Abs. 2 BGB. anderweit festzustellen.

In beiden Fällen wirkt das Urteil für und gegen alle.[43])

Unterliegt der Staatsanwalt, so ist die Staatskasse zur Erstattung der dem obsiegenden Gegner erwachsenen Kosten in Gemäßheit der §§ 91 bis 107 ZPO. zu verurteilen.[44])

Die öffentliche Bekanntmachung des auf die Anfechtungsklage ergangenen Urteils ist in das Ermessen des Prozeßgerichts gestellt. Wird

---

[40]) Vgl. § 974 Abs. 2 ZPO. und § 42 Ges. über die Konsulargerichtsbarkeit v. 7. 4. 00 (RGBl. S. 213). Ist ein Verschollener auf Antrag seines Abwesenheitspflegers für tot erklärt, so ist die Anfechtungsklage gegen den Staatsanwalt zu richten. Vgl. RG. 29. 10. 10, RGZ. 74, 327.

[41]) Vgl. § 976 Abs. 1 Satz 3 ZPO.

[42]) Vgl. § 976 Abs. 2 ZPO.

[43]) Vgl. § 976 Abs. 3 ZPO.

[44]) Vgl. § 673 Abs. 1 in Verbindung mit § 975 ZPO.

sie für angezeigt erachtet, so erfolgt sie durch einmalige Einrückung des wesentlichen Inhalts des Urteils in den Deutschen Reichsanzeiger.[45])

Wesentliche Vereinfachungen in bezug auf die Aufhebung und Abänderung des Ausschlußurteils sieht die KriegsVerschVO. v. 9. 8. 17 (RGBl. 703) vor. Hat der Verschollene die Todeserklärung überlebt, so kann er oder der Staatsanwalt ihre Aufhebung bei dem Aufgebotsgerichte im Beschlußverfahren nach Maßgabe der §§ 13—17 das. beantragen. Gegen die Aufhebung der Todeserklärung findet kein Rechtsmittel statt; gegen die Zurückweisung des Antrags ist sofortige Beschwerde gegeben. Ist in einem Ausschlußurteile der Zeitpunkt des Todes unrichtig festgestellt, so kann das Gericht von Amts wegen oder auf Antrag jedes Interessenten oder des Staatsanwalts die Feststellung im Beschlußverfahren berichtigen. Die Anfechtungsklage findet nicht statt (§§ 18—21).

11. Mitteilung der erfolgten Todeserklärung an die Finanzämter.

Nach § 27 Nr. 2 des Erbschaftssteuergesetzes v. 22. 8. 25 (RGBl. I, 320) haben die Gerichte von Amts wegen den Finanzämtern von den ergangenen Todeserklärungen Mitteilung zu machen.

Die durch die allgemeine Verfügung des Finanzministers und des Justizministers v. 26. 6. 06 (JMBl. S. 174) unter Übernahme der Vorschrift des § 3 der Ausführungsbestimmungen des Bundesrats zum Erbschaftssteuergesetz für das Erbschaftssteuergesetz v. 3. 6. 06 getroffene Anordnung, daß die Amtsgerichte alsbald nach Erlassung des die Todeserklärung aussprechenden Urteils und ohne den Ablauf der im § 976 ZPO. bestimmten Frist abzuwarten, eine beglaubigte Abschrift des Urteils dem zuständigen Finanzamte mitzuteilen haben, ist auch jetzt noch zu beachten.

12. Die Bedeutung und die rechtlichen Wirkungen der Todeserklärung.

Wie bereits oben hervorgehoben ist, begründet die Todeserklärung die Vermutung, daß der Verschollene in dem Zeitpunkte, welcher in dem die Todeserklärung aussprechenden Urteil als Zeitpunkt des Todes festgestellt ist, gestorben ist und bis zu diesem Zeitpunkt gelebt hat. Die Tatsache des Todes und des Lebens bedarf danach eines weiteren Beweises nicht, während andererseits die durch das Urteil begründete Vermutung durch den Beweis des wirklichen Todes oder des Lebens oder des Überlebens des im Urteil festgestellten Todeszeitpunktes beseitigt werden kann.[46])

Die rechtlichen Wirkungen der Todeserklärung sind im wesentlichen folgende:

Mit dem im Urteil festgesetzten Zeitpunkt des Todes endigt die elterliche Gewalt des für tot erklärten Vaters (§ 1679 BGB.) und beginnt die elterliche Gewalt der Mutter (§ 1684 BGB.), hört die Ver-

---

[45]) Vgl. § 956 in Verbindung mit § 975 ZPO.

[46]) Deshalb kann auch eine Eintragung des Todesfalls in das Sterberegister nicht erfolgen; § 58 Abs. 2 des Personenstandsges. v. 6. 2. 75 ist nicht anwendbar.

waltung und Nutznießung des für tot erklärten Ehemannes auf (§ 1420 BGB.) und endigt die Gütergemeinschaft in allen ihren einzelnen Formen (§§ 1494, 1544 BGB.).

Mit der Verkündung des Urteils endigt ferner das Amt eines für tot erklärten Mitgliedes des Familienrats (§ 1878 BGB.), die Vormundschaft über den für tot erklärten Mündel (§ 1884 BGB.), das Amt des für tot erklärten Vormunds, Gegenvormunds und Pflegers (§§ 1885, 1895 und 1915 BGB.), sowie die Pflegschaft über einen für tot erklärten Abwesenden (§ 1921 Abs. 3 BGB.).

Geht ein Ehegatte, nachdem der andere Ehegatte für tot erklärt ist, eine neue Ehe ein, so ist die neue Ehe nicht deshalb nichtig, weil der für tot erklärte Ehegatte noch lebt, es sei denn, daß beide Ehegatten bei der Eheschließung wissen, daß er die Todeserklärung überlebt hat. Mit der Schließung der neuen Ehe wird die frühere Ehe aufgelöst. Sie bleibt auch dann aufgelöst, wenn die Todeserklärung infolge einer Anfechtungsklage aufgehoben wird (§ 1348 BGB.).

Ist das Urteil, durch welches einer der Ehegatten für tot erklärt worden ist, im Wege der Klage angefochten, so darf der andere Ehegatte nicht vor Erledigung des Rechtsstreits eine neue Ehe eingehen, es sei denn, daß die Anfechtung erst zehn Jahre nach der Verkündung des Urteils erfolgt ist (§ 1349 BGB.).[47]

Jeder Ehegatte der neuen Ehe kann, wenn der für tot erklärte Ehegatte noch lebt, die neue Ehe anfechten, es sei denn, daß er bei der Eheschließung von dessen Leben Kenntnis hatte. Die Anfechtung kann nur binnen sechs Monaten von dem Zeitpunkte an erfolgen, in welchem der anfechtende Ehegatte erfährt, daß der für tot erklärte Ehegatte noch lebt. Die Anfechtung ist ausgeschlossen, wenn der anfechtungsberechtigte Ehegatte die Ehe bestätigt, nachdem er von dem Leben des für tot erklärten Ehegatten Kenntnis erlangt hat, oder wenn die neue Ehe durch den Tod eines der Ehegatten aufgelöst worden ist (§ 1350 BGB.).

Auf dem Gebiete des Erbrechts wirkt die Todeserklärung wie der natürliche Tod; mit der Todeserklärung wird also die Erbfolge in das Vermögen des Verschollenen eröffnet.

Überlebt eine für tot erklärte Person den Zeitpunkt, der als Zeitpunkt ihres Todes gilt, so kann sie die Herausgabe ihres Vermögens nach den für den Erbschaftsanspruch geltenden Vorschriften verlangen. Solange der für tot Erklärte noch lebt, wird die Verjährung seines Anspruchs nicht vor dem Ablauf eines Jahres nach dem Zeitpunkte vollendet, in welchem er von der Todeserklärung Kenntnis erlangt. Das gleiche gilt, wenn der Tod einer Person ohne Todeserklärung mit Unrecht angenommen ist (§ 2031 BGB.).

Hat eine für tot erklärte Person den Zeitpunkt überlebt, der als Zeitpunkt ihres Todes gilt, oder ist sie vor diesem Zeitpunkt gestorben, so gilt derjenige, welcher auf Grund der Todeserklärung Erbe sein würde, in Ansehung der in den §§ 2366, 2367 BGB. bezeichneten Rechtsgeschäfte zugunsten des Dritten auch ohne Erteilung eines Erbscheins als

---

[47]) Vgl. auch Beschluß des RG. v. 2. 3. 05, RGZ. 60, 199 und des KG. v. 25. 1. 06 in Rechtspr. d. OLG. Bd. 12 S. 298.

Erbe, es sei denn, daß der Dritte die Unrichtigkeit der Todeserklärung kennt oder weiß, daß die Todeserklärung infolge einer Anfechtungsklage aufgehoben worden ist. Ist ein Erbschein erteilt worden, so stehen dem für tot Erklärten, wenn er noch lebt, die im § 2362 BGB. bestimmten Rechte zu, von dem Besitzer eines über das vermeintliche Erbrecht erteilten Erbscheins dessen Herausgabe an das Nachlaßgericht, sowie Auskunft über den Bestand der Erbschaft und über den Verbleib der Erbschaftsgegenstände zu verlangen. Die gleichen Rechte hat eine Person, deren Tod ohne Todeserklärung mit Unrecht angenommen ist (§ 2370 BGB.).

§ 44.

Das Aufgebot unbekannter Familienmitglieder bei Errichtung von Familienschlüssen bei Familienstiftungen.

Nach den Bestimmungen der Art. 1—3 AGzBGB. v. 20. 9. 99 ist für die Genehmigung einer Familienstiftung, d. h. einer Stiftung, die nach der Stiftungsurkunde ausschließlich dem Interesse der Mitglieder einer bestimmten Familie oder mehrerer bestimmter Familien dient, das Amtsgericht zuständig, in dessen Bezirke die Stiftung ihren Sitz haben soll.[1])

Die Änderung der Verfassung, sowie die Aufhebung der Stiftung kann durch Familienschluß erfolgen, und zwar auch dann, wenn die Änderung der Verfassung oder die Aufhebung der Stiftung durch die Stiftungsurkunde oder durch Familienschluß verboten ist.

Soweit durch die Stiftungsurkunde oder durch Familienschluß nicht ein anderes bestimmt ist, gelten über die Errichtung eines Familienschlusses und das Aufgebot der zu demselben zuzuziehenden Familienmitglieder die im Art. 2 §§ 2—13 AGzBGB. enthaltenen Vorschriften.

Danach muß der Familienschluß einstimmig gefaßt werden und bedarf der Aufnahme und der Genehmigung durch das Gericht, dem die Verwaltung oder die Beaufsichtigung der Stiftung zusteht.

Zu der Errichtung des Familienschlusses müssen alle Familienmitglieder zugezogen werden, die entweder ihren Wohnsitz innerhalb des Deutschen Reiches haben oder zur Wahrnehmung ihrer Rechte in den Stiftungsangelegenheiten einen innerhalb des Deutschen Reiches wohnhaften Bevollmächtigten bestellt und die Bevollmächtigung durch eine öffentliche oder öffentlich beglaubigte Urkunde dem Vorstand der Familienstiftung vor dem Gericht nachgewiesen haben.[2])

---

[1]) Vgl. Art. 1 § 1 Abs. 1 AGzBGB. Wird in Ansehung einer Familienstiftung, deren Verwaltung oder Beaufsichtigung nach der Stiftungsurkunde von dem Gerichte geführt werden soll, das Landgericht oder das Oberlandesgericht durch den Justizminister mit der Verwaltung oder der Beaufsichtigung beauftragt, so ist das beauftragte Gericht auch für die Genehmigung der Stiftung zuständig. Art. 1 § 1 Abs. 2.

[2]) Vgl. Art. 2 § 4 AGzBGB. und wegen der geschäftsunfähigen oder in der Geschäftsfähigkeit beschränkten Familienmitglieder §§ 5 und 6 ebenda. Über das vereinfachte Verfahren bei Zusammenlegung, Aufhebung und Zweck-

Der Vorstand der Stiftung hat mit dem Gesuch um Aufnahme des Familienschlusses einen Entwurf des letzteren, sowie ein Verzeichnis der zuzuziehenden Familienmitglieder einzureichen.[3])

Besteht kein Grund zu der Annahme, daß außer den angezeigten noch andere nach § 4 zuzuziehende Familienmitglieder vorhanden sind, so genügt die eidesstattliche Versicherung des Vorstandes der Stiftung, daß ihm solche Mitglieder nicht bekannt sind.[4])

Andernfalls darf der Familienschluß nicht genehmigt werden, bevor die Familienmitglieder, deren Leben oder Aufenthalt unbekannt ist, im Wege des Aufgebotsverfahrens mit ihrem Widerspruchsrecht ausgeschlossen sind.[5])

Der Ausschluß der nicht Widerspruch erhebenden Familienmitglieder erfolgt durch besonderen Beschluß des Gerichts.

Auf das Verfahren finden deshalb nach § 10 AGzZPO. die Vorschriften der ZPO. in Verbindung mit den Bestimmungen des Art. 2 § 11 AGzBGB. und des § 10 Abs. 2 und 3 AGzZPO. Anwendung.

Demgemäß regelt sich das Verfahren bei dem Aufgebot unbekannter Familienmitglieder bei Errichtung von Familienschlüssen bei Familienstiftungen in seinen Grundzügen wie folgt:[6])

1. Die Zuständigkeit der Gerichte.

Für das Aufgebotsverfahren ist ausschließlich das Amtsgericht zuständig, in dessen Bezirke die Stiftung ihren Sitz hat, und zwar auch in dem Falle, daß etwa die Aufnahme und Genehmigung des Familienschlusses einem Land- oder Oberlandesgericht übertragen sein sollte.[7])

Als Sitz der Stiftung gilt, wenn nicht ein anderes bestimmt ist, der Ort, an welchem die Verwaltung geführt wird.[8])

Die Erledigung der Aufgebotsanträge kann von der Landesjustizverwaltung für mehrere Amtsgerichtsbezirke einem Amtsgericht übertragen werden. Auf Verlangen des Antragstellers muß jedoch die Erledigung durch das nach Art. 2 § 11 Abs. 1 AGzBGB. zuständige Gericht (Abs. 1) erfolgen.[9])

änderung von Stiftungen infolge wesentlicher Änderung der Verhältnisse vgl. auch Ges. v. 10. 7. 24 (GS. 575).

[3]) Vgl. Art. 2 § 7 ebenda. S. auch §§ 8, 9 wegen der Feststellung der Berechtigung zur Teilnahme an der Errichtung des Familienschlusses.

[4]) Vgl. Art. 2 § 10 Abs. 1 AGzBGB.

[5]) Vgl. Art. 2 § 10 Abs. 2 ebenda.

[6]) Nach Art. 3 AGzBGB. finden die Vorschriften dieses Gesetzes über Familienstiftungen, also auch über das bei Errichtung eines Familienschlusses etwa notwendig werdende Aufgebotsverfahren auch auf Familienstiftungen Anwendung, die zur Zeit des Inkrafttretens des BGB. im bisherigen Geltungsbereiche des allgemeinen Landrechts bestanden.

[7]) Vgl. Art. 2 § 11 Abs. 1 AGzBGB. Vgl. Hodler, AG. Anm. 1 zu § 11 S. 11.

[8]) Vgl. § 80 BGB. und § 17 ZPO.

[9]) Vgl. § 972 Abs. 1 ZPO.

2. Die Antragsberechtigung.

Das Aufgebotsverfahren erfolgt nur auf Antrag.
Antragsberechtigt ist nur der Vorstand der Stiftung.[10])

3. Das Aufgebot.

Das Aufgebot muß enthalten:
1. die Bezeichnung des Antragstellers,
2. die Bezeichnung des Gegenstandes des Familienschlusses,[11])
3. die Aufforderung an die Familienmitglieder, deren Leben oder Aufenthalt unbekannt ist, spätestens im Aufgebotstermine gegen den Familienschluß Widerspruch zu erheben,[11])
4. die Verwarnung, daß sie bei unterbleibender Erhebung ihres Widerspruchs mit demselben ausgeschlossen werden würden,[11])
5. die Bestimmung eines Aufgebotstermins.[12])

4. Die Aufgebotsfrist.

Die Aufgebotsfrist beträgt sechs Wochen, und zwar in der Art, daß zwischen dem Tage, an welchem die Einrückung oder die erste Einrückung des Aufgebots in den Deutschen Reichsanzeiger erfolgt, und dem Aufgebotstermin ein Zeitraum von mindestens sechs Wochen liegen muß.[13])

5. Die Bekanntmachung des Aufgebots

erfolgt nach Vorschrift des § 948 ZPO.:
1. durch Anheftung an die Gerichtstafel,
2. durch einmalige Einrückung in den Deutschen Reichsanzeiger.

Das Gericht kann anordnen, daß die Einrückung auch noch in andere Blätter und zu mehreren Malen erfolge.

Wird das Aufgebot durch ein von der Landesjustizverwaltung für mehrere Amtsgerichtsbezirke bestimmtes Amtsgericht (§ 972 Abs. 1 ZPO.) erlassen, so ist das Aufgebot auch durch Anheftung an die Gerichtstafel des nach Art. 2 § 11 AGzBGB. zuständigen Amtsgerichts öffentlich bekannt zu machen (s. oben zu 1).[14])

Eine besondere Mitteilung des Aufgebots an bestimmte Personen findet nicht statt.

6. Das Ausschlußurteil. Die Rechtskraft und die Anfechtungsklage.

Vor Erlassung des Ausschlußurteils kann eine nähere Ermittelung, insbesondere die Versicherung der Wahrheit einer Behauptung des Antragstellers an Eides Statt angeordnet werden.[15])

---

[10]) Vgl. Art. 2 § 11 Abs. 2 AGzBGB. Jede Familienstiftung muß einen aus einer oder mehreren Personen bestehenden Vorstand haben, der die Stiftung gerichtlich und außergerichtlich vertritt. Vgl. §§ 26, 86 BGB.

[11]) Vgl. Art. 2 § 11 Abs. 3 AGzBGB. Namentlicher Aufruf der Familienmitglieder ist nicht erforderlich.

[12]) Vgl. § 947 Nr. 4 ZPO.

[13]) Vgl. § 950 ZPO.

[14]) Vgl. § 972 Abs. 2 ZPO.

[15]) Vgl. § 952 Abs. 3 ebenda.

In dem Ausschlußurteil sind der gestellten Verwarnung gemäß die Familienmitglieder, welche nicht spätestens im Aufgebotstermine gegen den Familienschluß Widerspruch erhoben haben, mit ihrem Widerspruch auszuschließen.[11])

Das Gericht kann die öffentliche Bekanntmachung des wesentlichen Inhalts des Ausschlußurteils durch einmalige Einrückung in den Deutschen Reichsanzeiger anordnen.[16])

In betreff der Rechtskraft des Ausschlußurteils und der zulässigen Anfechtungsklage gelten die allgemeinen Grundsätze.[17])

§ 45.

Das Aufgebot zum Zwecke der Ausschließung von Nachlaßgläubigern.

Nach den §§ 1970 ff. BGB. ist das Aufgebot der Nachlaßgläubiger zum Zwecke ihrer Ausschließung zulässig.

Die Nachlaßgläubiger können im Wege des Aufgebotsverfahrens zur Anmeldung ihrer Forderungen aufgefordert werden (§ 1970).

Pfandgläubiger und Gläubiger, die im Konkurse den Pfandgläubigern gleichstehen, sowie Gläubiger, die bei der Zwangsvollstreckung in das unbewegliche Vermögen ein Recht auf Befriedigung aus diesem Vermögen haben, werden, soweit es sich um die Befriedigung aus den ihnen haftenden Gegenständen handelt, durch das Aufgebot nicht betroffen. Das gleiche gilt von Gläubigern, deren Ansprüche durch eine Vormerkung gesichert sind oder denen im Konkurs ein Aussonderungsrecht zusteht, in Ansehung des Gegenstandes ihres Rechtes (§ 1971).[1])

Pflichtteilsrechte, Vermächtnisse und Auflagen werden durch das Aufgebot nicht betroffen, unbeschadet der Vorschrift des § 2060 Nr. 1 BGB. (§ 1972).[2])

Der Erbe kann die Befriedigung eines im Aufgebotsverfahren ausgeschlossenen Nachlaßgläubigers insoweit verweigern, als der Nachlaß durch die Befriedigung der nicht ausgeschlossenen Gläubiger erschöpft wird. Er hat jedoch den ausgeschlossenen Gläubiger vor den Verbindlichkeiten aus Pflichtteilsrechten, Vermächtnissen und Auflagen zu befriedigen, es sei denn, daß der Gläubiger seine Forderung erst nach der Berichtigung dieser Verbindlichkeiten geltend macht.

---

[16]) Vgl. § 956 ZPO.

[17]) Vgl. oben §§ 10 und 11.

[1]) Vgl. §§ 43 ff., 47 ff. KO., § 10 Reichsges. über die Zwangsversteigerung usw. v. 24. 3. 97.

[2]) Der § 2060 Nr. 1 BGB. lautet: „Nach der Teilung des Nachlasses haftet jeder Miterbe nur für den seinem Erbteil entsprechenden Teil einer Nachlaßverbindlichkeit:

1. wenn der Gläubiger im Aufgebotsverfahren ausgeschlossen ist; das Aufgebot erstreckt sich insoweit auch auf die im § 1972 bezeichneten Gläubiger, sowie auf die Gläubiger, denen der Miterbe unbeschränkt haftet."

Vgl. §§ 1973 Abs. 1 Satz 2, 1974 Abs. 2 BGB.

Einen Überschuß hat der Erbe zum Zwecke der Befriedigung des Gläubigers im Wege der Zwangsvollstreckung nach den Vorschriften über die Herausgabe einer ungerechtfertigten Bereicherung herauszugeben. Er kann die Herausgabe der noch vorhandenen Nachlaßgegenstände durch Zahlung des Wertes abwenden. Die rechtskräftige Verurteilung des Erben zur Befriedigung eines ausgeschlossenen Gläubigers wirkt einem anderen Gläubiger gegenüber wie die Befriedigung (§ 1973).

Ein Nachlaßgläubiger, der seine Forderung später als fünf Jahre nach dem Erbfalle dem Erben gegenüber geltend macht, steht einem ausgeschlossenen Gläubiger gleich, es sei denn, daß die Forderung dem Erben vor dem Ablaufe der fünf Jahre bekannt geworden oder im Aufgebotsverfahren angemeldet worden ist. Wird der Erblasser für tot erklärt, so beginnt die Frist nicht vor der Erlassung des die Todeserklärung aussprechenden Urteils.

Die dem Erben nach § 1973 Abs. 1 Satz 2 BGB. obliegende Verpflichtung tritt im Verhältnisse von Verbindlichkeiten aus Pflichtteilsrechten, Vermächtnissen und Auflagen zueinander nur insoweit ein, als der Gläubiger im Falle des Nachlaßkonkurses im Range vorgehen würde.

Soweit ein Gläubiger nach § 1971 BGB. von dem Aufgebote nicht betroffen wird, finden die Vorschriften des Abs. 1 auf ihn keine Anwendung (§ 1974).

Haftet der Erbe für die Nachlaßverbindlichkeiten unbeschränkt, so finden die Vorschriften der §§ 1973 und 1974 keine Anwendung. Auf eine nach § 1973 oder nach § 1974 eingetretene Beschränkung der Haftung kann sich der Erbe jedoch berufen, wenn später der Fall des § 1994 Abs. 1 Satz 2 oder des § 1005 Abs. 1 [3]) eintritt (§ 2013 Abs. 1).

Sind mehrere Erben vorhanden, so haftet nach der Teilung des Nachlasses jeder Miterbe nur für den seinem Erbteil entsprechenden Teil einer Nachlaßverbindlichkeit:

1. wenn der Gläubiger im Aufgebotsverfahren ausgeschlossen ist; das Aufgebot erstreckt sich insoweit auch auf die im § 1972 bezeichneten Gläubiger, sowie auf die Gläubiger, denen der Miterbe unbeschränkt haftet;
2. wenn der Gläubiger seine Forderung später als fünf Jahre nach dem im § 1974 Abs. 1 bestimmten Zeitpunkte geltend macht, es sei denn, daß die Forderung vor dem Ablaufe der fünf Jahre dem Miterben bekannt geworden oder im Aufgebotsverfahren angemeldet worden ist; die Vorschrift findet keine Anwendung, soweit der Gläubiger nach § 1971 von dem Aufgebote nicht betroffen wird;
3. wenn der Nachlaßkonkurs eröffnet und durch Verteilung der Masse oder durch Zwangsvergleich beendigt worden ist (§ 2060).

---

[3]) Der § 2005 Abs. 1 lautet: „Führt der Erbe absichtlich eine erhebliche Unvollständigkeit der im Inventar enthaltenen Angabe der Nachlaßgegenstände herbei oder bewirkt er in der Absicht, die Nachlaßgläubiger zu benachteiligen, die Aufnahme einer nicht bestehenden Nachlaßverbindlichkeit, so haftet er für die Nachlaßverbindlichkeiten unbeschränkt. Das gleiche gilt, wenn er im Falle des § 2003 die Erteilung der Auskunft verweigert oder absichtlich in erheblichem Maße verzögert."

Das Verfahren bei dem Aufgebot der Nachlaßgläubiger ist in den §§ 989—1000 ZPO. in folgender Weise geregelt:

1. Die Zuständigkeit der Gerichte.

Für das Aufgebot zum Zwecke der Ausschließung der Nachlaßgläubiger ist das Amtsgericht zuständig, dem die Verrichtungen des Nachlaßgerichts obliegen.[4])

Die örtliche Zuständigkeit der Amtsgerichte für die dem Nachlaßgericht obliegenden Verrichtungen bestimmt sich gemäß § 73 des Reichsgesetzes über die Angelegenheiten der freiwilligen Gerichtsbarkeit v. 17. 5. 98 nach dem Wohnsitze,[5]) den der Erblasser zur Zeit des Erbfalls hatte. In Ermangelung eines inländischen Wohnsitzes ist das Amtsgericht zuständig, in dessen Bezirke der Erblasser zur Zeit des Erbfalls[6]) seinen Aufenthalt hatte.[7])

Ist der Erblasser ein Deutscher und hatte er zur Zeit des Erbfalls im Inlande weder Wohnsitz noch Aufenthalt, so ist das Gericht zuständig, in dessen Bezirke der Erblasser seinen letzten inländischen Wohnsitz hatte. In Ermangelung eines solchen Wohnsitzes wird das zuständige Amtsgericht, falls der Erblasser zur Zeit des Erbfalls einem deutschen Lande angehörte, von der Landesjustizverwaltung, anderenfalls von dem Reichsminister der Justiz bestimmt.[8])

Ist der Erblasser ein Ausländer und hatte er zur Zeit des Erbfalls im Inlande weder Wohnsitz noch Aufenthalt, so ist jedes Gericht, in dessen Bezirke sich Nachlaßgegenstände befinden, in Ansehung aller im Inlande befindlichen Nachlaßgegenstände zuständig. Die Vorschriften des § 2369 Abs. 2 BGB. finden Anwendung.[9])

Wenn nach den vorstehenden Vorschriften mehrere Gerichte zuständig sind, so gebührt demjenigen der Vorzug, welches zuerst in der Sache tätig geworden ist.[10])

---

[4]) Vgl. § 990 Satz 1 ZPO. In das Erbrechtsregister ist das Aufgebot der Nachlaßgläubiger nicht einzutragen, weil es als eine Angelegenheit der streitigen Gerichtsbarkeit zu behandeln ist. Vgl. GeschOrdng. f. d. Geschäftsstellen d. Amtsger. § 54 Ziff. 14.

[5]) Wegen des Wohnsitzes s. oben § 16 S. 45 u. § 7 BGB.

[6]) Die Zeit des Erbfalls ist die Zeit des Todes des Erblassers. Vgl. § 1922 BGB.

[7]) Vgl. § 73 Abs. 1 Reichsges. über die Angelegenheiten der freiwilligen Gerichtsbarkeit v. 17. 5. 98 in der Fassung v. 20. 5. 98 (RGBl. S. 98, 771).

[8]) Vgl. § 73 Abs. 2 RFG. in Verbindung mit § 5 Reichs-Übergangsgesetz v. 4. 3. 19 (RGBl. 285).

[9]) Vgl. § 73 Abs. 3 ebenda. Der § 2369 Abs. 2 BGB. lautet: „Ein Gegenstand, für den von einer deutschen Behörde ein zur Eintragung des Berechtigten bestimmtes Buch oder Register geführt wird, gilt als im Inlande befindlich. Ein Anspruch gilt als im Inlande befindlich, wenn für die Klage ein deutsches Gericht zuständig ist."

[10]) Vgl. § 4 ebenda. Besteht Streit oder Ungewißheit darüber, welches von mehreren Gerichten örtlich zuständig ist, so wird das zuständige Gericht durch das gemeinschaftliche obere Gericht bestimmt. Ist das zuständige Gericht in einem einzelnen Falle an der Ausübung des Richteramts rechtlich oder tatsächlich verhindert, so erfolgt die Bestimmung durch das ihm im

Für den Fall, daß auf Grund des Art. 147 Abs. 1 EGzBGB. die Verrichtungen des Nachlaßgerichts einer anderen Behörde als einem Amtsgerichte übertragen sind, so ist das Amtsgericht zuständig, in dessen Bezirke die anderweite Nachlaßbehörde ihren Sitz hat.[11])

2. Die Antragsberechtigung.

Zu dem Antrage auf Erlaß eines Aufgebots der Nachlaßgläubiger sind berechtigt:

A.

1. jeder Erbe, sofern er für die Nachlaßverbindlichkeiten nicht allen Nachlaßgläubigern gegenüber unbeschränkt haftet,
2. der Nachlaßpfleger und der Testamentsvollstrecker, wenn ihnen die Verwaltung des Nachlasses zusteht.

Der Erbe und der Testamentsvollstrecker können den Antrag erst nach der Annahme der Erbschaft stellen.[12])

Unter dem Nachlaßpfleger ist zufolge des § 1975 BGB. auch der zum Zwecke der Befriedigung der Nachlaßgläubiger bestellte Nachlaßverwalter mitzuverstehen.

B.

Besondere Bestimmungen bezüglich einzelner Antragsberechtigter sind folgende:

1. Sind mehrere Erben vorhanden, so kommen der von einem Erben gestellte Antrag und das von ihm erwirkte Ausschlußurteil, unbeschadet der Vorschriften des BGB. über die unbeschränkte Haftung,[13]) auch den anderen Erben zustatten. Als Rechtsnachteil ist den Nachlaßgläubigern, welche sich nicht melden, außer den in den §§ 1970—1973 BGB. (§ 995 ZPO.), s. unten zu 6) bezeichneten Rechtsnachteilen auch anzudrohen, daß jeder Erbe nach der Teilung des Nachlasses nur für den seinem Erbteil entsprechenden Teil der Verbindlichkeit haftet.[14])

Instanzenzuge vorgeordnete Gericht. Eine Anfechtung der Entscheidung findet nicht statt. § 5 ebenda. Vgl. auch § 199 ebenda.

[11]) Vgl. § 990 Satz 2 ZPO. In Preußen sind bisher die Verrichtungen des Nachlaßgerichts anderen Behörden als den Amtsgerichten nicht übertragen.

[12]) Vgl. § 991 ZPO. und Mot. S. 199: „Daß dem Erben, der das Recht auf Beschränkung seiner Haftung bereits verloren hat, die Antragsbefugnis versagt wird, folgt aus der Bestimmung des Aufgebots, welches den Erben in den Stand setzen soll, sich über die Höhe des Schuldenbestandes zuverlässige Kenntnis zu verschaffen und dadurch eine Grundlage für die Entschließung zu gewinnen, ob er seine beschränkte Haftung geltend machen will. Andererseits führt der bezeichnete Zweck des Verfahrens von selbst dahin, daß die Antragsbefugnis des Erben nur dann ausgeschlossen werden darf, wenn er das Recht auf Beschränkung der Haftung gegenüber allen Nachlaßgläubigern verloren hat (§ 1994 Abs. 1 Satz 2, § 2005 Abs. 1 BGB.), daß mithin die unbeschränkte Haftung, die lediglich einzelnen Gläubigern gegenüber eingetreten ist (§ 2006 Abs. 3 BGB., § 780 Abs. 1 ZPO.), dem Rechte des Erben, das Aufgebot zu beantragen, nicht entgegensteht." Ausnahme s. oben B 1.

[13]) Vgl. § 2013 BGB.

[14]) Vgl. § 997 Abs. 1 ZPO.

Mit Androhung dieses letztgedachten Rechtsnachteils kann beim Vorhandensein mehrerer Erben die Erlassung des Aufgebots von jedem Erben auch dann beantragt werden, wenn er für die Nachlaßverbindlichkeiten unbeschränkt haftet.[15])

2. Im Falle der Nacherbfolge hat neben den Vorerben auch der Nacherbe das Recht, das Aufgebot der Nachlaßgläubiger zu beantragen. Der von dem Vorerben gestellte Antrag und das von ihm erwirkte Ausschlußurteil kommt auch dem Nacherben zustatten und umgekehrt.[16])

3. Ist eine Ehefrau die Erbin und gehört der Nachlaß zum eingebrachten Gute oder zum Gesamtgute, so kann sowohl die Ehefrau als der Ehemann das Aufgebot beantragen, ohne daß die Zustimmung des anderen Teiles erforderlich ist. Das gleiche gilt, wenn der Nachlaß zum Gesamtgut gehört, auch nach der Beendigung der Gemeinschaft. Der von einem Ehemann gestellte Antrag und das von ihm erwirkte Ausschlußurteil kommen auch dem anderen Ehegatten zustatten.[17])

4. Hat der Erbe die Erbschaft verkauft, so kann sowohl der Käufer als der Erbe das Aufgebot beantragen. Der von dem einen Teile gestellte Antrag und das von ihm erwirkte Ausschlußurteil kommen, unbeschadet der Vorschriften des BGB. über die unbeschränkte Haftung, auch dem anderen Teile zustatten.[18])

Diese Bestimmungen finden entsprechende Anwendung, wenn jemand eine durch Vertrag erworbene Erbschaft verkauft oder sich zur Veräußerung einer ihm angefallenen oder anderweit von ihm erworbenen Erbschaft in sonstiger Weise verpflichtet hat.[19])

3. Der Antrag.

Der Antragsteller hat seinem auf Erlaß des Aufgebots gerichteten Antrag, für dessen Form die allgemeinen Regeln gelten, ein Verzeichnis der bekannten Nachlaßgläubiger mit Angabe ihres Wohnortes beizufügen.[20])

4. Die Prüfung der Zulässigkeit des Aufgebots.

In dieser Beziehung gelten die allgemeinen Grundsätze.[21])

Besonders zu beachten ist hier jedoch:

1. daß das Aufgebot überhaupt nicht erlassen werden darf, wenn die Eröffnung des Nachlaßkonkurses beantragt ist;[22])

---

[15]) Vgl. § 997 Abs. 2 ZPO. u. Mot. S. 200.

[16]) Vgl. § 998 ZPO. Wegen der Nacherbfolge vgl. §§ 2100 ff. BGB., insbesondere § 2144 Abs. 2: „Das von dem Vorerben errichtete Inventar kommt auch dem Nacherben zustatten."

[17]) Vgl. § 999 ZPO. und §§ 1411, 1459, 1549 BGB. S. auch §§ 997, 998 ZPO. und § 2008 Abs. 1 BGB.

[18]) Vgl. § 1000 Abs. 1 ZPO. und § 2382 Abs. 1 BGB. S. auch § 997 Abs. 1 ZPO. und § 2383 Abs. 2 BGB.

[19]) Vgl. § 1000 Abs. 2 ZPO. und § 2385 BGB.

[20]) Vgl. § 992 ZPO. Vor Erlassung des Ausschlußurteils kann das Gericht die Versicherung der Richtigkeit dieses Verzeichnisses an Eides Statt verlangen. Vgl. § 952 Abs. 3 ZPO.

[21]) Vgl. oben § 4 S. 7.

[22]) Vgl. § 993 Abs. 1 ZPO. Wegen der Eröffnung des Nachlaß-

2. daß von der Zulassung des Aufgebotsantrags wichtige Rechte des Erben abhängig sind, denn nach § 2015 Abs. 1 BGB. ist der Erbe, wenn er den Antrag auf Erlassung des Aufgebots innerhalb eines Jahres nach der Annahme der Erbschaft gestellt hat und der Antrag für zulässig erklärt ist, berechtigt, die Berichtigung einer Nachlaßverbindlichkeit bis zur Beendigung des Aufgebotsverfahrens zu verweigern.

Dies gilt nur dann nicht, wenn der Erbe unbeschränkt haftet und soweit ein Gläubiger nach § 1971 BGB. (s. oben S. 157) von dem Aufgebote nicht betroffen wird, mit der Maßgabe, daß ein erst nach dem Eintritt des Erbfalls im Wege der Zwangsvollstreckung oder der Arrestvollziehung erlangtes Recht, sowie eine erst nach diesem Zeitpunkt im Wege der einstweiligen Verfügung erlangte Vormerkung außer Betracht bleibt.[23])

5. Die Verbindung mehrerer Aufgebote.

Das Gericht kann die Verbindung mehrerer Aufgebote anordnen. auch wenn die Voraussetzungen des § 147 ZPO. nicht vorliegen.[24])

6. Das Aufgebot.

Wenn der Aufgebotsantrag für zulässig erachtet und insbesondere die Eröffnung des Nachlaßkonkurses nicht beantragt bzw. erfolgt ist, so hat das Gericht das Aufgebot zu veranlassen.

In dasselbe ist insbesondere aufzunehmen: [25])

1. die Bezeichnung des Antragstellers,
2. die Bezeichnung des Erblassers unter Angabe des Ortes, an welchem er verstorben ist,
3. die Aufforderung an alle Nachlaßgläubiger, ihre Forderungen gegen den Nachlaß des Verstorbenen spätestens im Aufgebotstermine anzumelden, in der Anmeldung den Gegenstand und den Grund der Forderung anzugeben und urkundliche Beweisstücke in Urschrift oder in Abschrift beizufügen,
4. die Bestimmung eines Aufgebotstermins,
5. die Bezeichnung der Rechtsnachteile, welche eintreten, wenn die Anmeldung unterbleibt.

---

konkurses vgl. §§ 214ff. KO. v. 10. 2. 77 (RGBl. S. 351) in der Fassung der Bekanntmachung v. 20. 5. 98 (RGBl. 98 S. 612).

[23]) Vgl. § 2016 BGB. Wird vor der Annahme der Erbschaft zur Verwaltung des Nachlasses ein Nachlaßpfleger bestellt, so beginnt die im § 2015 Abs. 1 BGB. bestimmte Frist mit der Bestellung. § 2017 BGB.

[24]) Vgl. § 959 ZPO. S. oben § 12 S. 36. Die Verbindung mehrerer Aufgebote von Nachlaßgläubigern kann z. B. angeordnet werden, wenn mehrere in derselben Gefahr umgekommene Erblasser einen und denselben Erben hinterlassen.

[25]) Vgl. § 947 in Verbindung mit §§ 995, 997 ZPO. Für das Aufgebot zum Zwecke der Ausschließung von Nachlaßgläubigern, und zwar sowohl für den Fall, daß nur ein Erbe vorhanden ist, als auch für den Fall, daß mehrere Erben vorhanden sind und der Antragsteller nicht für die Nachlaßverbindlichkeiten unbeschränkt haftet, sind unter ZP. Nr. 69c und 69d amtliche Vordrucke aufgestellt.

Diese Rechtsnachteile treten ein im Verhältnis der ausgeschlossenen Gläubiger zu den Erben und sind verschieden, je nachdem ein oder mehrere Erben vorhanden sind und im letzteren Fall je nachdem der Antragsteller für die Nachlaßverbindlichkeiten unbeschränkt haftet oder nicht.[26])

a) Wenn nur ein Erbe vorhanden ist, der nicht für die Nachlaßverbindlichkeiten unbeschränkt haftet, so ist den Nachlaßgläubigern, welche sich nicht melden, als Rechtsnachteil anzudrohen, daß sie, unbeschadet des Rechts, vor den Verbindlichkeiten aus Pflichtteilsrechten, Vermächtnissen und Auflagen berücksichtigt zu werden, von dem Erben nur insoweit Befriedigung verlangen können, als sich nach Befriedigung der nicht ausgeschlossenen Gläubiger noch ein Überschuß ergibt.[27])

b) Wenn mehrere Erben vorhanden sind und der Antragsteller nicht für die Nachlaßverbindlichkeiten unbeschränkt haftet, so ist den Nachlaßgläubigern, welche sich nicht melden, außer dem zu a) bezeichneten Rechtsnachteil anzudrohen, daß ihnen jeder Erbe nach der Teilung des Nachlasses nur für den seinem Erbteil entsprechenden Teil der Verbindlichkeit haftet.[28])

c) Wenn mehrere Erben vorhanden sind und der Antragsteller für die Nachlaßverbindlichkeiten unbeschränkt haftet, so ist den Nachlaßgläubigern nur der Rechtsnachteil anzudrohen, daß jeder Erbe nach der Teilung des Nachlasses ihnen nur für den seinem Erbteil entsprechenden Teil der Verbindlichkeit haftet.[29])

7. Die Bekanntmachung des Aufgebots.

I. Die öffentliche Bekanntmachung.

Die öffentliche Bekanntmachung des Aufgebots erfolgt durch Anheftung an die Gerichtstafel und durch Einrückung des vollständigen Aufgebots in den Deutschen Reichsanzeiger.

Außerdem **kann** das Amtsgericht die Einrückung des Auszugs noch in andere Blätter und zu mehreren Malen anordnen.[30])

Auf die Gültigkeit der öffentlichen Bekanntmachung hat es keinen Einfluß, wenn das anzuheftende Schriftstück von dem Orte der Anheftung zu früh entfernt ist, oder wenn im Falle wiederholter Bekanntmachung die vorgeschriebenen Zwischenfristen nicht eingehalten sind.[31])

II. Die Mitteilung an bestimmte Personen.

Das Aufgebot soll den Nachlaßgläubigern, welche dem Nachlaßgericht angezeigt sind und deren Wohnort bekannt ist, von Amts wegen zugestellt werden.

Die Zustellung kann durch Aufgabe zur Post erfolgen.[32])

Über die Zustellungen von Amts wegen und die Aufgabe zur Post s. oben § 7.

---

[26]) Ein Recht der anmeldenden Gläubiger auf Nichtberücksichtigung der nicht angemeldeten wird nicht begründet. Vgl. Rechtspr. d. OLG. Bd. 5 S. 230.

[27]) Vgl. § 995 ZPO. und §§ 1970—1973 BGB.

[28]) Vgl. § 997 Abs. 1 Satz 2 ZPO.

[29]) Vgl. § 997 Abs. 2 ZPO.

[30]) Vgl. § 948 ZPO.

[31]) Vgl. § 949 ebenda.

[32]) Vgl. § 994 Abs. 2 Satz 2 ZPO.

8. Die Aufgebotsfrist.

Die Aufgebotsfrist beträgt mindestens sechs Wochen und höchstens sechs Monate, und zwar in der Art, daß zwischen dem Tage, an welchem die Einrückung oder die erste Einrückung des Aufgebots in den Deutschen Reichsanzeiger erfolgt, und dem Aufgebotstermin ein Zeitraum von mindestens sechs Wochen, jedoch niemals von mehr als sechs Monaten liegen soll.[33])

9. Das Verfahren im Aufgebotstermin.

Das Verfahren im Aufgebotstermin richtet sich nach den allgemeinen Grundsätzen.[34])

Hier ist nur bezüglich der Anmeldungen folgendes hervorzuheben:

Jede Anmeldung einer Forderung hat die Angabe des Gegenstandes und des Grundes der Forderung zu enthalten.

Urkundliche Beweisstücke sind in Urschrift oder in Abschrift beizufügen.[35])

Das Gericht hat die Einsicht der Anmeldungen jedem zu gestatten, der ein rechtliches Interesse glaubhaft macht.[36])

Anmeldungen, welche nach dem Schlusse des Aufgebotstermins, jedoch vor Erlassung des Ausschlußurteils erfolgen, sind als rechtzeitige anzusehen.[37])

Erfolgt eine Anmeldung, durch welche das von dem Antragsteller zur Begründung des Antrags behauptete Recht bestritten wird,[38]) so ist nach Beschaffung des Falles entweder das Aufgebotsverfahren bis zur endgültigen Entscheidung über das angemeldete Recht auszusetzen, oder in dem Ausschlußurteil das angemeldete Recht vorzubehalten.[39])

Ob die angemeldeten Ansprüche begründet sind oder nicht, ist im Aufgebotsverfahren nicht zu prüfen.

10. Das Ausschlußurteil.

I. Der Inhalt.

In dem Ausschlußurteil ist gegen die Nachlaßgläubiger, welche sich nicht gemeldet haben, der vom Gesetz für die verschiedenen, oben zu 6 erwähnten Fälle bestimmte, im Aufgebot angedrohte Rechtsnachteil festzusetzen.[40])

---

[33]) Vgl. § 994 Abs. 1 in Verbindung mit § 950 ZPO.

[34]) Vgl. oben § 9 S. 19.

[35]) Vgl. § 996 Abs. 1 ZPO.

[36]) Vgl. § 996 Abs. 2 ZPO. Wegen der Glaubhaftmachung vgl. § 294 ZPO. und oben § 18.

[37]) Vgl. § 951 ZPO.

[38]) Z. B. wenn ein angeblich näherer Erbe als der Antragsteller Ansprüche oder Rechte an den Nachlaß anmeldet.

[39]) Vgl. § 953 ZPO.

[40]) Vgl. oben S. 163. Für das Ausschlußurteil bei dem Aufgebote zum Zwecke der Ausschließung von Nachlaßgläubigern ist unter ZP. Nr. 69e ein amtlicher Vordruck festgestellt. Die Beschränkung der Haftung des Erben gegenüber dem im Aufgebotsverfahren ausge-

II. Die Verkündung und Bekanntmachung.

Das Ausschlußurteil wird im Aufgebotstermin oder in dem auf Antrag des Antragstellers anberaumten neuen Termin oder in einem besonderen Verkündungstermin nach Maßgabe des § 311 ZPO. in öffentlicher Sitzung verkündet.

Eine Zustellung des Urteils an den Antragsteller oder die von demselben dem Nachlaßgericht angezeigten Nachlaßgläubiger ist nicht erforderlich.

Das Gericht kann jedoch die öffentliche Bekanntmachung des wesentlichen Inhalts des Ausschlußurteils durch einmalige Einrückung in den Deutschen Reichsanzeiger anordnen.

III. Die Kosten.

Der Antragsteller haftet dem Gericht für die Kosten nach Maßgabe der § 33 Ziff. 6, § 77 des Deutschen GKG.

Die Kosten des Aufgebotsverfahrens sind Masseschulden, welche nach §§ 57, 224 KO. aus der Konkursmasse vorweg zu berichtigen sind.[41])

11. Die Rechtskraft des Ausschlußurteils und die Anfechtungsklage.

In diesen Beziehungen gelten die allgemeinen Grundsätze.

12. Die Beendigung des Verfahrens.

1. Durch die Eröffnung des Nachlaßkonkurses wird das Aufgebot beendigt.[42])

2. Der Beendigung des Aufgebotsverfahrens steht es gleich, wenn der Erbe weder in dem Aufgebotstermine erschienen, noch vor dem Termine den Antrag auf Erlassung des Ausschlußurteils schriftlich gestellt oder zu Protokoll der Geschäftsstelle erklärt hat und nicht binnen zwei Wochen die Bestimmung eines neuen Termins beantragt, oder wenn er auch weder in dem neuen Termine erscheint, noch vor diesem neuen Termine schriftlich oder zu Protokoll der Geschäftsstelle den Antrag auf Erlassung des Ausschlußurteils stellt.[43])

---

schlossenen Nachlaßgläubiger braucht nicht in der Urteilsformel ausgesprochen zu werden, es genügt eine Bemerkung in den Gründen. Vgl. Urt. des RG. v. 24. 6. 03 in Seufferts Archiv Bd. 59 Nr. 11 S. 26.

[41]) Auf den Stempelanspruch des Fiskus gegen den Erben ist das stattgehabte Aufgebot der Nachlaßgläubiger und das ergangene Ausschlußurteil insofern von Einfluß, als der Erbe nach § 1973 BGB. einwenden kann, daß der Nachlaß nach Befriedigung der nicht ausgeschlossenen Gläubiger zur Bezahlung des Stempelanspruchs des Fiskus nicht ausreiche. Vgl. Urt. des RG. v. 30. 10. 06 RGZ. 64 S. 248.

[42]) Vgl. §§ 214 ff. KO. und § 993 Abs. 2 ZPO.

[43]) Vgl. § 2015 Abs. 2 BGB. Nachdem in dem jetzigen § 952 Abs. 2 ZPO. bestimmt ist, daß einem in der Sitzung gestellten Antrage ein Antrag gleichgeachtet wird, welcher vor dem Aufgebotstermine schriftlich gestellt oder zu Protokoll der Geschäftsstelle erklärt ist, muß angenommen werden, daß auch in dem Aufgebotsverfahren zum Zwecke der Ausschließung von Nachlaßgläubigern der Antrag auf Erlaß des Ausschlußurteils vor dem ersten oder vor dem neuen Termin schriftlich oder zu Protokoll der Geschäftsstelle

3. Wird das Ausschlußurteil erlassen oder der Antrag auf Erlassung des Urteils zurückgewiesen, so ist das Verfahren nicht vor dem Ablauf einer mit der Verkündung der Entscheidung beginnenden Frist von zwei Wochen und nicht vor der Erledigung einer rechtzeitig eingelegten Beschwerde als beendigt anzusehen.[44])

4. Die Vorschriften zu 2 und 3 finden keine Anwendung, wenn der Erbe unbeschränkt haftet. Das gleiche gilt, soweit ein Gläubiger nach § 1971 BGB. (s. oben S. 157) von dem Aufgebote der Nachlaßgläubiger nicht betroffen wird, mit der Maßgabe, daß ein erst nach dem Eintritte des Erbfalles im Wege der Zwangsvollstreckung oder der Arrestvollziehung erlangtes Recht, sowie eine erst nach diesem Zeitpunkt im Wege der einstweiligen Verfügung erlangte Vormerkung außer Betracht bleibt (§ 2016).

Anhang.

Das Verfahren bei Erteilung eines Erbscheins.

Nach den Bestimmungen der §§ 2353 ff., BGB. hat das Nachlaßgericht dem Erben auf Antrag einen Erbschein, d. h. ein Zeugnis über sein Erbrecht und, wenn er nur zu einem Teile der Erbschaft berufen ist, über die Größe des Erbteils zu erteilen.

Sind mehrere Erben vorhanden, so ist auf Antrag ein gemeinschaftlicher Erbschein zu erteilen. Der Antrag kann von jedem der Erben gestellt werden (§ 2357).

Unter Benutzung der von dem Antragsteller angegebenen Beweismittel hat das Nachlaßgericht von Amts wegen die zur Feststellung der Tatsachen erforderlichen Ermittelungen zu veranstalten und die geeignet erscheinenden Beweise aufzunehmen (§ 2358 Abs. 1).

Das Nachlaßgericht kann hierbei auch eine öffentliche Aufforderung zur Anmeldung der anderen Personen zustehenden Erbrechte erlassen.[45])

Da diese Aufforderung aber nicht die Wirkung hat, daß die Unterlassung der Anmeldung einen Rechtsnachteil zur Folge hat, finden die Vorschriften der ZPO. über das Aufgebotsverfahren (§§ 946 ff. ZPO.) hier keine Anwendung.

Nur die Art der Bekanntmachung und die Dauer der Anmeldungsfrist sollen sich nach § 2358 Abs. 2 BGB. nach den für das Aufgebotsverfahren geltenden Vorschriften bestimmen.

1. Die öffentliche Bekanntmachung der hier in Rede stehenden Aufforderung erfolgt also nach § 948 ZPO.:

---

gestellt werden kann. Der § 2015 Abs. 2 BGB. ist daher in dem oben angegebenen Sinne auszulegen. So auch Goldmann in der DJZ. IV. Jahrg. Nr. 16 S. 334.

[44]) Vgl. § 2015 Abs. 3 BGB.

[45]) Es müssen Zweifel über das Vorhandensein von Verwandten überhaupt bestehen, nicht nur darüber, ob sie zur Zeit des Erbfalls oder gegenwärtig noch leben. Vgl. Beschl. d. KG. v. 9. 7. 01 in Rechtspr. d. OLG. Bd. 3 S. 259.

1. durch Anheftung an die Gerichtstafel,
2. durch einmalige Einrückung in den Deutschen Reichsanzeiger.

Das Gericht kann anordnen, daß die Einrückung auch noch in andere Blätter und zu mehreren Malen erfolge.

Über die Besorgung der Anheftung der Aufforderung durch den Urkundsbeamten der Geschäftsstelle s. oben § 7 S. 15, 16. Auf die Gültigkeit der öffentlichen Bekanntmachung hat es auch hier keinen Einfluß, wenn das anzuheftende Schriftstück von dem Orte der Anheftung zu früh entfernt ist, oder wenn im Falle wiederholter Bekanntmachung die vom Nachlaßrichter vorgeschriebenen Zwischenfristen nicht innegehalten sind.[46])

2. Die Anmeldungsfrist beträgt sechs Wochen, und zwar in der Weise, daß zwischen dem Tage, an welchem die Einrückung oder die erste Einrückung der Aufforderung in den Deutschen Reichsanzeiger erfolgt ist, und dem zur Anbringung der Erbrechts-Anmeldungen bestimmten Termin ein Zeitraum von mindestens sechs Wochen liegen muß.[47])

§ 46.

Das Aufgebot zum Zwecke der Ausschließung eines Gesamtgutsgläubigers.

Nach § 1489 BGB. haftet bei der fortgesetzten Gütergemeinschaft der überlebende Ehegatte für die Gesamtgutsverbindlichkeiten persönlich. Soweit ihn jedoch die persönliche Haftung nur infolge des Eintritts der fortgesetzten Gütergemeinschaft trifft, finden die für die Haftung des Erben für die Nachlaßverbindlichkeiten des Erben in den §§ 1970 ff. BGB. gegebenen Vorschriften entsprechende Anwendung. An die Stelle des Nachlasses tritt das Gesamtgut in dem Bestande, den es zur Zeit des Eintritts der fortgesetzten Gütergemeinschaft hat.

Demgemäß ist auch ein Aufgebot zum Zwecke der Ausschließung von Gesamtgutsgläubigern für zulässig erklärt.

Auf dieses Aufgebot sollen nach § 1001 ZPO. die Bestimmungen der §§ 990—996, 999 und 1000 ZPO. entsprechende Anwendung finden.[1])

Danach ist also auch hier für das Aufgebotsverfahren das Amtsgericht zuständig, welchem die Verrichtungen des Nachlaßgerichts obliegen.[2])

Zum Aufgebotsantrage berechtigt ist vor allem der überlebende Ehegatte. Im übrigen finden die §§ 991, 999 und 1000 ZPO. entsprechende Anwendung.[3])

---

[46]) Vgl. § 949 ZPO.

[47]) Vgl. § 950 ebenda.

[1]) Die §§ 997 und 998 ZPO. finden keine Anwendung, weil sie sich, wie die Motive hervorheben, wegen ihrer Voraussetzungen (Mehrheit von Erben, Nacherben) zur Übertragung auf das hier in Rede stehende Rechtsverhältnis nicht eignen.

[2]) Vgl. § 990 ZPO. und oben § 45 S. 159.

[3]) Die §§ 991, 999 und 1000 ZPO. lauten:

§ 991. „Antragsberechtigt ist jeder Erbe, sofern er nicht für die Nachlaßverbindlichkeiten unbeschränkt haftet.

Dem Antrag, für dessen Form keine besonderen Vorschriften gegeben sind, ist ein Verzeichnis der bekannten Gesamtgutsgläubiger mit Angabe ihres Wohnorts beizufügen, dessen Richtigkeit vor Erlassung des Ausschlußurteils auf Erfordern des Gerichts an Eides Statt zu versichern ist.[4])

Das Aufgebot soll nicht erlassen werden, wenn die Eröffnung des Nachlaßkonkurses beantragt ist. Durch die Eröffnung des Nachlaßkonkurses wird das Aufgebotsverfahren erledigt.[5])

In dem Aufgebot ist als Rechtsnachteil anzudrohen, daß die Gesamtgutsgläubiger, welche sich nicht melden, unbeschadet des Rechts, von den Verbindlichkeiten aus Pflichtteilsrechten, Vermächtnissen, und Auflagen berücksichtigt zu werden, von dem überlebenden Ehegatten nur insoweit Befriedigung verlangen können, als sich nach Befriedigung der nicht ausgeschlossenen Gläubiger ein Überschuß ergibt.[6])

Die öffentliche Bekanntmachung des Aufgebots erfolgt wie bei dem Aufgebot der Nachlaßgläubiger nach § 948 ZPO.[7])

Den Gesamtgutsgläubigern, welche dem Nachlaßgericht angezeigt sind und deren Wohnort bekannt ist, soll das Aufgebot außerdem von Amts wegen zugestellt werden. Diese Zustellung kann auch hier durch Aufgabe zur Post erfolgen.[8])

Die Aufgebotsfrist beträgt mindestens sechs Wochen und höchstens sechs Monate, und zwar in der Art, daß zwischen dem Tage, an welchem die Einrückung oder die erste Einrückung des Aufgebots in den Deutschen Reichsanzeiger erfolgt, und dem Aufgebotstermine ein Zeitraum von mindestens sechs Wochen, jedoch niemals von mehr als sechs Monaten liegen soll.[9])

Zu dem Antrage sind auch ein Nachlaßpfleger und ein Testamentsvollstrecker berechtigt, wenn ihnen die Verwaltung des Nachlasses zusteht.

Der Erbe und der Testamentsvollstrecker können den Antrag erst nach der Annahme der Erbschaft stellen."

§ 999. „Ist eine Ehefrau die Erbin und gehört der Nachlaß zum eingebrachten Gute oder zum Gesamtgute, so kann sowohl die Ehefrau als der Ehemann das Aufgebot beantragen, ohne daß die Zustimmung des anderen Teiles erforderlich ist. Das gleiche gilt, wenn der Nachlaß zum Gesamtgute gehört, auch nach der Beendigung der Gemeinschaft. Der von dem einen Ehegatten gestellte Antrag und das von ihm erwirkte Ausschlußurteil kommen auch dem anderen Ehegatten zustatten."

§ 1000. „Hat der Erbe die Erbschaft verkauft, so kann sowohl der Käufer als der Erbe das Aufgebot beantragen. Der von dem einen Teile gestellte Antrag und das von ihm erwirkte Ausschlußurteil kommen, unbeschadet der Vorschriften des BGB. über die unbeschränkte Haftung, auch dem anderen Teile zustatten.

Diese Bestimmungen finden entsprechende Anwendung, wenn jemand eine durch Vertrag erworbene Erbschaft verkauft oder sich zur Veräußerung einer ihm angefallenen oder anderweit von ihm erworbenen Erbschaft in sonstiger Weise verpflichtet hat."

[4]) Vgl. §§ 992 und 952 Abs. 3 ZPO.

[5]) Vgl. § 993 ZPO.

[6]) Vgl. § 995 ebenda.

[7]) Vgl. § 45 S. 163.

[8]) Vgl. § 994 Abs. 2 ZPO. [9]) Vgl. § 994 Abs. 1 und § 950 ebenda.

Wegen des Verfahrens im Aufgebotstermin, des Ausschlußurteils und dessen Rechtskraft und Anfechtung sind die in dieser Beziehung im § 45 für das Aufgebot der Nachlaßgläubiger erörterten Bestimmungen zu vergleichen.

§ 47.

Das Aufgebot eines Grundstücks bei Anlegung eines neuen Grundbuchblattes.

Ergibt sich im ursprünglichen Geltungsbereiche der Grundbuchordnung v. 5. 5. 72,[1]) daß ein Grundstück ein Grundbuchblatt noch nicht erhalten hat, so soll nach Art. 16 der preußischen Verordnung, betr. das Grundbuchwesen v. 13. 11. 99,[2]) die Anlegung des Grundbuchblattes von Amts wegen erfolgen, soweit nicht nach Art. 1 dieser Verordnung ein Antrag erforderlich ist.[3]) Das gleiche gilt für Ostfriesland und Harlingerland, für die Niedergrafschaft Lingen und für die ehemals Münsterschen Ortschaften der Provinz Hannover.

Für die Anlegung des Grundbuchblattes in diesen Fällen hat die Verordnung v. 13. 11. 99 in den Art. 17—33 besondere Vorschriften gegeben,[4]) nach welchen als Eigentümer in das Grundbuch unter anderem einzutragen ist:

> wer nach Maßgabe der Art. 21—27 ein Ausschlußurteil erwirkt hat, durch welches die Personen, welche, ohne sich im Besitze des Grundstücks zu befinden, das Eigentum für sich in Anspruch nehmen, im Wege des Aufgebotsverfahrens mit ihrem Rechte ausgeschlossen worden sind.

Das Aufgebotsverfahren, auf Grund dessen ein solches Ausschlußurteil zu erwirken ist, regelt sich, da der Eintritt der vorbezeichneten Rechtsnachteile durch besonderen Beschluß des Gerichts festgestellt werden muß,

---

[1]) Der ursprüngliche Geltungsbereich der Grundbuchordnung beschränkte sich auf die Landesteile, in welchen das ALR. und die Hypothekenordnung v. 20. 12. 1783 galt — mit Ausschluß der Gebietsteile der Provinz Hannover —, aus welchen Preußen vor dem Jahre 1866 bestand, mit Ausnahme der Hohenzollernschen Lande und der Bezirke des Appellationsgerichtshofes zu Köln, des Justizsenats zu Ehrenbreitstein und des Appellationsgerichts zu Greifswald oder mit anderen Worten: auf die Provinzen Brandenburg, Pommern mit Ausschluß von Neuvorpommern und Rügen, Ostpreußen, Westpreußen, Schlesien, Posen, Sachsen, Westfalen und die Kreise Rees, Duisburg und Essen der Rheinprovinz.

[2]) GS. 99 S. 519 ff.

[3]) Art. 1 der V. v. 13. 11. 99 lautet: „Die Grundstücke des Reichs, die Domänen und die sonstigen Grundstücke des Staates, die Grundstücke der Gemeinden und anderer Kommunalverbände, der Kirchen, Klöster und Schulen, die öffentlichen Wege und Gewässer, sowie die Grundstücke, welche einem dem öffentlichen Verkehr dienenden Bahnunternehmen gewidmet sind, erhalten ein Grundbuchblatt nur auf Antrag des Eigentümers oder eines Berechtigten."

[4]) Vgl. § 91 Reichs-Grundbuchordnung v. 24. 3. 97 (RGBl. S. 139): „Das Verfahren zum Zwecke der Eintragung von Grundstücken, die bei der Anlegung des Grundbuchs ein Blatt nicht erhalten haben, wird durch landesherrliche Verordnung bestimmt." Vgl. Art. 186 EGzBGB.

nach den Vorschriften der ZPO. und des § 10 AG. dazu v. 22. 9. 99, soweit nicht in den Art. 22—27 V. v. 13. 11. 99 selbst für dieses Verfahren besondere Bestimmungen getroffen sind.

1. Die Zuständigkeit der Gerichte.

Für das Aufgebotsverfahren ist das Amtsgericht zuständig, in dessen Bezirk das betr. Grundstück belegen ist.[5])

Wenn das Grundstück in den Bezirken verschiedener Amtsgerichte belegen ist, so erfolgt die Bestimmung des für das Aufgebotsverfahren zuständigen Gerichts durch das im Rechtszuge zunächst höhere Gericht.[6])

Die Erledigung der Aufgebotsanträge kann von der Landesjustizverwaltung für mehrere Amtsgerichtsbezirke einem Amtsgericht übertragen werden. Auf Verlangen des Antragstellers erfolgt die Erledigung jedoch durch das nach Art. 22 V. v. 13. 11. 99 zuständige Gericht.[7])

2. Die Antragsberechtigung.

Zu dem Antrage auf Einleitung des Aufgebotsverfahrens ist derjenige berechtigt, welcher das Grundstück im Eigenbesitze hat.[8])

3. Der Antrag.

Zur Begründung des Antrags, für dessen Form die allgemeinen Regeln gelten, hat der Antragsteller:

1. entweder eine Bescheinigung der Ortsbehörde darüber beizubringen, daß er das Grundstück im Eigenbesitze hat,[9]) oder den Erwerb des Grundstücks durch eine öffentliche Urkunde zu bescheinigen;
2. einen beglaubigten Auszug aus dem Steuerbuch über das Grundstück beizufügen;
3. ein Verzeichnis der ihm bekannten Personen, die das Eigentum an dem Grundstücke für sich in Anspruch nehmen, mit Angabe ihres Wohnortes vorzulegen und zu versichern, daß ihm andere Personen der bezeichneten Art nicht bekannt sind.[10])

4. Das Aufgebot.

Wird der Antrag vom Amtsgericht für zulässig befunden, so hat es das Aufgebot zu veranlassen.

In dasselbe ist insbesondere aufzunehmen:

1. die Bezeichnung des Antragstellers;
2. die Bezeichnung der Lage, der Beschaffenheit und der Größe des aufgebotenen Grundstücks nach dem Steuerbuche;

---

[5]) Vgl. Art. 22 V. v. 13. 11. 99.

[6]) Vgl. § 36 Nr. 4 ZPO.

[7]) Vgl. § 972 Abs. 1 ZPO. in Verbindung mit § 10 AGzZPO.

[8]) Vgl. Art. 23 V. v. 13. 11. 99. Im Eigenbesitze hat ein Grundstück, wer es als ihm gehörend besitzt. § 872 BGB.

[9]) Die amtliche Bescheinigung ist gebührenpflichtig gemäß Verwaltungsgebührenordnung v. 30. 12. 26 (GS. 327) u. Nr. 14 des Gebührentarifs.

[10]) Vgl. Art. 24 V. v. 13. 11. 99.

3. die Aufforderung an alle Personen, welche das Eigentum an dem aufgebotenen Grundstücke in Anspruch nehmen, ihr Recht spätestens im Aufgebotstermin anzumelden;
4. die Verwarnung, daß im Falle der unterbleibenden Anmeldung die zu 3 gedachten Personen mit ihrem Rechte auf das aufgebotene Grundstück würden ausgeschlossen werden;
5. die Bestimmung eines Aufgebotstermins.[11])

5. Die Aufgebotsfrist.

Die Aufgebotsfrist beträgt sechs Wochen, und zwar in der Art, daß zwischen dem Tage, an welchem die Einrückung des Aufgebots in den Deutschen Reichsanzeiger erfolgt ist, und dem Aufgebotstermin ein Zeitraum von mindestens sechs Wochen liegen muß.[12])

6. Die Bekanntmachung des Aufgebots.

I. Die öffentliche Bekanntmachung des Aufgebots erfolgt durch Anheftung an die Gerichtstafel und durch Einrückung in den Deutschen Reichsanzeiger.

Außerdem kann das Amtsgericht die Einrückung des Auszugs auch noch in andere Blätter und zu mehreren Malen anordnen.[13])

Ist das Aufgebot infolge Anordnung der Landesjustizverwaltung (§ 972 ZPO.) durch ein anderes als das nach Art. 22 V. v. 13. 11. 99 zuständige Gericht erlassen, so ist das Aufgebot auch durch Anheftung an die Gerichtstafel des letzteren Gerichts öffentlich bekannt zu machen.[14])

II. Eine besondere Mitteilung des Aufgebots soll an die vom Antragsteller angezeigten Personen, deren Wohnort bekannt ist, von Amts wegen erfolgen.[15])

Die Zustellung dieser Mitteilung (Abschrift des Aufgebots) kann durch Aufgabe zur Post (§§ 175, 213 ZPO.) erfolgen; die Postsendungen sind mit der Bezeichnung „Einschreiben" zu versehen.[16])

7. Das Verfahren im Aufgebotstermin.

Das Verfahren im Aufgebotstermin regelt sich nach den allgemeinen Grundsätzen und bietet keine Besonderheiten dar. Es soll nur hervorgehoben werden, daß das Gericht vor Erlassung des Ausschlußurteils anordnen kann, daß der Antragsteller an Eides Statt versichere, daß außer den von ihm angezeigten andere Personen, welche das Eigentum an dem aufgebotenen Grundstück für sich in Anspruch nehmen, ihm nicht bekannt seien.[17])

---

[11]) Vgl. Art. 25 V. v. 13. 11. 99 in Verbindung mit § 947 ZPO.
[12]) Vgl. § 950 ZPO.
[13]) Vgl. § 948 ZPO. Die Bestimmungen der §§ 7 und 8 AGzZPO. finden hier keine Anwendung.
[14]) Vgl. § 972 Abs. 2 ZPO. in Verbindung mit § 10 Abs. 2 AGzZPO.
[15]) Vgl. Art. 26 V. v. 13. 11. 99.
[16]) Vgl. § 10 AGzZPO.
[17]) Vgl. § 952 Abs. 3 ZPO.

8. Das Ausschlußurteil.

In dem Ausschlußurteil ist gegen die ausgebliebenen unbekannten Eigentumsprätendenten der Rechtsnachteil festzustellen, daß sie mit ihrem Rechte auf das Grundstück ausgeschlossen werden.[18])

Angemeldete Rechte sind, wenn nicht gemäß § 953 ZPO. das Aufgebotsverfahren bis zur endgültigen Entscheidung über dieselben ausgesetzt wird, in dem Ausschlußurteile vorzubehalten.[19]) Dies gilt insbesondere auch von den Rechten der vom Antragsteller angezeigten Personen, auch wenn sie nicht angemeldet sind.[20])

Das Amtsgericht kann die öffentliche Bekanntmachung des wesentlichen Inhalts des Ausschlußurteils durch einmalige Einrückung in den Deutschen Reichsanzeiger anordnen.[21])

Eine besondere Zustellung des Urteils an den Antragsteller oder an die von ihm angezeigten Personen ist nicht erforderlich.

9. Die Rechtskraft des Ausschlußurteils und die Anfechtungsklage.

In dieser Beziehung gelten die allgemeinen Grundsätze.

10. Wirkungen des Ausschlußurteils.

Hinsichtlich der Wirkungen des Ausschlußurteils soll hier nur darauf hingewiesen werden, daß das Ausschlußurteil stets unter der Voraussetzung erlassen wird, daß das aufgebotene Grundstück ein Grundbuchblatt noch nicht erhalten hat, und daß daher das Ausschlußurteil in dem Falle, daß sich nachträglich die bereits früher erfolgte Eintragung des Grundstücks herausstellt, die Wirkung des Art. 20 Ziff. 3 der Verordnung v. 13. 11. 99 nicht erhalten kann.

Wenn in dem Ausschlußurteil ein Recht vorbehalten ist, so hat das Grundbuchamt demjenigen, zu dessen Gunsten der Vorbehalt gemacht ist, eine Frist zu bestimmen. Die Anlegung des Blattes erfolgt sodann nach dem Ablaufe der Frist ohne Rücksicht auf das Recht, wenn derjenige, welchem die Frist bestimmt ist, nicht vorher eine einstweilige Verfügung beibringt, durch welche die Eintragung eines Widerspruchs zu seinen Gunsten angeordnet wird.[22])

§ 48.

Das Aufgebot zum Zwecke der Ausschließung eines Grundstückseigentümers.

Nach § 927 BGB. kann der Eigentümer eines Grundstücks, wenn das Grundstück seit dreißig Jahren im Eigenbesitz eines anderen ist, im Wege des Aufgebotsverfahrens mit seinem Rechte ausgeschlossen werden.

---

18) Vgl. Art. 25 V. v. 13. 11. 99.
19) Vgl. § 953 ZPO.
20) Vgl. Art. 27 V. v. 13. 11. 99.
21) Vgl. § 956 ZPO.
22) Vgl. Art. 28 V. v. 13. 11. 99.

Für dieses Aufgebotsverfahren hat die ZPO. in den §§ 978—981 einige besondere Vorschriften gegeben, nach welchen sich unter Berücksichtigung des § 927 BGB., der in den §§ 7 und 8 AGzZPO. enthaltenen Bestimmungen und der allgemeinen in den §§ 946 ff. ZPO. gegebenen Verfahrensvorschriften das Verfahren folgendermaßen gestaltet:

1. Die Zulässigkeit des Aufgebotsverfahrens.

Das Aufgebot zum Zwecke der Ausschließung eines Grundstückseigentümers ist grundsätzlich nur zulässig, wenn der Eigentümer im Grundbuch nicht eingetragen ist. Hat eine solche Eintragung stattgefunden, so ist das Aufgebotsverfahren nur zulässig, wenn er gestorben oder verschollen ist und eine Eintragung in das Grundbuch, die der Zustimmung des Eigentümers bedurfte, seit dreißig Jahren nicht erfolgt ist.[1])

2. Die Zuständigkeit der Gerichte.

Für das Aufgebotsverfahren ist das Amtsgericht zuständig, in dessen Bezirke das aufzubietende Grundstück belegen ist.[2])

Wenn das letztere in den Bezirken verschiedener Amtsgerichte belegen ist, so erfolgt die Bestimmung des für das Aufgebot zuständigen Gerichts durch das im Instanzenzuge zunächst höhere Gericht.[3])

3. Die Antragsberechtigung.

Zu dem Antrage auf Einleitung des Aufgebotsverfahrens ist derjenige berechtigt, welcher das Grundstück seit 30 Jahren ununterbrochen im Eigenbesitze hat.[4])

Die dreißigjährige Besitzzeit wird in gleicher Weise berechnet, wie die Frist für die Ersitzung einer beweglichen Sache.[5])

4. Der Antrag.

In dem Antrage, für dessen Form die allgemeinen Regeln gelten, hat der Antragsteller

1. das aufzubietende Grundstück nach seiner Lage, Beschaffenheit und Größe zu bezeichnen.

Diese Bezeichnung wird auch hier, wie dies für die Bezeichnung des Grundstücks, für welches ein neues Grundbuchblatt angelegt werden soll, im Art. 25 der Verordnung über das Grundbuchwesen v. 13. 11. 99 vorgeschrieben ist, zweckmäßig nach dem Steuerbuche, g. F. unter Überreichung eines Auszuges aus demselben, erfolgen.[6])

---

[1]) Vgl. § 927 BGB.

[2]) Vgl. § 978 ZPO.

[3]) Vgl. § 36 Nr. 4 ZPO.

[4]) Vgl. § 979 ZPO. Eigenbesitzer ist, wer eine Sache als ihm gehörend besitzt. § 872 BGB. Der vor dem 1. 1. 00 liegende Zeitraum wird mit eingerechnet.

[5]) Vgl. § 927 BGB. und über die Fristberechnung bei der Ersitzung beweglicher Sachen §§ 939—944 BGB.

[6]) Vgl. oben § 47 S. 170.

2. die zur Begründung des Antrags erforderlichen Tatsachen glaubhaft zu machen.[7])

Zu diesen Tatsachen gehört vor allem das Erfordernis, daß der Antragsteller das aufzubietende Grundstück bei Miteinrechnung der Besitzzeit etwaiger Rechtsvorgänger seit 30 Jahren ununterbrochen im Eigenbesitze hat. Dies wird durch ein Zeugnis der Ortsbehörde unschwer glaubhaft gemacht werden können. Wenn der Eigentümer im Grundbuch eingetragen ist, so ist ferner die Tatsache, daß derselbe verstorben oder verschollen ist, durch Vorlegung der Sterbeurkunde oder des die Todeserklärung aussprechenden Urteils nachzuweisen; und daß endlich eine Eintragung in das Grundbuch, welche der Zustimmung des Eigentümers bedurfte, seit dreißig Jahren nicht erfolgt ist, wird unter Berufung auf das Grundbuch behauptet werden können.[8])

5. Das Aufgebot.

Wird der Antrag vom Amtsgericht für zulässig befunden, so hat das Gericht das Aufgebotsverfahren einzuleiten und das Aufgebot zu erlassen.

In das Aufgebot ist insbesondere aufzunehmen:

1. die Bezeichnung des Antragstellers;
2. die Bezeichnung des aufgebotenen Grundstücks nach seiner Lage, Beschaffenheit und Größe (Steuerbuch);
3. die Aufforderung an den bisherigen Eigentümer, sein Recht auf das aufgebotene Grundstück spätestens im Aufgebotstermine anzumelden;
4. die Androhung des Rechtsnachteils, daß im Falle der unterbleibenden Anmeldung seine Ausschließung erfolgen werde;[9])
5. die Bestimmung eines Aufgebotstermins.

6. Die Aufgebotsfrist.

Die Aufgebotsfrist beträgt sechs Wochen, und zwar in der Art, daß zwischen dem Tage, an welchem die Einrückung des Aufgebots in den Deutschen Reichsanzeiger oder, wenn die Bekanntmachung des Aufgebots im Deutschen Reichsanzeiger unterbleibt, die Einrückung in den öffentlichen Anzeiger des Amtsblatts bzw. die Anheftung an die Gerichtstafel erfolgt ist, und dem Aufgebotstermin ein Zeitraum von mindestens sechs Wochen liegen muß.[10])

7. Die Bekanntmachung des Aufgebots.

Die öffentliche Bekanntmachung des Aufgebots erfolgt:

1. durch Anheftung des Aufgebots an die Gerichtstafel,
2. durch einmalige Einrückung in den öffentlichen Anzeiger des Amtsblatts. Das Gericht kann jedoch anordnen, daß die Einrückung noch

---

[7]) Vgl. § 980 ZPO.

[8]) Wegen der Glaubhaftmachung vgl. im übrigen § 294 ZPO. und oben § 18 S. 51.

[9]) Vgl. § 981 ZPO.

[10]) Vgl. § 950 ZPO. und §§ 7, 8 AGzZPO. in Verbindung mit der 2. VO. des StMin. zur Einschränkung der öffentl. Bekanntmachg. v. 17. 12. 24 (GS. S. 759).

in andere Blätter, insbesondere also auch in den Deutschen Reichsanzeiger, und zu mehreren Malen erfolgen, oder daß die Einrückung in den öffentlichen Anzeiger unterbleiben und durch Anheften an die Gerichtstafel ersetzt werden soll.[11])

8. Das Verfahren im Aufgebotstermin

regelt sich nach den allgemeinen Grundsätzen und bietet keine Besonderheiten dar.

9. Das Ausschlußurteil.

In dem Ausschlußurteil wird der bisherige Eigentümer, der im Aufgebotstermine nicht erschienen ist, mit seinen Ansprüchen auf das aufgebotene Grundstück ausgeschlossen.[12])

Angemeldete Rechte sind, wenn nicht das Aufgebotsverfahren bis zur endgültigen Entscheidung über dieselben ausgesetzt wird, in dem Ausschlußurteil vorzubehalten.[13])

Das Gericht kann die öffentliche Bekanntmachung des wesentlichen Inhalts des Ausschlußurteils anordnen; wird eine solche Bekanntmachung angeordnet, so erfolgt sie durch einmalige Einrückung in den öffentlichen Anzeiger des Amtsblatts.[14])

In betreff der Rechtskraft des Urteils und der Anfechtungsklage kommen die allgemeinen Grundsätze zur Anwendung.

10. Die Wirkung des Ausschlußurteils.

Derjenige, welcher das Ausschlußurteil erwirkt hat, erlangt durch dieses Urteil das Recht, sich als Eigentümer in das Grundbuch eintragen zu lassen.[15]) Das Eigentum selbst erlangt er jedoch erst dann, wenn er diese Eintragung vornehmen läßt.[16])

Ist vor der Erlassung des Ausschlußurteils ein Dritter als Eigentümer oder wegen des Eigentums eines Dritten ein Widerspruch gegen die Richtigkeit des Grundbuchs eingetragen worden,[17]) so hat das Urteil gegen den Dritten keine Wirkung, so daß in solchem Fall auch eine Eintragung des Eigenbesitzers, zu dessen Gunsten das Ausschlußurteil erlassen ist, als Eigentümer in das Grundbuch nicht erfolgen kann.[18])

§ 49.

Das Aufgebot zum Zwecke der Ausschließung eines unbekannten Hypotheken-, Grundschuld- oder Rentenschuld-Gläubigers.

Nach § 1170 BGB. kann ein unbekannter Hypothekengläubiger im Wege des Aufgebotsverfahrens mit seinem Rechte ausgeschlossen werden.

---

[11]) Vgl. §§ 7, 8 AGzZPO. u. VO. v. 17. 12. 24.
[12]) Vgl. § 981 ZPO. [13]) Vgl. § 953 ebenda.
[14]) Vgl. § 8 Abs. 2 AGzZPO. in Verbindung mit § 956 ZPO.
[15]) Auf Grund eines Ausschlußurteils, in welchem angemeldete Eigentumsrechte vorbehalten sind, ist die Eintragung eines Eigentümers nicht zulässig. Vgl. Beschl. d. KG. v. 25. 5. 06 in DJZ. 06 S. 1376.
[16]) Vgl. § 927 Abs. 2 BGB.
[17]) Vgl. §§ 894, 899 BGB. [18]) Vgl. § 927 Abs. 3 ebenda.

wenn seit der letzten sich auf die Hypothek beziehenden Eintragung in das Grundbuch zehn Jahre verstrichen sind und das Recht des Gläubigers nicht innerhalb dieser Frist von dem Eigentümer in einer nach § 208 zur Unterbrechung der Verjährung geeigneten Weise anerkannt worden ist. Auf demselben Wege kann der unbekannte Gläubiger nach § 1171 BGB. mit seinem Rechte auch dann ausgeschlossen werden, wenn der Eigentümer zur Befriedigung des Gläubigers oder zur Kündigung berechtigt ist und den Betrag der Forderung für den Gläubiger unter Verzicht auf das Recht zur Zurücknahme hinterlegt.

Diese Vorschriften finden nach § 1192 Abs. 1 und § 1199 BGB. auch auf die Grundschuld- und Rentenschuldgläubiger entsprechende Anwendung.

Für das Aufgebotsverfahren zum Zwecke der Ausschließung eines unbekannten Hypotheken-, Grundschuld- oder Rentenschuldgläubigers auf Grund der §§ 1170 und 1171 BGB. hat die ZPO. in den §§ 982—987 besondere Bestimmungen getroffen, nach denen sich unter Berücksichtigung der allgemeinen Verfahrensvorschriften und der §§ 7, 8 AGzZPO. v. 22. 9. 99 das Verfahren wie folgt gestaltet:

1. Die Zulässigkeit des Aufgebotsverfahrens.

Die Voraussetzungen, unter denen das Aufgebot zum Zwecke der Ausschließung eines unbekannten Hypotheken-, Grundschuld- oder Rentenschuldgläubigers zulässig ist, ergeben sich aus dem Wortlaut der §§ 1170 und 1171 BGB.[1])

2. Die Zuständigkeit der Gerichte.

Für das Aufgebotsverfahren ist das Amtsgericht zuständig, in dessen Bezirk das belastete Grundstück belegen ist.[2])

Wenn das letztere in den Bezirken verschiedener Amtsgerichte belegen ist, so erfolgt die Bestimmung des für das Aufgebot zuständigen Gerichts durch das im Rechtszuge zunächst höhere Gericht.[3])

3. Die Antragsberechtigung.

Zu dem Antrage auf Einleitung des Aufgebotsverfahrens sind berechtigt:

I. in allen Fällen: der Eigentümer des belasteten Grundstücks,[4])

II. im Falle des § 1170 BGB.:

---

[1]) Unter Eintragungen, die sich auf die Hypothek beziehen (§ 1170 Satz 1 BGB.), sind nur solche Eintragungen zu verstehen, die eine Rechtsausübung des betr. Gläubigers enthalten. Vgl. JM. f. Posen 00 S. 106.

„Eine nach dem Kalender bestimmte Zahlungszeit" (§ 1170 Abs. 1 Satz 2) besteht für eine Forderung nicht, wenn die Fälligkeit der Forderung von dem Eintritte eines Ereignisses, z. B. von dem Tode eines Berechtigten, abhängig gemacht ist. Vgl. JM. f. Posen 02 S. 91.

[2]) Vgl. § 983 ZPO.

[3]) Vgl. § 36 Nr. 4 ebenda.

[4]) Vgl. § 984 Abs. 1 ebenda. Bei einer Gesamthypothek sind die Eigentümer der belasteten Grundstücke antragsberechtigt. Vgl. § 1175 Abs. 2 BGB.

a) auch ein im Range dem unbekannten Hypotheken- usw. Gläubiger gleich- oder nachstehender Gläubiger, zu dessen Gunsten eine Vormerkung nach § 1179 BGB. eingetragen ist;[5])

b) im Falle einer Gesamthypothek, Gesamtgrundschuld oder Gesamtrentenschuld[6]) außerdem derjenige, welcher auf Grund eines im Range gleich- oder nachstehenden Rechts Befriedigung aus einem der belasteten Grundstücke verlangen kann, sofern der Gläubiger oder der sonstige Berechtigte für seinen Anspruch einen vollstreckbaren Schuldtitel erlangt hat.[7])

4. Der Antrag.

In dem Antrage, für dessen Form die allgemeinen Regeln gelten, hat der Antragsteller:

I. in allen Fällen:

a) das belastete Grundstück und die Hypothek, Grundschuld oder Rentenschuld, deren Gläubiger aufgeboten werden soll, nach dem Steuerbuch bzw. nach dem Inhalt des Grundbuchs genau zu bezeichnen,

b) glaubhaft zu machen, daß der Gläubiger unbekannt ist.[8])

Die Glaubhaftmachung hat nach Maßgabe des § 294 ZPO. zu erfolgen, etwa in der Weise, daß behördliche Zeugnisse oder Bescheinigungen von Angehörigen oder Bekannten des Gläubigers über das Unbekanntsein des letzteren beigebracht werden.

II. im Falle des § 1170 BGB.:

c) auch glaubhaft zu machen, daß das Recht des Gläubigers nicht innerhalb der zehnjährigen Frist seit der letzten sich auf die Hypothek, Grundschuld oder Rentenschuld beziehenden Eintragung von dem Eigentümer in einer nach § 208 BGB. zur Unterbrechung der Verjährung geeigneten Weise durch Abschlagszahlung, Zinszahlung, Sicherheitsleistung oder sonst anerkannt worden ist.[9])

d) Ist die Hypothek für die Forderung aus einer Schuldverschreibung auf den Inhaber bestellt oder der Grundschuld- oder Rentenschuldbrief auf den Inhaber ausgestellt,[10]) so hat

---

[5]) Vgl. § 984 Abs. 2 Satz 1 ZPO.

[6]) Wegen der Gesamtschuld vgl. § 1175 Abs. 2 BGB.

[7]) Vgl. § 984 Abs. 2 Satz 2 ZPO. — Durch die zu 2a und b gewährte Antragsberechtigung soll dem Gläubiger oder dem sonstigen Berechtigten, wenn er die Zwangsvollstreckung in das Grundstück betreiben will, die Möglichkeit gegeben werden, die Löschung vorgehender oder gleichstehender Rechte herbeizuführen, welche die Erzielung eines seine Befriedigung sichernden Gebots erschweren, oder das Gebot zu seinem Nachteil erhöhen würden (Mot.).

[8]) Vgl. § 985 ZPO. Als unbekannt gilt ein Gläubiger, dessen Person nicht bekannt ist, sowie derjenige, welcher sein Recht nicht nachzuweisen vermag. Vgl. Mot. 3 S. 371; Beschl. des KG. v. 10. 6. 05 in Rechtspr. der OLG. Bd. 12 S. 288; JM. f. Posen usw. Jahrg. 00 S. 87 und Jahrg. 04 S. 106 und 163.

[9]) Vgl. § 986 Abs. 1 ebenda.

[10]) Vgl. §§ 1187—1189, 1195 und 1199 BGB.

der Antragsteller glaubhaft zu machen, daß die Schuldverschreibung oder der Brief bis zum Ablaufe der im § 801 BGB. bezeichneten Frist[11]) nicht vorgelegt und der Anspruch nicht gerichtlich geltend gemacht worden ist.[12])

e) Ist die Vorlegung oder die gerichtliche Geltendmachung erfolgt, so ist die zu II c vorgeschriebene Glaubhaftmachung erforderlich, daß nicht eine das Aufgebot ausschließende Anerkennung des Rechts des Gläubigers erfolgt ist.[13])

III. im Falle des § 1171 BGB.:

sich zur Hinterlegung des dem Gläubiger gebührenden Betrages zu erbieten.[14])

Zur Glaubhaftmachung genügt in den Fällen zu II c, d und e die Versicherung des Antragstellers an Eides Statt, unbeschadet der Befugnis des Gerichts, anderweite Ermittelungen vorzunehmen.[15])

5. Das Aufgebot.

Ist der Antrag zulässig, so hat das Gericht das Aufgebot zu erlassen. In dasselbe ist insbesondere aufzunehmen:

1. die Bezeichnung des Antragstellers;
2. die Bezeichnung des belasteten Grundstücks und der Hypothek, Grundschuld oder Rentenschuld, deren Gläubiger aufgeboten werden soll, nach dem Steuerbuch bezw. nach dem Inhalt des Grundbuchs;
3. die Aufforderung an den unbekannten Hypotheken-, Grundschuld- oder Rentenschuldgläubiger, sein Recht spätestens im Aufgebotstermine anzumelden;
4. die Androhung des Rechtsnachteils:
   a) im Falle des § 1170 BGB.: daß bei unterbleibender Anmeldung die Ausschließung des Gläubigers mit seinem Rechte erfolgen werde,[16])

---

[11]) § 801 Abs. 1 BGB. lautet: „Der Anspruch aus einer Schuldverschreibung auf den Inhaber erlischt mit dem Ablaufe von dreißig Jahren nach dem Eintritte der für die Leistung bestimmten Zeit, wenn nicht die Urkunde vor dem Ablaufe der dreißig Jahre dem Aussteller zur Einlösung vorgelegt wird. Erfolgt die Vorlegung, so verjährt der Anspruch in zwei Jahren von dem Ende der Vorlegungsfrist an. Der Vorlegung steht die gerichtliche Geltendmachung des Anspruchs aus der Urkunde gleich."

[12]) Vgl. § 986 Abs. 2 Satz 1 ZPO.

[13]) Vgl. § 986 Abs. 2 Satz 2 ebenda.

[14]) Vgl. § 987 Abs. 1 ZPO. Zur Einleitung des Verfahrens genügt das Erbieten, dagegen darf das Ausschlußurteil erst dann erlassen werden, wenn die Hinterlegung wirklich erfolgt ist. Vgl. § 987 Abs. 4 ZPO. S. unten unter Nr. 9. Der dem Gläubiger gebührende Betrag setzt sich nach § 1171 BGB. zusammen aus dem Betrage des Kapitals und den im Grundbuch eingetragenen Zinsen für vier Kalenderjahre vor der Erlassung des Ausschlußurteils.

[15]) Vgl. § 986 Abs. 3 ZPO. und außerdem wegen der Glaubhaftmachung im allgemeinen § 294 ZPO. und oben § 18 S. 51.

[16]) Vgl. § 986 Abs. 4 ZPO.

b) im Falle des § 1171 BGB.: daß der Gläubiger nach der Hinterlegung des ihm gebührenden Betrages seine Befriedigung statt aus dem Grundstücke nur noch aus dem hinterlegten Betrage verlangen könne und sein Recht auf diesen erlösche, wenn er sich nicht vor dem Ablaufe von dreißig Jahren nach der Erlassung des Ausschlußurteils bei der Hinterlegungsstelle melde;[17])

5. die Bestimmung eines Aufgebotstermins.

6. Die Aufgebotsfrist.

Die Aufgebotsfrist beträgt sechs Wochen, und zwar in der Art, daß zwischen dem Tage, an welchem die Einrückung des Aufgebots in den öffentlichen Anzeiger des Amtsblatts oder, wenn das Aufgebot in den Deutschen Reichsanzeiger eingerückt wird, die Einrückung in den Reichsanzeiger erfolgt ist, und dem Aufgebotstermine ein Zeitraum von mindestens sechs Wochen liegen muß.[18])

Hängt im Falle des § 1171 BGB. die Fälligkeit der Forderung von einer Kündigung ab, so erweitert sich die Aufgebotsfrist um die Kündigungsfrist.[19])

7. Die Bekanntmachung des Aufgebots.

Die öffentliche Bekanntmachung des Aufgebots erfolgt:

1. durch Anheftung an die Gerichtstafel;
2. durch einmalige Einrückung in den öffentlichen Anzeiger des Amtsblatts. Das Gericht kann jedoch anordnen, daß die Einrückung noch in andere Blätter, insbesondere also auch in den Deutschen Reichsanzeiger, und zu mehreren Malen erfolgen, oder daß die Einrückung in den öffentlichen Anzeiger des Amtsblatts unterbleiben und durch Anheften an die Gerichtstafel ersetzt werden soll.[20])

Eine besondere Mitteilung des Aufgebots muß im Falle des § 1170 BGB. von Amts wegen an den Eigentümer des Grundstücks erfolgen, wenn das Aufgebot auf Antrag eines der oben 3, II a und b aufgeführten Antragsberechtigten erlassen wird. Eine besondere Form ist für die Mitteilung nicht vorgeschrieben.[21])

8. Das Verfahren im Aufgebotstermin

regelt sich nach den allgemeinen Bestimmungen.

9. Das Ausschlußurteil.

Im Falle des § 1170 BGB. wird der unbekannte Hypotheken-, Grundschuld- oder Rentenschuldgläubiger mit seinem Rechte auf die fragliche Hypothek, Grundschuld oder Rentenschuld ausgeschlossen.[22])

[17]) Vgl. § 987 Abs. 2 ZPO.

[18]) Vgl. § 950 ZPO. und §§ 7, 8 AGzZPO.

[19]) Vgl. § 987 Abs. 3 ZPO. Vgl. auch § 199 BGB.

[20]) Vgl. §§ 7, 8 AGzZPO. u. 2. VO. d. StMin. zur Einschränkung der öffentl. Bekanntmachg. v. 17. 12. 24 (GS. S. 759).

[21]) Vgl. § 986 Abs. 5 ZPO. In analoger Anwendung des § 10 Abs. 3 AGzZPO. v. 22. 9. 99 wird die Zustellung der Mitteilung unbedenklich durch Aufgabe zur Post (§§ 175, 213 ZPO.) erfolgen können; die Postsendungen sind mit der Bezeichnung „Einschreiben" zu versehen.

[22]) Vgl. § 986 Abs. 4 ebenda.

Im Falle des § 1171 BGB. darf das Ausschlußurteil erst dann erlassen werden, wenn die Hinterlegung des Betrages der Forderung, und zwar unter Verzicht auf das Recht zur Rücknahme erfolgt ist.[23])

Ist diese Hinterlegung erfolgt, so ist gegen den unbekannten Gläubiger, welcher sich nicht gemeldet hat, in dem Ausschlußurteil der Rechtsnachteil festzusetzen, daß er nunmehr seine Befriedigung statt aus dem Grundstücke nur noch aus dem hinterlegten Betrage verlangen könne, und daß sein Recht auf diesen erlösche, wenn er sich nicht vor dem Ablaufe von dreißig Jahren nach der Erlassung des Ausschlußurteils bei der Hinterlegungsstelle melde.[24])

Angemeldete Rechte sind, wenn nicht gemäß § 953 ZPO. das Aufgebot bis zur endgültigen Entscheidung über dieselben ausgesetzt wird, in dem Ausschlußurteil vorzubehalten.[25])

Das Gericht kann die öffentliche Bekanntmachung des wesentlichen Inhalts des Ausschlußurteils anordnen; geschieht dies, so erfolgt die Bekanntmachung durch einmalige Einrückung in den öffentlichen Anzeiger des Amtsblatts.[26])

In betreff der Rechtskraft und der Anfechtung des Ausschlußurteils gelten die allgemeinen Regeln.[27])

10. Die Wirkung des Ausschlußurteils.

Über die Wirkung des Ausschlußurteils enthalten die §§ 1170 und 1171 BGB. die maßgebenden Bestimmungen.

Im Falle des § 1170 BGB. erwirbt der Eigentümer mit der Erlassung des Ausschlußurteils die Hypothek. Der dem Gläubiger erteilte Hypothekenbrief wird kraftlos.[28])

Im Falle des § 1171 BGB. gilt mit der Erlassung des Ausschlußurteils der Gläubiger als befriedigt, sofern nicht nach den Vorschriften über die Hinterlegung die Befriedigung schon vorher eingetreten ist. Der dem Gläubiger erteilte Hypothekenbrief wird auch hier kraftlos.[29])

---

[23]) Vgl. § 987 Abs. 4 ZPO. Vgl. § 376 Abs. 2 Nr. 1 und § 1171 BGB.

[24]) Vgl. § 987 Abs. 2 ZPO.; § 382 BGB.; Art. 145 Satz 2 EGzBGB.; § 28 der Preuß. Hinterlegungsordnung v. 21. 4. 13. S. unten § 60.

[25]) Vgl. § 953 ZPO.

[26]) Vgl. § 8 Abs. 2 AGzZPO.

[27]) S. oben §§ 10 und 11.

[28]) Vgl. § 1170 Abs. 2 BGB. Wegen der Erteilung eines neuen Briefes auf Grund des Ausschlußurteils s. § 67 der Reichsgrundbuchordnung v. 24. 3. 97. Vgl. auch § 42 ebenda und oben § 36 S. 122.

Bei einer Gesamthypothek erstreckt sich die Wirkung, daß die Post auf Grund des Ausschlußurteils gelöscht werden kann, nur auf diejenigen der mithaftenden Grundstücke, die im Ausschlußurteil ausdrücklich aufgeführt sind. An dem Grundstücke eines den Aufgebotsantrag nicht mitstellenden Eigentümers bleibt die Hypothek bestehen. Vgl. Beschl. d. KG. v. 23. 6. 02 in der JM. f. Posen 02 S. 125. Ebenso erstreckt sich das Ausschlußurteil nicht auf ein vorher abgeschriebenes Trennstück. KG. 17. 9. 14 in Rechtspr. d. OLG. 29, 277. Das einen Vorbehalt aussprechende Ausschlußurteil an sich genügt nicht zur Löschung der aufgebotenen Post. Vgl. Beschl. d. KG. v. 10. 6. 05 in Rechtspr. d. OLG. Bd. 12, 288.

[29]) Vgl. § 1171 Abs. 2 BGB. Wegen der Erteilung eines neuen

Das Recht des Gläubigers auf den hinterlegten Betrag erlischt mit dem Ablaufe von dreißig Jahren nach der Erlassung des Ausschlußurteils, wenn nicht der Gläubiger sich vorher bei der Hinterlegungsstelle meldet; der Hinterleger ist zur Rücknahme berechtigt, auch wenn er auf das Recht zur Rücknahme verzichtet hat.[30])

§ 50.

Das Aufgebot zum Zwecke der Ausschließung des Berechtigten bei der Vormerkung.

(§ 887 BGB.)

Zur Sicherung des Anspruchs auf Einräumung oder Aufhebung eines Rechtes an einem Grundstück oder an einem das Grundstück belastenden Rechte oder auf Änderung des Inhalts oder des Ranges eines solchen Rechtes kann eine Vormerkung in das Grundbuch eingetragen werden. Die Eintragung einer Vormerkung ist auch zur Sicherung eines künftigen oder eines bedingten Anspruchs zulässig.

Eine Verfügung, die nach der Eintragung der Vormerkung über das Grundstück oder das Recht getroffen wird, ist insoweit unwirksam, als sie den Anspruch vereiteln oder beeinträchtigen würde. Dies gilt auch, wenn die Verfügung im Wege der Zwangsvollstreckung oder der Arrestvollziehung oder durch den Konkursverwalter erfolgt.

Soweit der Anspruch durch die Vormerkung gesichert ist, kann sich der Erbe des Verpflichteten nicht auf die Beschränkung seiner Haftung berufen.

Die Eintragung einer Vormerkung erfolgt auf Grund einer einstweiligen Verfügung oder auf Grund der Bewilligung desjenigen, dessen Grundstück oder dessen Recht von der Vormerkung betroffen wird. Zur Erlassung der einstweiligen Verfügung ist nicht erforderlich, daß eine Gefährdung des zu sichernden Anspruchs glaubhaft gemacht wird.

Bei der Eintragung kann zur näheren Bezeichnung des zu sichernden Anspruchs auf die einstweilige Verfügung oder die Eintragungsbewilligung Bezug genommen werden.

Steht demjenigen, dessen Grundstück oder dessen Recht von der Vormerkung betroffen wird, eine Einrede zu, durch welche die Geltendmachung des durch die Vormerkung gesicherten Anspruchs dauernd ausgeschlossen wird, so kann er von dem Gläubiger die Beseitigung der Vormerkung verlangen.

Ist der Gläubiger, dessen Anspruch durch die Vormerkung gesichert ist, unbekannt, so kann er im Wege des Aufgebotsverfahrens mit seinem Rechte ausgeschlossen werden, wenn die im § 1170 für die Ausschließung eines Hypothekengläubigers bestimmten Voraussetzungen vorliegen. Mit der Erlassung des Ausschlußurteils erlischt die Wirkung der Vormerkung.[1])

Briefes auf Grund des Ausschlußurteils s. § 67 der Reichsgrundbuchordnung v. 24. 3. 97. Vgl. auch § 42 ebenda und oben § 36 S. 122.

[30]) Vgl. § 1171 Abs. 3 BGB.

[1]) Vgl. §§ 883—887 BGB.

Auf das Aufgebotsverfahren zum Zwecke der Ausschließung des Berechtigten finden nach § 988 ZPO. die Vorschriften der §§ 983, 984 Abs. 1, 985 und 986 Abs. 1—4 ZPO. entsprechende Anwendung. Unter Berücksichtigung der §§ 7, 8 AGzZPO. v. 22. 9. 99 in der Fassung der 2. VO. d. StMin. zur Einschränkung der öffentl. Bekanntmachg. v. 17. 12. 24 (GS. S. 759) ist demnach das Verfahren wie folgt geregelt:

1. Die Zulässigkeit des Aufgebotsverfahrens.

Das Aufgebot zum Zwecke der Ausschließung des Berechtigten bei der Vormerkung ist nur zulässig, wenn die im § 1170 BGB. für die Ausschließung eines Hypothekengläubigers bestimmten Voraussetzungen vorliegen. Es muß also seit der letzten sich auf das betr. Recht beziehenden Eintragung in das Grundbuch ein Zeitraum von zehn Jahren verstrichen und das Recht des Berechtigten nicht innerhalb dieser Frist von dem Eigentümer in einer nach § 208 zur Unterbrechung der Verjährung geeigneten Weise anerkannt worden sein. Besteht für die Forderung eine nach dem Kalender bestimmte Zahlungszeit, so beginnt die Frist nicht vor dem Ablauf des Zahlungstages.

2. Die Zuständigkeit der Gerichte.

Für das Aufgebotsverfahren ist das Amtsgericht zuständig, in dessen Bezirke das belastete Grundstück belegen ist. Liegt das Grundstück in den Bezirken verschiedener Amtsgerichte, so erfolgt die Bestimmung des zuständigen Gerichts durch das im Rechtszuge zunächst höhere Gericht.[2])

3. Die Antragsberechtigung.

Zu dem Antrage auf Einleitung des Aufgebotsverfahrens sind berechtigt:

1. der Eigentümer des belasteten Grundstücks;[3])
2. derjenige, welcher auf Grund eines im Range gleich- oder nachstehenden Rechts Befriedigung aus dem Grundstücke verlangen kann, sofern er für seinen Anspruch einen vollstreckbaren Schuldtitel erlangt hat.[4])

4. Der Antrag.

In dem Aufgebotsantrag ist:

a) das belastete Grundstück und der durch die Vormerkung gesicherte Anspruch genau zu bezeichnen;
b) glaubhaft zu machen:
   1. daß der Berechtigte unbekannt ist;[5])
   2. daß nicht eine das Aufgebot ausschließende Anerkennung des Rechtes des Berechtigten erfolgt ist.[6])

Das Unbekanntsein des Berechtigten ist nach § 294 ZPO. glaubhaft zu machen.

---

[2]) Vgl. § 983 und § 36 Nr. 4 ZPO.
[3]) Vgl. § 984 Abs. 1 ebenda.
[4]) Vgl. § 988 Abs. 2 ebenda.
[5]) Vgl. § 985 ZPO.
[6]) Vgl. § 986 Abs. 1 ebenda.

Zur Glaubhaftmachung der nicht erfolgten Anerkennung genügt die Versicherung des Antragstellers an Eides Statt, unbeschadet der Befugnis des Gerichts, anderweite Ermittelungen anzuordnen.[7])

5. Das Aufgebot

muß neben der Bezeichnung des Antragstellers, des belasteten Grundstücks und des durch die Vormerkung gesicherten Anspruchs, sowie der Aufforderung an den unbekannten Berechtigten, sein Recht spätestens im Aufgebotstermin anzumelden, die Androhung des Rechtsnachteils enthalten:

daß bei unterbleibender Anmeldung die Ausschließung des Berechtigten mit seinem Rechte erfolgen werde.[8])

Außerdem ist in dem Aufgebot ein Aufgebotstermin zu bestimmen.

6. Die Aufgebotsfrist.

Die Aufgebotsfrist beträgt sechs Wochen. Zwischen dem Tage, an welchem die Einrückung des Aufgebots in den öffentlichen Anzeiger des Amtsblatts oder, wenn das Aufgebot in den Deutschen Reichsanzeiger eingerückt wird, die Einrückung in den Reichsanzeiger erfolgt ist, und dem Aufgebotstermine muß ein Zeitraum von mindestens sechs Wochen liegen.[9])

7. Die Bekanntmachung des Aufgebots.

Die öffentliche Bekanntmachung des Aufgebots erfolgt, wie bei dem Aufgebot zum Zwecke der Ausschließung eines Hypotheken- usw. Gläubigers, durch Anheftung an die Gerichtstafel und einmalige Einrückung in den öffentlichen Anzeiger des Amtsblatts, wobei jedoch dem Gericht die Befugnis bleibt, die Einrückung noch in andere Blätter (Reichsanzeiger) und zu mehreren Malen anzuordnen oder auch von der Einrückung in den öffentlichen Anzeiger des Amtsblatts abzusehen und sie durch Anheftung an die Gerichtstafel als ersetzt anzusehen.

Außerdem ist das Aufgebot in den Fällen, wo der Aufgebotsantrag von einem Berechtigten gestellt ist, der auf Grund eines im Range gleich- oder nachstehenden Rechts Befriedigung aus dem Grundstück verlangen kann, dem Eigentümer des letzteren von Amts wegen mitzuteilen.[10])

Für

8. das Verfahren im Aufgebotstermin, das Ausschlußurteil und dessen Rechtskraft, sowie die Zulässigkeit der Anfechtungsklage

gelten die allgemeinen Regeln.

Es soll hier nur hervorgehoben werden, daß in dem Ausschlußurteil der Berechtigte, der sich nicht gemeldet hat, mit seinem Rechte auszuschließen ist, und daß mit der Erlassung des Ausschlußurteils die Wirkung der Vormerkung erlischt.[11])

---

[7]) Vgl. § 986 Abs. 3 ebenda.

[8]) Vgl. § 986 Abs. 4 ebenda.

[9]) Vgl. § 950 ebenda.

[10]) Vgl. § 988 Abs. 2 ebenda. Wegen der Form dieser Mitteilung vgl. oben Anm. 21 zu § 50.

[11]) Vgl. § 887 BGB.

§ 51.

Das Aufgebot zum Zwecke der Ausschließung eines unbekannten Vorkaufsberechtigten.

(§§ 1104 BGB.)

Ein Grundstück kann in der Weise belastet werden, daß derjenige, zu dessen Gunsten die Belastung erfolgt, dem Eigentümer gegenüber zum Vorkaufe berechtigt ist.

Das Vorkaufsrecht kann auch zugunsten des jeweiligen Eigentümers eines anderen Grundstücks bestellt werden; es beschränkt sich auf den Fall des Verkaufs durch den Eigentümer, welchem das Grundstück zur Zeit der Bestellung gehört, oder durch dessen Erben; es kann jedoch auch für mehrere oder für alle Verkaufsfälle bestellt werden und gilt auch für den Fall des freihändigen Verkaufs durch den Konkursverwalter. Das Rechtsverhältnis zwischen dem Berechtigten und dem Verpflichteten bestimmt sich nach den Vorschriften der §§ 504—514 BGB. Dritten gegenüber hat das Vorkaufsrecht die Wirkung einer Vormerkung zur Sicherung des durch die Ausübung des Rechtes entstehenden Anspruchs auf Übertragung des Eigentums.

Der dritte Käufer des belasteten Grundstücks, sowie ein Rechtsnachfolger des Käufers kann die Zustimmung zur Eintragung des Berechtigten als Eigentümer und die Herausgabe des Grundstücks verweigern, bis ihm der zwischen dem Verpflichteten und dem Käufer vereinbarte Kaufpreis, soweit er berechtigt ist, erstattet wird. Erlangt der Berechtigte die Eintragung als Eigentümer, so kann der bisherige Eigentümer von ihm die Erstattung des berichtigten Kaufpreises gegen Herausgabe des Grundstücks fordern.

Ist der Vorkaufsberechtigte unbekannt, so kann er im Wege des Aufgebotsverfahrens mit seinem Rechte ausgeschlossen werden, wenn die im § 1170 BGB. für die Ausschließung eines Hypothekengläubigers bestimmten Voraussetzungen vorliegen. Mit der Erlassung des Ausschlußurteils erlischt das Vorkaufsrecht.[1])

Auf das Aufgebot zum Zwecke der Ausschließung eines Vorkaufsberechtigten finden nach § 988 ZPO. die Vorschriften der §§ 983, 984 Abs. 1, 985 und 986 Abs. 1—4 ZPO. entsprechende Anwendung, nach denen sich in Verbindung mit den Vorschriften der §§ 7, 8 AGzZPO. v. 22. 9. 99 in der Fassung vom 17. 12. 24 das Verfahren folgendermaßen gestaltet:

1. Die Zulässigkeit des Aufgebotsverfahrens ist nur dann gegeben, wenn die im § 1170 BGB. für die Ausschließung eines Hypothekengläubigers bestimmten Voraussetzungen vorliegen.

Zu beachten ist jedoch, daß das Aufgebot auch dann unzulässig ist, wenn es sich um ein Vorkaufsrecht handelt, welches zugunsten des jeweiligen Eigentümers eines Grundstücks besteht, da in diesem Falle der eigentlich Berechtigte, d. h. das Grundstück selbst, niemals unbekannt ist.[2])

---

[1]) Vgl. §§ 1094—1104 ebenda.

[2]) Vgl. § 1104 Abs. 2 BGB. Vgl. Biermann, Kommentar zum Sachenrecht des BGB. Anm. zu § 1104.

2. Die Zuständigkeit der Gerichte

ist dieselbe wie bei dem Aufgebot zum Zwecke der Ausschließung eines Hypotheken- usw. Gläubigers. S. oben § 49 S. 176.

3. Die Antragsberechtigung.

Antragsberechtigt sind:

1. der Eigentümer des mit dem Vorkaufsrecht belasteten Grundstücks,[3])
2. derjenige, welcher auf Grund eines im Range gleich- oder nachstehenden Rechts Befriedigung aus dem Grundstücke verlangen kann, sofern er für seinen Anspruch einen vollstreckbaren Schuldtitel erlangt hat.[4])

4. In dem Antrag

ist das belastete Grundstück und das Vorkaufsrecht genau zu bezeichnen. Außerdem ist glaubhaft zu machen,

1. daß der Vorkaufsberechtigte unbekannt ist,[5])
2. daß nicht eine das Aufgebot ausschließende Anerkennung des Vorkaufsrechts erfolgt ist.[6])

Die Glaubhaftmachung zu 1 erfolgt nach § 294 ZPO.; zu 2 genügt die Versicherung des Antragstellers an Eides Statt, unbeschadet der Befugnis des Gerichts, anderweite Ermittelungen anzuordnen.[7])

5. Das Aufgebot,

für dessen Inhalt die allgemeinen Regeln gelten, muß insbesondere die Androhung des Rechtsnachteils enthalten:

daß bei unterbleibender Anmeldung die Ausschließung des Berechtigten mit seinem Vorkaufsrecht erfolgen werde.[8])

6. Die Aufgebotsfrist

beträgt sechs Wochen wie bei dem Aufgebot zum Zwecke der Ausschließung eines Berechtigten bei der Vormerkung. S. oben § 50 S. 183.

7. Die Bekanntmachung des Aufgebots

erfolgt:

a) öffentlich durch Anheftung an die Gerichtstafel und einmalige Einrückung in den öffentlichen Anzeiger des Amtsblatts. Das Gericht kann jedoch anordnen, daß die Einrückung noch in andere Blätter, insbesondere auch in den Deutschen Reichsanzeiger und zu mehreren Malen erfolgen, oder daß die Einrückung in den öffentlichen Anzeiger des Amtsblatts unterbleiben und durch Anheften an die Gerichtstafel ersetzt werden soll.

b) Außerdem ist das Aufgebot, wenn der Aufgebotsantrag von einem Berechtigten gestellt ist, der auf Grund eines im Range gleich- oder

---

[3]) Vgl. § 984 Abs. 1 ZPO.
[4]) Vgl. § 988 Abs. 2 ebenda.
[5]) Vgl. § 985 ebenda.
[6]) Vgl. § 986 Abs. 1 ebenda.
[7]) Vgl. § 986 Abs. 3 ebenda.
[8]) Vgl. § 986 Abs. 4 ebenda.

nachstehenden Rechts Befriedigung aus dem Grundstück verlangen kann, dem Eigentümer des letzteren von Amts wegen mitzuteilen.[9])

Für

8. das Verfahren im Aufgebotstermin, das Ausschlußurteil und dessen Rechtskraft, sowie die Zulässigkeit der Anfechtungsklage

gelten die allgemeinen Grundsätze.

Es soll hier nur bemerkt werden, daß in dem Ausschlußurteil der Vorkaufsberechtigte, der sich nicht gemeldet hat, mit seinem Rechte auszuschließen ist, und daß mit der Erlassung des Ausschlußurteils das Vorkaufsrecht erlischt.[10])

§ 52.

Das Aufgebot zum Zwecke der Ausschließung eines unbekannten Wiederkaufsberechtigten bei Rentengütern.

(Art. 29 AGzBGB.)

Ein Grundstück, welches gegen Übernahme einer festen Geldrente zu Eigentum übertragen ist (Rentengut), kann zugunsten des Veräußerers in der Weise belastet werden, daß dieser dem Eigentümer gegenüber zum Wiederkaufe berechtigt ist. Das Wiederkaufsrecht kann auch zugunsten des jeweiligen Eigentümers eines Grundstücks des Veräußerers bestellt werden; es beschränkt sich auf die Fälle, daß der Eigentümer das Rentengut verkauft oder sich durch einen sonstigen Vertrag zur Übertragung des Eigentums verpflichtet, oder daß das Rentengut im Wege der Zwangsversteigerung veräußert wird; es kann auch für die Fälle bestellt werden, daß der Eigentümer stirbt oder eine im Rentengutsvertrage festgesetzte Verpflichtung nicht erfüllt.

Gelangt das Rentengut in das Eigentum eines Dritten, so kann dieser die Zustimmung zur Eintragung des Berechtigten und die Herausgabe des Rentenguts verweigern, bis ihm der Wiederkaufspreis so weit ausgezahlt wird, als er oder sein Rechtsvorgänger für den Erwerb des Rentenguts Aufwendungen gemacht hat. Erlangt der Berechtigte die Eintragung als Eigentümer, so kann der bisherige Eigentümer von ihm die Erstattung der für den Erwerb des Rentenguts gemachten Aufwendungen bis zur Höhe des Wiederkaufspreises gegen Herausgabe des Rentenguts fordern.

Ist der Berechtigte unbekannt, so kann er im Wege des Aufgebotsverfahrens mit seinem Rechte ausgeschlossen werden, wenn die im § 1170 BGB. für die Ausschließung eines Hypothekengläubigers bestimmten Voraussetzungen vorliegen. Mit der Erlassung des Ausschlußurteils erlischt das Wiederkaufsrecht.[1])

---

[9]) Vgl. § 988 Abs. 2 ZPO. Wegen der Form der Mitteilung s. oben Anm. 21 zu § 49.

[10]) Vgl. § 1104 BGB.

[1]) Vgl. Art. 29 AGzBGB. v. 20. 9. 99.

Auf das Aufgebotsverfahren finden nach § 11 AGzZPO. v. 22. 9. 99 die Vorschriften über das Aufgebotsverfahren im Falle des Aufgebots eines unbekannten Vorkaufsberechtigten (§ 1104 BGB.) entsprechende Anwendung.[2])

Von einer besonderen Darstellung des Verfahrens kann hier Abstand genommen werden, da dasselbe in allen seinen Grundzügen dem Aufgebotsverfahren zum Zwecke der Ausschließung eines unbekannten Vorkaufsberechtigten vollkommen gleichartig gestaltet ist. S. oben § 51 S. 184.

Es muß hier nur hervorgehoben werden, daß:

1. nach Art. 29 § 11 Abs. 2 AGzBGB. das Aufgebot nicht zulässig ist, wenn es sich um ein Wiederkaufsrecht handelt, das zugunsten des jeweiligen Eigentümers eines Grundstücks besteht;
2. nach § 972 ZPO. verfahren werden, d. h. die Erledigung der Aufgebotsanträge von der Landesjustizverwaltung für mehrere Amtsgerichtsbezirke einem Amtsgerichte übertragen werden kann, vorbehaltlich des Rechtes des Antragstellers, die Erledigung durch das Gericht der belegenen Sache (§ 983 ZPO.) zu verlangen;[3])
3. wenn das Aufgebot durch ein anderes als das nach § 983 zuständige Gericht der belegenen Sache erlassen wird, das Aufgebot auch durch Anheftung an die Gerichtstafel des letzteren Gerichts öffentlich bekannt zu machen ist;[4])
4. wenn der Aufgebotsantrag von einem Berechtigten gestellt ist, der auf Grund eines im Range gleich- oder nachstehenden Rechtes Befriedigung aus dem Grundstücke verlangen kann, die im § 988 Abs. 2 ZPO. vorgeschriebene Mitteilung des Aufgebots an den Eigentümer durch Aufgabe zur Post (§§ 175, 213 ZPO.) unter der Bezeichnung der Postsendung mit „Einschreiben" erfolgen kann.[5])

§ 53.

Das Aufgebot zum Zwecke der Ausschließung des Berechtigten bei der Reallast.

(§ 112 BGB.)

Ein Grundstück kann in der Weise belastet werden, daß an denjenigen, zu dessen Gunsten die Belastung erfolgt, wiederkehrende Leistungen aus dem Grundstücke zu entrichten sind (Reallast); die Reallast kann auch zugunsten des jeweiligen Eigentümers eines anderen Grundstücks bestellt werden.

Der Eigentümer haftet für die während der Dauer seines Eigentums fällig werdenden Leistungen außer mit dem Grundstück auch persönlich, soweit nicht ein anderes bestimmt ist.

Ist der Berechtigte unbekannt, so finden auf die Ausschließung seines Rechtes die Vorschriften des § 1104 BGB. Anwendung, d. h. er kann

---

2) Vgl. § 11 AGzZPO.
3) Vgl. § 10 Abs. 2 AGzZPO. und § 972 Abs. 1 ZPO.
4) Vgl. § 972 Abs. 2 ZPO.
5) Vgl. § 10 Abs. 3 AGzZPO.

mit seinem Rechte im Wege des Aufgebotsverfahrens ausgeschlossen werden, wenn die im § 1170 BGB. für die Ausschließung eines Hypothekengläubigers bestimmten Voraussetzungen vorliegen. Mit der Erlassung des Ausschlußurteils erlischt die Reallast.[1])

Das Aufgebotsverfahren regelt sich ebenfalls nach den für das Aufgebot eines unbekannten Vorkaufsberechtigten gegebenen Vorschriften (§ 51), auf welche hiermit verwiesen werden kann mit dem Bemerken, daß auch hier ein Aufgebotsverfahren nicht zulässig ist, wenn die Reallast zugunsten des Eigentümers eines anderen Grundstücks bestellt worden ist.[2])

§ 54.

Das Aufgebot zum Zwecke der Ausschließung eines unbekannten Schiffspfandgläubigers. (§ 1269 BGB.)

Das BGB. hat das Pfandrecht an Schiffen (See- und Binnenschiffen), die in das Schiffsregister eingetragen sind, in den §§ 1260—1271 einheitlich geregelt und die Geltung dieser einheitlichen Vorschriften im § 1272 auch auf die Verpfändung von Schiffsparten, d. h. der Eigentumsanteile an einem Schiffe, ausgedehnt.

Zur Bestellung des Schiffspfandrechts ist die Einigung des Eigentümers des Schiffes und des Gläubigers darüber, daß dem Gläubiger das Pfandrecht zustehen soll, sowie die Eintragung des Pfandrechts in das Schiffsregister erforderlich.[1])

Das Schiffsregister wird für Seeschiffe und für Binnenschiffe von den Amtsgerichten geführt.[2])

In der Eintragung werden der Gläubiger, der Geldbetrag der Forderung und, wenn die Forderung verzinslich ist, der Zinssatz angegeben.[3])

Das Rangverhältnis der an dem Schiffe bestellten Pfandrechte bestimmt sich nach der Reihenfolge der Eintragungen in das Schiffsregister.

---

[1]) Vgl. §§ 1105—1112 BGB.

[2]) Vgl. § 988 ZPO.; § 1170 BGB. und wegen der Unzulässigkeit des Aufgebots, wenn die Reallast zugunsten des Eigentümers eines anderen Grundstücks bestellt ist: § 1112 in Verbindung mit § 1104 BGB.

[1]) Vgl. § 1260 Abs. 1 BGB.

[2]) Vgl. betr. der Seeschiffe § 4 Abs. 2 Reichsges., betr. das Flaggenrecht der Kauffahrteischiffe v. 22. 6. 99 (RGBl. S. 319) und betr. der Binnenschiffe § 120 des Ges., betr. die privatrechtlichen Verhältnisse der Binnenschiffahrt v. 15. 6. 95 in der Fassung der Bekanntmachung v. 20. 5. 98. Das Verfahren für die auf Schiffspfandrechte bezüglichen Eintragungen ist durch das Reichsges. über die Angelegenheiten der freiwilligen Gerichtsbarkeit v. 17. 5. 98 in der Fassung v. 20. 5. 98 im Anschluß an die in der Reichsgrundbuchordnung für die Eintragungen in das Grundbuch gegebenen Vorschriften geregelt. Vgl. §§ 100—124 Ges. v. 17. 5. 98. Vgl. auch Art. 29 des Preuß. Ges. über die freiwillige Gerichtsbarkeit v. 21. 9. 99: „Die näheren Bestimmungen über die Einrichtung und die Führung des .... Schiffsregisters werden vom Justizminister getroffen."

[3]) Vgl. § 1260 Abs. 2 BGB.

Solange das Pfandrecht im Schiffsregister eingetragen ist, behält es im Falle der Veräußerung oder Belastung des Schiffes seine Kraft, auch wenn der Erwerber in gutem Glauben ist.

Die Haftung des Schiffes beschränkt sich auf den eingetragenen Betrag der Forderung und die Zinsen nach dem eingetragenen Zinssatze. Die Haftung für gesetzliche Zinsen und für Kosten bestimmt sich nach der für die Hypothek geltenden Vorschrift des § 1118 BGB. Das Pfandrecht erstreckt sich auch auf das Zubehör des Schiffes mit Ausnahme der Zubehörstücke, die nicht in das Eigentum des Eigentümers des Schiffes gelangt sind. Der Pfandgläubiger kann seine Befriedigung aus dem Schiffe und dem Zubehör nur auf Grund eines vollstreckbaren Titels nach den für die Zwangsvollstreckung geltenden Vorschriften suchen.[4])

Ist der Gläubiger unbekannt, so kann er im Wege des Aufgebotsverfahrens mit seinem Pfandrecht ausgeschlossen werden, wenn die im § 1170 oder die im § 1171 für die Ausschließung eines Hypothekengläubigers bestimmten Voraussetzungen vorliegen. Mit der Erlassung des Ausschlußurteils erlischt das Pfandrecht. Die Vorschrift des § 1171 Abs. 3 findet Anwendung.[5])

Auf das Aufgebotsverfahren zum Zwecke der Ausschließung eines unbekannten Gläubigers mit seinem Pfandrecht finden nach § 988 ZPO. die Vorschriften des § 983, des § 984 Abs. 1, des § 985, des § 986 Abs. 1—4 und des § 987 ZPO. entsprechende Anwendung.

Danach regelt sich in Verbindung mit den Vorschriften der §§ 7, 8 AGzZPO. v. 22. 9. 99 in der Fassung v. 17. 12. 24 das Verfahren in seinen Grundzügen wie folgt:

1. Die Zulässigkeit des Aufgebotsverfahrens.

Die Voraussetzungen, unter denen das Aufgebot zum Zwecke der Ausschließung eines unbekannten Gläubigers mit seinem Pfandrecht an einem Schiffe zulässig ist, ergeben sich aus den §§ 1170 und 1171 BGB., deren Inhalt oben S. 175, 176 wiedergegeben ist.

2. Die Zuständigkeit der Gerichte.

Für das Aufgebotsverfahren ist das Amtsgericht zuständig, von welchem das Schiffsregister geführt wird, in welchem das belastete Schiff eingetragen ist.

3. Die Antragsberechtigung.

Zu dem Antrage auf Einleitung des Aufgebotsverfahrens ist der Eigentümer des belasteten Schiffes berechtigt.[6])

---

4) Vgl. §§ 1261—1268 ebenda.

5) Vgl. § 1269 ebenda.

6) Vgl. § 984 Abs. 1 ZPO. Der § 984 Abs. 2 findet hier keine Anwendung, weil bei der Zwangsversteigerung von Schiffen nach § 169 Abs. 1 des Reichsges. v. 24. 3. 97 die Vorschriften über das geringste Gebot (§§ 44 ff. das.), welche dem § 984 Abs. 2 ZPO. zugrunde liegen, keine Anwendung finden, durch den Zuschlag vielmehr alle Pfandrechte an dem Schiffe erlöschen.

4. Der Antrag.

In dem Aufgebotsantrage, für dessen Form die allgemeinen Regeln gelten, hat der Antragsteller:

I. in allen Fällen:

a) das belastete Schiff und das Pfandrecht nach dem Schiffsregister genau zu bezeichnen,

b) glaubhaft zu machen, daß der Gläubiger unbekannt ist.[7])

II. im Falle des § 1170 BGB.:

c) auch glaubhaft zu machen, daß das Recht des Gläubigers nicht innerhalb der zehnjährigen Frist in einer nach § 208 BGB. zur Unterbrechung der Verjährung geeigneten Weise anerkannt worden ist.[8])

d) Ist das Pfandrecht für die Forderung aus einer Schuldverschreibung auf den Inhaber bestellt, so hat der Antragsteller glaubhaft zu machen, daß die Schuldverschreibung bis zum Ablaufe der im § 801 BGB. bezeichneten Frist nicht vorgelegt und der Anspruch nicht gerichtlich geltend gemacht worden ist.[9])

e) Ist die Vorlegung oder die gerichtliche Geltendmachung erfolgt, so ist die zu II c vorgeschriebene Glaubhaftmachung erforderlich, daß nicht eine das Aufgebot ausschließende Anerkennung des Rechtes des Gläubigers erfolgt ist.[10])

III. im Falle des § 1171 BGB.:

sich zur Hinterlegung des dem Gläubiger gebührenden Betrages zu erbieten.[11])

Zur Glaubhaftmachung genügt in den Fällen zu I b und II c, d, e die Versicherung des Antragstellers an Eides Statt, unbeschadet der Befugnis des Gerichts, anderweite Ermittelungen vorzunehmen.[12])

5. Das Aufgebot.

In das Aufgebot ist insbesondere aufzunehmen:

1. die Bezeichnung des Antragstellers;
2. die Bezeichnung des belasteten Schiffes und des in Frage kommenden Pfandrechts;
3. die Aufforderung an den unbekannten Gläubiger, sein Pfandrecht an dem Schiffe spätestens im Aufgebotstermine anzumelden;

---

7) Vgl. § 985 ZPO.

8) Vgl. § 986 Abs. 1 ZPO.

9) Vgl. § 986 Abs. 2 Satz 1 ZPO. Den Wortlaut des § 801 Abs. 1 BGB. s. oben § 49 Anm. 11.

10) Vgl. § 986 Abs. 2 Satz 2 ZPO.

11) Vgl. § 987 Abs. 1 ZPO. Zur Einleitung des Verfahrens genügt das Erbieten zur Hinterlegung; das Ausschlußurteil kann dagegen erst nach erfolgter Hinterlegung erlassen werden. Vgl. § 987 Abs. 4 ZPO.

12) Vgl. § 986 Abs. 3 ZPO. und wegen der Glaubhaftmachung im allgemeinen § 294 ZPO. und oben § 18 S. 51.

4. die Androhung des Rechtsnachteils:
   a) im Falle des § 1170 BGB.:
   daß bei unterbleibender Anmeldung die Ausschließung des Gläubigers mit seinem Pfandrechte erfolgen werde;[13])
   b) im Falle des § 1171 BGB.:
   daß der Gläubiger nach der Hinterlegung des ihm gebührenden Betrages seine Befriedigung statt aus dem Schiffe nur noch aus dem hinterlegten Betrage verlangen könne, und sein Recht auf diesen erlösche, wenn er sich nicht vor dem Ablaufe von dreißig Jahren nach der Erlassung des Ausschlußurteils bei der Hinterlegungsstelle melde;[14])
5. die Bestimmung eines Aufgebotstermins.

6. Die Aufgebotsfrist.

Die Aufgebotsfrist beträgt sechs Wochen in der Art, daß zwischen dem Tage, an welchem die Einrückung des Aufgebots in den öffentlichen Anzeiger des Amtsblatts oder, wenn das Aufgebot in den Deutschen Reichsanzeiger eingerückt wird, die Einrückung in den Reichsanzeiger erfolgt ist, und dem Aufgebotstermine ein Zeitraum von mindestens sechs Wochen liegen muß.[15])

Hängt im Falle des § 1171 BGB. die Fälligkeit der Forderung von einer Kündigung ab, so erweitert sich die Aufgebotsfrist um die Kündigungsfrist.[16])

7. Die Bekanntmachung des Aufgebots.

Die öffentliche Bekanntmachung des Aufgebots erfolgt:

1. durch Anheftung an die Gerichtstafel;
2. durch einmalige Einrückung in den öffentlichen Anzeiger des Amtsblatts. Das Gericht kann jedoch anordnen, daß die Einrückung noch in andere Blätter, insbesondere also auch in den Deutschen Reichsanzeiger, und zu mehreren Malen erfolgen, oder daß die Einrückung in den öffentlichen Anzeiger des Amtsblatts unterbleiben und durch Anheften an die Gerichtstafel ersetzt werden soll.[17])

Eine besondere Mitteilung des Aufgebots an den Eigentümer des belasteten Schiffes findet nicht statt.

8. Das Verfahren im Aufgebotstermin

regelt sich nach den allgemeinen Bestimmungen.

9. Das Ausschlußurteil.

Im Falle des § 1170 BGB. wird der unbekannte ausgebliebene Gläubiger mit seinem Pfandrecht ausgeschlossen.[18])

---

[13]) Vgl. § 986 Abs. 4 ZPO.
[14]) Vgl. § 987 Abs. 2 ebenda.
[15]) Vgl. § 950 ZPO. in Verbindung mit §§ 7, 8 AGzZPO.
[16]) Vgl. § 987 Abs. 3 ZPO.
[17]) Vgl. §§ 7, 8 AGzZPO. in der Fassung v. 17. 12. 24 (GS. S. 759).
[18]) Vgl. § 986 Abs. 4 ZPO.

Im Falle des § 1171 BGB. darf das Ausschlußurteil erst dann erlassen werden, wenn die Hinterlegung des Betrages der Forderung, und zwar unter Verzicht auf das Recht zur Rücknahme, erfolgt ist.[19])

Ist diese Hinterlegung erfolgt, so ist gegen den unbekannten Gläubiger, welcher sich nicht gemeldet hat, in dem Ausschlußurteil der Rechtsnachteil festzusetzen, daß er nunmehr seine Befriedigung statt aus dem Schiffe nur noch aus dem hinterlegten Betrage verlangen könne, und sein Recht auf diesen erlösche, wenn er sich nicht vor dem Ablaufe von dreißig Jahren nach der Erlassung des Ausschlußurteils bei der Hinterlegungsstelle melde.[20])

Das Gericht kann die öffentliche Bekanntmachung des wesentlichen Inhalts des Ausschlußurteils anordnen; geschieht dies, so erfolgt die Bekanntmachung durch einmalige Einrückung in den öffentlichen Anzeiger des Amtsblatts.[21])

In betreff der Rechtskraft und der Anfechtung des Ausschlußurteils gelten die allgemeinen Grundsätze.

10. Die Wirkung des Ausschlußurteils

besteht darin, daß mit seiner Erlassung das Pfandrecht an dem belasteten Schiffe erlischt, und daß, wenn die Voraussetzungen des § 1171 BGB. vorliegen, das Recht des Gläubigers auf den hinterlegten Betrag mit dem Ablaufe von dreißig Jahren nach der Erlassung des Ausschlußurteils ebenfalls erlischt, wenn nicht der Gläubiger sich vorher bei der Hinterlegungsstelle meldet. Der Hinterleger ist alsdann zur Rücknahme berechtigt, auch wenn er auf das Recht zur Rücknahme verzichtet hat.[22])

§ 55.

Das Aufgebot zum Zwecke der Ausschließung eines unbekannten Kabelpfandgläubigers.

Das Pfandrecht an einem mit Genehmigung der Deutschen Reichspost errichteten und betriebenen Hochseekabel, das dem Verkehre mit dem Ausland zu dienen bestimmt ist, ist im Kabelpfandgesetz vom 31. 3. 25 (RGBl. I, 37) geregelt.

Zur Bestellung des Pfandrechts bedarf es der Einigung des Eigentümers des Kabels und des Gläubigers darüber, daß dem Gläubiger das Pfandrecht zustehen soll, der Einwilligung des Reichspostministers und der Eintragung des Pfandrechts in das Kabelbuch, welches bei dem Amtsgericht Berlin-Mitte (Kabelbuchamt) geführt wird.[1])

Für das Rangverhältnis der an dem Kabel bestellten Pfandrechte gelten die Vorschriften der §§ 879—881 und des § 1551 BGB. entsprechend.[2])

---

[19]) Vgl. § 987 Abs. 4 ZPO. Vgl. § 376 Abs. 2 Nr. 1 und § 1171 BGB.
[20]) Vgl. § 987 Abs. 2 ZPO. Vgl. § 382 und § 1171 Abs. 3 BGB.
[21]) Vgl. § 8 AGzZPO.
[22]) Vgl. § 1269 und § 1171 BGB.
[1]) Vgl. §§ 2, 16 Kabelpfandgesetz.
[2]) Vgl. § 4 ebenda.

Die Haftung des Kabels beschränkt sich auf den eingetragenen Betrag der Forderung mit Zinsen.[3])

Ist der Gläubiger unbekannt, so kann er im Aufgebotsverfahren mit dem Pfandrecht ausgeschlossen werden, wenn die im § 1170 Abs. 1 oder im § 1171 Abs. 1 BGB. für die Ausschließung eines Hypothekengläubigers bestimmten Voraussetzungen vorliegen.[4])

Da für das Aufgebotsverfahren im Kabelpfandgesetz besondere Bestimmungen nicht enthalten sind, ist § 988 ZPO. ergänzend heranzuziehen.[5]) Das Verfahren regelt sich also ebenso, wie vorstehend im § 54 dargestellt.

Zu bemerken ist lediglich, daß zuständiges Gericht das Amtsgericht Berlin-Mitte ist, bei dem das Kabelbuch geführt wird, sowie daß das Ausschlußurteil das Erlöschen des Pfandrechts und im Falle des § 1171 Abs. 1 BGB. gemäß Abs. 3 das. das Erlöschen des Rechts auf den hinterlegten Betrag nach Ablauf von 30 Jahren bewirkt.[6])

§ 56.

Das Aufgebot zum Zwecke der Ausschließung von Schiffsgläubigern auf Grund des § 765 HGB. und des § 110 des Binnenschiffahrtsgesetzes v. 15. 6. 95.

Nach der Bestimmung des § 764 HGB. v. 10. 5. 97 erlischt das Pfandrecht der Schiffsgläubiger am Schiffe außer dem Falle der im Inland erfolgten Zwangsversteigerung des Schiffes auch durch den von dem Schiffer im Falle zwingender Notwendigkeit auf Grund seiner gesetzlichen Befugnisse bewirkten Verkauf des Schiffes (§ 530); an die Stelle des Schiffes tritt für die Schiffsgläubiger das Kaufgeld, solange es bei dem Käufer aussteht oder noch in den Händen des Schiffers ist.

Wenn außer diesen im § 764 bezeichneten Fällen das Schiff veräußert wird, so ist der Erwerber nach § 765 berechtigt, die Ausschließung der unbekannten Schiffsgläubiger mit ihren Pfandrechten im Wege des Aufgebotsverfahrens zu beantragen.

In gleicher Weise bestimmen die §§ 110 und 111 des Gesetzes, betr. die privatrechtlichen Verhältnisse der Binnenschiffahrt v. 15. 6. 95 (in der Fassung des EGzHGB. Art. 12 XVII),[1]) daß, wenn außer dem Falle der Zwangsversteigerung das Schiff veräußert wird und nicht etwa nur der Anteil eines Miteigentümers des Schiffes den Gegenstand der Veräußerung bildet, der Erwerber berechtigt sein soll, die Ausschließung der unbekannten Schiffsgläubiger mit ihren Pfandrechten im Wege des Aufgebotsverfahrens zu beantragen.

---

[3]) Vgl. § 8 ebenda.

[4]) Vgl. § 15 ebenda.

[5]) Zustimmend Stein-Jonas ZPO. 29, § 988 Anm. I und II Foerster-Kann ZPO. 26, Vorbem. 5 b, e e vor § 946.

[6]) Vgl. § 15 Satz 2 und 3 Kabelpfandges.

[1]) Vgl. die auf Grund der Ermächtigung des Art. 13 EGzHGB. v. 10. 5. 97 erlassene Bekanntmachung v. 20. 5. 98 (RGBl. S. 369).

Die ZPO. hat für das Verfahren bei diesem Aufgebot der unbekannten Schiffsgläubiger im § 1002 allgemeine Vorschriften getroffen, nach denen sich das Verfahren in seinen Grundzügen wie folgt regelt:

1. Die Zulässigkeit des Aufgebotsverfahrens.

Der Antrag auf Einleitung des Aufgebotsverfahrens ist zulässig, sobald die Veräußerung des verpfändeten Schiffes stattgefunden hat.

Unterliegt das Schiff der Eintragung in das Schiffsregister, so kann der Antrag erst nach der Eintragung der Veräußerung des Schiffes gestellt werden.[2])

2. Die Zuständigkeit der Gerichte.

Für das Aufgebotsverfahren ist das Amtsgericht zuständig, in dessen Bezirke sich der Heimatshafen oder der Heimatsort des Schiffes befindet.[3])

3. Die Antragsberechtigung.

Zu dem Antrage auf Einleitung des Aufgebotsverfahrens ist der Erwerber des verpfändeten Schiffes berechtigt.[4])

4. Der Antrag.

In betreff der Form des Antrags gelten die allgemeinen Regeln.

Zur Begründung des Antrags hat der Antragsteller die ihm bekannten Forderungen von Schiffsgläubigern anzugeben.[5]) Er wird hierbei auch die ihm bekannten Schiffsgläubiger nach Namen und Wohnort genau bezeichnen und außerdem, wenn das von ihm erworbene Schiff der Eintragung in das Schiffsregister unterliegt, den Erwerb des Schiffes durch Beifügung des über die erfolgte Eintragung der Veräußerung im Schiffsregister ausgestellten Zertifikats nachweisen müssen.

5. Das Aufgebot.

Das Aufgebot muß insbesondere enthalten:

1. die Bezeichnung des Antragstellers;
2. die Aufforderung an die unbekannten Schiffsgläubiger, ihre Pfandrechte auf das Schiff spätestens im Aufgebotstermine anzumelden;

---

[2]) Vgl. § 1002 Abs. 3 ZPO.

[3]) Vgl. § 1002 Abs. 2 ZPO. Wegen des Heimatshafens bestimmt § 480 HGB.: „Als Heimatshafen des Schiffes gilt der Hafen, von welchem aus die Seefahrt mit dem Schiffe betrieben wird.“ Als Heimatsort gilt nach § 6 Abs. 1 des Ges., betr. die privatrechtlichen Verhältnisse der Binnenschiffahrt, v. 15. 6. 95 der Ort, von dem aus die Schiffahrt mit dem Schiffe betrieben wird. Unter mehreren hiernach in Betracht kommenden Orten gilt als Heimatsort der Ort, wo die Geschäftsniederlassung, bei mehreren Niederlassungen die Hauptniederlassung und in Ermangelung einer Geschäftsniederlassung der Wohnsitz des Schiffseigners, sich befindet (§ 6 Abs. 2 ebenda). Ist ein Heimatsort nicht festzustellen, so gilt als solcher der Ort, wo der Schiffseigner zur Gewerbesteuer oder Einkommensteuer veranlagt wird (§ 6 Abs. 3 ebenda).

[4]) Vgl. § 765 HGB. und § 110 des Ges., betr. die privatrechtlichen Verhältnisse der Binnenschiffahrt, v. 15. 6. 95.

[5]) Vgl. § 1002 Abs. 4 ZPO.

3. die Androhung des Rechtsnachteils, daß, wenn die Anmeldung unterbleibt, ihre Pfandrechte erlöschen, soweit nicht ihre Forderungen dem Antragsteller bekannt sind;[6])
4. die Bestimmung eines Aufgebotstermins.

6. Die Aufgebotsfrist.

Die Aufgebotsfrist muß mindestens drei Monate betragen,[7]) und zwar in der Art, daß zwischen dem Tage, an welchem die Einrückung des Aufgebots in den öffentlichen Anzeiger des Amtsblatts oder, wenn das Aufgebot in den Deutschen Reichsanzeiger eingerückt wird, die Einrückung in den Reichsanzeiger erfolgt ist bzw. dem Tage der Anheftung an die Gerichtstafel und dem Aufgebotstermin ein Zeitraum von mindestens drei Monaten liegen muß.[8]) (S. unten 7 Nr. 2.)

7. Die Bekanntmachung des Aufgebots.

Die öffentliche Bekanntmachung des Aufgebots erfolgt:

1. durch Anheftung an die Gerichtstafel;
2. durch einmalige Einrückung in den öffentlichen Anzeiger des Amtsblatts. Das Gericht kann jedoch anordnen, daß die Einrückung noch in andere Blätter (insbesondere den Deutschen Reichsanzeiger) und zu mehreren Malen erfolgen, oder daß die Einrückung in den öffentlichen Anzeiger des Amtsblatts unterbleiben und durch Anheften an die Gerichtstafel ersetzt werden soll.[9])

Eine besondere Mitteilung des Aufgebots an die vom Antragsteller angezeigten oder sonst bekannten Schiffsgläubiger ist gesetzlich nicht vorgeschrieben. Dieselben werden durch das Aufgebotsverfahren überhaupt nicht betroffen.

8. Das Ausschlußurteil.

In dem Ausschlußurteil sind die Pfandrechte der Schiffsgläubiger, welche sich nicht gemeldet haben, sofern ihre Forderungen dem Antragsteller bekannt sind, für erloschen zu erklären.[10])

Das Gericht kann die öffentliche Bekanntmachung des wesentlichen Inhalts des Ausschlußurteils durch einmalige Einrückung in den öffentlichen Anzeiger des Amtsblatts anordnen.[11])

9. Die Rechtskraft des Ausschlußurteils und die Anfechtungsklage.

In betreff der Rechtskraft des Ausschlußurteils und der Zulässigkeit der Anfechtungsklage gegen das letztere gelten die allgemeinen Grundsätze.

---

[6]) Vgl. § 1002 Abs. 6 ebenda.
[7]) Vgl. § 1002 Abs. 5 ebenda.
[8]) Vgl. § 950 ZPO. und §§ 7, 8 AGzZPO. in der Fassung v. 17. 12. 24.
[9]) Vgl. §§ 7, 8 AGzZPO.
[10]) Vgl. § 1002 Abs. 6 ZPO.
[11]) Vgl. § 8 Abs. 2 AGzZPO.

§ 57.
Das Aufgebot von Fischereiberechtigungen.

Nach dem Preuß. Gesetz über den Erwerb von Fischereiberechtigungen durch den Staat und das Aufgebot von Fischereiberechtigungen, vom 2. 9. 1911 (GS. 189) können Fischereiberechtigungen an Gewässern, die durch Bauausführungen der staatlichen Wasserbauverwaltung betroffen werden, als selbständige Gerechtigkeiten ganz oder für Teile der Gewässer auf den Staat übertragen werden.[1])

Zu der Übertragung ist die gerichtlich oder notariell beurkundete Einigung des Fischereiberechtigten und des Staates über die Rechtsänderung und die Eintragung der Rechtsänderung im Grundbuch erforderlich.[2])

Die Fischereiberechtigungen können im Wege des Aufgebotsverfahrens mit der Wirkung ausgeschlossen werden, daß sie dem Staate gegenüber nicht mehr geltend gemacht werden können. Das Aufgebot ist nur für bestimmte Gewässer oder Strecken von Gewässern, das sog. Aufgebotsgebiet, zulässig.[3])

Das Verfahren ist in den §§ 10 bis 15 des Gesetzes wie folgt geregelt:

1. Die Zulässigkeit des Aufgebotsverfahrens.

Das Aufgebotsverfahren hat zur Voraussetzung, daß an bestimmten Gewässern oder Strecken von Gewässern, dem Aufgebotsgebiet, Fischereiberechtigungen bestehen oder in Anspruch genommen werden, und daß die staatliche Wasserbauverwaltung an oder in diesen Gewässern Bauausführungen vornimmt.

2. Die Zuständigkeit der Gerichte.

Zuständig ist das Amtsgericht, zu dessen Bezirke das Aufgebotsgebiet gehört. Erstreckt sich dieses Gebiet über den Bezirk eines Amtsgerichts hinaus, so wird das zuständige Gericht durch das gemeinschaftliche Landgericht, in Ermangelung eines solchen durch den Justizminister bestimmt. Eine Anfechtung der Entscheidung findet nicht statt.[4])

3. Die Antragsberechtigung.

Antragsberechtigt ist die für die Bauausführung an oder in den Gewässern zuständige Provinzialbehörde.[5])

4. Der Antrag.

In dem Antrag hat die Antragstellerin

1. das Aufgebotsgebiet, soweit erforderlich, nach einer dem Antrage beizufügenden Karte genau zu bezeichnen;

---

[1]) Vgl. §§ 1, 2 Abs. 1 Ges. v. 2. 9. 11. Dieses Gesetz ist durch das Fischereigesetz v. 11. 5. 16 (GS. 55) unberührt geblieben; vgl. § 25 FischGes.

[2]) Vgl. § 2 Abs. 2, § 3 ebenda.

[3]) Vgl. § 9 ebenda.

[4]) Vgl. § 10 Ges. v. 2. 9. 11 u. § 20 AGzGVG. (GS. 1899 S. 276).

[5]) Vgl. §§ 11 u. 1 Ges. v. 2. 9. 11.

2. die mit ihrem Bezirk an dem Aufgebotsgebiet beteiligten Amtsgerichte, Regierungen, Kreise und Gemeinden anzugeben;
3. die ihr bekannten Fischereiansprüche unter Angabe des Wohnorts der Berechtigten, und zwar auch nach der räumlichen Ausdehnung und der Art der Fischerei, soweit ihr diese bekannt sind, anzuzeigen;
4. durch Bescheinigungen der Gemeindevorsteher des Aufgebotsgebiets glaubhaft zu machen, daß andere Fischereiansprüche als die angezeigten nicht bekannt sind.[6])

5. Das Aufgebot.

Das Aufgebot muß enthalten:
1. die Bezeichnung der Antragstellerin;
2. die genaue Bezeichnung des Aufgebotsgebiets;
3. die Aufforderung, Fischereiberechtigungen, die für das Aufgebotsgebiet oder einen Teil des Gebiets in Anspruch genommen werden, nach der räumlichen Ausdehnung und der Art der Fischerei spätestens im Aufgebotstermin anzumelden;
4. die Androhung des Rechtsnachteils, daß bei unterbleibender Anmeldung die Ausschließung der Berechtigungen mit der Wirkung erfolgen werde, daß sie dem Staate gegenüber nicht mehr geltend gemacht werden können;
5. die Bestimmung eines Aufgebotstermins.[7])

6. Die Aufgebotsfrist

beträgt mindestens 3 Monate.

7. Die Bekanntmachung und Mitteilungen des Aufgebots.

Die öffentliche Bekanntmachung des Aufgebots erfolgt
1. durch Anheftung an die Gerichtstafel bei den beteiligten Amtsgerichten;
2. durch Einrückung in den Deutschen Reichsanzeiger, in die Amtsblätter der beteiligten Regierungen und die Kreisblätter der beteiligten Kreise;
3. durch ortsübliche Bekanntmachung in den beteiligten Gemeinden. Das Gericht kann anordnen, daß die Bekanntmachung noch in andere Blätter einzurücken ist.

Das Aufgebot ist ferner den von der Antragstellerin angezeigten Fischereiberechtigten von Amts wegen zuzustellen unter Mitteilung der Anzeige und mit der Aufforderung, Fischereiberechtigungen, die für das Aufgebotsgebiet oder einen Teil desselben in Anspruch genommen werden, nach der räumlichen Ausdehnung und der Art der Fischerei spätestens im Aufgebotstermin anzumelden. Ist von der Antragstellerin die räumliche Ausdehnung und die Art der Fischerei bereits angezeigt, so ist den Berech-

---

[6]) Vgl. § 11 Abs. 2 u. 3 ebenda.
[7]) Vgl. § 12 ebenda.

tigten zu eröffnen, daß es der Anmeldung der Ansprüche nicht bedürfe, soweit nicht weitergehende Rechte, als angezeigt sind, in Anspruch genommen werden.

Die Zustellung kann durch Aufgabe zur Post erfolgen.[8])

8. Das Ausschlußurteil.

In dem Ausschlußurteil sind die für das genau zu bezeichnende Aufgebotsgebiet oder einen Teil des Gebiets bestehenden Fischereiberechtigungen unter Angabe der räumlichen Ausdehnung und der Art der Fischerei mit der Wirkung auszuschließen, daß sie dem Staate gegenüber nicht mehr geltend gemacht werden können. Angemeldete Fischereiansprüche sowie die von der Antragstellerin unter Angabe der räumlichen Ausdehnung und der Art der Fischerei angezeigten Fischereiansprüche sind in dem Ausschlußurteil vorzubehalten.[9])

Das Gericht kann die öffentliche Bekanntmachung des wesentlichen Inhalts des Ausschlußurteils durch einmalige Einrückung in den Deutschen Reichsanzeiger anordnen.[10])

In betreff der Rechtskraft und der Anfechtung des Ausschlußurteils gelten die allgemeinen Regeln.

§ 58.

Das Aufgebot zum Zwecke der Ausschließung eines in dem Herzogtum Schlesien und der Grafschaft Glatz zur Gewinnnung von Eisenerzen Berechtigten.

Ist in dem Herzogtum Schlesien und der Grafschaft Glatz in Ansehung einer im Grundbuch eingetragenen Berechtigung zur Gewinnung von Eisenerzen der Berechtigte unbekannt, so kann derselbe nach Art. 39 AGzBGB. v. 20. 9. 99 mit seinem Rechte ausgeschlossen werden, wenn die im § 1170 BGB. für die Ausschließung eines Hypothekengläubigers bestimmten Voraussetzungen vorliegen. Mit der Erlassung des Ausschlußurteils erlischt das Recht.

Für das Aufgebotsverfahren gelten, da seine Zulässigkeit auf einer landesgesetzlichen Vorschrift beruht und der Eintritt des Rechtsnachteils durch besonderen Beschluß des Gerichts festgestellt werden muß, die Vorschriften der ZPO. über das Aufgebotsverfahren zum Zwecke der Ausschließung eines Hypotheken-, Grundschuld- und Rentenschuldgläubigers auf Grund des § 1170 BGB. (§§ 982 ff. ZPO.) in Verbindung mit den Bestimmungen der §§ 7, 8 und 10 Abs. 2 und 3 AGzZPO. v. 22. 9. 99, so daß sich dieses Verfahren in seinen Grundzügen wie folgt gestaltet: [1])

---

[8]) Vgl. § 13 ebenda.

[9]) Vgl. § 15 ebenda.

[10]) Da im Ges. vom 2. 9. 11 Bestimmungen über die Bekanntmachung des Ausschlußurteils nicht enthalten sind, kommt gemäß § 10 AGzZPO. § 956 ZPO. zur Anwendung.

[1]) Die Rechtsverhältnisse im Herzogtum Schlesien und der Grafschaft Glatz hinsichtlich der Eisenerze sind in §§ 211 a bis c des Allg. Berggesetzes v.

1. Die Zulässigkeit des Aufgebotsverfahrens.

Das Aufgebotsverfahren ist nur zulässig, wenn die im § 1170 BGB. für die Ausschließung eines Hypothekengläubigers bestimmten Voraussetzungen vorliegen.

Es müssen also seit der letzten sich auf die betr. Berechtigung zur Gewinnung von Eisenerzen beziehenden Eintragung in das Grundbuch zehn Jahre verstrichen sein, und es darf das Recht des Berechtigten nicht innerhalb dieser Frist von dem Eigentümer des belasteten Grundstücks in einer nach § 208 BGB. zur Unterbrechung der Verjährung geeigneten Weise anerkannt worden sein.[2])

2. Die Zuständigkeit der Gerichte.

Für das Aufgebotsverfahren ist das Amtsgericht zuständig, in dessen Bezirk das mit der Berechtigung zur Gewinnung von Eisenerzen belastete Grundstück belegen ist.[3])

Wenn dieses Grundstück in den Bezirken verschiedener Amtsgerichte belegen ist, so erfolgt die Bestimmung des für das Aufgebot zuständigen Gerichts durch das im Rechtszuge zunächst höhere Gericht.[4])

Die Erledigung der Aufgebotsanträge kann von der Landesjustizverwaltung für mehrere Amtsgerichtsbezirke einem Amtsgericht übertragen werden. Auf Verlangen des Antragstellers muß jedoch die Erledigung durch das nach § 983 ZPO. zuständige Gericht erfolgen.[5])

3. Die Antragsberechtigung.

Antragsberechtigt ist der Eigentümer des belasteten Grundstücks.

Desgleichen kann der Aufgebotsantrag von einem im Range gleich- oder nachstehenden Gläubiger gestellt werden, zu dessen Gunsten eine Vormerkung nach § 1179 BGB. im Grundbuch eingetragen ist.[6])

4. Der Antrag.

In dem Antrag hat der Antragsteller:

1. das belastete Grundstück und die auf demselben haftende Berechtigung nach dem Grundbuch genau zu bezeichnen;
2. glaubhaft zu machen, daß der Berechtigte unbekannt ist;[7])

---

24. 6. 1865 geregelt. Das Aufgebot sonst im Grundbuche eingetragener veräußerlicher und vererblicher Rechte zur Gewinnung solcher Mineralien, welche dem Verfügungsrecht des Eigentümers und nicht bergrechtlichen Vorschriften unterliegen, ist nicht zulässig. Vgl. Fröhlich in der Ztschr. der Anwaltskammer Breslau 1909 Nr. 5/6. Die §§ 7, 8, 10 Abs. 2 und 3 AGzZPO. finden trotz des Mangels einer ausdrücklichen Vorschrift Anwendung, weil es sich einerseits um ein Aufgebot handelt, welches auf Grund des § 1170 BGB. ergeht, und andererseits das Aufgebot auf landesgesetzlicher Vorschrift beruht. So auch Hodler, Preuß. AGzBGB. S. 135 Anm. zu Art. 39.

[2]) Vgl. § 1170 Abs. 1 BGB.

[3]) Vgl. § 983 ZPO.

[4]) Vgl. § 36 Nr. 4 ebenda.

[5]) Vgl. § 972 Abs. 1 ZPO. in Verbindung mit § 10 Abs. 2 AGzZPO.

[6]) Vgl. § 984 ZPO.

[7]) Vgl. § 985 ebenda.

3. glaubhaft zu machen, daß nicht eine das Aufgebot ausschließende Anerkennung des Rechtes des Berechtigten erfolgt ist.[8])

Zur Glaubhaftmachung zu 3 genügt die Versicherung des Antragstellers an Eides Statt, unbeschadet der Befugnis des Gerichts, anderweite Ermittelungen vorzunehmen.[9])

5. Das Aufgebot.

Das Aufgebot muß enthalten:

1. die Bezeichnung des Antragstellers;
2. die Bezeichnung des belasteten Grundstücks und der auf dem Grundstück haftenden Berechtigung;
3. die Aufforderung an den unbekannten Berechtigten, seine Rechte spätestens im Aufgebotstermine anzumelden;
4. die Androhung des Rechtsnachteils, daß bei unterbleibender Anmeldung die Ausschließung des Berechtigten erfolgen werde;[10])
5. die Bestimmung eines Aufgebotstermins.

6. Die Aufgebotsfrist.

Die Aufgebotsfrist beträgt sechs Wochen, und zwar in der Art, daß zwischen dem Tage, an welchem die erste Einrückung des Aufgebots in den öffentlichen Anzeiger des Amtsblatts oder, wenn das Aufgebot im Deutschen Reichsanzeiger veröffentlicht wird, die erste Einrückung in den Reichsanzeiger erfolgt ist, bzw. dem Tage der Anheftung an die Gerichtstafel und dem Aufgebotstermin ein Zeitraum von mindestens sechs Wochen liegen muß.[11])

7. Die Bekanntmachung des Aufgebots.

Die öffentliche Bekanntmachung des Aufgebots erfolgt:

1. durch Anheftung an die Gerichtstafel;
2. durch einmalige Einrückung in den öffentlichen Anzeiger des Amtsblatts.

Das Gericht kann jedoch anordnen, daß die Einrückung auch noch in andere Blätter, insbesondere also in den Deutschen Reichsanzeiger, und zu mehreren Malen erfolgen, oder daß die Einrückung in den öffentlichen Anzeiger des Amtsblatts unterbleiben und durch Anheften an die Gerichtstafel ersetzt werden soll.[12])

Wird das Aufgebot durch ein anderes als das nach § 983 ZPO. zuständige Amtsgericht erlassen, so ist das Aufgebot auch durch Anheftung an die Gerichtstafel des letzteren Amtsgerichts öffentlich bekannt zu machen.[13])

Wird das Aufgebot auf Antrag eines im Rang gleich- oder nachstehenden Berechtigten, zu dessen Gunsten eine Vormerkung eingetragen

---

[8]) Vgl. § 986 Abs. 1 ZPO.

[9]) Vgl. § 986 Abs. 3 ZPO. und außerdem wegen der Glaubhaftmachung im allgemeinen § 294 ZPO.

[10]) Vgl. Art. 39 AGzBGB.

[11]) Vgl. § 950 ZPO. und §§ 7, 8 AGzZPO.

[12]) Vgl. §§ 7, 8 AGzZPO. in der Fassung v. 17. 12. 24 (GS. S. 759).

[13]) Vgl. § 972 Abs. 2 ZPO. und § 10 Abs. 2 AGzZPO.

ist, erlassen, so ist das Aufgebot von Amts wegen auch dem Eigentümer des belasteten Grundstücks mitzuteilen.[14])

Die Zustellung des Aufgebots kann in diesem Fall durch Aufgabe zur Post (§§ 175, 213 ZPO.) erfolgen. Die betr. Postsendung ist mit der Bezeichnung „Einschreiben" zu versehen.[15])

8. Das Ausschlußurteil und dessen Rechtskraft. Anfechtungsklage.

In dem Ausschlußurteil ist der unbekannte Berechtigte, welcher sich nicht gemeldet hat, mit seinem im Grundbuch eingetragenen Rechte auszuschließen.

Das Gericht kann die öffentliche Bekanntmachung des wesentlichen Inhalts des Ausschlußurteils anordnen; geschieht dies, so erfolgt die Bekanntmachung durch einmalige Einrückung in den öffentlichen Anzeiger des Amtsblatts.[16])

In betreff der Rechtskraft und der Anfechtung des Ausschlußurteils gelten die allgemeinen Regeln.

9. Die Wirkung des Ausschlußurteils

besteht darin, daß mit der Erlassung des Ausschlußurteils das Recht des unbekannten Berechtigten erlischt.[17])

§ 59.

Die bei der Zwangsvollstreckung in das unbewegliche Vermögen vorkommenden Aufgebote.

I. Kraftloserklärung von Hypotheken- usw. Briefen.

Nach § 136 Reichsgesetzes über die Zwangsversteigerung und die Zwangsverwaltung v. 24. 3. 97 (RGBl. S. 97 ff.) kann, wenn im Teilungsverfahren bei der Zwangsversteigerung der Nachweis des für einen zugeteilten Betrag Berechtigten von der Beibringung des Briefes über eine Hypothek, Grundschuld oder Rentenschuld abhängig ist, der Brief im Wege des Aufgebotsverfahrens auch dann für kraftlos erklärt werden, wenn das Recht bereits gelöscht ist.

Das Aufgebotsverfahren regelt sich nach den §§ 1003 ff. ZPO. in Verbindung mit den Bestimmungen der §§ 7, 9 AGzZPO. v. 22. 9. 99 i. d. F. v. 17. 12. 24 in gleicher Weise wie das Aufgebotsverfahren zum Zwecke der Kraftloserklärung von Hypotheken-, Grundschuld- und Rentenschuldbriefen (§ 1162 BGB.), wie solches oben im § 36 dargestellt ist.

Es kann deshalb hier auf diese Darstellung verwiesen werden.

II. Aufgebot unbekannter Berechtigter für einen zugeteilten Betrag.

Wird der für einen zugeteilten Betrag Berechtigte nicht vor dem Ablaufe von drei Monaten seit dem Verteilungstermin ermittelt, so hat

---

14) Vgl. § 986 Abs. 5 ZPO. 15) Vgl. § 10 Abs. 3 AGzZPO.
16) Vgl. § 8 Abs. 2 AGzZPO.
17) Vgl. Art. 39 letzter Satz AGzBGB.

das Gericht nach § 138 Reichsgesetzes v. 24. 3. 97 auf Antrag den Beteiligten, welchem der Betrag anderweit zugeteilt ist, zu ermächtigen, das Aufgebotsverfahren zum Zwecke der Ausschließung des unbekannten Berechtigten von der Befriedigung aus dem zugeteilten Betrage zu beantragen.

Wird nach der Erteilung der Ermächtigung der Berechtigte ermittelt, so hat das Gericht den Ermächtigten hiervon zu benachrichtigen. Mit der Benachrichtigung erlischt die Ermächtigung.[1])

Für das Aufgebotsverfahren sind im § 140 Reichsgesetzes v. 24. 3. 97 bestimmte Vorschriften gegeben, nach welchen sich in Verbindung mit der auf Grund des § 12 EG. zum vorgedachten Gesetz v. 24. 3. 97[2]) ergangenen Bestimmung des Art. 14 PAG. zum Reichsgesetz über die Zwangsversteigerung und die Zwangsverwaltung v. 23. 9. 99[2]) das Verfahren wie folgt gestaltet:

1. Die Zuständigkeit der Gerichte.

Für das Aufgebotsverfahren zum Zwecke der Ausschließung eines unbekannten Berechtigten von der Befriedigung aus einem zugeteilten Betrag ist das Vollstreckungsgericht zuständig.[3])

Für die Zwangsversteigerung und die Zwangsverwaltung eines Grundstücks[4]) ist als Vollstreckungsgericht das Amtsgericht zuständig, in dessen Bezirke das Grundstück belegen ist.[5])

---

[1]) Vgl. auch § 139 Reichsges. v. 24. 3. 97: „Das Gericht kann im Falle der nachträglichen Ermittelung des Berechtigten zur weiteren Ausführung des Teilungsplans einen Termin bestimmen. Die Terminsbestimmung ist dem Berechtigten und dessen Vertreter, dem Beteiligten, welchem der Betrag anderweit zugeteilt ist, und demjenigen zuzustellen, welcher zur Zeit des Zuschlags Eigentümer des Grundstücks war.

Liegt ein Widerspruch gegen den Anspruch vor, so erfolgt die Zustellung der Terminsbestimmung auch an denjenigen, welcher den Widerspruch erhoben hat. Die im § 878 ZPO. bestimmte Frist zur Erhebung der Klage beginnt mit dem Termine."

Beraumt das Gericht einen Termin gemäß § 139 a. a. O. an, so hat die Benachrichtigung aus § 138 Abs. 2 zu unterbleiben. So auch Krech und Fischer, Zwangsvollstr. 10. Aufl. 1929 § 139 A. 2.

[2]) Der § 12 EG. zum Reichsges. v. 24. 3. 97 (RGBl. S. 135 ff.) lautet: „Die Landesgesetze können für die Fälle, in welchen bei der Zwangsversteigerung oder der Zwangsverwaltung ein Aufgebotsverfahren erforderlich wird, die Art der Bekanntmachung des Aufgebots und die Aufgebotsfristen abweichend von den Vorschriften der §§ 948, 950 ZPO. bestimmen."

Art. 14 AG. v. 23. 9. 99 lautet in der Fassung der VO. zur Einschränkung öffentl. Bekanntmachung v. 17. 12. 24 zu III (GS. 759): „In dem Aufgebotsverfahren zum Zwecke der Ausschließung eines unbekannten Berechtigten von der Befriedigung aus einem zugeteilten Betrag erfolgt die öffentliche Bekanntmachung eines Versteigerungstermins nach den geltenden Vorschriften. Die Befugnis des Gerichts zu einer Anordnung gemäß § 39 Abs. 2 des Reichsges. über die Zwangsversteigerung und Zwangsverwaltung besteht jedoch in jedem Falle ohne Rücksicht auf den Wert des Grundstücks.

Die Aufgebotsfrist muß mindestens drei Monate betragen.

[3]) Vgl. § 140 Abs. 1 Reichsges. v. 24. 3. 97.

[4]) Wegen des zuständigen Vollstreckungsgerichts für Schiffe s. § 163 Reichsges. v. 24. 3. 97 und unten IV. [5]) Vgl. § 1 Reichsges. v. 24. 3. 97.

Ist das Grundstück in den Bezirken verschiedener Amtsgerichte belegen, oder ist es mit Rücksicht auf die Grenzen der Bezirke ungewiß, welches Gericht zuständig ist, so hat das zunächst höhere Gericht eines der Amtsgerichte zum Vollstreckungsgerichte zu bestellen; die Vorschriften des § 37 ZPO. finden entsprechende Anwendung.[6])

Die gleiche Anordnung kann getroffen werden, wenn die Zwangsversteigerung oder die Zwangsverwaltung mehrerer Grundstücke in demselben Verfahren zulässig ist (§ 18 Reichsgesetz v. 24. 3. 97) und die Grundstücke in den Bezirken verschiedener Amtsgerichte belegen sind. Von der Anordnung soll das zum Vollstreckungsgerichte bestellte Gericht die übrigen Gerichte in Kenntnis setzen.[7])

2. Die Antragsberechtigung.

Zur Stellung des Aufgebotsantrages ist der Beteiligte berechtigt, welchem der Betrag anderweit zugeteilt und vom Vollstreckungsgericht die Ermächtigung erteilt ist, das Aufgebotsverfahren zum Zwecke der Ausschließung des unbekannten Berechtigten von der Befriedigung aus dem zugeteilten Betrage zu beantragen.[8])

3. Der Antrag.

Zur Begründung seines Antrages, für dessen Form die allgemeinen Regeln gelten, muß der Antragsteller insbesondere:

1. die ihm zu dem Aufgebotsantrage erteilte Ermächtigung überreichen;
2. die ihm bekannten Rechtsnachfolger desjenigen angeben, welcher als letzter Berechtigter ermittelt ist.[9])

4. Das Aufgebot.

Wenn der Aufgebotsantrag vom Vollstreckungsgericht für zulässig und begründet erachtet wird, so hat das Gericht das Aufgebot zu veranlassen. Gegen die Zurückweisung des Antrags ist die einfache Beschwerde zulässig.

Es können hierbei mehrere Aufgebote miteinander verbunden werden, selbst wenn die Voraussetzungen des § 147 ZPO. nicht vorliegen.[10])

Das Aufgebot muß enthalten:

1. die Bezeichnung des Antragstellers;[11])
2. die Bezeichnung des zugeteilten Betrages, aus welchem der unbekannte Berechtigte im Falle seiner Ausschließung Befriedigung nicht mehr erhalten soll;
3. die Aufforderung an den unbekannten Berechtigten, sein Recht spätestens im Aufgebotstermine anzumelden, und

---

[6]) Vgl. § 2 Abs. 1 Reichsges. v. 24. 3. 97.
[7]) Vgl. § 2 Abs. 2 ebenda.
[8]) Vgl. § 138 ebenda.
[9]) Vgl. § 140 Abs. 2 ebenda.
[10]) Vgl. § 959 ZPO. Wegen dieser Verbindung s. oben § 12 S. 36.
[11]) Vgl. § 947 Abs. 2 Nr. 1 ZPO.

4. die Androhung des Rechtsnachteils, daß bei unterbleibender Anmeldung seine Ausschließung von der Befriedigung aus dem zugeteilten Betrage erfolgen werde.[12]) sowie
5. die Bestimmung eines Aufgebotstermins.[13])

5. Die Aufgebotsfrist.

Die Aufgebotsfrist muß mindestens drei Monate betragen, und zwar in der Art, daß zwischen dem Tage, an welchem die Einrückung in den öffentlichen Anzeiger des Amtsblatts erfolgt, und dem Aufgebotstermin ein Zeitraum von mindestens drei Monaten liegen muß.[14])

6. Die Bekanntmachung des Aufgebots.

I. Die öffentliche Bekanntmachung des Aufgebots erfolgt nach den für die öffentliche Bekanntmachung eines Versteigerungstermins geltenden Vorschriften, wie solche in den §§ 39, 40 des Reichsgesetzes v. 24. 3. 97 enthalten sind.[15]) Danach:

1. muß das Aufgebot zunächst durch einmalige Einrückung in das für Bekanntmachungen des Gerichts bestimmte Blatt öffentlich bekannt gemacht werden.

Für diese Bekanntmachung ist im Art. 5 AG. zum Reichsgesetz über die Zwangsversteigerung usw. v. 23. 9. 99 der öffentliche Anzeiger des Amtsblatts bestimmt.

Das Gericht kann jedoch in jedem Falle ohne Rücksicht auf den Wert des zugeteilten Betrages anordnen, daß die Einrückung unterbleibt; in diesem Falle muß die Bekanntmachung dadurch erfolgen, daß die Terminsbestimmung in der Gemeinde, in deren Bezirke das Grundstück belegen ist, an die für amtliche Bekanntmachungen bestimmte Stelle angeheftet wird.[16])

2. soll das Aufgebot auch an die Gerichtstafel angeheftet werden.[17])

Ist das Gericht nach § 2 Abs. 2 des Reichsgesetzes v. 24. 3. 97 (s. oben zu 1 S. 203) zum Vollstreckungsgericht bestellt, so soll die Anheftung auch bei den übrigen Gerichten bewirkt werden.[18])

---

[12]) Vgl. § 140 Abs. 3 Reichsges. v. 24. 3. 97.

[13]) Vgl. § 947 Abs. 2 Nr. 4 ZPO.

[14]) Vgl. Art. 14 Abs. 2 AG. zum Reichsges. v. 24. 3. 97 in Verbindung mit § 950 ZPO.

[15]) Vgl. Art. 14 Abs. 1 AG. zum Reichsges. v. 24. 3. 97 in der Fassung der 2. Verordnung zur Einschränkung öffentl. Bekanntmachungen v. 17. 12. 24 zu III (GS. 759), vgl. oben Anm. 2.

[16]) Vgl. § 39 Abs. 2 Reichsges. v. 24. 3. 97 in Verbindung mit § 14 Abs. 1 Satz 2 AGzRG. v. 24. 3. 97 i. d. F. v. 17. 12. 24. Die analoge Anwendung dieser Vorschrift auf das Aufgebot bei nur geringfügigen zugeteilten Beträgen halten auch Kre ch und Fischer, Zwangsvollstreckung 10. Aufl. 1929 § 138 A. 3 für zulässig.

[17]) Vgl. § 40 Abs. 1 Satz 1 Reichsges. v. 24. 3. 97. Die Anheftung an die Gerichtstafel ist also nur wahlfrei vorgeschrieben und bildet deshalb hier keine wesentliche Form der Bekanntmachung.

[18]) Vgl. § 40 Abs. 1 Satz 2 Reichsges. v. 24. 3. 97 und Anm. 17.

Das Gericht ist endlich auch befugt:

3. noch andere und wiederholte Veröffentlichungen zu veranlassen; bei der Ausübung dieser Befugnis ist insbesondere auf den Ortsgebrauch Rücksicht zu nehmen.[19])

II. Eine besondere Zustellung des Aufgebots erfolgt:[20])

1. an denjenigen, welcher als letzter Berechtigter ermittelt ist;
2. an die angezeigten Rechtsnachfolger und den Vertreter des unbekannten Berechtigten.[21])

7. Das weitere Verfahren,

insbesondere auch das Verfahren im Aufgebotstermin, regelt sich nach allgemeinen Grundsätzen.

Hier soll nur hervorgehoben werden, daß das Gericht vor Erlassung des Ausschlußurteils eine nähere Ermittelung, insbesondere die Versicherung der Wahrheit einer Behauptung des Antragstellers an Eides Statt, anordnen kann.[22])

Erfolgt eine Anmeldung, durch welche das von dem Antragsteller zur Begründung seines Antrags behauptete Recht bestritten wird, so ist nach Beschaffenheit des Falles entweder das Aufgebotsverfahren bis zur endgültigen Entscheidung über das angemeldete Recht auszusetzen oder in dem Ausschlußurteil das angemeldete Recht vorzubehalten.[23])

Eine im Vollstreckungsverfahren erfolgte Anmeldung gilt auch für das Aufgebotsverfahren.[24])

8. Das Ausschlußurteil.

In dem Ausschlußurteil sind die unbekannten Berechtigten auf den zugeteilten Betrag, welche ihre Rechte nicht angemeldet haben, von der Befriedigung aus diesem Betrage auszuschließen.[25])

Den Personen, welche zu den Vollstreckungsakten oder in dem Aufgebotsverfahren Ansprüche angemeldet haben, sind ihre Rechte vorzubehalten.

Das Gericht kann die öffentliche Bekanntmachung des wesentlichen Inhalts des Ausschlußurteils durch einmalige Einrückung in den Deutschen Reichsanzeiger anordnen.[26])

Eine Zustellung des Urteils an den Antragsteller oder sonstige Beteiligte ist von Amts wegen nicht erforderlich.

9. Die Rechtskraft des Ausschlußurteils und die Anfechtungsklage.

In dieser Beziehung gelten die allgemeinen Grundsätze.

---

[19]) Vgl. § 40 Abs. 2 ebenda.

[20]) Vgl. § 140 Abs. 4 ebenda.

[21]) Wegen des Vertreters des unbekannten Berechtigten s. § 135 Reichsges. v. 24. 3. 97.

[22]) Vgl. § 852 Abs. 3 ZPO.

[23]) Vgl. § 953 ZPO.

[24]) Vgl. § 140 Abs. 5 Reichsges. v. 24. 3. 97.

[25]) Vgl. § 140 Abs. 3 ebenda.

[26]) Vgl. § 956 ZPO.

10. Die Kosten des Aufgebotsverfahrens.

In betreff der Kosten enthält § 140 Abs. 6 des Reichsgesetzes v. 24. 3. 97 die besondere Bestimmung, daß der Antragsteller die Erstattung der Kosten des Verfahrens aus dem zugeteilten Betrage verlangen kann.

11. Neuer Termin zur Ausführung des Teilungsplans.

Nach der Erlassung des Ausschlußurteils hat das Gericht ohne besonderen Antrag einen Termin zur weiteren Ausführung des Teilungsplans zu bestimmen. Die Terminsbestimmung ist demjenigen, welcher das Aufgebotsverfahren beantragt hat (Antragsteller), und den Personen, welchen Rechte in dem Urteile vorbehalten sind, dem Vertreter des unbekannten Berechtigten, sowie demjenigen zuzustellen, welcher zur Zeit des Zuschlags Eigentümer des Grundstücks war.[27])

III. Im Falle der Hinterlegung eines zugeteilten Betrages für den unbekannten Berechtigten[28])

ist ebenfalls nach den Vorschriften der §§ 135—141 des Reichsgesetzes v. 24. 3. 97 zu verfahren.[29]) Das Aufgebot des unbekannten Berechtigten findet also auch in diesem Falle in dem vorstehend zu II, 1—11 dargestellten Verfahren statt.

IV. Zwangsversteigerung von Schiffen im Wege der Zwangsvollstreckung.

Auf die Zwangsversteigerung eines im Schiffsregister eingetragenen Schiffes finden die Vorschriften des ersten Abschnitts des Reichsgesetzes v. 24. 3. 97 entsprechende Anwendung, soweit sich nicht aus den §§ 163 bis 170 des Gesetzes ein anderes ergibt.[30])

Demgemäß finden hier auch die Vorschriften der §§ 135—141 über die Ermittelung bzw. das Aufgebot des unbekannten Berechtigten für einen zugeteilten Betrag im wesentlichen entsprechende Anwendung.

Zu beachten ist nur folgendes:

1. Als Vollstreckungsgericht ist das Amtsgericht zuständig, in dessen Bezirke sich das Schiff befindet.[31])
2. Befindet sich der Heimatshafen oder Heimatsort des Schiffes[32]) in dem Bezirke eines anderen Gerichts, so soll die öffentliche Bekanntmachung des Aufgebots eines unbekannten Berechtigten auch in dem öffentlichen Anzeiger des Amtsblatts dieses Gerichts erfolgen.[33])

---

[27]) Vgl. § 141 Reichsges. v. 24. 3. 97.
[28]) Vgl. § 126 Reichsges. v. 24. 3. 97.
[29]) Vgl. § 157 Abs. 2 ebenda.
[30]) Vgl. § 162 ebenda.
[31]) Vgl. § 163 ebenda.
[32]) Wegen des Heimathafens s. § 480 HGB. und § 5 Reichsges. v. 25. 10. 67. Wegen des Heimatsortes s. §§ 6, 124 Nr. 4 Reichsges. v. 15. 6. 95.
20. 5. 98.
[33]) Vgl. § 168 Abs. 1 Reichsges. v. 24. 3. 97.

3. Die Einrückung des Aufgebots in das Amtsblatt darf in diesem Falle nicht unterbleiben.[34])
4. Im übrigen bewendet es bei der Anheftung des Aufgebots an die Gerichtstafel (§ 40 Abs. 1) und der Befugnis des Gerichts, noch andere und wiederholte Veröffentlichungen zu veranlassen, wobei auch hier insbesondere auf den Ortsgebrauch Rücksicht zu nehmen ist (§ 40 Abs. 2).

§ 60.

Das Aufgebot hinterlegter Gelder, Wertpapiere und Kostbarkeiten.

Nach den vor dem 1. Oktober 1879 in Preußen geltenden Bestimmungen über das Depositalwesen hatte vor allem das Gericht von Amts wegen durch Aufgebot oder sonst für die Wegschaffung hinterlegter Sachen und Gelder zu sorgen. Nach der neuen Einrichtung des Hinterlegungswesens durch die Hinterlegungsordnung v. 14. 3. 79, die durch die jetzt geltende Hinterlegungsordnung v. 21. 4. 13 (GS. 225) abgelöst ist,[1]) fehlt dagegen der Hinterlegungsstelle die Grundlage zu einer Prüfung, ob der Grund der Hinterlegung weggefallen ist, sowie der Empfangsberechtigung. Das Gesetz hat daher Fürsorge dafür treffen müssen, daß die Verwaltung von einer in ungemessene Zeit hinaus fortzusetzenden Zinsberechnung und die Staatskasse von der immerwährenden Fortdauer ihrer durch neue Hinterlegungen stetig anwachsenden Verpflichtungen entlastet werden.

Dies ist zunächst durch die Vorschriften des § 25 der Hinterlegungsordnung geschehen, welche über die Einstellung der Verzinsung hinterlegten Geldes folgendes bestimmen:

Die Verzinsung hinterlegten Geldes ist mit dem Ablauf von zehn Jahren, von Beginn der Verzinsung an gerechnet,[2]) einzustellen. Wenn ein Beteiligter[3]) vor Ablauf der Frist unter dem Nachweis der Fortdauer der Veranlassung zur Hinterlegung die Fortsetzung der Verzinsung beantragt, so beginnt die Einstellung der Verzinsung erst mit dem Ablauf von zehn Jahren, von Ende des Monats an gerechnet, in welchem der Antrag bei der Hinterlegungsstelle eingegangen ist.

Geht ein solcher Antrag erst nach Einstellung bei der Hinterlegungsstelle ein, so tritt die Verzinsung mit dem ersten Tage des nächstfolgenden Kalendermonats wieder ein.

---

[34]) Vgl. § 168 Abs. 2 ebenda. „Die im § 39 Abs. 2 vorgesehene Anordnung ist unzulässig."

[1]) Vgl. auch Art. 144, 145 EGzBGB., ferner Bartsch-Wenz, Die Hinterlegungsordnung, Köln 1914, und Erythropel-Jonas, Die Hinterlegungsordnung, Berlin 1914.

[2]) Über den Lauf der Verzinsung bestimmt § 7 Abs. 3 HO.: „Der Lauf der Zinsen beginnt für alle innerhalb eines Monats zur Hinterlegung gelangten Beträge mit dem ersten Tage des folgenden Monats und hört mit dem Ablaufe des Monats auf, der dem Tage der Zahlungsanweisung vorhergeht."

[3]) Zu den Beteiligten gehören auch gesetzliche Vertreter, Vormünder

Ist ein Antrag auf Auszahlung des Geldes oder eines Teils gestellt, so finden in Ansehung der Fortsetzung der Verzinsung die vorstehend angegebenen Vorschriften entsprechende Anwendung, wenn anzunehmen ist, daß zur Zeit der Anbringung des Gesuchs die Veranlassung zur Hinterlegung noch fortdauerte.[4])

Diesen Vorschriften über die Einstellung der Verzinsung schließen sich in den §§ 27 ff. der Hinterlegungsordnung besondere Bestimmungen über das Verfahren bei dem Aufgebot hinterlegter Gelder, Wertpapiere und Kostbarkeiten an, welche nach § 10 AGzZPO. v. 22. 9. 99 durch die Vorschriften der ZPO. über das Aufgebotsverfahren (§§ 946 ff.) entsprechend ergänzt werden und demgemäß das Verfahren wie folgt regeln:

1. Die Zulässigkeit des Aufgebotsverfahrens.

A. Für Geldbeträge von mindestens 300 RM.

Wenn es sich um hinterlegte Geldbeträge von mindestens 300 RM. handelt, so können die Beteiligten im gerichtlichen Aufgebotsverfahren zur Anmeldung ihrer Ansprüche aufgefordert werden, wenn binnen zwanzig Jahren nach der Einstellung oder nach der letzten Einstellung der Verzinsung das Geld nicht ausgezahlt ist.[5])

Das Aufgebot kann also niemals vor Ablauf von dreißig Jahren seit dem Beginn der Verzinsung beantragt werden.[6])

Jede Fortsetzung und jeder Wiederbeginn der Verzinsung rückt die Frist weiter hinaus.

In den Fällen des § 382, des § 1171 Abs. 3 und des § 1269 Satz 3 BGB.[7]) kann der Erlaß des Aufgebots nicht vor dem Ablauf von einunddreißig Jahren beantragt werden.

Die einunddreißigjährige Frist beginnt:

1. im Falle des § 382 mit dem Ende des Monats, in welchem der Gläubiger die Anzeige des Schuldners von der Hinterlegung empfangen hat, oder, falls die Anzeige untunlich war und deshalb unterblieben ist, mit dem Ende des Monats, in dem hinterlegt ist;
2. in den Fällen des § 1171 Abs. 3 und des § 1269 Satz 3 mit der Erlassung des Urteils, durch welches der Gläubiger mit seinem Rechte ausgeschlossen ist; das Gericht hat das Ausschlußurteil der Hinterlegungsstelle mitzuteilen.[8])

---

und Pfleger von Abwesenden, unbekannte Erben, Gläubiger, welche die Forderung eines Beteiligten auf Rückzahlung haben pfänden lassen, u. a.

[4]) Über die vierteljährliche Bekanntmachung eines Verzeichnisses der Massen, bei denen im Laufe des Vierteljahrs die Einstellung der Verzinsung bevorsteht, enthält § 26 HO. nähere Vorschriften.

[5]) Vgl. § 27 in Verbindung mit §§ 33 u. 34 HO. Für die Höhe des Betrages ist der jeweilige Bestand der Barmasse einschl. Zinsen maßgebend. Vgl. § 56 Abs. 2 AusfVorschr. z. HO. v. 5. 2. 14 (JMBl. 115).

[6]) Vgl. § 25 ebenda.

[7]) Die §§ 382, 1171 Abs. 3 und 1269 Satz 3 BGB. betreffen die Hinterlegung zur Befreiung von einer Verbindlichkeit sowie den Ausschluß eines unbekannten Hypotheken- und Schiffspfandgläubigers.

[8]) Vgl. § 28 HO. Die Vorschriften des § 28 der HO. beruhen darauf, daß nach Art. 145 Abs. 1 Satz 3 EGzBGB. in den Fällen des § 382, des

Ist die Hinterlegung auf Grund des § 117 Abs. 2 oder der §§ 120, 121, 124, 126 des Gesetzes über die Zwangsversteigerung und die Zwangsverwaltung v. 24. 3. 97 in der Fassung der Bekanntmachung v. 20. 5. 98 (RGBl. 713)[9]) erfolgt, so ist der Aufgebotsantrag nicht vor dem Ablaufe von einunddreißig Jahren zulässig.[10])

Die einunddreißigjährige Frist beginnt:

1. **in den Fällen der §§ 120, 121 mit dem Eintritte der Bedingung, unter welcher die Hinterlegung erfolgt ist; die Hinterlegungsstelle hat den Eintritt der Bedingung, soweit tunlich, zu ermitteln; ist der Eintritt der Bedingung nicht ermittelt, so beginnt die Frist mit der Einstellung oder der letzten Einstellung der Verzinsung;**

---

§ 1171 Abs. 3 und des § 1269 Satz 3 BGB. dem Hinterleger die Rücknahme des hinterlegten Betrages mindestens während eines Jahres von dem Zeitpunkte an gestattet werden muß, mit welchem das Recht des Gläubigers auf den hinterlegten Betrag erlischt, und daß diesem Zeitpunkt ein Zeitraum von 30 Jahren vorhergehen muß, innerhalb dessen der Gläubiger sich bei der Hinterlegungsstelle melden kann. Vgl. Begründung S. 178.

[9]) Die §§ 117 Abs. 2, 120, 121, 124, 126 Reichsges. v. 24. 3. 97 lauten:

§ 117 Abs. 2. „Die Auszahlung an einen im Termine nicht erschienenen Berechtigten ist von Amts wegen anzuordnen. Die Art der Auszahlung bestimmt sich nach den Landesgesetzen. Kann die Auszahlung nicht erfolgen, so ist der Betrag für den Berechtigten zu hinterlegen."

§ 120. „Ist der Anspruch aufschiebend bedingt, so ist der Betrag für die Berechtigten zu hinterlegen. Soweit der Betrag nicht gezahlt ist, wird die Forderung gegen den Ersteher auf die Berechtigten übertragen. Die Hinterlegung sowie die Übertragung erfolgt für jeden unter der entsprechenden Bedingung.

Während der Schwebezeit gelten für die Anlegung des hinterlegten Geldes, für die Kündigung und Einziehung der übertragenen Forderung, sowie für die Anlegung des eingezogenen Geldes die Vorschriften der §§ 1077 bis 1079 BGB.; die Art der Anlegung bestimmt derjenige, welchem der Betrag gebührt, wenn die Bedingung ausfällt."

§ 121. „In den Fällen des § 92 Abs. 2 ist für den Ersatzanspruch in den Teilungsplan ein Betrag aufzunehmen, welcher der Summe aller künftigen Leistungen gleichkommt, den fünfundzwanzigfachen Betrag einer Jahresleistung jedoch nicht übersteigt; zugleich ist zu bestimmen, daß aus den Zinsen und dem Betrage selbst die einzelnen Leistungen zur Zeit der Fälligkeit zu entnehmen sind.

Die Vorschriften der §§ 119, 120 finden entsprechende Anwendung; die Art der Anlegung des Geldes bestimmt der zunächst Berechtigte."

§ 124. „Im Falle eines Widerspruchs gegen den Teilungsplan ist durch den Plan festzustellen, wie der streitige Betrag verteilt werden soll, wenn der Widerspruch für begründet erklärt wird.

Die Vorschriften des § 120 finden entsprechende Anwendung; die Art der Anlegung bestimmt derjenige, welcher den Anspruch geltend macht.

Das gleiche gilt, soweit nach § 115 Abs. 4 die Ausführung des Planes unterbleibt."

§ 126. „Ist für einen zugeteilten Betrag die Person des Berechtigten unbekannt, insbesondere bei einer Hypothek, Grundschuld oder Rentenschuld der Brief nicht vorgelegt, so ist durch den Teilungsplan festzustellen, wie der Betrag verteilt werden soll, wenn der Berechtigte nicht ermittelt wird.

Der Betrag ist für den unbekannten Berechtigten zu hinterlegen. Soweit der Betrag nicht gezahlt wird, ist die Forderung gegen den Ersteher auf den Berechtigten zu übertragen."

[10]) Vgl. § 29 HO.

2. in den übrigen Fällen mit dem Ende des Monats, in welchem die Hinterlegung erfolgt ist.

B. Für Geldbeträge unter 300 RM.

1. Wenn es sich um hinterlegtes Geld handelt, dessen jeweiliger Betrag einschl. der Zinsen die Summe von 300 RM. nicht erreicht, so ist ein erleichtertes Verfahren zugelassen. Es bedarf hier keines Aufgebotsverfahrens, wenn durch einen Beschluß der Hinterlegungsstelle festgestellt wird, daß die Voraussetzungen gegeben sind, unter denen die Einleitung des Aufgebotsverfahrens zulässig sein würde.[11])
2. Wenn das hinterlegte Geld bis auf einen Rest von weniger als 10 RM. an Kapital oder Zinsen ausgezahlt ist, findet ein Aufgebot oder ein Beschlußverfahren der vorstehend bezeichneten Art überhaupt nicht statt. Die Ansprüche der Beteiligten auf den Rest erlöschen vielmehr mit dem Ablaufe von fünf Jahren seit der Auszahlung, wenn nicht inzwischen ein Antrag auf Auszahlung des Restes gestellt ist, andernfalls mit dem Ablaufe von fünf Jahren seit der Stellung oder letzten Stellung eines solchen Antrags, in den Fällen der §§ 382, 1171 Abs. 3 und 1269 Satz 3 BGB. sowie des § 117 Abs. 2 oder der §§ 120, 121, 124, 126 des Ges. über die Zwangsverst. und die Zwangsverw. v. 24. 3. 97, jedoch nicht vor dem Zeitpunkt, in dem der Aufgebotsantrag gestellt werden kann.[12])

C. Für Geldbeträge unter 100 RM., Wertpapiere und Kostbarkeiten.[13])

Wenn es sich um hinterlegtes Geld, dessen Betrag die Summe von 100 RM. nicht erreicht, oder um nichtkassenmäßiges Geld oder um Wertpapiere[14]) und Kostbarkeiten handelt, so kann der Erlaß des Aufgebots oder die Fassung des in § 33 Abs. 1 HO. bezeichneten Beschlusses (s. zu B 1) beantragt werden nach Ablauf von dreißig Jahren, vom Ende des Monats an gerechnet, in welchem die Hinterlegung bewirkt ist.[15])

In den Fällen des § 382, des § 1171 Abs. 3 und des § 1269 Satz 3 BGB. (s. oben Anm. 7), sowie in den Fällen, in welchen die Hinterlegung auf Grund des § 117 Abs. 2 oder der §§ 120, 121, 124, 126 des Gesetzes über die Zwangsversteigerung und die Zwangsverwaltung v. 24. 3. 97 (s. oben Anm. 9) erfolgt, ist jedoch auch hier der Aufgebotsantrag nicht vor dem Ablaufe von einunddreißig Jahren zulässig.[16])

---

[11]) Vgl. § 33 Abs. 1 HO. und wegen der Währungsumstellung die VO. des StM. v. 2. 7. 26 (GS. 192). Wegen Bekanntmachung und Wirkung des Beschlusses s. unten zu 9 u. 11.

[12]) Vgl. § 33 Abs. 2 HO.

[13]) Die für das Aufgebot von Geldbeträgen unter 100 Mk., von nicht kassenmäßigen Zahlungsmitteln sowie von Wertpapieren und Kostbarkeiten getroffenen abweichenden Bestimmungen ergeben sich daraus, daß in diesen Fällen eine Verzinsung nicht eintritt. Vgl. § 7 Abs. 2 HO.: „Beträge unter 100 RM. werden nicht verzinst." Zum Begriff des nicht kassenmäßigen Geldes vgl. § 8 HO. und Erythropel-Jonas, Anm. 8[a] zu § 1.

[14]) Wertpapiere, d. h. Wertpapiere auf den Inhaber und Wertpapiere auf Namen, auf welche die Zahlung dem Inhaber geleistet werden kann.

[15]) Vgl. §§ 34, 35 Abs. 1 HO.

[16]) Dies bringt die Fassung des § 35 Hinterlegungsordnung durch die

Wenn ein Beteiligter vor Ablauf der vorerwähnten Fristen unter dem Nachweis der Fortdauer der Veranlassung zur Hinterlegung die Fortsetzung der Verwahrung beantragt, so ist der Antrag auf Erlaß des Aufgebots oder die Fassung des in § 33 Abs. 1 HO. bezeichneten Beschlusses (s. oben zu B 1) erst zulässig mit Ablauf von zwanzig Jahren, vom Ende des Monats an gerechnet, in welchem der Antrag auf Fortsetzung der Verwahrung bei der Hinterlegungsstelle eingegangen ist. Vor Ablauf von dreißig Jahren seit dem Ende des Monats, in welchem die Hinterlegung bewirkt ist, ist der Antrag auf Erlaß des Aufgebots oder die Fassung des in § 33 Abs. 1 bezeichneten Beschlusses nicht zulässig.[17])

Im Falle der Anbringung eines Gesuchs um Herausgabe von Zins- oder Dividendenscheinen oder von Erneuerungsscheinen hinterlegter Wertpapiere, sowie im Fall der Zurückweisung eines Gesuchs um Auszahlung hinterlegten Geldes im Betrage unter 100 RM. oder nichtkassenmäßigen Geldes oder um Herausgabe hinterlegter Wertpapiere oder Kostbarkeiten finden die letzterwähnten Vorschriften entsprechende Anwendung, wenn anzunehmen ist, daß zur Zeit der Anbringung des Gesuchs die Veranlassung zur Hinterlegung noch fortdauerte.[18])

D. Besondere Vorschriften.

Die unter C angeführten Vorschriften der Hinterlegungsordnung finden keine Anwendung, wenn die Hinterlegung erfolgt ist:[19])

1. auf Grund des § 1814 oder des § 1818 (§ 1667 Abs. 2 Satz 4, § 1915) BGB.[20])
2. oder in einer Familienfideikommiß-, Lehns- oder Stiftungssache.

Der Erlaß des Aufgebots oder die Fassung des in § 33 Abs. 1 bezeichneten Beschlusses kann in diesen Fällen beantragt werden nach dem Ablaufe von zwanzig Jahren seit dem Ende des Monats, in welchem die elterliche Gewalt, die Vormundschaft oder die Pflegschaft oder die Eigenschaft der Sache als Vermögensstück des Familienfideikommisses, des Lehens oder der Stiftung aufgehört hat.[21])

Wenn es sich um hinterlegte Wertpapiere anderer als der im § 1 der Hinterlegungsordnung bezeichneten Art, also z. B. um Wertpapiere auf den Namen, auf die nicht an den Inhaber gezahlt werden kann, handelt, so finden die unter C angeführten Vorschriften Anwendung.

Handelt es sich endlich um hinterlegte Urkunden, die nicht Wertpapiere sind, so findet ein Aufgebotsverfahren zum Zwecke der Ausschließung der Beteiligten überhaupt nicht statt. Das Recht auf Rückgabe er-

---

Worte „unbeschadet der Vorschriften der §§ 28, 29" zum Ausdrucke. — Der Beginn der einunddreißigjährigen Frist ist hier derselbe wie bei dem Aufgebot von Geldbeträgen von mindestens 300 RM. S. oben S. 208.

17) Vgl. § 35 Abs. 2 HO.

18) Vgl. § 35 Abs. 3 HO.

19) Vgl. § 36 Abs. 1 HO.

20) Die §§ 1814, 1818, 1667 Abs. 2 Satz 4 und § 1915 BGB. betreffen Hinterlegung von Wertpapieren und Kostbarkeiten durch den Vormund, Vater und Pfleger.

21) Vgl. § 36 Abs. 2 HO.

lischt mit dem Zeitpunkt, in welchem bei Wertpapieren der Aufgebotsantrag zulässig werden würde; die Urkunden sind zu vernichten.[22])

2. Die Zuständigkeit der Gerichte.

Für das Aufgebotsverfahren ist das Amtsgericht ausschließlich zuständig, welches Hinterlegungsstelle ist, oder in dessen Bezirke die Hinterlegungsstelle ihren Geschäftsraum hat.[23])

Die Erledigung der Aufgebotsanträge kann von der Landesjustizverwaltung für mehrere Amtsgerichtsbezirke einem Amtsgerichte übertragen werden. Auf Verlangen des Antragstellers erfolgt die Erledigung durch das vorstehend als zuständig bezeichnete Gericht.[24])

3. Die Antragsberechtigung.

Zu dem Antrage auf Erlaß des Aufgebots ist die Hinterlegungsstelle berechtigt,[25]) die den Antrag zu stellen hat, sobald die Voraussetzungen dafür vorliegen. Der Erlaß kann für mehrere Massen gemeinschaftlich beantragt werden.[26])

4. Der Antrag.

Der Antrag auf Erlaß des Aufgebots kann schriftlich oder zum Protokoll der Geschäftsstelle durch die Hinterlegungsstelle selbst oder durch einen Bevollmächtigten gestellt werden. Ein Anwaltszwang besteht nicht.[27])

Zur Begründung des Antrags sollen beigebracht werden:[28])

1. die Urschrift oder eine Abschrift des Hinterlegungsantrags oder des Ersuchens oder, falls die Hinterlegung von Amts wegen angeordnet ist, der Anordnung;
2. ein Zeugnis der Behörde über den Tag, an welchem die Hinterlegung des Geldes bewirkt, sowie über den Tag, mit welchem die Verzinsung des Geldes eingestellt oder zuletzt eingestellt worden ist;
3. die bei der Hinterlegungsstelle angebrachten Anträge auf Fortsetzung der Verzinsung oder auf Auszahlung des Geldes oder ein Zeugnis der Behörde, daß solche Anträge nicht gestellt sind;
4. im Falle des § 382 BGB. ein Zeugnis der Behörde über den Tag, an welchem der Gläubiger die Anzeige von der Hinterlegung empfangen hat, oder darüber, daß die Anzeige untunlich war;

---

[22]) Vgl. § 37 Abs. 3 AusfVorschr. § 35 findet entsprechende Anwendung.

[23]) Vgl. § 30 HO. Der Richter, der als Verwalter der Hinterlegungsstelle den Erlaß des Aufgebots beantragt hat, ist für das Aufgebotsverfahren nach § 41 Ziff. 4 ZPO. von der Ausübung des Richteramts ausgeschlossen. Vgl. oben § 9 S. 19 und Erythropel-Jonas a. a. O. Anm. 3 zu § 30.

[24]) Vgl. § 10 Abs. 2 AGzZPO. in Verbindung mit § 972 Abs. 1 ZPO.

[25]) Vgl. § 31 Abs. 1 HO. Hinterlegungsstellen sind regelmäßig die Amtsgerichte. Vgl. § 2 HO. u. §§ 1—3 der AusfVorschr.

[26]) Vgl. § 30 Abs. 1 u. 3. AusfVorschr.

[27]) Vgl. § 947 und § 78 ZPO.

[28]) Vgl. § 31 HO. Für das Aufgebot einer bei einem Amtsgericht hinterlegten Masse genügt Bezugnahme auf die Hinterlegungsakten. § 30 Abs. 4 AusfVorschr.

5. in den Fällen des § 1171 Abs. 3 und des § 1269 Satz 3 BGB.: das der Hinterlegungsstelle mitgeteilte Ausschlußurteil;
6. in den Fällen der §§ 120, 121 Reichsgesetzes über die Zwangsversteigerung und die Zwangsverwaltung v. 24. 3. 97 in der Fassung der Bekanntmachung v. 20. 5. 98: ein Zeugnis der Behörde über den Tag, an welchem die Bedingung eingetreten ist, oder darüber, daß der Eintritt der Bedingung nicht hat ermittelt werden können.

5. Das Aufgebot.

Wird der Antrag vom Amtsgericht für zulässig befunden, so hat dieses das Aufgebot zu veranlassen.[29])

Das Amtsgericht kann hierbei die Verbindung mehrerer Aufgebote anordnen.[30])

In dasselbe ist insbesondere aufzunehmen:

1. die Bezeichnung der Hinterlegungsstelle, welche das Aufgebotsverfahren beantragt hat;[31])
2. die Bezeichnung der aufzubietenden Masse, sowie des Tages, an welchem die Hinterlegung bewirkt ist, insbesondere auch die Bezeichnung des Hinterlegers und der Veranlassung zur Hinterlegung;
3. die Aufforderung an alle Beteiligten, ihre Ansprüche und Rechte auf die aufgebotene Masse spätestens im Aufgebotstermin anzumelden;[32])
4. die Verwarnung, daß im Falle nicht erfolgender Anmeldung:
   a) bei Geldbeträgen die Ausschließung der Beteiligten mit ihren Ansprüchen gegen die Staatskasse erfolgen werde; [33])
   b) bei Wertpapieren und Kostbarkeiten sowie bei nicht umgesetztem nichtkassenmäßigen Gelde die Ausschließung der Beteiligten mit ihren Ansprüchen gegen die Staatskasse und mit ihren Rechten an den Sachen erfolgen werde; [34])
5. die Bestimmung eines Aufgebotstermins.

6. Die Bekanntmachung des Aufgebots.

Die öffentliche Bekanntmachung des Aufgebots erfolgt durch Anheftung an die Gerichtstafel und durch einmalige Einrückung in den Deutschen Reichsanzeiger. Das Gericht kann anordnen, daß die Einrückung noch in andere Blätter und zu mehreren Malen erfolge.[35])

Ist das Aufgebot infolge Anordnung der Landesjustizverwaltung gemäß § 972 Abs. 1 ZPO. durch ein anderes als das nach § 30 Hinterlegungsordnung zuständige Gericht erlassen, so ist das Aufgebot auch durch Anheftung an die Gerichtstafel des letzteren Gerichts öffentlich bekannt zu machen.[36])

---

29) Vgl. § 947 Abs. 2 ZPO.
30) Vgl. § 959 ZPO. Vgl. über diese Verbindung oben § 12.
31) Vgl. § 947 Abs. 2 Nr. 1 ZPO.
32) Vgl. § 947 Abs. 2 Nr. 2 ebenda.
33) Vgl. § 32 HO.
34) Vgl. § 37 ebenda.
35) Vgl. § 948 ZPO.
36) Vgl. § 972 Abs. 2 ebenda.

Auf die Gültigkeit der öffentlichen Bekanntmachung hat es keinen Einfluß, wenn das anzuheftende Schriftstück von dem Orte der Anheftung zu früh entfernt ist, oder wenn im Falle wiederholter Bekanntmachung die vorgeschriebenen Zwischenfristen nicht innegehalten sind.[37])

7. Die Aufgebotsfrist

beträgt sechs Wochen, und zwar in der Art, daß zwischen dem Tage, an welchem die Einrückung oder die erste Einrückung des Aufgebots in den Deutschen Reichsanzeiger erfolgt, und dem Aufgebotstermin ein Zeitraum von mindestens sechs Wochen liegen muß.[38])

8. Das Verfahren im Aufgebotstermin.

regelt sich nach allgemeinen Grundsätzen und bietet keine Besonderheiten dar.

Es soll hier nur hervorgehoben werden, daß das Ausschlußurteil nur auf Antrag erlassen wird, und daß deshalb, wenn die Hinterlegungsstelle ein Ausschlußurteil erwirken will, ein auf Erlassung des Ausschlußurteils gerichteter Antrag auch von ihr entweder schriftlich vor dem Aufgebotstermin oder durch einen Vertreter im Termine selbst gestellt werden muß.

9. Das Ausschlußurteil.

In dem Ausschlußurteil ist die Ausschließung der Beteiligten, welche sich nicht gemeldet haben, auszusprechen, und zwar:

a) bei Geldbeträgen,
mit ihren Ansprüchen gegen die Staatskasse,[39])

b) bei Wertpapieren, Kostbarkeiten und nicht umgesetztem nichtkassenmäßigen Gelde:
mit ihren Ansprüchen gegen die Staatskasse und mit ihren Rechten an den Sachen.[40])

Das Ausschlußurteil wird im Aufgebotstermin oder in dem neuen Termin (vgl. oben § 9) oder in einem besonderen Verkündungstermin nach § 311 ZPO. in öffentlicher Sitzung verkündet.

Einer Zustellung des Urteils an die Hinterlegungsstelle bedarf es nicht.

Das Gericht kann die öffentliche Bekanntmachung des wesentlichen Inhalts des Ausschlußurteils durch einmalige Einrückung in den Deutschen Reichsanzeiger anordnen.[41])

Der Beschluß aus § 33 HO. ist durch Anheftung an die Gerichtstafel der Hinterlegungsstelle und, wenn diese es für angemessen erachtet, auch durch Einrückung in ein öffentliches Blatt bekannt zu machen. Nach Ablauf von drei Monaten seit der Anheftung an die Gerichtstafel hat er die Wirkungen, die das Ausschlußurteil haben würde. Ansprüche, die bis zum Ablaufe der Frist angemeldet sind, gelten als vorbehalten.

[37]) Vgl. § 949 ZPO.
[38]) Vgl. § 950 ebenda.
[39]) Vgl. § 32 HO.
[40]) Vgl. § 37 HO.
[41]) Vgl. § 956 ZPO.

10. Die Rechtskraft des Ausschlußurteils und die Anfechtungsklage.

In dieser Beziehung gelten die allgemeinen Grundsätze, hinsichtlich der Anfechtung auch für den Beschluß aus § 33 Hinterlegungsordnung.

11. Die Wirkung des Ausschlußurteils.

Mit der Verkündung des Ausschlußurteils und mit dem Erlaß eines ihm nach § 33 Abs. 1 gleichstehenden Beschlusses oder dem Eintritte der nach § 33 Abs. 2 gleichgestellten Tatsachen erlangt die Staatskasse die Befugnis zur freien Verfügung über die Sachen.[42])

Wenn das Ausschlußurteil mit Erfolg angefochten wird, so kann die Staatskasse allerdings zur Rückgabe angehalten werden.

§ 61.

Das Aufgebot unbekannter Bau- und Kassengläubiger.

I. Wenn Baue auf öffentliche Rechnung geführt worden sind, so kann nach der durch Art. 144 des Preußischen Gesetzes über die freiwillige Gerichtsbarkeit vom 21. 9. 99 (GS. S. 249) nicht berührten Vorschrift des § 169 (Teil I Tit. 51) der Preußischen Allgemeinen Gerichtsordnung v. 6. Juli 1793 der Fiskus und wer mit demselben gleiche Rechte hat, darauf antragen, daß nach beendigtem Baue und geschlossenen Rechnungen die unbekannten Gläubiger, welche zu diesem Baue Materialien geliefert oder Arbeiten dazu geleistet haben, öffentlich aufgefordert werden, sich innerhalb einer zu bestimmenden Frist bei der Behörde, unter deren Leitung der Bau geführt worden ist, spätestens aber in dem anzusetzenden Liquidationstermine bei dem Richter zu melden unter der Warnung, daß sie nach fruchtlosem Ablauf des Termins ihres Anspruchs an die Kasse verlustig sein und nur an die Person desjenigen, mit welchem sie kontrahiert hatten, verwiesen werden sollen.

Meldet sich im Termin ein solcher unbekannter Baugläubiger, so sollen ihm in dem Ausschlußurteil nur seine Rechte vorbehalten werden, während er im übrigen, wenn der Fiskus seine Forderung nicht sofort für bekannt annimmt, wegen näherer Ausführung derselben an die nach der Ressortverfassung zuständige Behörde verwiesen werden soll.[1])

Das auf ein solches Aufgebot erfolgende Ausschlußurteil steht den Baugläubigern entgegen, von welchen aus den Akten und Rechnungen nicht zu ersehen gewesen ist, daß sie eine Forderung haben oder daß dieselbe noch unbezahlt sei. Diese müssen sich alsdann an denjenigen halten, mit welchem sie kontrahiert haben oder der die ihnen zu leistende Zahlung in Empfang genommen und sie doch nicht gehörig befriedigt hat.[2])

II. Nach der Bestimmung des § 171 e der Allgemeinen Gerichtsordnung (I, 51) soll dieses Aufgebotsverfahren auch dann stattfinden, wenn ein gewisses bestimmtes Geschäft, z. B. die Regulierung des öffentlichen

[42]) Vgl. § 38 HO. Auch die bei erfolglosem Aufgebot verfallenen Geldbeträge fließen der Staatskasse zu.

[1]) Vgl. § 171 b AGO. (I, 51).

[2]) Vgl. § 171 c ebenda.

Schuldenwesens einer Provinz oder Stadt, für einen gewissen Zeitraum erfolgt ist und mit dem Abschlusse der Bücher und Rechnungen verfahren werden soll, und durch die Kabinettsorder v. 12. 5. 34, betr. die Erläuterung des § 171 e,[3]) ist angeordnet, daß die Vorschrift dieses § 171 e auch alsdann Anwendung finden und das Aufgebot der unbekannten Kassengläubiger zulässig sein soll, wenn die Regulierung der Rechnung wegen Abgangs der dazu erforderlichen Materialien nach dem Urteil der vorgesetzten Verwaltungsbehörde nicht anders als mit Hilfe des Aufgebots erfolgen kann.

Bei beiden vorerwähnten Aufgeboten muß der Eintritt von Rechtsnachteilen durch besonderen Beschluß des Gerichts festgestellt werden.

Nach § 10 AGzZPO. v. 22. 9. 99 finden daher auf diese Aufgebote die Vorschriften der ZPO. über das Aufgebotsverfahren in Verbindung mit den Bestimmungen des § 10 Abs. 2 und 3 des vorgedachten AG. Anwendung.

Das Verfahren regelt sich demgemäß in seinen Grundzügen wie folgt:

1. Die Zuständigkeit der Gerichte.

I. Für das Verfahren bei dem Aufgebot unbekannter Baugläubiger ist das Amtsgericht zuständig, in dessen Bezirk der betr. Bau ausgeführt worden ist.

II. Für das Verfahren bei dem Aufgebot unbekannter Kassengläubiger ist die Zuständigkeit des Amtsgerichts begründet, in dessen Bezirk die betr. Kasse ihren Sitz hat.

2. Die Antragsberechtigung.

Zu dem Antrage auf Einleitung des Aufgebotsverfahrens ist bei dem Aufgebot unbekannter Baugläubiger der Fiskus und wer mit demselben gleiche Rechte hat,[4]) und bei dem Aufgebot unbekannter Kassengläubiger die Behörde berechtigt, welche der betr. Kasse vorgesetzt ist.[5])

3. Die Übertragung der Erledigung der Aufgebotsanträge an ein bestimmtes Amtsgericht.

Nach § 972 Abs. 1 ZPO. in Verbindung mit § 10 Abs. 2 AG. dazu v. 22. 9. 99 kann die Erledigung der Aufgebotsanträge von der Landesjustizverwaltung für mehrere Amtsgerichtsbezirke einem Amtsgericht übertragen werden. Auf Verlangen des Antragstellers muß jedoch die Erledigung durch das zuständige Gericht erfolgen.

4. Das Aufgebot.

Ist der Antrag zulässig, so hat das Amtsgericht das Aufgebot zu erlassen. In dasselbe ist nach der Vorschrift des § 947 ZPO. insbesondere aufzunehmen:

1. die Bezeichnung der den Antrag stellenden Behörde;
2. die Aufforderung an die unbekannten Bau- oder Kassengläubiger, ihre Ansprüche und Rechte spätestens im Aufgebotstermine anzumelden;

---

[3]) GS. 34 S. 68.

[4]) Vgl. § 169 AGO. (I, 51). [5]) Vgl. § 171 c ebenda.

3. die Bezeichnung der Rechtsnachteile, welche eintreten, wenn die Anmeldung unterbleibt;
4. die Bestimmung eines Aufgebotstermins.

Bei dem Aufgebot der unbekannten Baugläubiger ist als Rechtsnachteil nach § 169 AGO. (I, 51) anzudrohen, daß die unbekannten Gläubiger, welche sich nicht melden, nach fruchtlosem Ablauf des Aufgebotstermins mit ihrem Anspruch an den Fiskus ausgeschlossen und lediglich an denjenigen verwiesen werden, mit welchem sie kontrahiert haben oder der die ihnen zu leistende Zahlung in Empfang genommen und sie doch nicht gehörig befriedigt hat.

In entsprechender Weise wird die Androhung des Rechtsnachteils auch bei dem Aufgebot der unbekannten Kassengläubiger zu fassen sein.

5. Die Aufgebotsfrist.

Die Aufgebotsfrist beträgt sechs Wochen, und zwar in der Art, daß zwischen dem Tage der ersten Einrückung in den Deutschen Reichsanzeiger und dem Aufgebotstermine ein Zeitraum von mindestens sechs Wochen liegen muß.[6])

6. Die Bekanntmachung des Aufgebots.

Die öffentliche Bekanntmachung des Aufgebots erfolgt durch Anheftung an die Gerichtstafel und durch einmalige Einrückung in den Deutschen Reichsanzeiger.

Wird das Aufgebot durch ein anderes als das an sich zuständige Gericht (s. oben zu 1) erlassen, so ist das Aufgebot auch durch Anheftung an die Gerichtstafel des letzteren Gerichts öffentlich bekannt zu machen.

Außerdem kann das Amtsgericht die Einrückung des Auszugs auch noch in andere Blätter und zu mehreren Malen anordnen.[7])

Die zu früh erfolgte Entfernung des Aufgebots von dem Orte der Anheftung oder die Nichtinnehaltung der im Falle mehrmaliger Einrückung vom Gericht bestimmten Zwischenfristen ist für die Gültigkeit der öffentlichen Bekanntmachung unerheblich.[8])

Eine besondere Mitteilung des Aufgebots an bestimmte Personen ist nicht vorgeschrieben.

7. Das Ausschlußurteil.

In dem Ausschlußurteil, welches ebenfalls nur auf Antrag erlassen werden kann, sind die unbekannten Bau- oder Kassengläubiger, welche sich nicht gemeldet haben, ihres Anspruchs an den Fiskus bzw. an die betr. Kasse für verlustig zu erklären und an die Personen desjenigen, mit welchem sie kontrahiert haben, zu verweisen.

Meldet sich in oder vor dem Aufgebotstermin ein bisher unbekannter Bau- oder Kassengläubiger, so werden ihm in dem Ausschlußurteil nur seine Rechte vorbehalten, im übrigen aber wird er, wenn der Fiskus oder die Kasse seine Forderung nicht sofort als bekannt annimmt,

---

[6]) Vgl. § 950 ZPO.

[7]) Vgl. § 948 ZPO. und § 972 Abs. 2 ebenda in Verbindung mit § 10 Abs. 2 AGzZPO. v. 22. 9. 99.

[8]) Vgl. § 949 ZPO.

wegen näherer Ausführung derselben an die nach der Ressortverfassung zuständige Behörde verwiesen.[9])

Das Amtsgericht kann die öffentliche Bekanntmachung des wesentlichen Inhalts des Ausschlußurteils, welches selbstverständlich auch mit der zulässigen Anfechtungsklage angefochten werden kann, durch einmalige Einrückung in den Deutschen Reichsanzeiger anordnen.[10])

Über die Wirkung des Ausschlußurteils ist für das Aufgebot unbekannter Baugläubiger im § 171 c AGO. (I, 51) die bereits oben erwähnte Bestimmung getroffen, daß das Urteil den Baugläubigern entgegensteht, von welchen aus den Akten und Rechnungen nicht zu ersehen ist, daß sie eine Forderung haben oder daß dieselbe noch unbezahlt sei, und daß diese Baugläubiger sich alsdann nur an denjenigen halten können, mit welchen sie kontrahiert haben, oder der die ihnen zu leistende Zahlung in Empfang genommen und sie doch nicht gehörig befriedigt hat.[11])

---

[9]) Vgl. § 171 b AGO. (I, 51).

[10]) Vgl. § 956 ZPO.

[11]) Die Anwendung des nach § 171 b—d AGO. (I, 51) zulässigen Aufgebotsverfahren kann bei der Rückgabe der Kautionen der mittelbaren Staatsdiener (Beamte der landschaftlichen Kreditanstalten, Provinzial- und Kreisbehörden, Domkapitel, Klöster, Kirchen und Schulen usw.) oder der von nicht beamteten Personen (Konkursverwalter, Häuser-Administratoren, Lotterie-Einnehmer, Lieferanten von Behörden usw.) einer öffentlichen Behörde geleisteten Sicherheiten noch in Frage kommen. Das Verfahren würde sich, wenn es im einzelnen Fall überhaupt für angezeigt erachtet wird, lediglich nach den Vorschriften der ZPO. über das Aufgebotsverfahren in Verbindung mit § 10 AGzZPO. v. 22. 9. 99 regeln (Aufgebot nach § 947 ZPO.; öffentliche Bekanntmachung des Aufgebots nach § 948 ZPO.; Aufgebotsfrist von 6 Wochen nach § 950 ZPO.).

Sachregister.

(Die Zahlen bedeuten die Seiten.)

A.

B.

H.

O.

P.

T.

U.

V.

FSC
www.fsc.org
MIX
Papier | Fördert gute Waldnutzung
FSC® C083411

Kolibri 360 GmbH
Ferdinand-Jühlke-Straße 7
99095 Erfurt, Deutschland
produktsicherheit@kolibri360.de